新工科·普通高等教育汽车类系列教材

汽车电工电子技术

上册　电工技术

姚建红　高琳琳　刘继承　编

机 械 工 业 出 版 社

本套书分为上下两册，上册内容为电工技术，下册内容为电子技术。本书为上册，共8章，包括：直流电路、正弦交流电路、磁路和变压器、交流发电机和交流电动机、直流电动机和步进电动机、继电器-接触器控制电路、安全用电及电工技术基础实验。其中，前7章在详细讲解基本电路理论的基础上，介绍了该电路在汽车典型电路中的应用并予以分析；第8章中介绍了汽车电工技术所对应的基础实验。每章后配有包含填空题、选择题和计算题的习题，用于巩固本章的学习内容。

本书可作为高等院校工科相关专业课程的教材，也可作为汽车维修行业的工程技术人员、汽车电子爱好者的参考书。

本书配有PPT课件和部分习题参考答案，免费赠送给采用本书作为教材的教师，可登录 www.cmpedu.com 注册下载，或联系编辑（tian.lee9913@163.com）索取；本书还配有在线视频课程和部分演示动画，读者可扫书中二维码进行观看。

图书在版编目（CIP）数据

汽车电工电子技术. 上册，电工技术/姚建红，高琳琳，刘继承编. —北京：机械工业出版社，2021.5
新工科·普通高等教育汽车类系列教材
ISBN 978-7-111-68195-3

Ⅰ.①汽… Ⅱ.①姚… ②高… ③刘… Ⅲ.①汽车-电工技术-高等职业教育-教材②汽车-电子技术-高等职业教育-教材 Ⅳ.①U463.6

中国版本图书馆CIP数据核字（2021）第087849号

机械工业出版社（北京市百万庄大街22号 邮政编码100037）
策划编辑：宋学敏 责任编辑：宋学敏 王 荣
责任校对：陈 越 封面设计：张 静
责任印制：单爱军
北京虎彩文化传播有限公司印刷
2021年8月第1版第1次印刷
184mm×260mm · 15.5印张 · 360千字
标准书号：ISBN 978-7-111-68195-3
定价：48.00元

电话服务
客服电话：010-88361066
010-88379833
010-68326294

网络服务
机 工 官 网：www.cmpbook.com
机 工 官 博：weibo.com/cmp1952
金 书 网：www.golden-book.com
机工教育服务网：www.cmpedu.com

前 言

随着汽车工业的发展，汽车上采用的电子设备越来越多，汽车电子也成为当今一个十分热门的技术领域。本书以电工电子基础理论知识与实践相结合为出发点，着重学生的能力培养，能够帮助学生学习和掌握汽车电工电子技术的基础知识和基本技能，并为进一步学习汽车电子控制技术、读懂相关的汽车电子控制技术资料，以及掌握现代汽车电子控制系统打下良好的基础。

本书共 8 章，针对汽车及相关专业的要求，详细讲解了电工技术基础的基本概念、原理及应用，同时列举了汽车电子电路实例，理论结合实际，通俗易懂，实用性强。每章还附有课后练习题，便于读者复习巩固。

本书配有在线视频课程，在传统教材编写方案的基础上，满足应用型高等学校“学中做、做中学”的要求，表现形式新颖、活泼及生动。本书还运用关联技术和手段，帮助学生将纸质教材的内容与对应的数字资源联系起来，方便快捷地将在线视频课程与纸质教材对应学习。

本书由常熟理工学院姚建红、高琳琳和刘继承编写。其中，第 1 章、第 3 章由姚建红编写，第 2 章、第 6 章和第 8 章由高琳琳编写，第 4 章、第 5 章和第 7 章由刘继承编写。全书由姚建红统稿。本书的编写得到了许多老师的帮助，在排版过程中，还得到了 Flying 电子设计室的帮助，在此谨向为本书编写和出版付出辛勤劳动的同志表示衷心的感谢。

由于编者水平有限，书中难免存在疏漏及不足之处，恳切希望广大读者批评指正。

编　者

目　录

第1章

直流电路

第 1 章　授课视频

1.1　电路的组成及基本物理量

1.1.1　电路的组成及作用

1. 电路模型

实际电路都是由一些按需要起不同作用的实际电路元件或器件组成，诸如发电机、变压器、电动机、电池以及各种电阻和电容等，它们的电磁性质较为复杂。例如一个白炽灯除具有消耗电能的性质（电阻性）外，当通有电流时还会产生磁场，也就是它还具有电感性。但它的电感值微小，可忽略不计，于是可认为白炽灯是电阻性的。

为了便于分析实际电路并用数学方法描述，可将实际元器件理想化（或称模型化），即在一定条件下突出其主要的电磁性质，忽略其次要因素，把它近似地看作理想电路元器件。由理想电路元器件所组成的电路就是实际电路的电路模型，它是对实际电路电磁性质的科学抽象和概括。在理想电路元器件（本书后文为表达方便，“理想”两字将略去不写）中主要有电阻元件、电感元件、电容元件和电源等。这些元器件分别由相应的参数来表征。例如常用的手电筒，其实际电路元器件有干电池、电珠、开关和导线，电路模型如图 1-1 所示。电珠是电阻性的元件，其参数为电阻 R；干电池是电源，其参数为电动势 E 和内电阻（简称内阻）R_0；导线是连接干电池与电珠的中间环节（还包括开关），其电阻忽略不计，可认为是一无电阻的理想导体。

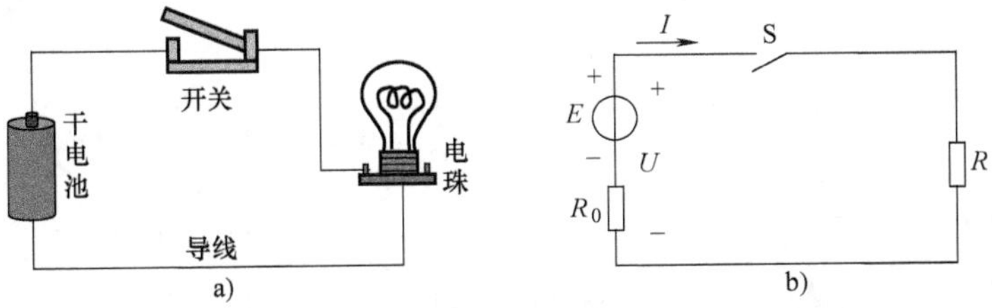

图 1-1　手电筒电路及模型

a）实际电路　b）电路模型

2. 电路组成

每个电路不论其作用如何，也不论其结构多么复杂，一般都是由电源、负载（用电器）、导线和开关四部分组成。

（1）电源 电源是把其他形式的能量转换成电能的装置，即为电路供应电能的装置。常见的有干电池、蓄电池、发电机和信号源等。汽车电路中的电源主要由蓄电池和带整流器的交流发电机组成。

（2）负载 负载是指消耗电能的装置或设备，如电灯、电烙铁和电动机等。汽车电路中的负载很多，如照明灯、信号灯、车用点烟器、起动机、扬声器和空调等。

（3）导线 导线是连接电源与负载的导体，它把电源产生的电能输送到负载。导线的常用材料有铜、铝等。

（4）开关 开关是控制电路接通或分断的器件，如手电筒的按钮，汽车上的点火开关、转向灯开关和各种继电器等。

如果将导线和开关组合为中间环节，则电路一般由电源、负载和中间环节三部分组成。简单电路的中间环节由导线组成，而复杂电路的中间环节则是由各种控制设备、监测仪表等所组成的网络。

3. 电路的作用

电路有两大类型，一类是电力电路，又称强电电路，它是发电、变电和供电系统的总称，主要用于电能的传输和应用，如图 1-2 所示的是一个简单的电力电路；另一类是信号的传递和处理电路，又称弱电电路。信号的传递和处理电路的主要目的是传递和处理信号（如语言、音乐、文字数据、图像、温度和压力等），这类电路中虽然也有能量的传输和转换，但更重要的是其中信号的质量，如要求信号不失真、准确且灵敏快速等。图 1-3 所示的扩音机电路示意图是一个信号处理电路；以传递信号为目的的电路也很多，如计算机、电视机、影碟机和通信设备中的电路等。

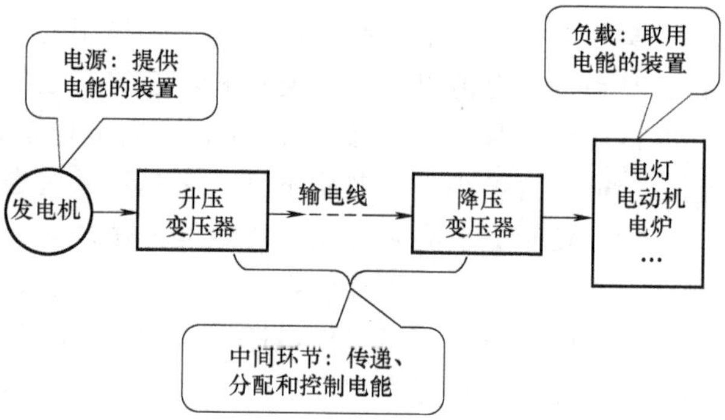

图 1-2 电力电路

不论是电能的传输和转换还是信号的传递和处理，其中电源或信号源的电压或电流称为

a)

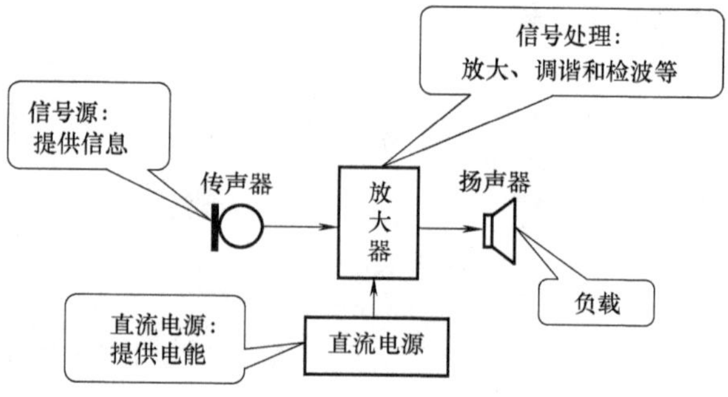

b)

图 1-3 扩音机电路示意图

a）扩音机 b）扩音机电路

激励，它推动电路工作。由激励在电路各部分产生的电压和电流称为响应。所谓电路分析，就是在已知电路的结构和元器件参数的条件下，讨论电路的激励与响应之间的关系。

随着电子技术的飞速发展，强电电路和弱电电路的混合应用越来越受到重视，由弱电电路对强电电路进行控制的自动化设备的应用越来越普遍，如各类数控设备（数控机床）。这些设备的动力部分是典型的强电电路，但这些强电电路的通断、电流电压的控制等已不再是传统的开关的通断，而是由信号处理电路来控制大功率电子电路，由大功率电子电路再来进行强电电路的控制，实现了设备的自动化。在电力系统中，电能的产生与传输、无功功率的补偿等也都采用了计算机和电子控制。

1.1.2 电路的基本物理量

1. 电流

(1) 电流的基本概念 电荷的定向运动即为电流，其方向规定为正电荷定向运动的方向（或负电荷定向运动的反方向），其大小为单位时间内通过导体横截面的电荷量，用符号 I 或 $i(t)$ 表示。讨论一般电流时可用符号 i。

设在 $\Delta t=t_2-t_1$ 时间内，通过导体横截面的电荷量为 $\Delta q=q_2-q_1$，则在 Δt 时间内的电流可表示为

$$i(t)=\frac{\Delta q}{\Delta t} \tag{1-1}$$

式中，Δt 是很小的时间间隔，单位为秒（s）；Δq 是电荷量，单位为库仑（C）；$i(t)$ 是电流，单位为安培（A）。

常用的电流单位还有毫安（mA）、微安（μA）和千安（kA），其中

$$1\text{mA}=10^{-3}\text{A} \qquad 1\mu\text{A}=10^{-6}\text{A} \qquad 1\text{kA}=10^{3}\text{A}$$

(2) 直流电流 如果电流的大小及方向都不随时间变化，即在单位时间内通过导体横截面的电荷量相等，则称之为直流电流，直流电流用大写字母 I 表示，可表示为

$$I=\frac{\Delta q}{\Delta t}=\frac{Q}{t}=\text{常数} \tag{1-2}$$

直流电流 I 与时间 t 的关系在 I-t 坐标系中为一条与 t 轴平行的直线。

(3) 电流的方向 习惯上规定正电荷的定向运动方向作为电流的实际方向，并在电路中用箭头标注。在分析实际电路时，常任意假定某个方向作为电流的流向，这个假定的方向称为参考方向。

当电流的参考方向与此时电流的实际方向一致时其值为正，如图 1-4a 所示；当电流的参考方向与此时电流的实际方向相反时其值为负，如图 1-4b 所示。

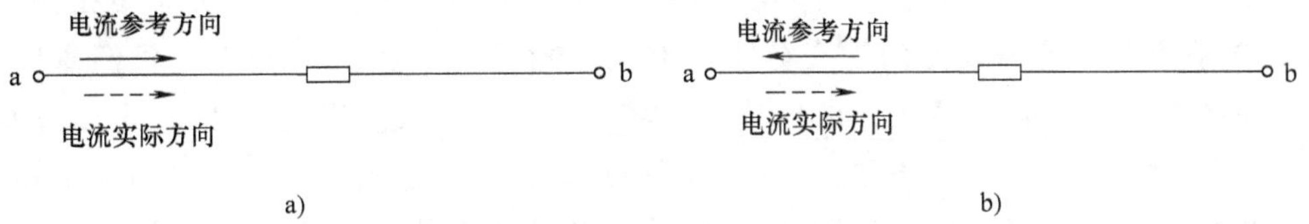

图 1-4 电流的参考方向与实际方向

a) $I>0$ b) $I<0$

(4) 交流电流 如果电流的大小及方向均随时间变化，则称为变动电流。对电路分析来说，一种重要的变动电流是正弦交流电流，简称交流电流，其大小及方向均随时间按正弦规律作周期性变化，交流电流的瞬时值用小写字母 i 或 $i(t)$ 表示。

2. 电压

(1) 直流电压 为了表示电场力对电荷做功的大小，可引入“电压”这个物理量，用 U 表示。在数值上，电压就是电场力把单位正电荷从一点移到另一点所做的功。

电场力将正电荷从电场中 A 点移到 B 点所做的功 W_{AB} 与被移动的电荷量 Q 之比称为 A、B 两点间的电压，则 U_{AB} 可表示为

$$U_{AB}=\frac{W_{AB}}{Q} \tag{1-3}$$

A、B 两点间的电压在数值上等于电场力把单位正电荷从 A 点移动到 B 点所做的功。其中功的单位为焦耳（J），电荷的单位为库仑（C），而电压的单位为伏特（V）。当电场力将电荷量为 1C 的电荷从一点移到另一点所做的功为 1J 时，则该两点间的电压为 1V。常用的电压单位还有毫伏（mV）、微伏（μV）和千伏（kV）等，它们之间的换算关系为

$$1\text{mV}=10^{-3}\text{V} \qquad 1\mu\text{A}=10^{-6}\text{V} \qquad 1\text{kV}=10^{3}\text{V}$$

(2) 电压的参考方向与实际方向 电压的实际方向规定为从正极（高电位端）指向负极（低电位端）的方向。在分析电路时，如果电压的实际方向难以确定，也可任意假定某个方向作为电压的参考方向。这个参考方向可能与电压的实际方向一致也可能不一致，当电压的实际方向与参考方向一致时，其值为正，如图 1-5a 所示；当电压的实际方向与参考方向相反时，其值为负，如图 1-5b 所示。

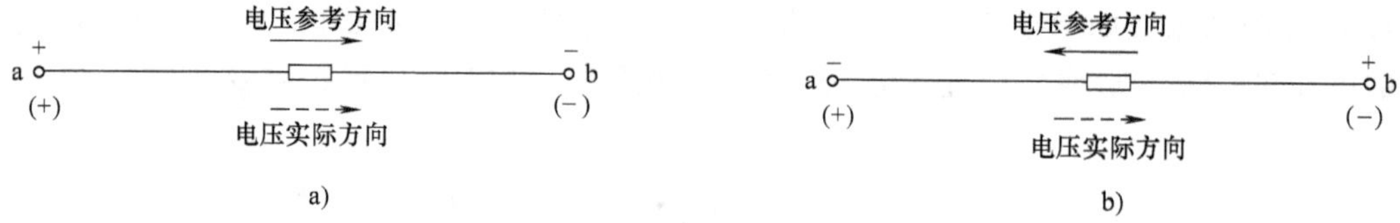

图 1-5 电压的参考方向与实际方向

a) $U>0$ b) $U<0$

电压的参考方向可以用以下三种方法来表示：

1）用“+”和“-”号分别表示电压参考方向的高电位端和低电位端。

2）用箭头的指向表示，它由电压参考方向的高电位端指向低电位端。

3）用双下标字母表示，如用 U_{ab} 表示电压的参考方向，则参考方向是从 a 指向 b。

(3) 关联方向与非关联方向 在分析电路时，对于一个元件或器件，我们既要对其电流选取参考方向，又要对其两端的电压选取参考方向，两者是相互独立的，可以任意选取。也就是说它们的参考方向可以一致，也可以不一致。如果电流的参考方向与电压的参考方向一致，则称之为关联参考方向，如图 1-6a 所示；如果电流的参考方向与电压的参考方向不一致，则称之为非关联参考方向，如图 1-6b 所示。

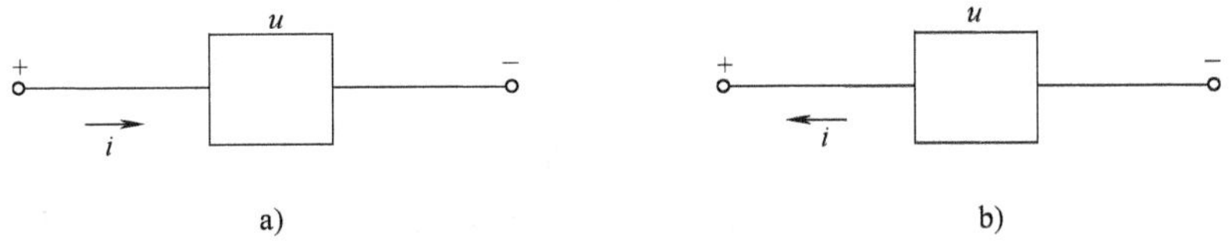

图 1-6 电压、电流参考方向的关系
a）关联参考方向 b）非关联参考方向

标定参考方向应注意以下问题：

1）电压和电流的方向是客观存在的，但参考方向是人为规定的方向，在分析电路时需要先规定参考方向，然后根据这个规定的参考方向列写电路方程，最终求解出未知电流（电压）。如果求出未知电流（电压）为正，则说明该电流（电压）的实际方向与规定的参考方向相同；如果为负，则说明实际方向与规定的参考方向相反。

2）参考方向一经确定，在整个分析计算过程中必须全程以此为准，不能再改变。

3）不标明参考方向时讨论某个电压或电流的值为正或负是没有意义的。

4）参考方向可以任意选取，这不影响结果，电压和电流的参考方向可以分别选取。但为了分析方便，同一电路的电流和电压的参考方向要尽量选取一致，即电流的方向为从电压的“+”极性端流入，从电压的“-”极性端流出。

（4）交流电压 如果电压的大小及方向随时间变化，则称为变动电压。对电路的分析来说，一种重要的变动电压是正弦交流电压，简称交流电压，其大小及方向均随时间按正弦规律做周期性变化。交流电压的瞬时值用小字母 u 或 $u(t)$ 表示。

3. 电位

（1）电位的定义 电位又称为电势，是指单位正电荷在静电场中的某一点所具有的电势。它是表示电场中某一点性质的物理量，而且是相对于确定的参考点来说的。电场中某点的电位在数值上等于电场力将单位正电荷自该点沿任意路径移到参考点所做的功。

（2）电位的大小与单位 若 A 点的电位用 V 表示，那么，正电荷在 A 点所具有的电位能 W_A 与正电荷所带电量 Q 的比值称为电路中 A 点的电位，用 V_A 表示，即

$$V_A = \frac{W_A}{Q} \tag{1-4}$$

电位的单位是焦耳/库仑（J/C），即伏特，简称伏（V）。且规定参考点的电位为 0V，所以参考点也叫零电位点（用符号“⊥”表示）。

（3）电位与电压的关系 两点之间电压的数值等于这两点的电位的差值，如 A 点电位用 V_A 表示，B 点电位用 V_B 表示，则 A、B 两点之间电压的数值为 $U_{AB}=V_A-V_B$，B、A 两点之间电压的数值为 $U_{BA}=V_B-V_A$。

4. 电动势

电动势是表示电源特征的物理量。电源的电动势是指电源将其他形式的能量转化为电能的本领。电源的电动势在数值上等于非静电力把单位正电荷从低电位端经电源内部移到高电位端所做的功。电动势常用 E 表示，其单位是伏特（V），而电源力将单位正电荷从电场中的 B 点移动到 A 点所做的功 W_{BA} 称为 B、A 两点间的电动势 E_{BA}，数学表达式为

$$E_{BA}=\frac{W}{Q} \tag{1-5}$$

电动势的实际方向规定为从负极指向正极的方向。在电路中，电源电动势参考方向的标注同电压一样，有极性标注、箭头标注和双下标标注三种。如参考方向与其实际方向一致，则数值为正，否则为负。通常情况下电源的电动势常用端电压来表示。

5. 电功率

(1) 电功率的概念 电流在单位时间内所做的功称为电功率，用 P 来表示，可表示为

$$P=\frac{W}{t} \tag{1-6}$$

可见，电功率反映了通过用电设备的电流产生的效果，如某电灯消耗的电功率大，则单位时间内电流通过该电灯所做的功多，或者说单位时间内灯泡消耗的电能多，那么电灯的亮度就越大。

(2) 电功率的单位 电功率的单位是瓦特，简称瓦（W），常用的单位还有毫瓦（mW）、千瓦（kW）等，它们之间的换算关系为

$$1\text{mW}=10^{-3}\text{W} \qquad 1\text{kW}=10^{3}\text{W}$$

(3) 电功率的计算方法 电功率的计算有以下几种方式：

1）由电功率的定义 $P=W/t$，通过获知时间 t 内电流所做的功 W，便可求得电功率。

2）由 $P=UI$ 求得，该式说明电功率的大小跟电路两端电压 U 和通过电路的电流 I 两个参数有关。但不能简单地认为电功率与电压成正比，与电流成反比。因为电路两端电压 U 变化时，电流 I 也随之变化。已知电路两端电压 U 和通过电路的电流 I，即可求出电功率，但注意式中的 P、U 和 I 是对于同一电路而言的。

3）将欧姆定律 $I=U/R$ 代入 $P=UI$，可得到电功率的另外两个计算式，即

$$P=I^2R \qquad P=\frac{U^2}{R} \tag{1-7}$$

注意，用这两个公式计算电功率时，只对纯电阻电路才适用。

(4) 电功率的测量 利用功率表可以直接测量电功率的数值，也可以通过实验法，即伏安法测量电功率。

(5) 电源和负载的判断 根据电功率计算结果的正、负值，可以判断装置的性质是电源还是负载。

电功率因电压和电流的参考方向可以任意选取，故结果也会出现正、负值的情况。

1）根据 U、I 的实际方向判断：

U、I 实际方向相反，电流从“+”端流出，发出功率，即为电源。

U、I 实际方向相同，电流从“-”端流出，吸收功率，即为负载。

2）根据 U、I 的参考方向判断：

U、I 参考方向相同，$P=UI>0$ 时为负载，$P=UI<0$ 时为电源。

U、I 参考方向不同，$P=UI>0$ 时为电源，$P=UI<0$ 时为负载。

例 1-1 求图 1-7 所示各元件的功率，并说明该元件是吸收功率还是发出功率。

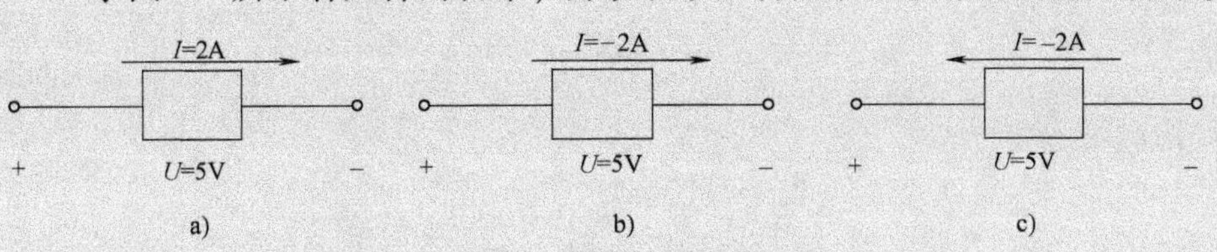

图 1-7 例 1-1 电路图

解 图 1-7a 所示的电路中，电压与电流的参考方向为关联方向，故

$$P=UI=5\times2\text{W}=10\text{W}$$

$P>0$，吸收 10W 功率，图 1-7a 所示的元件为负载。

图 1-7b 所示的电路中，电压与电流的参考方向为关联方向，故

$$P=UI=5\times(-2)\text{W}=-10\text{W}$$

$P<0$，发出 10W 功率，图 1-7b 所示的元件为电源。

图 1-7c 所示的电路中，电压与电流的参考方向为非关联方向，故

$$P=UI=5\times(-2)\text{W}=-10\text{W}$$

$P<0$，吸收 10W 功率，图 1-7c 所示元件为负载。

6. 电气设备的额定值

为了保证电气设备在使用年限内安全、可靠地运行，制造厂家会给出设备的各项性能指标，对其电流、电压和功率设定一个限额值，这个限额值就称为电气设备的额定值。电气设备的额定值主要有额定电流 I_N、额定电压 U_N 和额定功率 P_N。

（1）额定电流 电气设备长时间运行，温度达到最高允许温度时的电流称为额定电流，额定电流用 I_N 表示。

（2）额定电压 为了限制电气设备的电流并考虑绝缘材料的绝缘性能等因素之后，允许加在电气设备上的电压限值称为额定电压，额定电压用 U_N 表示。

（3）额定功率 在直流电路中，额定电压与额定电流的乘积就是额定功率，即 $P=U_NI_N$ 额定功率用 P_N 表示。

电气设备的额定值都标在铭牌上，使用时必须遵守。例如，一盏荧光灯，标有“220V，40W”的字样，表示该灯在 220V 电压下使用，消耗功率为 40W，若将该灯接在 380V 的电源上，则会因电流过大而烧毁；反之，若电源电压低于额定电压值，虽然灯仍能发光，但灯光比较暗淡。在额定范围内使用才能保证用电设备的运行是安全、可靠、经济且合理的，并能延长设备的使用寿命。

在额定电压下，当负载的工作电流超过额定电流值时称为过载。反之，当负载的工作电流低于额定电流值时称为欠载。当工作电流等于额定电流值时称为满载。

例 1-2 已知有一盏 220V/60W 的电灯，接在 220V 的电源上，求通过电灯的电流和电灯在 220V 电压下工作时电阻；若该灯每晚用 3h，则一个月（按 30 天计）消耗电能多少？

解　通过电灯的电流

$$I=\frac{P}{U}=\frac{60}{220}\text{A}\approx 0.273\text{A}$$

电灯的电阻为

$$R=\frac{U}{I}=\frac{220}{0.273}\Omega\approx 806\Omega$$

或可用 $R=\frac{P}{I^2}$ 和 $R=\frac{U^2}{P}$ 来计算。

一个月消耗的电能为

$$W=Pt=60\times 3\times 30\text{W}\cdot\text{h}=5.4\text{kW}\cdot\text{h}$$

例 1-3　已知有一额定值为 5W/500Ω 的电阻，则其额定电流是多少？在使用时电压不得超过多大？

解　线绕电阻的额定电流为

$$I_N=\sqrt{\frac{P}{R}}=\sqrt{\frac{5}{500}}\text{A}=0.1\text{A}$$

在使用时电压不得超过

$$U_N=RI_N=500\times 0.1\text{V}=50\text{V}$$

1.1.3　电源的工作状态

1. 电源有载工作

使图 1-8 所示电路的开关 S 闭合，接通电源与负载，这就是电源有载工作。

应用欧姆定律可得电路中的电流为

$$I=\frac{E}{R_0+R} \tag{1-8}$$

负载电阻两端的电压为

$$U=IR$$

由以上两式可得

$$U=E-R_0I \tag{1-9}$$

由式（1-9）可知，电源端电压小于电源电动势，两者之差为电流通过电源内阻所产生的电压降 R_0I。电流越大，则电源端电压下降得越多。表示电源端电压 U 与输出电流 I 之间关系的曲线称为电源的外特性曲线，如图 1-9 所示，其斜率与电源内阻有关。电源内阻一般很小，且当 $R_0\ll R$ 时，有

$$U\approx E$$

上式表明当电流（负载）变动时，电源的端电压变动不大，这说明电源带负载的能力强。

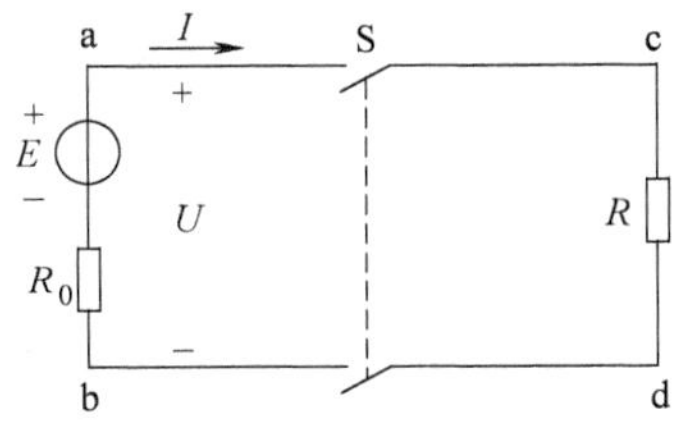

图 1-8　电源有载工作

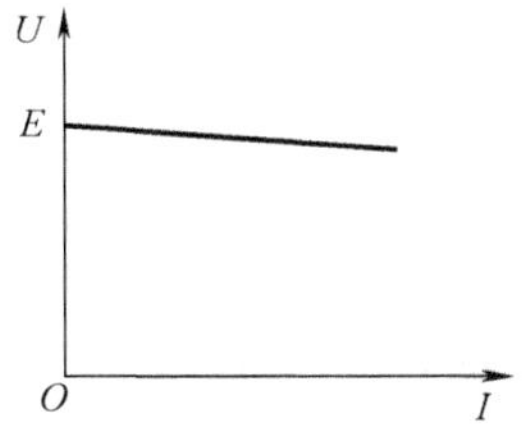

图 1-9　电源的外特性曲线

式（1-9）各项乘以电流 I，则得到功率平衡式为

$$UI=EI-R_0I^2$$

$$P=P_E-\Delta P \tag{1-10}$$

式中，$P_E=EI$，它是电源产生的功率；$\Delta P=R_0I^2$，它是电源内阻上消耗的功率；$P=UI$，它是电源输出的功率。

2. 电源开路

在图 1-8 所示的电路中，当开关 S 断开时，电源处于开路（空载）状态，如图 1-10 所示。开路时外电路的电阻对电源来说等于无穷大，因此电路中电流为零。这时电源的端电压（称为开路电压或空载电压 U_0）等于电源电动势，电源不输出电能。

如上所述，电源开路时的特征可表示为

$$\begin{cases} I=0 \\ U=U_0=0 \\ P=0 \end{cases} \tag{1-11}$$

3. 电源短路

在图 1-8 所示的电路中，当电源的两端由于某种原因而连在一起时，电源则被短路，如图 1-11 所示。电源短路时，外电路的电阻可视为零，电流有捷径可通，则不再流过负载。因为此时电流的回路中仅有很小的电源内阻 R_0，所以电流很大，此电流称为短路电流 I_S。短路电流可能使电源遭受损伤或毁坏。短路时电源所产生的电能全被内阻消耗。

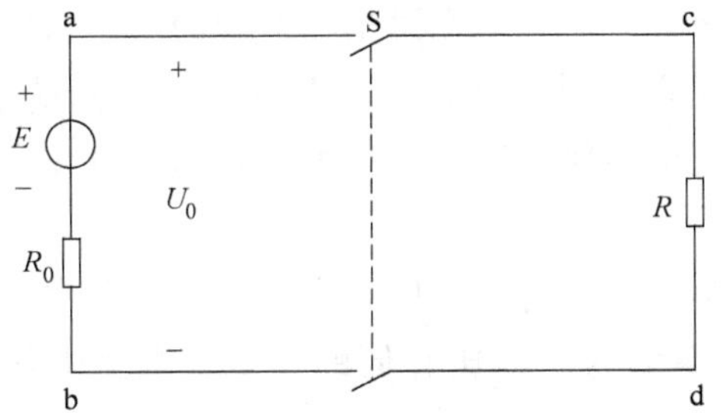

图 1-10　电源开路

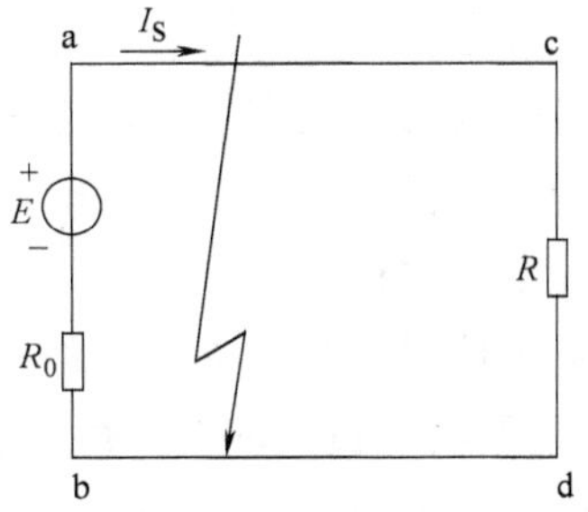

图 1-11　电源短路

电源在短路时由于外电路的电阻为零，所以电源的端电压也为零。这时电源的电动势全部降在内阻上。

如上所述，电源短路时的特征可表示为

$$\begin{cases} U=0 \\ I=I_S=\dfrac{E}{R_0} \\ P_E=\Delta P=R_0I^2, \quad P=0 \end{cases} \tag{1-12}$$

短路通常是一种严重事故，应该尽力预防。产生短路的原因往往是由于绝缘损坏或接线不慎，因此经常检查电气设备和线路的绝缘情况是一项很重要的安全措施。此外，为了防止短路事故所引起的后果，通常会在电路中串联熔断器或断路器，以便发生短路时，能迅速将故障电路自动分断。但是有时由于某种需要，也可以将电路中的某一段短路（常称为短接）或出于特定目的进行某种短路实验。

例 1-4 有一直流稳压电源，其额定输出电压为 30V，额定输出电流为 2A，从空载到额定负载，其输出电压的变化率为千分之一$\left(即\ \Delta U=\dfrac{E-U_N}{U_N}=0.1\%\right)$，试求该电源的内阻。

解 直流稳压电源带额定负载工作时，满足全电路欧姆定律，即

$$E=U_N+I_NR_0$$

所以 $E-U_N=I_NR_0$，可以看出电压变化的原因是内阻 R_0 上产生了电压降。

由 $\Delta U=\dfrac{E-U_N}{U_N}=0.1\%$可知，$E-U_N=0.1\%U_N$，则 $0.1\%U_N=E-U_N=I_NR_0$，即

$$R_0=\frac{0.1\%U_N}{I_N}=\frac{30\times0.001}{2}\Omega=0.015\Omega$$

1.1.4 电位的计算

在分析电子电路时，通常要应用电位这个概念。譬如对二极管来说，只有当它的阳极电位高于阴极电位时，二极管才能导通，否则二极管会截止。在讨论晶体管的工作状态时，也要分析各个极的电位高低。两点间的电压就是两点的电位差，但它只能说明一点的电位高，另一点的电位低，以及两点的电位相差多少。至于如何计算电路中某一点的电位究竟是多少伏，将在本节中讨论。

计算电位时，必须选定电路中某一点为参考点，它的电位称为参考电位，通常设参考电位为 0V。而其他各点的电位都同它比较，比它高的为正，比它低的为负。电路中某点至参考点的电压，记为 V_X。

电位的计算步骤：

1） 任选电路中某一点为参考点，设其电位为 0V。

2） 标出各电流参考方向并计算其大小。

3） 计算各点至参考点间的电压即为各点的电位。

例 1-5 求图 1-12 所示电路中各点的电位 V_a、V_b、V_c、V_d 以及两点间的电压 U_{ab}、U_{cb} 和 U_{db}。

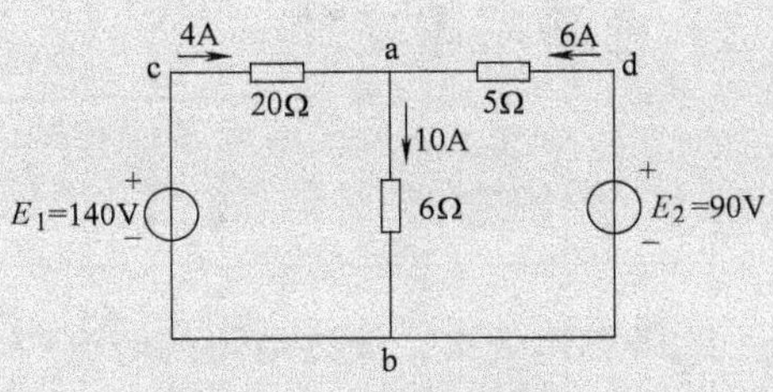

图 1-12 例 1-5 电路图

解 (1) 设 a 点为参考点，即 $V_a=0V$，计算各点电位及两点间电压。

$$V_b=U_{ba}=-10\times6V=-60V$$

$$V_c=U_{ca}=4\times20V=80V$$

$$V_d=U_{da}=6\times5V=30V$$

$$U_{ab}=V_a-V_b=[0-(-60)]V=60V$$

$$U_{cb}=V_c-V_b=E_1=140V$$

$$U_{db}=V_d-V_b=E_2=90V$$

(2) 设 b 点为参考点，即 $V_b=0V$，计算各点电位及两点间电压。

$$V_a=U_{ab}=10\times6V=60V$$

$$V_c=U_{cb}=E_1=140V$$

$$V_d=U_{db}=E_2=90V$$

$$U_{ab}=V_a-V_b=(60-0)V=60V$$

$$U_{cb}=V_c-V_b=E_1=140V$$

$$U_{db}=V_d-V_b=E_2=90V$$

由例 1-5 可得出以下结论：

1) 电位的值是相对的，选取的参考点不同，电路中各点的电位也将随之改变。

2) 电路中两点间的电压值是固定的，不会因参考点的不同而改变，即与参考点的选取无关。

例 1-6 如图 1-13 所示，$E_1=6V$，$E_2=4V$，$R_1=4\Omega$，$R_2=R_3=2\Omega$。求 A 点电位 V_A。

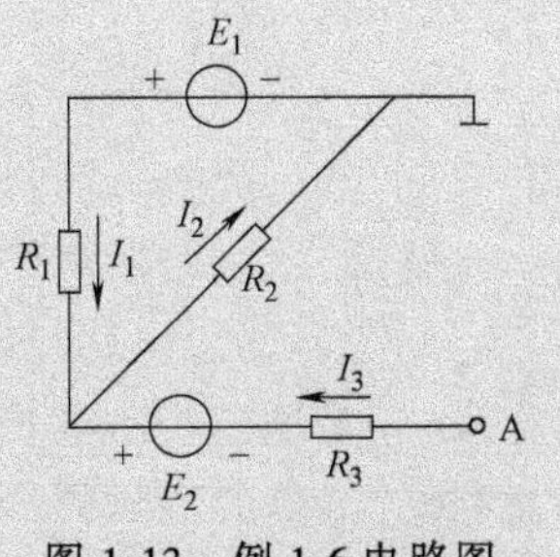

图 1-13 例 1-6 电路图

解 $$I_1=I_2=\frac{E_1}{R_1+R_2}=\frac{6}{4+2}A=1A$$

由于 E_2 和 R_3 没有构成回路，故 $I_3=0A$，则 A 点的电位为

$$V_A=R_3I_3-E_2+I_2R_2=(0-4+2\times1)V=-2V$$

1.2　电路基本定律

1.2.1　欧姆定律

欧姆定律指出，流过电阻的电流与电阻两端的电压成正比。它是分析电路的基本定律之一。对图 1-14a 所示的电路，欧姆定律可表示为

$$I=\frac{U}{R} \tag{1-13}$$

式中，R 即为该电路的电阻，单位为 Ω。

由式（1-13）可见，当所加电压 U 一定时，电阻 R 越大，则电流 I 越小。显然，电阻具有对电流起阻碍作用的物理性质。

在国际单位制中，电阻的单位是欧姆（Ω）。当电路两端的电压为 1V，通过的电流为 1A 时，则该段电路的电阻为 1Ω。计量电阻值较大的电阻时，则也可以使用千欧（kΩ）或兆欧（MΩ）为单位。

根据在电路图上所选电压和电流的参考方向的不同，在欧姆定律的表达式中可带有正号或负号。当电压和电流的参考方向一致时，如图 1-14a 所示，则有

$$U=RI \tag{1-14}$$

当两者的参考方向相反时，如图 1-14b 和图 1-14c 所示，则有

$$U=-RI \tag{1-15}$$

这里应注意，一个式子中其实有两套正、负号，式（1-14）和式（1-15）中的正、负号是根据电压和电流各自的参考方向得出的。此外，电压和电流本身还有正值和负值之分。

式（1-13）所表示的电压与电流的正比关系是通过实验得出的。可测量电阻两端的电压值和流过电阻的电流值，绘出一条通过坐标原点的直线，如图 1-15 所示。因此遵循欧姆定律的电阻称为线性电阻，它表示该段电路电压与电流的比值为常数。图 1-15 是线性电阻的伏安特性曲线。

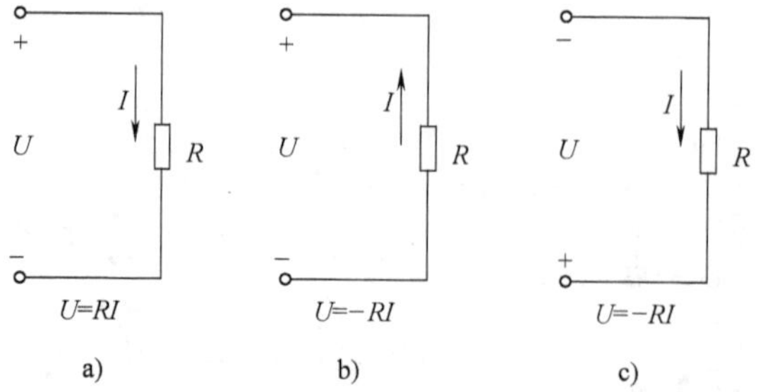

图 1-14　欧姆定律

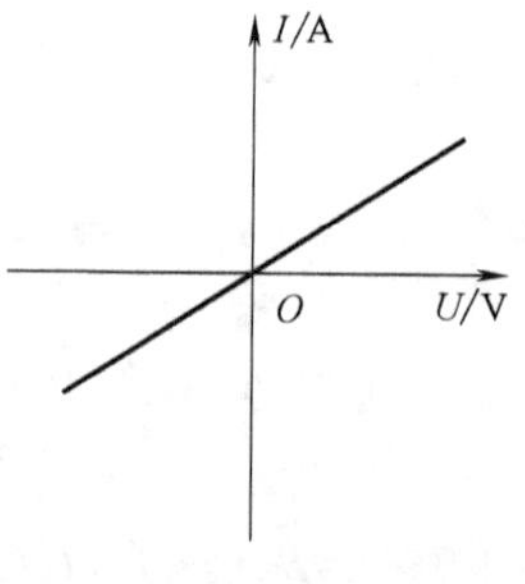

图 1-15　线性电阻的伏安特性曲线

例 1-7　应用欧姆定律，求图 1-16 所示电路的电阻 R。

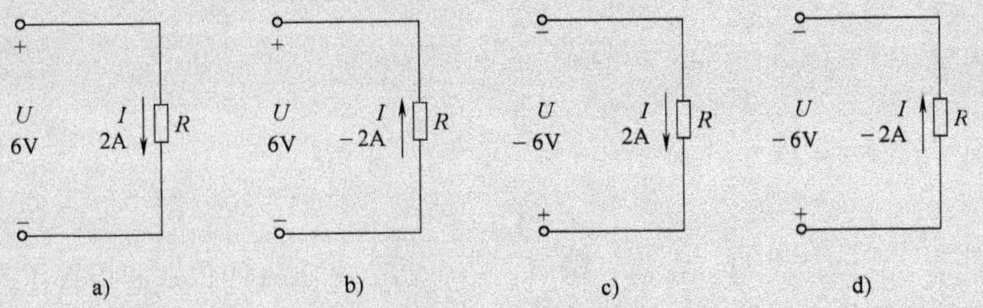

图 1-16　例 1-7 电路图

解　图 1-16a 中
$$R=\frac{U}{I}=\frac{6}{2}\Omega=3\Omega$$

图 1-16b 中
$$R=-\frac{U}{I}=-\frac{6}{-2}\Omega=3\Omega$$

图 1-16c 中
$$R=-\frac{U}{I}=-\frac{-6}{2}\Omega=3\Omega$$

图 1-16d 中
$$R=\frac{U}{I}=\frac{-6}{-2}\Omega=3\Omega$$

1.2.2　基尔霍夫定律

基尔霍夫定律是电路中电压和电流所遵循的基本规律，是分析和计算较为复杂电路的基础，它是在 1845 年由德国物理学家 G. R. 基尔霍夫（Gustav Robert Kirchhoff，1824—1887）提出的。基尔霍夫定律包括基尔霍夫电流定律（KCL）和基尔霍夫电压定律（KVL）。

基尔霍夫定律既可以用于直流电路的分析，也可以用于交流电路的分析，还可以用于含有电子元器件的非线性电路的分析。

基尔霍夫电流定律应用于结点，基尔霍夫电压定律应用于回路。

由一个或几个元器件依次相接构成的无分支电路称为支路。在同一支路中，流过所有元器件的电流都相等。图 1-17 所示电路中有三条支路，三条支路的电流分别为 I_1、I_2 和 I_3。

三条或三条以上支路的连接点称为结点。图 1-17 所示电路中共有两个结点：a 点和 b 点。

电路中任意一个闭合路径称为回路。图 1-17 所示电路中有三个回路，即 adbca、abca 和 abda。

内部不含支路的回路称为网孔。图 1-17 所示电路中只有 abca、abda 回路是网孔。

1. 基尔霍夫电流定律

基尔霍夫电流定律可用来确定连接在同一结点上的各支路电流间关系。由于电流的连续性，电路中任何一点（包括结点在内）均不能堆积电荷。因此，在任一瞬

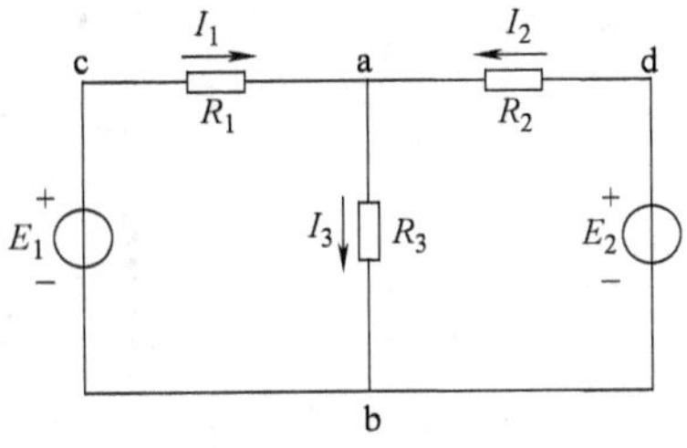

图 1-17　电路举例

时，流入某一结点的电流之和应该等于由该结点流出的电流之和。

在图 1-17 所示的电路中，对结点 a（图 1-18）可以写出

$$I_1+I_2=I_3 \tag{1-16}$$

或将上式改写成

$$I_1+I_2-I_3=0$$

即

$$\sum I=0 \tag{1-17}$$

式（1-16）和式（1-17）表明，在任一瞬间，一个结点上电流的代数和恒等于零。规定参考方向指向结点的电流取正号，反之则取负号。

根据计算的结果，有些支路的电流可能是负值，这是由于所选的电流的参考方向与实际方向相反所致。

基尔霍夫电流定律通常应用于结点，但也可以把它推广应用于包围部分电路的任一假设的闭合面。例如，图 1-19 所示的闭合面包围的是一个三角形的电路，它有三个结点。应用基尔霍夫电流定律可列出

$$I_A=I_{AB}-I_{CA}$$
$$I_B=I_{BC}-I_{AB}$$
$$I_C=I_{CA}-I_{BC}$$

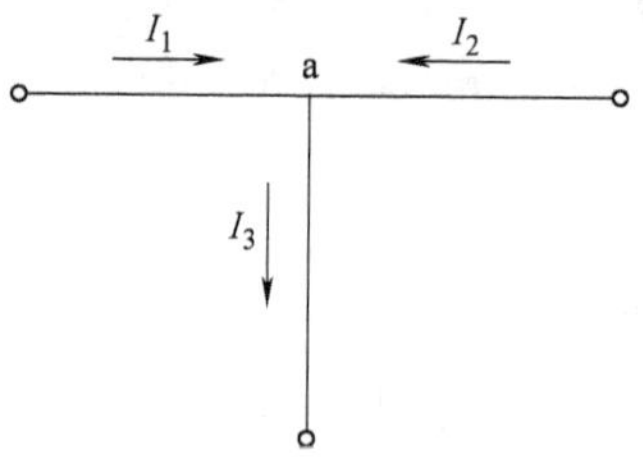

图 1-18　结点图

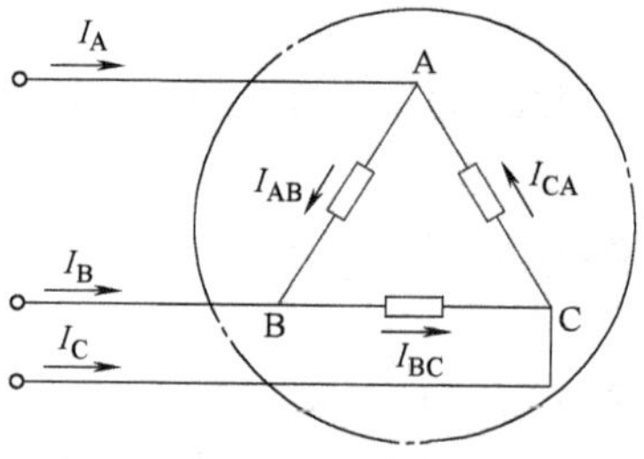

图 1-19　基尔霍夫电流定律的推广应用

以上三式相加，便得

$$I_A+I_B+I_C=0$$

或

$$\sum I=0$$

可见，在任一瞬间，通过任一闭合面的电流的代数和也恒等于零。

例 1-8　试求图 1-20 所示电路中电流 I、I_1、I_2、I_3、I_4、I_5 和电阻 R，设 $U_{ab}=0V$。

解　由基尔霍夫电流定律可知，$I=6A$。

由于设 $U_{ab}=0V$，即 $U_{ab}=2V+I_1\times2\Omega=0V$，可得

$$I_1=-1A$$

因 $U_{ab}=-I_2\times4\Omega+I_3\times4\Omega=0V$，$I_2+I_3=6A$，则

$$I_2=I_3=3A$$

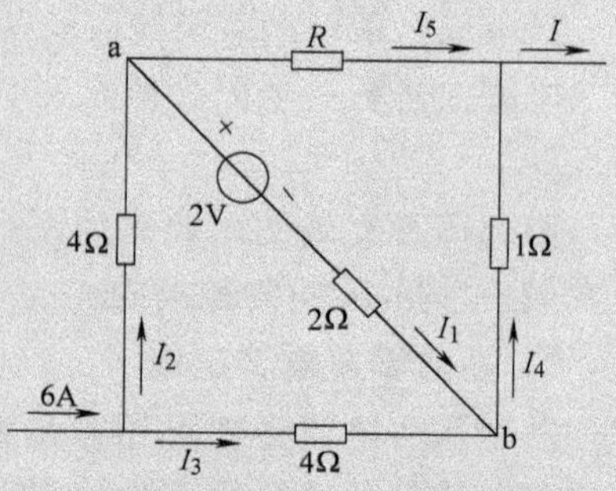

图 1-20　例 1-8 电路图

并得出

$$I_4 = I_1+I_3=(-1+3)\text{A}=2\text{A}$$

$$I_5 = I_2+I_1=[3-(-1)]\text{A}=4\text{A}$$

又因为 $U_{ab}=I_5R-I_4=0\text{V}$，则

$$R=\frac{I_4}{I_5}=\frac{2}{4}\Omega=0.5\Omega$$

2. 基尔霍夫电压定律

基尔霍夫电压定律是用来确定回路中各段电压间关系的，如果从回路中任意一点出发，以顺时针方向或逆时针方向沿回路循行一周，则在这个方向上的电压降之和应该等于电压升之和。回到原来的出发点时，该点的电位是不会发生变化的。此即电路中任意一点的瞬时电位具有单值性的结果。

以图 1-21 所示的回路为例，图中电源电动势、电流和各段电压的参考方向均已标出。按照虚线所示方向循行一周，根据电压的参考方向可列出

$$U_1+U_4=U_2+U_3$$

或将上式改写为 $U_1-U_2-U_3+U_4=0$

即 $\sum U=0$

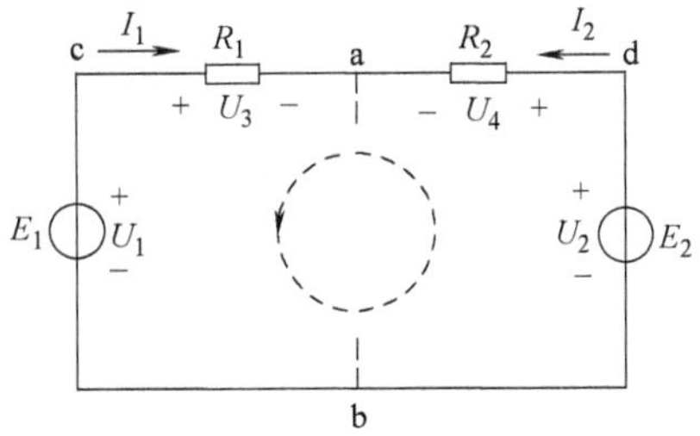

图 1-21 回路

上式表明，在任一瞬时，沿任一回路循行方向(顺时针方向或逆时针方向)，回路中各段电压的代数和恒等于零。如果规定电压降取正号，则电压升就取负号。图 1-21 所示的回路是由电源电动势和电阻构成的，上式可改写为

$$E_1-E_2-R_1I_1+R_2I_2=0$$

或 $$E_1-E_2=R_1I_1-R_2I_2$$

即 $$\sum E=\sum(RI)$$

此为基尔霍夫电压定律在纯电阻电路中的另一种表达式，就是在任一回路的循行方向上，回路中电动势的代数和等于电阻上电压降的代数和。在这里，凡是电动势的参考方向与所选回路循行方向相反者取正号，一致者则取负号。凡是电流的参考方向与回路循行方向相反者，则该电流在电阻上所产生的电压降取正号，一致者则取负号。

基尔霍夫电压定律不仅可应用于闭合回路，也可以把它推广应用于回路的部分电路。以图 1-22 所示的两个电路为例，根据基尔霍夫电压定律列出式子。

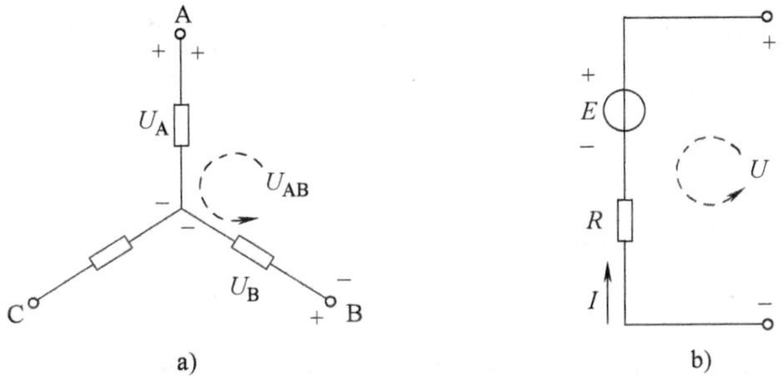

图 1-22 基尔霍夫电压定律的推广应用

对图 1-22a 所示电路（各支路的元器件是任意的）可列出

$$\sum U = U_A - U_B - U_{AB} = 0$$

$$U_A - U_B = U_{AB}$$

对图 1-22b 所示电路可列出

$$E - U - RI = 0$$

或

$$U = E - RI$$

这就是一段有源（即电路中有电源）电路的欧姆定律的表达式。

应该指出的是，图 1-17 所示的虽然是直流电阻电路，但是基尔霍夫定律具有普遍性，它们既适用于由各种不同元器件所构成的电路，也适用于任一瞬时对电路中的任何变化的电流和电压。列方程时，不论是应用基尔霍夫定律还是欧姆定律，首先都要在电路图上标出电流、电压或电动势的参考方向，因为所列方程中各项前的正、负号都是由它们的参考方向决定的，如果参考方向选得相反，则会相差一个负号。

例 1-9 在图 1-23 中，已知 $U_1 = 3V$，$R_1 = 10\Omega$，$R_2 = 5\Omega$，$R_3 = 4\Omega$，其他各电流如图所示。试求电路中电流 I_X 和电压 U。

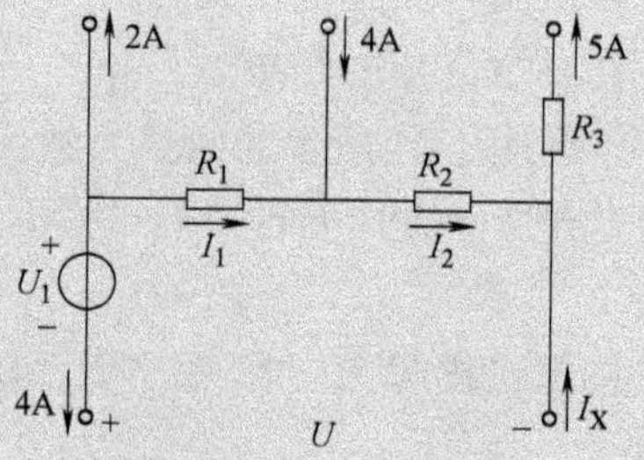

图 1-23 例 1-9 电路图

解 由基尔霍夫电流定律得

$$I_1 + 2A + 4A = 0A \qquad I_1 = -6A$$

$$I_2 = I_1 + 4A = (-6+4)A = -2A$$

$$I_X + I_2 = 5A \qquad I_X = [5-(-2)]A = 7A$$

由基尔霍夫电压定律得

$$U = -U_1 + I_1R_1 + I_2R_2 = [-3+(-6)\times10+(-2)\times5]V = -73V$$

1.3 电路分析的方法

1.3.1 电阻的串并联

1. 电阻串联

两个或两个以上的电阻，一个接一个地连成一串，使电流只有一条通路的连接方式，称为电阻的串联。图 1-24a 所示电路是由两个电阻构成的串联电路，这些电阻的串联可以等效为一个电阻，如图 1-24b 所示。

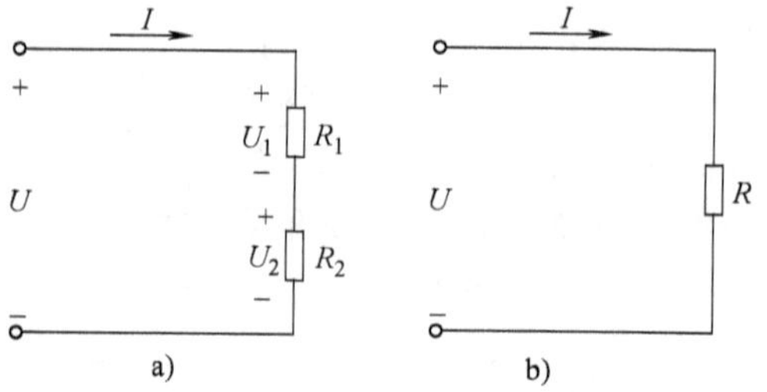

图 1-24 电阻的串联及等效电路

a）电阻的串联 b）等效电阻

电阻串联的特点：

1）电路的等效电阻为

$$R = R_1 + R_2 \tag{1-18}$$

2）电路中流过每个电阻的电流都相等，即

$$I = I_1 = I_2 \tag{1-19}$$

3）电路两端的总电压等于各电阻两端的电压之和，即

$$U=U_1+U_2=IR_1+IR_2 \tag{1-20}$$

4）两个串联电阻上的电压分别为

$$\begin{cases} U_1=R_1I=\dfrac{R_1}{R_1+R_2}U \\ U_2=R_2I=\dfrac{R_2}{R_1+R_2}U \end{cases} \tag{1-21}$$

电阻的串联在实际工作中应用很广泛。如利用电阻的串联可以获得较大阻值的电阻；利用电阻的串联可构成分压器，使一个电源提供几种不同的电压；在电工测量中，还可以利用串联电阻的方法扩大电压表的量程等。

例 1-10 现有一表头，满电流刻度 $I_g=50\mu A$，表头的电阻 $R_g=3k\Omega$。若要将其改装成量程为 10V 的电压表，应串联一个多大的电阻？

解 当表头满刻度时，它的两端电压为

$$U_g=I_gR_g=50\times10^{-6}\times3\times10^3V=0.15V$$

假设量程扩大到 10V，需要串联电阻 R_b，如图 1-25 所示，则电阻 R_b 两端的电压

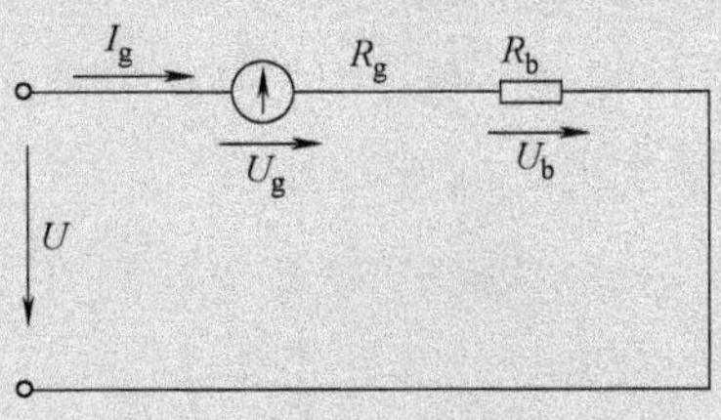

图 1-25 例 1-10 电路图

$$U_b=U-U_g=(10-0.15)V=9.85V$$

故串联电阻为

$$R_b=\frac{U_b}{I_g}=\frac{9.85}{50\times10^{-6}}\Omega=1.97\times10^5\Omega=197k\Omega$$

2. 电阻并联

两个或两个以上的电阻接在电路中相同两点之间的连接方式，称为电阻的并联。图 1-26a 所示电路是由两个电阻构成的并联电路，其等效电路如图 1-26b 所示。

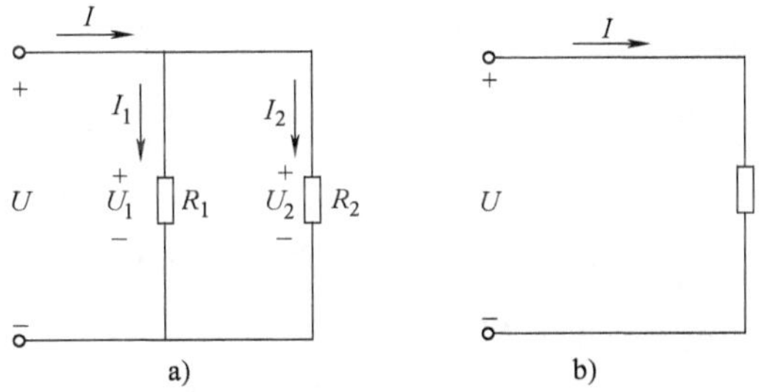

图 1-26 电阻的并联及等效电路

a）电阻的并联 b）等效电路

电阻并联的特点：

1）并联电路的等效电阻为

$$\frac{1}{R}=\frac{1}{R_1}+\frac{1}{R_2} \tag{1-22}$$

2）电路中各电阻两端的电压相等，并且等于电路两端的总电压，即

$$U=U_1=U_2 \tag{1-23}$$

3）电路中的总电流等于各电阻中的电流之和，即

$$I=I_1+I_2=\frac{U}{R_1}+\frac{U}{R_2} \tag{1-24}$$

4）两个并联电阻上的电流分别为

$$\begin{cases} I_1 = \dfrac{U}{R_1} = \dfrac{RI}{R_1} = \dfrac{R_2}{R_1+R_2}I \\ I_2 = \dfrac{U}{R_2} = \dfrac{RI}{R_2} = \dfrac{R_1}{R_1+R_2}I \end{cases} \tag{1-25}$$

电阻并联电路的应用也很广泛。如利用电阻的并联可以获得较小阻值的电阻；将工作电压相同的负载并联使用，可使任何一个负载的工作情况都不会影响其他的负载：在电工测量中，也可用并联电阻的方法来扩大电流表的量程。

例 1-11 有一个电流表，其量程 $I_g=200\mu A$，表头内阻 $R_g=0.8\Omega$，现将量程扩大到 1mA，应并联一个多大的电阻？

解 要将电流表的量程扩大到 1mA，必须并联一个分流电阻 R_b，如图 1-27 所示，使得 R_b 上通过的电流为

$$I_b=I-I_g=(1000-200)\mu A=800\mu A=8\times10^{-4}A$$

而电阻 R_b 两端电压为

$$U_b=U_g=I_gR_g=200\times10^{-6}\times0.8V=1.6\times10^{-4}V$$

故电阻为

$$R_b=\frac{U_b}{I_b}=\frac{1.6\times10^{-4}}{8\times10^{-4}}\Omega=0.2\Omega$$

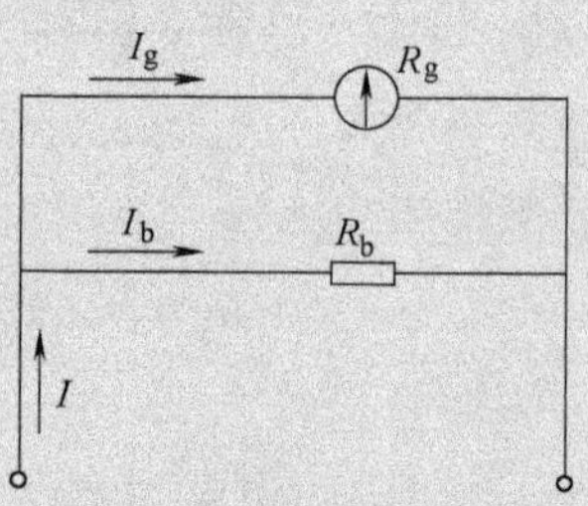

图 1-27 例 1-11 电路图

例 1-12 图 1-28 所示为直流电动机的一种调速电阻，它由 4 个定值电阻串联而成。利用几个开关的闭合或断开，可以得到多种电阻值。设 4 个电阻都是 1Ω，试求在下列三种情况下 a、b 两点间的电阻值：（1）S_1 和 S_5 闭合，其他断开；（2）S_2、S_3 和 S_5 闭合，其他断开；（3）S_1、S_3 和 S_4 闭合，其他断开。

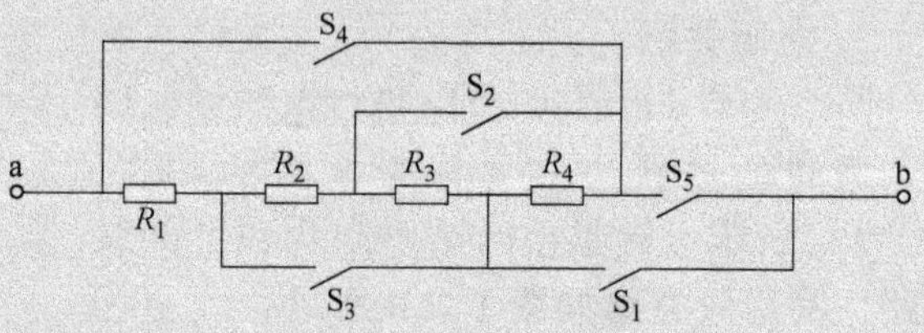

图 1-28 例 1-12 电路

解 （1）S_1 和 S_5 闭合时，S_4 短路，R_1、R_2 和 R_3 串联，故有

$$R_{ab}=R_1+R_2+R_3=(1+1+1)\Omega=3\Omega$$

（2）S_2、S_3 和 S_5 闭合时，R_2、R_3、R_4 并联后与 R_1 串联，故有

$$R_{ab}=\left(1+\frac{1}{\frac{1}{1}+\frac{1}{1}+\frac{1}{1}}\right)\Omega=\frac{4}{3}\Omega\approx1.33\Omega$$

（3）当 S_1、S_3 和 S_4 闭合时，R_2 和 R_3 短路，R_4 和 R_1 并联，故有

$$R_{ab}=\frac{R_1R_4}{R_1+R_4}=\frac{1\times1}{1+1}\Omega=0.5\Omega$$

1.3.2　电源的两种模型及其等效变换

一个电源可以用两种不同的电路模型来表示。用电压的形式表示的称为电压源；用电流形式表示的称为电流源。两种形式是可以相互转化的。

1. 电压源模型

任何一个电源，例如发电机、电池或各种信号源，都含有电动势 E 和内阻 R_0。在分析与计算电路时，往往把它们分开，组成的电路模型如图 1-29 所示，此即电压源模型，简称电压源。图中 U 是电源端电压，R_L 是负载电阻，I 是负载电流。

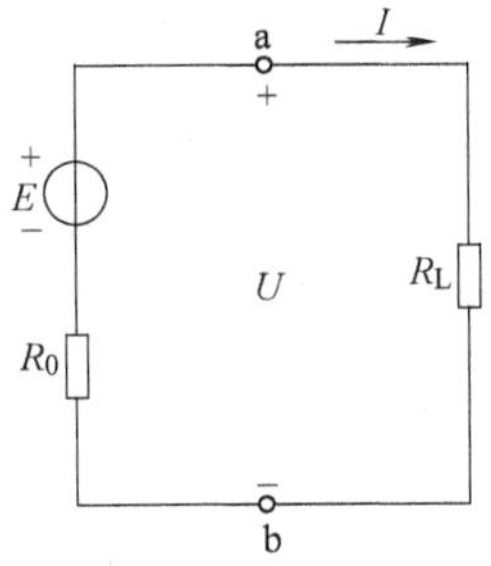

图 1-29　电压源电路

根据图 1-29 所示的电路，可得

$$U=E-R_0I \tag{1-26}$$

由此可得电压源的外特性曲线，如图 1-30 所示。当电压源开路时，$I=0$，$U=U_0=E$；当电压源短路时，$U=0$，$I=I_S=\dfrac{E}{R_0}$。内阻 R_0 越小，则直线越平。

当 $R_0=0$ 时，电压 U 恒等于电动势 E，是一个定值，而其中的电流 I 则是任意的，由负载电阻 R_L 及电压 U 本身确定。这样的电源称为理想电压源或恒压源，其符号及电路模型如图 1-31 所示。它的外特性曲线将是与横轴平行的一条直线，如图 1-30 所示。

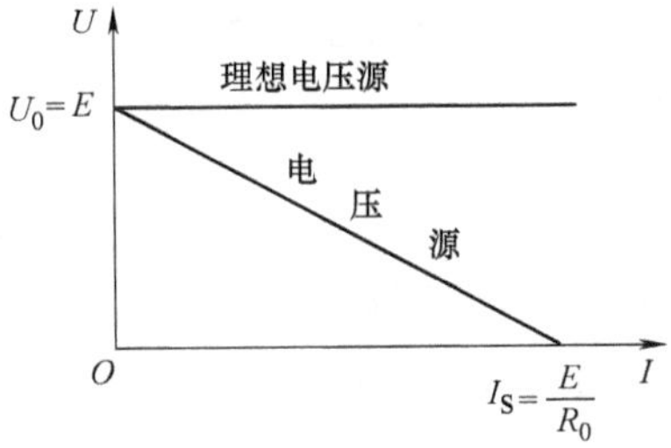

图 1-30　电压源和理想电压源的外特性曲线

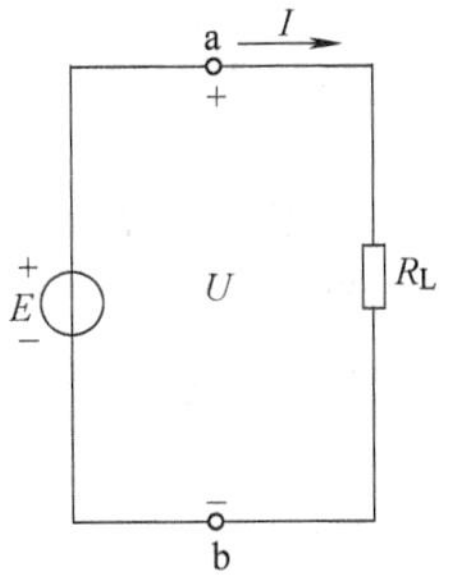

图 1-31　理想电压源电路

如果一个电源的内阻远小于负载电阻，即 $R_0 \ll R_L$ 时，则内阻电压降 $R_0I \ll U$，于是 $U\approx E$，基本上恒定，可以认为是理想电压源。通常用的稳压电源也可认为是一个理想电压源。

2. 电流源模型

电源除用电动势 E 内电阻 R_0 的电路模型来表示外，还可以用另一种电路模型来表示。将式（1-26）两端除以 R_0 可得

$$\frac{U}{R_0}=\frac{E}{R_0}-I=I_S-I$$

即

$$I_S=\frac{U}{R_0}+I \tag{1-27}$$

式中，$I_S=\dfrac{E}{R_0}$为电源的短路电流；I 是负载电流；而$\dfrac{U}{R_0}$是引出的另一个电流。如用电路图表

示，则电路图如图 1-32 所示。

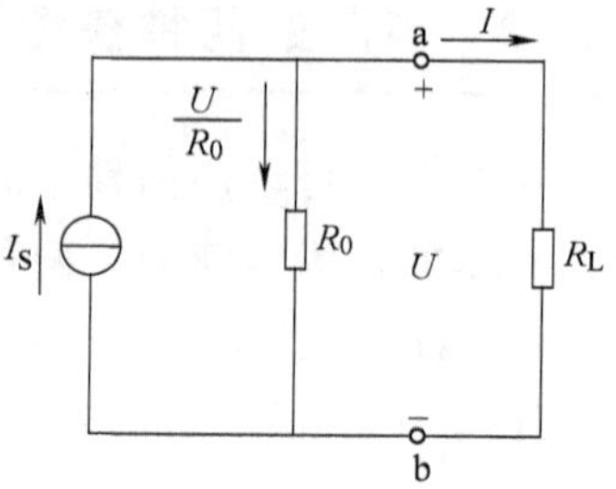

图 1-32 电流源电路

图 1-32 所示是用电流来表示电源的电路模型，此即电流源模型，简称电流源。图中两条支路并联，其中电流分别为 I 和 $\frac{U}{R_0}$。对负载电阻 R_L 来说，其上的电压 U 和通过的电流 I 没有改变。由式（1-27）可得电流源的外特性曲线，如图 1-33 所示。当电流源开路时，$I=0$，$U=U_0=R_0I_S$；当短路时，$U=0$，$I=I_S$。内阻 R_0 越大，则直线越陡。

当 $R_0=\infty$（相当于并联支路 R_0 断开）时，电流 I 恒等于电流 I_S，是一定值，而其两端的电压 U 则是任意的，由负载电阻 R_L 及电流 I_S 本身确定。这样的电源称为理想电流源或恒流源，其符号及电路模型如图 1-34 所示。它的外特性曲线将是与纵轴平行的一条直线，如图 1-33 所示。

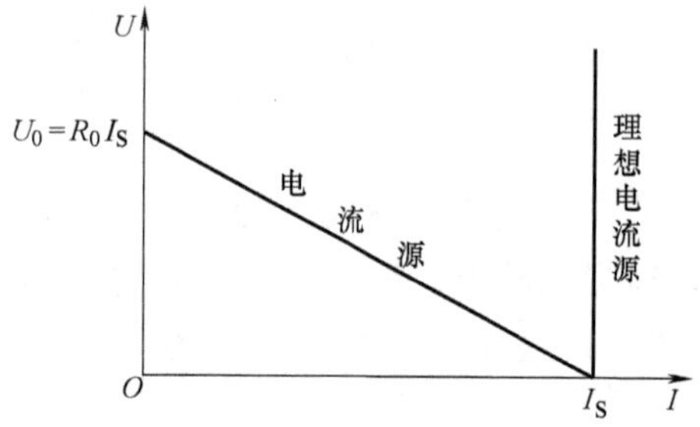

图 1-33 电流源和理想电流源的外特征曲线

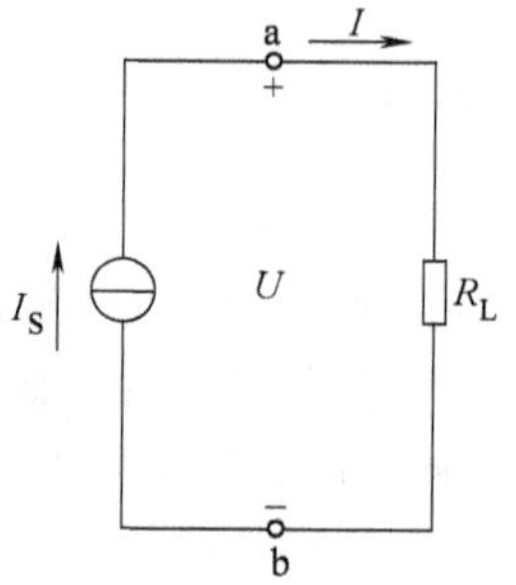

图 1-34 理想电流源电路

3. 电源两种模型的等效变换

电压源模型的外特性和电流源模型的外特性是相通的。因此，电源的两种电路模型相互是等效的，可以等效变换。但是，电压源模型和电流源模型的等效关系只是对外电路而言的，对电源内部不等效，例如当 $R_L=\infty$ 时，电压源的内阻 R_0 不损耗功率，而电流源的内阻 R_0 损耗功率。

上面所讲电源的两种电路模型，一种是电动势为 E 的理想电压源和内阻 R_0 串联的电路；一种是电流为 I_S 的理想电流源和 R_0 并联的电路。一般不限内阻 R_0，只要一个电动势为 E 的理想电压源和某个电阻 R 串联电路，都可以化为一个电流为 I_S 的理想电流源和这个电阻并联的电路，如图 1-35 所示。两者是等效的，其中电源等效变换为

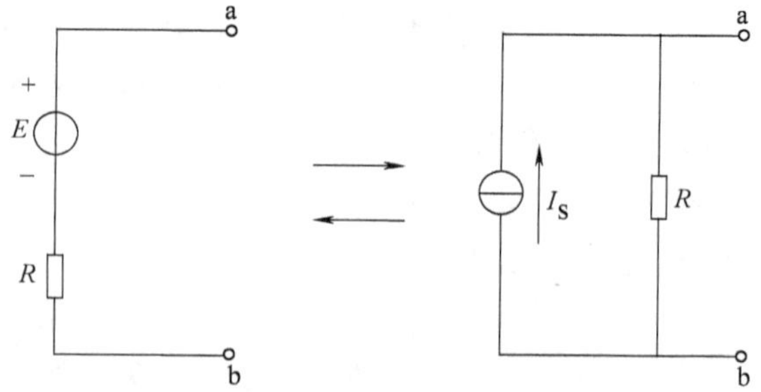

图 1-35 电压源和电流源的等效变换

$$I_S=\frac{E}{R} \quad 或 \quad E=RI_S$$

分析与计算电路时，也可以用这种等效变换的方法。但是理想电压源和理想电流源本身之间没有等效的关系，因为对理想电压源（$R_0=0$）来讲，其短路电流 I_S 为无穷大，对理想

电流源（$R_0=\infty$）来讲，其开路电压 U_0 为无穷大，都不能得到有限的数值，故两者本身之间都不存在等效变换的条件。

例 1-13 试用电压源与电流源等效变换的方法计算图 1-36a 所示电路中 1Ω 电阻上的电流 I。

解 根据图 1-36 所示的变换次序，最后将图 1-36a 所示电路化简为图 1-36f 所示电路，由此可得

$$I=\frac{2}{2+1}\times 3\text{A}=2\text{A}$$

变换时应注意电流源的电流方向和电压源的电压极性。

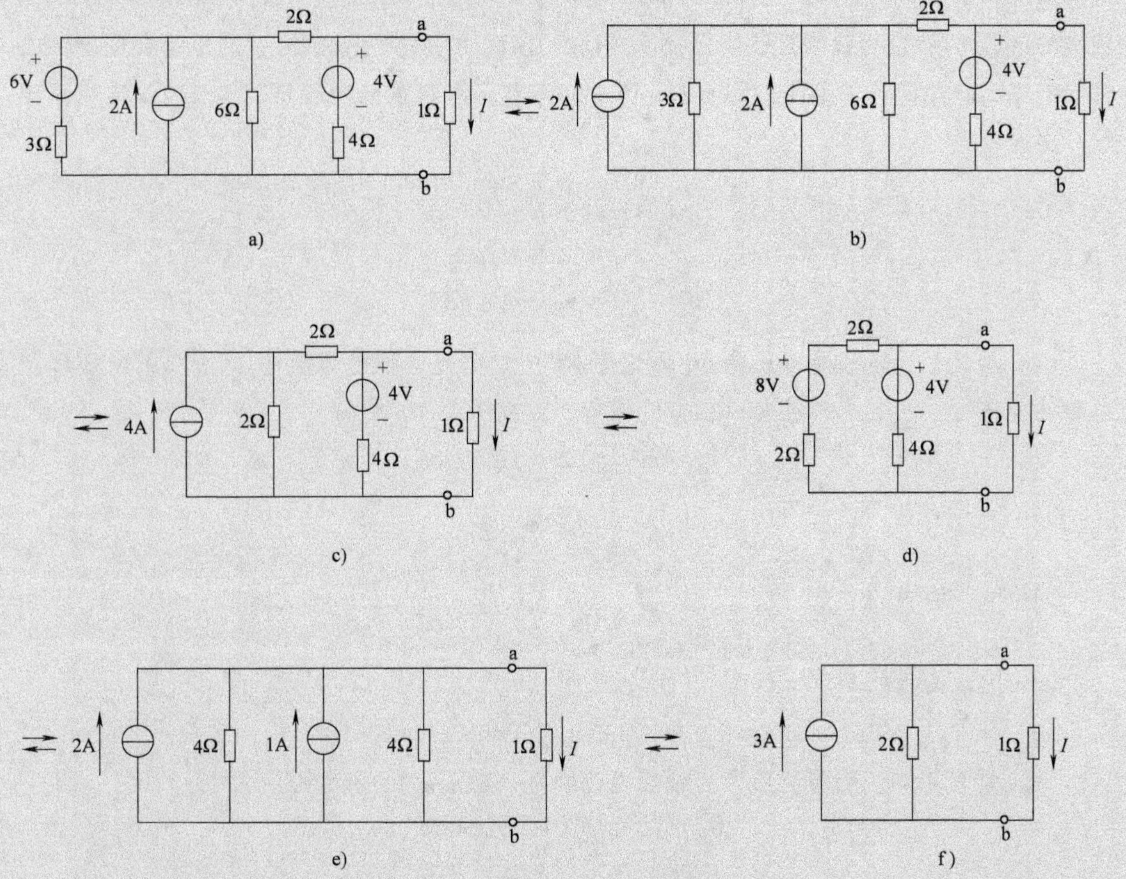

图 1-36 例 1-13 的电路图

例 1-14 电路如图 1-37a 所示，$U_1=10\text{V}$，$I_S=2\text{A}$，$R_1=1\Omega$，$R_2=2\Omega$，$R_3=5\Omega$，$R=1\Omega$。（1）求电阻 R 中的电流 I；（2）计算理想电压源 U_1 中的电流 I_{U1} 和理想电流源 I_S 两端的电压 U_{IS}；（3）分析功率平衡情况。

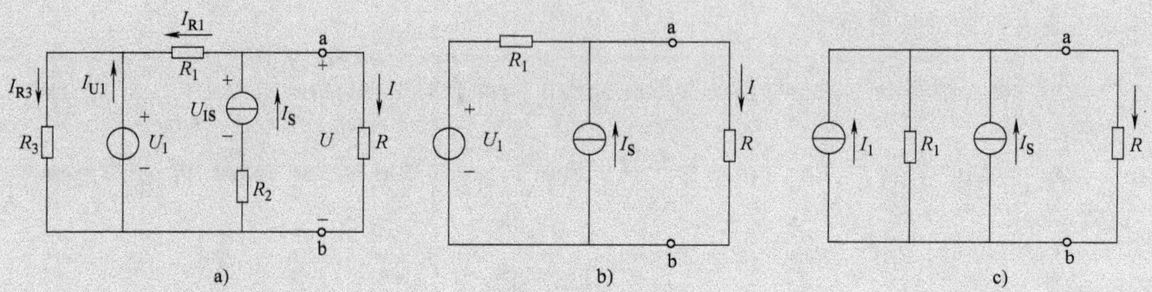

图 1-37 例 1-14 电路图

解 (1) 可将与理想电压源 U_1 并联的电阻 R_3 除去（断开），这不会影响该并联电路两端的电压 U_1；也可将与理想电流源 I_S 串联的电阻 R_2 除去（短路），这也不会影响该支路的电流 I_S。化简后的电路如图 1-37b 所示。将电压源转换为电流源，如图 1-37c 所示电路，由此可得

$$I_1=\frac{U_1}{R_1}=\frac{10}{1}\text{A}=10\text{A}$$

$$I=\frac{I_1+I_S}{2}=\frac{10+2}{2}\text{A}=6\text{A}$$

(2) 应注意，求理想电压源 U_1 和电阻 R_3 中的电流、理想电流源 I_S 两端的电压以及电源的功率时，相应的电阻 R_3 和 R_2 应保留，如在图 1-37a 中有

$$I_{R1}=I_S-I=(2-6)\text{A}=-4\text{A}$$

$$I_{R3}=\frac{U_1}{R_3}=\frac{10}{5}\text{A}=2\text{A}$$

理想电压源中的电流为

$$I_{U1}=I_{R3}-I_{R1}=[2-(-4)]\text{A}=6\text{A}$$

理想电流源两端的电压为

$$U_{IS}=U+R_2I_S=RI+R_2I_S=(1\times6+2\times2)\text{V}=10\text{V}$$

(3) 计算可知，理想电压源与理想电流源都是电源发出的功率，分别为

$$P_{U1}=U_1I_{U1}=10\times6\text{W}=60\text{W}$$

$$P_{IS}=U_{IS}I_S=10\times2\text{W}=20\text{W}$$

各个电阻所消耗的功率分别为

$$P_R=RI^2=1\times6^2\text{W}=36\text{W}$$

$$P_{R1}=R_1I_{R1}^2=1\times(-4)^2\text{W}=16\text{W}$$

$$P_{R2}=R_2I_S^2=2\times2^2\text{W}=8\text{W}$$

$$P_{R3}=R_3I_{R3}^2=5\times2^2\text{W}=20\text{W}$$

电源发出的总功率为 $(60+20)\mathrm{W}=80\mathrm{W}$

电阻消耗的总功率为 $(36+16+8+20)\mathrm{W}=80\mathrm{W}$

二者平衡。

1.3.3 支路电流法

凡不能用电阻串并联化简的电路一般称为复杂电路。在计算复杂电路的各种方法中，支路电流法是最基本的。它是应用基尔霍夫电流定律和基尔霍夫电压定律分别对结点和回路列出方程，求出未知量。

列方程时，必须先在电路图上选定好未知支路电流以及电压或电动势的参考方向。下面以图 1-38 所示的两个电源并联的电路为例来说明支路电流法的应用。在图 1-38 所示电路中，支路数 $b=3$，结点数 $n=2$，共要列出三个独立方程，电动势和电流的参考方向已在图中给出。

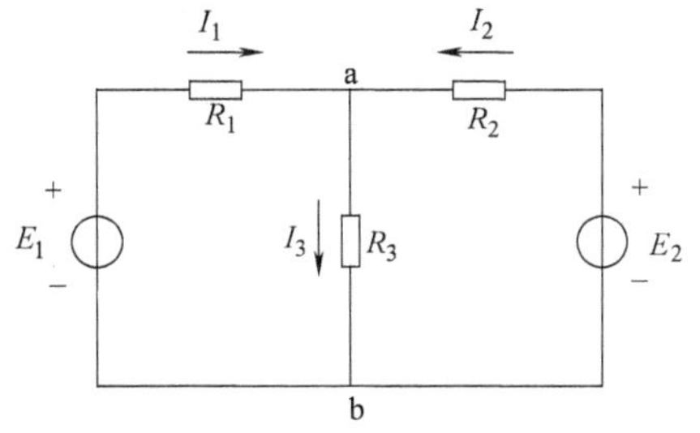

图 1-38 支路电流法

首先，应用基尔霍夫电流定律对结点 a 列出方程，即

$$I_1+I_2-I_3=0 \tag{1-28}$$

对结点 b 列出方程，即

$$I_3-I_1-I_2=0 \tag{1-29}$$

式（1-29）实际上就是式（1-28），它是非独立的方程。因此，对具有两个结点的电路，应用电流定律只能列出 2−1=1 个独立方程。一般来说，对具有 n 个结点的电路应用基尔霍夫电流定律，只能得到 $n-1$ 个独立方程。

其次，应用基尔霍夫电压定律列出其余 $b-(n-1)$ 个方程，通常可取单孔回路（或称网孔）列出。在图 1-38 所示电路中有两个单孔回路。对左面的单孔回路可列出

$$R_1I_1+R_3I_3=E_1 \tag{1-30}$$

对右面的单孔回路可列出

$$R_2I_2+R_3I_3=E_2 \tag{1-31}$$

单孔回路的数目恰好等于 $b-(n-1)$。

应用基尔霍夫电流定律和电压定律共可列出 $(n-1)+[b-(n-1)]=b$ 个独立方程，所以能解出 b 个支路电流。

通过以上分析，对于具有 n 个结点，b 条支路的电流，可总结出应用支路电流法求解电路的步骤为：

1）假定各支路电流的参考方向及网孔绕行方向。

2）根据基尔霍夫电流定律，对 $n-1$ 个结点列电流方程。

3）根据基尔霍夫电压定律，对 $b-(n-1)$ 个回路列电压方程。

4）通过列出的方程解出支路电流。

例 1-15　已知电路如图 1-39 所示，用支路电流法求各支路电流及电流源的端电压 U。

解　在图 1-39 中，设支路电流 I_1、I_2 和 I_3 的参考方向、电流源两端电压 U 参考方向如图 1-39 所示，根据电流源的性质得 $I_3=3\text{A}$。

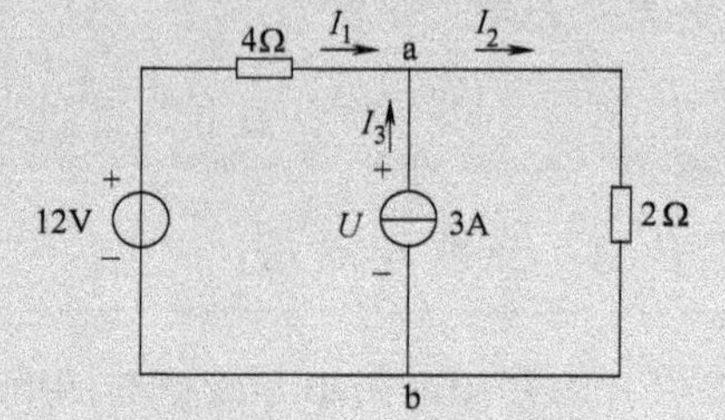

图 1-39　例 1-15 电路图

设网孔绕行方向为顺时针方向。

对节点 a，有　$-I_1+I_2-I_3=0\text{A}$

对回路 1，有　$I_1\times4\Omega+U=12\text{V}$

对回路 2，有　$-U+I_2\times2\Omega=0\text{V}$

得方程组为

$$\begin{cases}-I_1+I_2=3\text{A}\\ I_1\times4\Omega+U=12\text{V}\\ I_2\times2\Omega=U\end{cases}$$

解得　$I_1=1\text{A}$　$I_2=4\text{A}$　$I_3=3\text{A}$　$U=8\text{V}$

注意：对电流源列回路电压方程时，要假定电流源两端的电压方向。

例 1-16　在图 1-40 所示的桥式电路中，中间是一检流计 G，其电阻 R_G 为 10Ω，试求检流计中的电流 I_G。已知：$R_1=R_2=5\Omega$，$R_3=10\Omega$，$R_4=5\Omega$，$E=12\text{V}$。

解　图 1-40 电路中有 6 条支路，4 个结点，即 $b=6$，$n=4$。

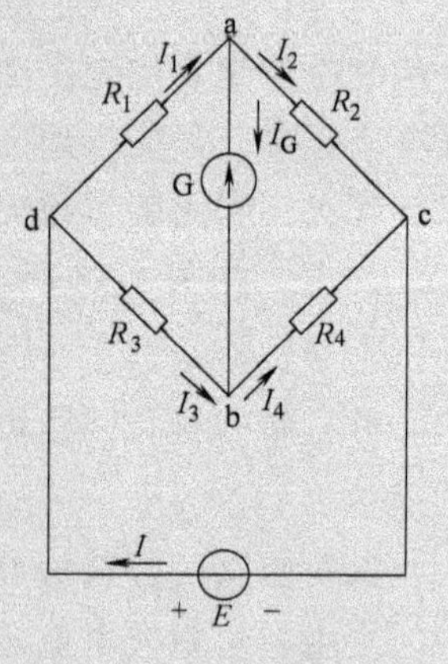

图 1-40　例 1-16 电路

选取 a、b、c 三个结点列电流方程：

对于结点 a，有　$I_1-I_2-I_G=0$

对于结点 b，有　$I_3+I_G-I_4=0$

对于结点 c，有　$I_2+I_4-I=0$

选取 abda、acba 和 dbcd 三个回路列电压方程：

对回路 abda，有　$R_1I_1+R_GI_G-R_3I_3=0$

对回路 acba，有　$R_2I_2-R_4I_4-R_GI_G=0$

对回路 dbcd，有　$E=R_3I_3+R_4I_4$

解上面的 6 个方程得到 I_G 的值为

$$I_G=\frac{E(R_2R_3-R_1R_4)}{R_G(R_1+R_2)(R_3+R_4)+R_1R_2(R_3+R_4)+R_3R_4(R_1+R_2)}\approx0.126\text{A}$$

可见，当支路数较多而只求一条支路的电流时，用支路电流法计算会显得极为繁复，因此这种情况可以采用结点电压法求解。

1.3.4 结点电压法

当电路中支路较多，结点较少时可选其中一个结点作参考点，求出其他结点相对于参考点的电压，进而求出各支路电流。这种方法称为结点电压法。

下面以图 1-41 所示电路为例，讨论如何建立结点电压方程。

设参考点 o 为零电位点，对独立结点 a 和结点 b 分别设结点电压为 U_{n1} 和 U_{n2}，电压方向指向参考点。设支路电流 I_1、I_2 的参考方向如图 1-41 所示。假定流进结点的电流取负，流出结点的电流取正。

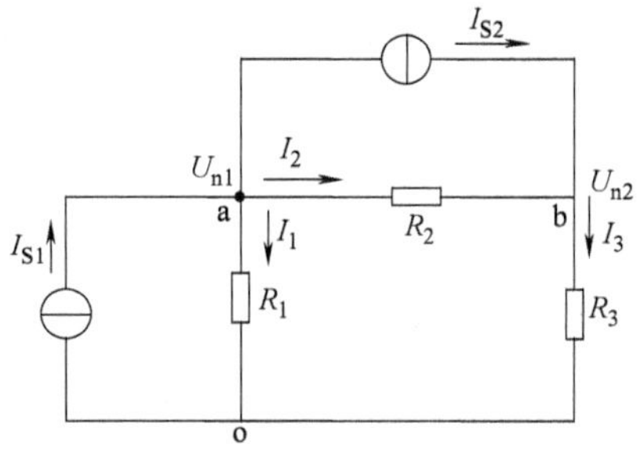

图 1-41 结点电压法电路

对结点 a，有

$$-I_{S1}+I_1+I_2+I_{S2}=0$$

$$-I_{S1}+\frac{U_{n1}}{R_1}+\frac{U_{n1}-U_{n2}}{R_2}+I_{S2}=0$$

整理为

$$\left(\frac{1}{R_1}+\frac{1}{R_2}\right)U_{n1}-\frac{1}{R_2}U_{n2}=I_{S1}-I_{S2}$$

可写为

$$(G_1+G_2)U_{n1}-G_2U_{n2}=I_{S1}-I_{S2}$$

在上面两式中，等号左边第一项中，$\frac{1}{R_1}$、$\frac{1}{R_2}$是连接结点 a 的电阻倒数，所以 G_1、G_2 为自导。等号左边第二项中，$\frac{1}{R_2}$是连接结点 a 和结点 b 之间的电阻倒数，故 G_2 为互导。

对结点 b，有

$$-I_{S2}-I_2+I_3=0$$

$$-I_{S2}-\frac{U_{n1}-U_{n2}}{R_2}+\frac{U_{n2}}{R_3}=0$$

整理为

$$-\frac{U_{n1}}{R_2}+\left(\frac{1}{R_2}+\frac{1}{R_3}\right)U_{n2}=I_{S2}$$

可写为

$$-G_2U_{n1}+(G_2+G_3)U_{n2}=I_{S2}$$

由方程组

$$\begin{cases}(G_1+G_2)U_{n1}-G_2U_{n2}=I_{S1}-I_{S2}\\-G_2U_{n1}+(G_2+G_3)U_{n2}=I_{S2}\end{cases} \tag{1-32}$$

可先求出结点电压，再求支路电流。

通过以上分析，可总结出应用结点电压法求解电路的步骤为：

1）选定参考结点，设参考结点的电位为 0，标定其余 $n-1$ 个独立结点的结点电压，结点电压的方向指向参考点。

2）对 $n-1$ 个独立结点，以结点电压作为未知量表示相应支路的电流，根据基尔霍夫电流定律列写其方程。

3）通过列出的方程求出结点电压和支路电流。

例 1-17 用结点电压法计算图 1-42 所示电路中各支路的电流。已知 $R_1=4\Omega$，$R_2=6\Omega$，$R_3=2\Omega$，$R_4=3\Omega$。

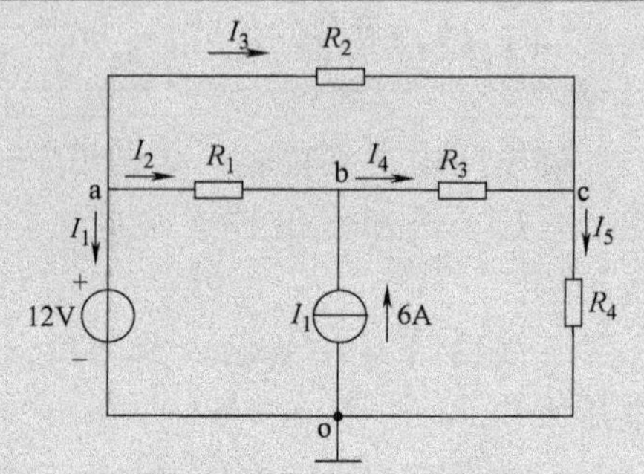

图 1-42 例 1-17 电路图

解 图 1-42 中，选取 o 点为参考结点，即 $V_o=0$，设结点 a、b、c 的结点电压分别为 U_a、U_b、U_c。

对于 a 点，有 $U_a=12\text{V}$

对于 b 点，有 $$U_b\left(\frac{1}{R_1}+\frac{1}{R_3}\right)-U_a\frac{1}{R_1}-U_c\frac{1}{R_3}=6\text{A}$$

对于 c 点，有 $$U_c\left(\frac{1}{R_2}+\frac{1}{R_3}+\frac{1}{R_4}\right)-U_a\frac{1}{R_2}-U_b\frac{1}{R_3}=0\text{A}$$

上述三个方程联立求解得 $U_b=20\text{V}$，$U_c=12\text{V}$

再根据各支路伏安关系得

$$I_2=\frac{U_a-U_b}{R_1}=-2\text{A}\qquad I_3=\frac{U_a-U_c}{R_2}=0\text{A}\qquad I_4=\frac{U_b-U_c}{R_3}=4\text{A}$$

$$I_5=\frac{U_c}{R_4}=4\text{A}\qquad I_1=-I_2-I_3=2\text{A}$$

1.3.5 叠加定理

对于线性电路来说，任何一条支路中的电流都可以看成是由电路中各个电源（电压源或电流源）单独作用时在此支路中所产生的电流的代数和，这就是叠加原理。

例如求图 1-43a 所示电路中各支路的电流，若采用叠加定理求解，则各支路电流等于 E_1 单独作用（见图 1-43b）各支路所产生的电流与 E_2 单独作用（见图 1-43c）各支路所产生的电流的代数和。

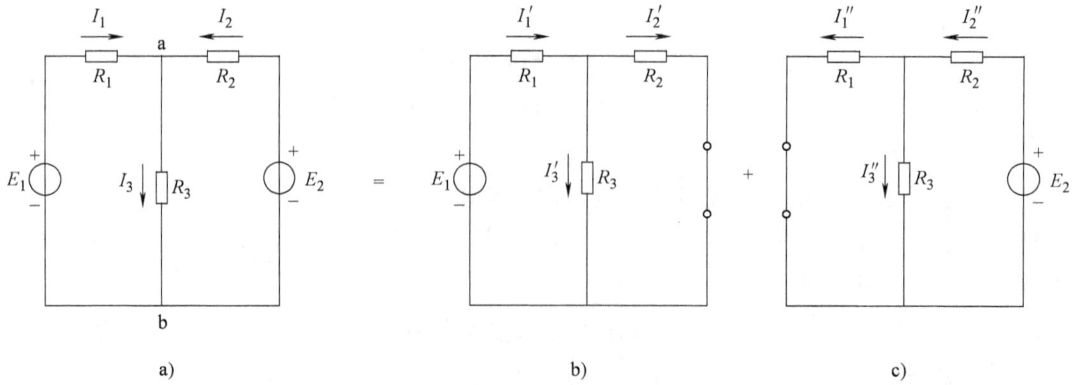

图 1-43 叠加定理

E_1 单独作用时，有

$$I_1' = \frac{E_1}{R_1+(R_2/\!/R_3)} = \frac{R_2+R_3}{R_1R_2+R_2R_3+R_3R_1}E_1$$

E_2 单独作用时，有

$$I_1'' = \frac{R_3}{R_1+R_3} \times \frac{E_2}{R_2+(R_1/\!/R_3)} = \frac{R_3}{R_1R_2+R_2R_3+R_3R_1}E_2$$

则

$$I_1 = I_1' - I_1'' = \frac{R_2+R_3}{R_1R_2+R_2R_3+R_3R_1}E_1 - \frac{R_3}{R_1R_2+R_2R_3+R_3R_1}E_2$$

同理

$$I_2 = -I_2' + I_2'' \qquad I_3 = I_3' + I_3''$$

叠加定理在使用时应注意：

1）叠加定理只适用于线性电路。

2）所谓电路中各个电源单独作用，就是将电路中其他电源置 0，即电压源短路，电流源开路。

3）叠加定理是线性关系的可加性，因为功率与电压或电流是平方关系，所以功率的计算不能用叠加原理，即

$$P = RI^2 = R(I'+I'')^2 \neq RI'^2 + RI''^2$$

4）电压和电流叠加时要注意各分量的参考方向。

5）叠加方式是任意的，可以一次只有一个独立源单独作用，也可以一次有几个独立源同时作用，这取决于如何使分析计算简便。

例 1-18 用叠加原理计算图 1-44 所示电路中电阻 R_3 上的电流 I_3。已知：$R_1 = 6\Omega$，$R_2 = 2\Omega$，$R_3 = 3\Omega$，$I_S = 10\text{A}$，$E = 6\text{V}$。

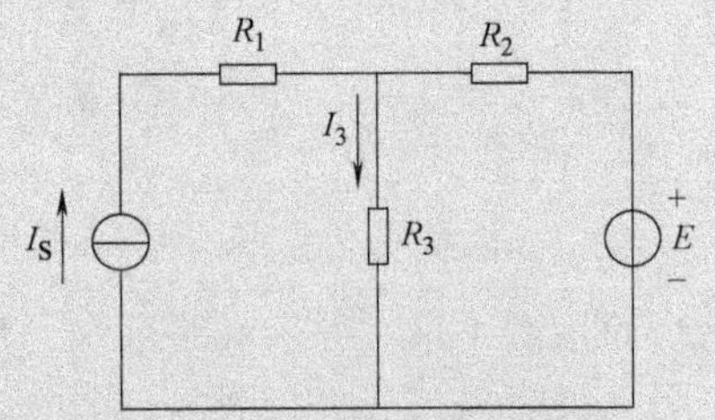

图 1-44 例 1-18 电路图

解 利用叠加定理求解电路如图 1-45 所示。

图 1-45b 中，电流源 I_S 单独作用，电压源 E 短路，则

$$I_3' = \frac{R_2}{R_2+R_3}I_S = \frac{2}{2+3} \times 10\text{A} = 4\text{A}$$

图 1-45c 中，电压源 E 单独作用，电流源 I_S 开路，则

$$I_3'' = \frac{E}{R_2+R_3} = \frac{6}{2+3}\text{A} = 1.2\text{A}$$

由叠加定理可得

$$I_3 = I_3' + I_3'' = 5.2\text{A}$$

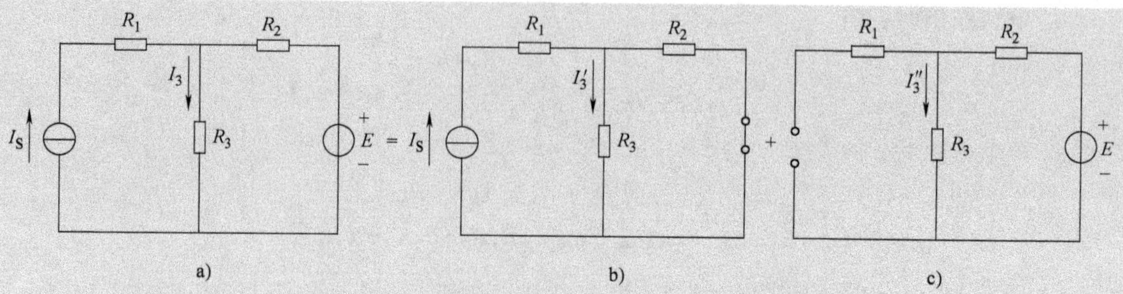

图 1-45 使用叠加定理求解例 1-18 电路图

例 1-19 电路如图 1-46a 所示，$E=12V$，$R_1=R_2=R_3=R_4$，$U_{ab}=10V$。若将理想电压源除去后（见图 1-46b），试问这时 U_{ab} 等于多少？

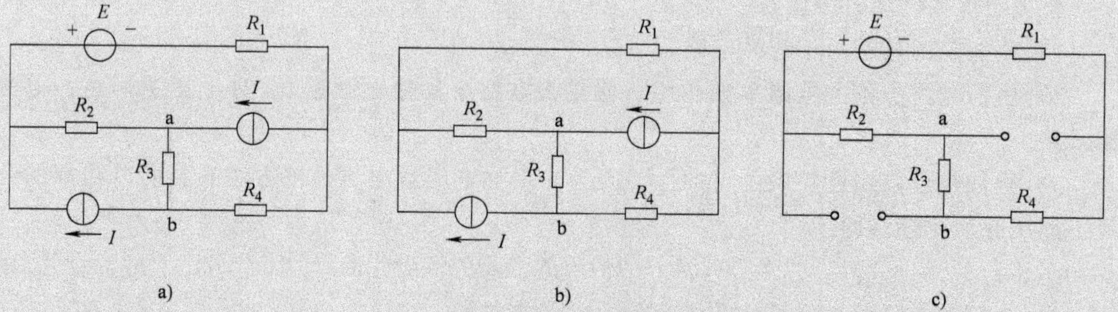

图 1-46 例 1-19 电路图

分析 逆向使用叠加原理，分别求出 E 和 I 对电路的作用，根据叠加原理来分割电路时，电压源看作短路、电流源看作开路。

解 将图 1-46a 所示电路分解为图 1-46b 和图 1-46c 所示两个电路的叠加，设图 1-46b 中 a、b 两点间电压为 U'_{ab}，图 1-46c 中 a、b 两点间电压为 U''_{ab}，则根据叠加定理有

$$U_{ab}=U'_{ab}+U''_{ab}$$

而由图 1-46c 所示电路可知，$R_1\sim R_4$ 此时为串联，由分压公式，可得

$$U''_{ab}=\frac{R_3}{R_1+R_2+R_3+R_4}E=\frac{1}{4}\times 12V=3V$$

于是

$$U'_{ab}=U_{ab}-U''_{ab}=(10-3)V=7V$$

1.3.6 戴维南定理及诺顿定理

计算复杂电路中的某一支路电压、电流及功率时，为使计算简便些，常常应用等效电源定理，该定理包括戴维南定理和诺顿定理。

等效电源定理是简化线性有源二端网络和分析电路的一个重要定理。凡是具有两个接线端子的电路，不管其复杂程度如何，均可称为二端网络；如果线性二端网络内部含有电源就

称为线性有源二端网络。将有源二端网络中的电源置零，即电压源短路，电流源开路，所得到的网络即为无源二端网络，如图 1-47 所示。等效电源定理表示为：任何一个线性有源二端网络，对于其外部电路来说，总可以用一个等效电源模型来代替。等效电源分为等效电压源和等效电流源。其中，用电压源来等效代替有源二端网络的分析方法称为戴维南定理；用电流源来等效代替有源二端网络的分析方法称为诺顿定理。

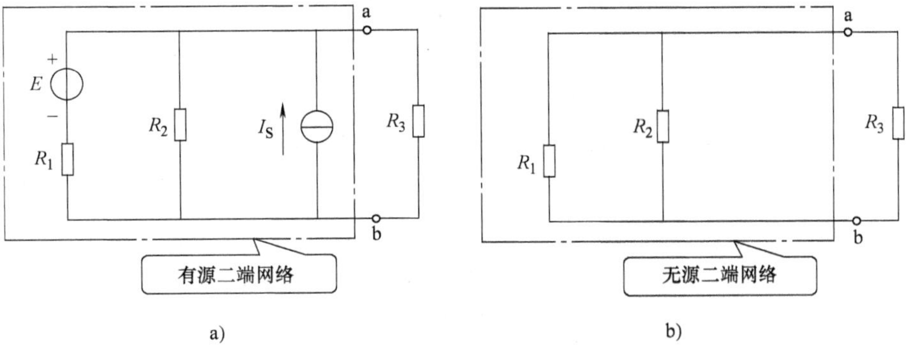

图 1-47　有源二端网络和无源二端网络

a）有源二端网络　b）无源二端网络

1. 戴维南定理

戴维南定理指出：任何一个线性有源二端网络都可以用一个电动势为 E 的理想电压源和一个电阻 R_0 的串联来等效。电压源的电压等于有源二端网络的开路电压，即将负载断开后二端网络两端之间的电压。所串联的电阻 R_0 等于该有源二端网络除源后所得到的无源二端网络两端之间的等效电阻，如图 1-48 所示。

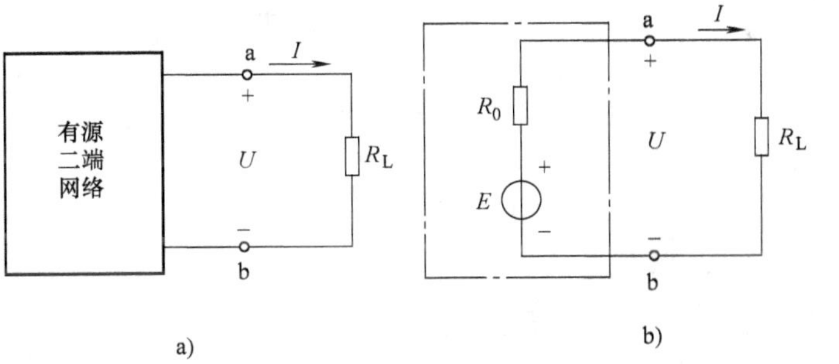

图 1-48　戴维南等效电路

图 1-48b 所示的等效电路是一个最简单的电路，其中电流 I 为

$$I=\frac{E}{R_0+R_L} \tag{1-33}$$

注意：“等效”是指对二端网络端子外电路等效。即用等效电源替代原来的二端网络后，待求支路的电压、电流不变。

例 1-20　电路如图 1-49a 所示，已知 $E_1=40\text{V}$，$E_2=20\text{V}$，$R_1=R_2=4\Omega$，$R_3=13\Omega$，试用戴维南定理求电流 I_3。

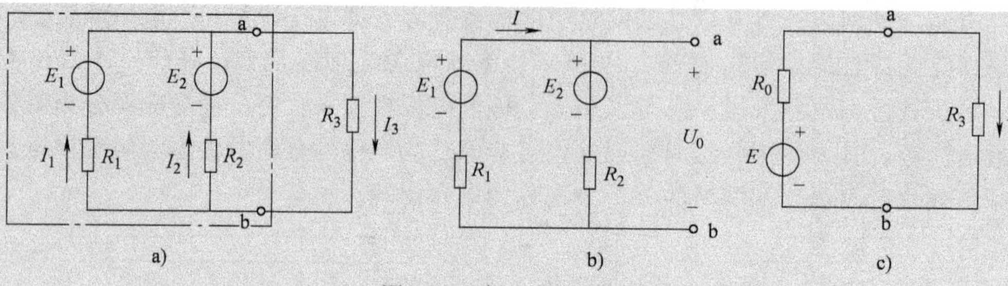

图 1-49 例 1-20 电路图

解 （1）将待求支路断开，如图 1-49b 所示，求等效电源的电动势 E，即

$$I=\frac{E_1-E_2}{R_1+R_2}=\frac{40-20}{4+4}\text{A}=2.5\text{A}$$

$$E=U_0=E_2+IR_2=(20+2.5\times4)\text{V}=30\text{V}$$

或

$$E=U_0=E_1-IR_1=(40-2.5\times4)\text{V}=30\text{V}$$

（2）求等效电源的内阻 R_0，先从 a、b 两端看进去，再将 E_1、E_2 短路，则 R_1 和 R_2 并联，所以

$$R_0=\frac{R_1\times R_2}{R_1+R_2}=2\Omega$$

（3）画出等效电路，如图 1-49c 所示，求得电流 I_3 为

$$I_3=\frac{E}{R_0+R_3}=\frac{30}{2+13}\text{A}=2\text{A}$$

例 1-21 应用戴维南定理计算图 1-50 所示电路中通过 1Ω 电阻的电流 I。

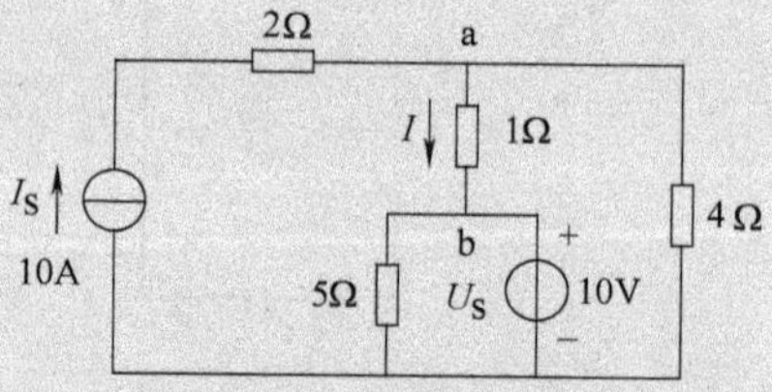

图 1-50 例 1-21 电路图

解 用戴维南定理将 1Ω 电阻除去（断开），得到有源二端网络 ab，如图 1-51a 所示。

首先求二端网络开路电压，由基尔霍夫电压定律得

$$U_0=I_S\times4\Omega-U_S$$

$$U_0=(10\times4-10)\text{V}=30\text{V}$$

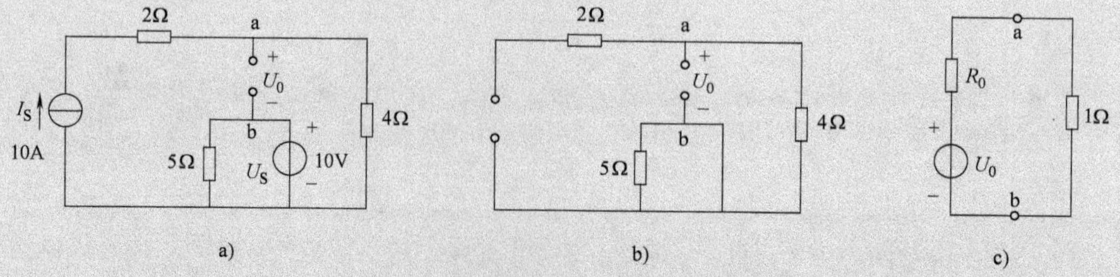

图 1-51 使用戴维南定理求解例 1-21 电路图

将二端网络 ab 中所有电源置零（10A 电流源开路，10V 电压源短路），保留所有电阻，得到对应的无源二端网络，如图 1-51b 所示，其等效内阻为

$$R_0 = 4\Omega$$

画出戴维南等效电路，如图 1-51c 所示。所以负载 1Ω 电阻中的电流为

$$I = \frac{U_0}{R_0 + 1} = \frac{30}{4+1}\text{A} = 6\text{A}$$

2. 诺顿定理

诺顿定理是指任何一个有源二端线性网络都可以用一个电流为 I_S 的理想电流源和内阻 R_0 并联来等效。理想电流源的电流 I_S 就是有源二端网络的短路电流，即将二端网络的两端短接后流过短接导线的电流。等效电源的内阻 R_0 等于有源二端网络中所有电源均除去后所得无源二端网络两端之间的等效电阻，如图 1-52 所示。

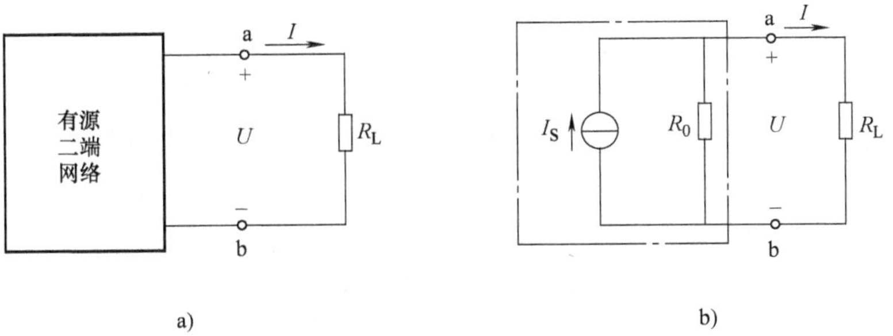

图 1-52　诺顿等效电路

图 1-52b 所示的等效电路电流为

$$I = \frac{R_0}{R_0 + R_L} I_S \tag{1-34}$$

例 1-22　用诺顿定理计算图 1-53 所示电路中的电流 I_3。已知：$R_1 = 1\Omega$，$R_2 = 2\Omega$，$R_3 = 3\Omega$，$E = 6\text{V}$，$I_S = 10\text{A}$。

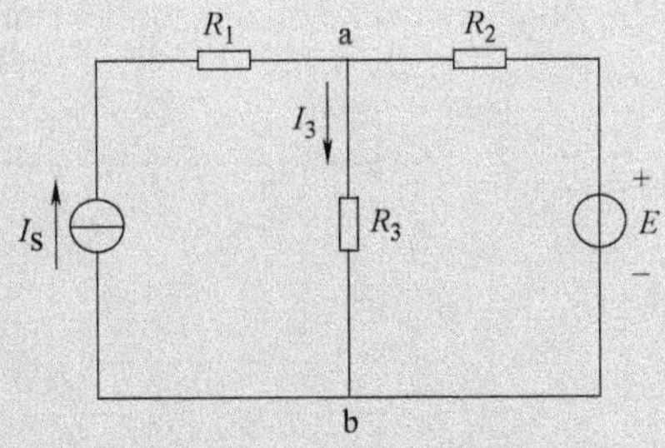

图 1-53　例 1-22 电路图

解　利用诺顿定理，断开支路，将有源二端网络等效成电流源模型，在图 1-54a 所示电路中，计算电流源的电流 I_S'，有

$$I_S' = I_S + \frac{E}{R_2} = \left(10 + \frac{6}{2}\right)\text{A} = 13\text{A}$$

在图 1-54b 所示电路中，将电压源短路，电流源开路，计算 a、b 两端间电流源的等效电阻 R_0，有

$$R_0 = R_2 = 2\Omega$$

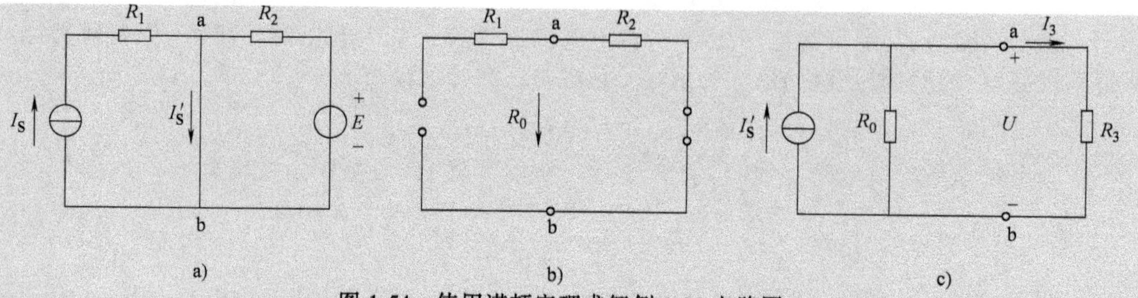

图 1-54　使用诺顿定理求解例 1-22 电路图

图 1-54c 所示电路为应用诺顿定理而成的等效电路，支路电流 I_3 为

$$I_3=\frac{R_0}{R_0+R_3}I'_S=\frac{2}{2+3}\times 13\text{A}=5.2\text{A}$$

1.3.7　受控源电路的分析

1.3.2 节至 1.3.6 节讨论的电压源和电流源都是独立电源。独立电源，是指电压源的电压或电流源的电流不受外电路的控制而独立存在。但在电子电路中还将会遇到另一种类型的电源，这类电压源的电压和电流源的电流是受电路中其他部分的电流或电压控制的，这种电源称为受控电源。当控制的电压或电流消失或等于零时，受控电源的电压或电流也将为零。

根据受控电源是电压源还是电流源，以及受控电源是受电压控制还是受电流控制，受控电源可分为电压控制电压源（VCVS）、电流控制电压源（CCVS）、电压控制电流源（VCCS）和电流控制电流源（CCCS）四种类型。四种理想受控电源的模型如图 1-55 所示。

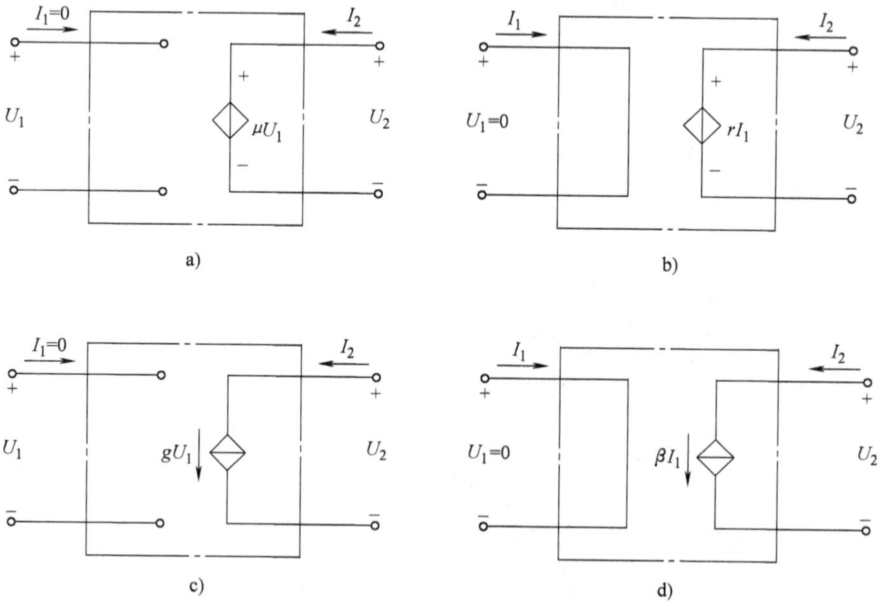

图 1-55　理想受控电源模型

a）VCVS　b）CCVS　c）VCCS　d）CCCS

理想受控电源的控制端（输入端）和受控端（输出端）都是理想的。在控制端，对于电压控制的受控电源，其输入端电阻为无穷大（$I_1=0$）；对于电流控制的受控电源，其输入端电阻为零（$U_1=0$），这样控制端消耗的功率为零。在受控端，对于受控电压源，其输出端电阻为零，输出电压恒定；对于受控电流源，其输出端电阻为无穷大，输出电流恒定，这点和理想独立电压源、理想独立电流源相同。

如果受控电源的电压或电流和控制它们的电压或电流之间有正比关系，则这种控制作用是线性的，即图 1-55 中的系数 μ、r、g 及 β 都是常数。其中 μ 和 β 量纲为 1，r 具有电阻的量纲，g 具有电导的量纲。在电路图中，受控电源用正菱形表示，以便与独立电源的圆形符号相区别。

对含有受控电源的线性电路，也可以用 1.3.1 节～1.3.6 节所讲的电路分析方法进行分析与计算。

例 1-23 求图 1-56 所示电路中的电压 U。

解 利用支路电流法求解，由基尔霍夫定律列方程

$$I_1+10\text{A}=I_2$$

$$I_1\times6\Omega+I_2\times4\Omega=20\text{V}$$

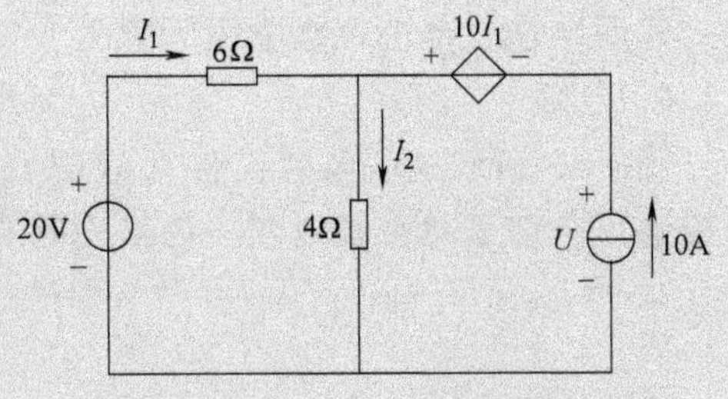

图 1-56 例 1-23 电路图

以上两个方程联立可求出

$$I_1=-2\text{A}\qquad I_2=8\text{A}$$

则电流源两端的电压为

$$U=-I_1\times10\Omega+I_2\times4\Omega=52\text{V}$$

1.4 电路的暂态分析

电路的暂态是指电路从一个稳定工作状态进入另一个稳定状态之间的过程。仅含有电阻元件的电路在任一时刻的电流、电压仅决定于该时刻的电路中各电源电压、电流的数值，而与该时刻以前的电源电压、电流无关。所以这种电路中是没有暂态过程的。但一般的电路中也会含有电感、电容元件，它们都能储存能量，所以当电路因电源激励、电路参数变化或开关操作等任何原因而使其稳态发生变化时，具有电感、电容元件的电路都要经历暂态过程。

电路的暂态分析在电工技术中有着重要的意义。电力系统本身就是含有多种元器件的电路，在各种激励、扰动和操作下，电路中的暂态行为与其设计、运行都有着密切的关系。对在暂态中可能出现的过电压、过电流必须有预防或保护措施，以免造成危害；在多种的自动控制系统中，电路往往是系统中的环节，其暂态行为常直接关系到系统工作情况的品质，所以电路的暂态分析与控制系统的分析是紧密相关的。这使得电路的暂态分析成为与多方面技术有密切关系的电工理论的重要部分。

1.4.1 电阻、电感和电容

1. 电阻

在图 1-57 所示电路中，u 和 i 的参考方向相同，根据欧姆定律有

$$u=Ri \tag{1-35}$$

因此得出电阻元件的参数

$$R=\frac{u}{i}$$

称为电阻，它具有对电流起阻碍作用的物理性质。

将式（1-35）两边乘以 i 并积分，则得

$$\int_0^t ui\mathrm{d}t = \int_0^t Ri^2\mathrm{d}t \tag{1-36}$$

上式表明电能全部消耗在电阻元件上，被转换为热能，所以电阻元件是耗能元件。

2. 电感

图 1-58 所示是一电感元件（线圈），其上电压为 u。当通过电流 i 时，将产生磁通 Φ。设磁通可全部通过每匝线圈，如果线圈有 N 匝，则电感元件的参数为

$$L=\frac{N\Phi}{i} \tag{1-37}$$

称为电感或自感。线圈的匝数愈多，其电感越大；线圈中单位电流产生的磁通越大，电感也越大。

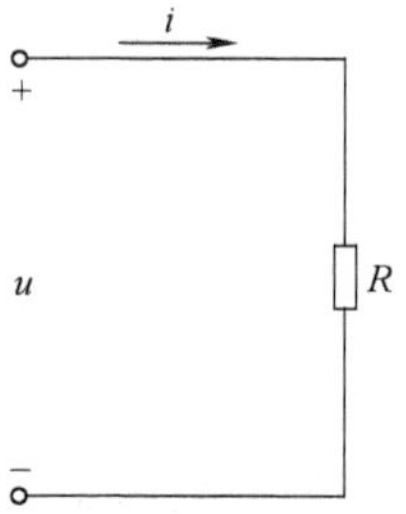

图 1-57 电阻元件

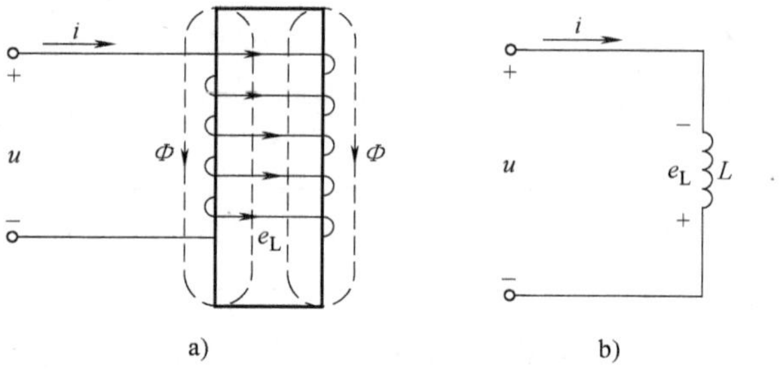

图 1-58 电感元件

电感的单位是亨利（H）或毫亨（mH）。磁通的单位是韦伯（Wb）。

当电感元件中磁通 Φ 或电流 I 发生变化时，则在电感元件中产生的感应电动势为

$$e_L=-N\frac{\mathrm{d}\Phi}{\mathrm{d}t}=-L\frac{\mathrm{d}i}{\mathrm{d}t}$$

并根据基尔霍夫电压定律可写出

$$u+e_L=0 \tag{1-38}$$

或

$$u=-e_L=L\frac{\mathrm{d}i}{\mathrm{d}t} \tag{1-39}$$

当线圈中通过恒定电流时，其上电压 u 为零，故此时电感元件可视为短路。

将式（1-39）两边乘以 i 并积分，则得

$$\int_0^t ui\mathrm{d}t = \int_0^i Li\mathrm{d}i = \frac{1}{2}Li^2$$

上式表明当电感元件中的电流增大时，磁场能量也增大；在此过程中电能转换为磁能，即电感元件从电源取用能量。$\frac{1}{2}Li^2$ 就是电感元件中的磁场能量。当电流减小时，磁场能量减小，磁能转换为电能，即电感元件向电源放还能量。可见电感元件不消耗能量，是储能元件。

3. 电容

图 1-59 所示是电容元件，其参数为

$$C=\frac{q}{u} \tag{1-40}$$

称为电容，它的单位是法拉（F）。由于法拉这个单位太大，工程上多采用微法（μF）或皮法（pF）。1μF = 10^{-6}F，1pF = 10^{-12}F。当电容元件上电荷量 q 或电压 u 发生变化时，在该电容支路中引起电流为

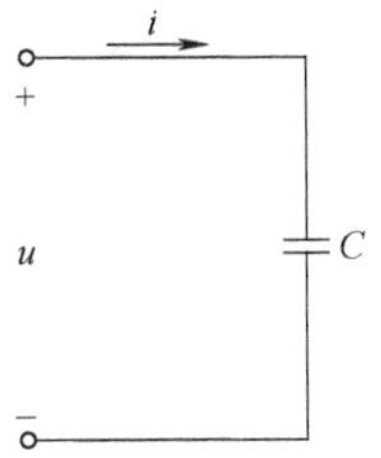

图 1-59 电容

$$i=\frac{\mathrm{d}q}{\mathrm{d}t}=C\frac{\mathrm{d}u}{\mathrm{d}t} \tag{1-41}$$

式（1-41）是在 u 和 i 的参考方向相同的情况下得出的，否则要加一个负号。

当电容元件两端加恒定电压时，其中电流 i 为零，故电容元件可视为开路。

将式（1-41）两边乘以 u 并积分，则得

$$\int_0^t ui\mathrm{d}t = \int_0^u Cu\mathrm{d}u = \frac{1}{2}Cu^2 \tag{1-42}$$

式（1-42）表明，当电容元件上的电压增高时，电场能量增大，在此过程中电容元件从电源取用能量（充电）。$\frac{1}{2}Cu^2$ 就是电容元件中的电场能量。当电压降低时，电场能量减小，即电容元件向电源放还能量（放电）。可见电容元件也是储能元件。

本节所讲的都是线性元件。R，L 和 C 都是常数，即相应的 u 和 i、Φ 和 i 及 q 和 u 之间都是线性关系。

1.4.2 换路定则

电路的接通、断开、短路、电压改变或参数改变等称为换路，换路使电路中的能量发生变化，但能量是不能跃变的，否则将使电路功率达到无穷大，这在实际上是不可能的。因此，电感元件中储有的磁能$\frac{1}{2}Li_{\mathrm{L}}^2$ 不能跃变，这说明电感元件中的电流 i_{L} 不能跃变；电容元件中储有的电能$\frac{1}{2}Cu_{\mathrm{C}}^2$ 不能跃变，这说明在电容元件上的电压 u_{C} 不能跃变。可见电路的暂态过程是由于储能元件的能量不能跃变产生的。

设 $t=0$ 为换路瞬间，而以 $t=0_-$ 表示换路前的终了瞬间，$t=0_+$ 表示换路后的初始瞬间。虽然 0_- 和 0_+ 在数值上都等于 0，但前者是指 t 从负值趋近于零，后者是指 t 从正值趋近于零。从 $t=0_-$ 到 $t=0_+$ 瞬间，电感元件中的电流和电容元件上的电压不能跃变，这称为换路定

则，如用公式表示则可写为

$$\begin{cases} i_L(0_-)=i_L(0_+) \\ u_C(0_-)=u_C(0_+) \end{cases} \tag{1-43}$$

换路定则仅适用于换路瞬间，可根据它来确定 $t=0_+$时电路中电压和电流之值，即暂态过程的初始值。

确定各个电压和电流的初始值步骤如下：

(1) $u_C(0_+)$、$i_L(0_+)$ 初始值的确定

1）先由 $t=0_-$的电路求出 $u_C(0_-)$、$i_L(0_-)$。

2）根据换路定则求出 $u_C(0_+)$、$i_L(0_+)$。

(2) 其他电压和电流初始值的确定

1）由 $t=0_+$时的电路求其他电压和电流的初始值。

2）在 $t=0_+$时的电压方程中 $u_C=u_C(0_+)$；在 $t=0_+$时的电流方程中 $i_L=i_L(0_+)$。

例 1-24 电路如图 1-60a 所示，已知换路前电路处于稳态，C、L 均未储能，求电路中各电压和电流的初始值。

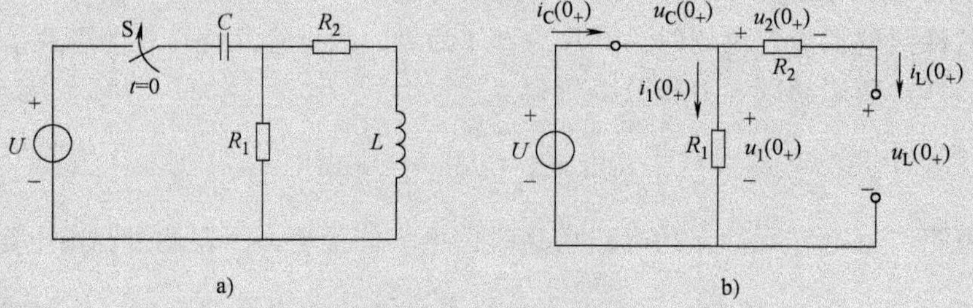

图 1-60 例 1-24 电路图

a）换路前 b）$t=0_+$等效电路

解 (1) 图 1-60a 所示电路为换路前电路，在 $t=0_-$电路中求 $u_C(0_-)$、$i_L(0_-)$。

由已知条件可得 $u_C(0_-)=0 \quad i_L(0_-)=0$

根据换路定则得 $u_C(0_+)=u_C(0_-)=0 \quad i_L(0_+)=i_L(0_-)=0$

(2) 图 1-60b 所示电路为换路后电路，由 $t=0_+$电路，求其余各电流、电压的初始值。

由于 $u_C(0_-)=0$，换路瞬间电容元件可视为短路，由于 $i_L(0_-)=0$，换路瞬间电感元件可视为开路。

$i_C(0_+)=i_1(0_+)=\dfrac{U}{R_1}$，$i_C(0_-)=0$，电容元件上的电流产生突变。

$u_L(0_+)=u_1(0_+)=U$，$u_L(0_-)=0$，电感元件上的电压产生突变。

$u_2(0_+)=0$

通过以上分析，可得如下结论：

1）换路瞬间，u_C、i_L 不能跃变，但其他电量均可以跃变。

2）换路前，若储能元件没有储能，换路瞬间，即在 $t=0_+$ 的等效电路中，可将电容元件视为短路，电感元件视为开路。

3）换路前，若 $u_C(0_-)\neq 0$，换路瞬间，即在 $t=0_+$ 的等效电路中，电容元件可用一理想电压源替代，其电压为 $u_C(0_+)$；换路前，若 $i_L(0_-)\neq 0$，换路瞬间，即在 $t=0_+$ 的等效电路中，电感元件可用一理想电流源替代，其电流为 $i_L(0_+)$。

1.4.3 RC 电路的响应

1. RC 电路零状态响应

所谓 RC 电路的零状态，是指换路前电容元件没有储能，即 $u_C(0_-)=0$。在此条件下，由电源激励所产生的电路的响应，称为零状态响应。

分析 RC 电路的零状态响应，实际上就是分析它的充电过程。图 1-61 所示是一个 RC 串联电路。在 $t=0$ 时将开关 S 合到位置 1 上，电路即与一恒定电压为 U 的电压源接通，电容元件开始充电，其上电压为 u_C。

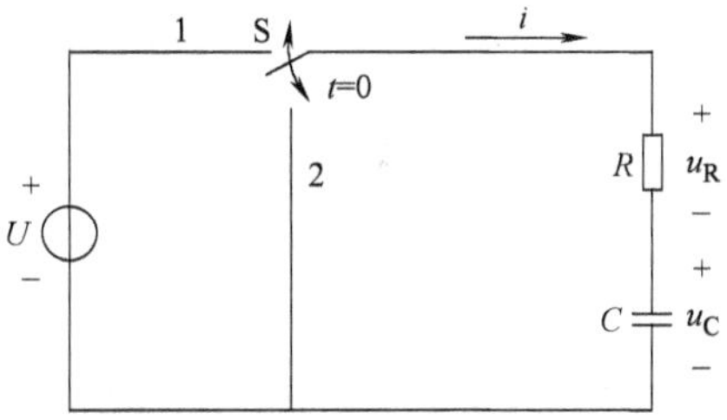

图 1-61 RC 电路

根据基尔霍夫电压定律，列出 $t\geq 0$ 时电路的微分方程，有

$$U=Ri+u_C=RC\frac{du_C}{dt}+u_C \tag{1-44}$$

上式的通解有两个部分：一个是特解 u_C'，一个是补函数 u_C''。特解取电路的稳态值，或称稳态分量，即

$$u_C'=u_C(\infty)=U$$

补函数是齐次微分方程

$$RC\frac{du_C}{dt}+u_C=0$$

的通解，即为暂态分量，其式为

$$u_C''=Ae^{pt}$$

代入上式，得特征方程

$$RCp+1=0$$

其根为

$$p=-\frac{1}{RC}=-\frac{1}{\tau}$$

式中，$\tau=RC$，它具有时间的量纲，所以称为 RC 电路的时间常数。

因此，式（1-44）的通解为

$$u_C=u_C'+u_C''=U+Ae^{-\frac{t}{\tau}}$$

设换电路前电容元件未储能，即初始值 $u_C(0_+)=0$，则 $A=-U$，于是得

$$u_C = u_C' + u_C'' = U(1-e^{-\frac{t}{\tau}}) \tag{1-45}$$

其随时间的变化曲线如图 1-62a 所示。

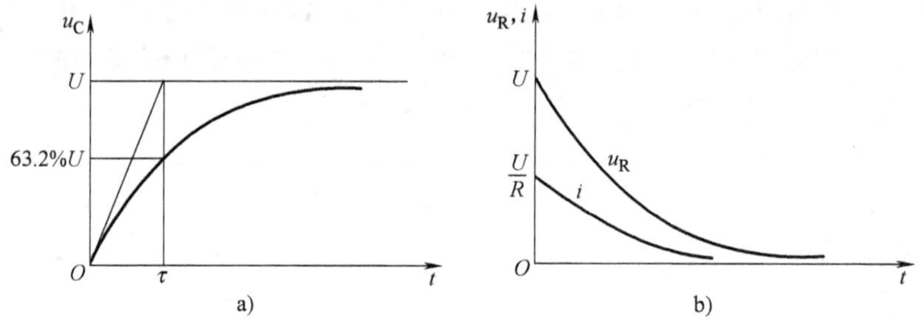

图 1-62 *RC* 电路零状态响应

a）u_C 变化曲线 b）u_R 和 i 变化的曲线

当 $t=\tau$ 时

$$u_C = U(1-e^{-1}) = U\left(1-\frac{1}{2.718}\right) = U(1-0.368) = 63.2\%U$$

即从 $t=0$ 经过一个 τ 的时间 u_C 增长到稳态值 U 的 63.2%。

从理论上讲，电路只有经过 $t=\infty$ 的时间才能达到稳态。但实际上经过 $t=5\tau$ 的时间，就足可以认为电路达到稳态了。这时

$$u_C = U(1-e^{-5}) = U(1-0.007) = 99.3\%U$$

时间常数 τ 越大，u_C 增长越慢。因此，改变电路的时间常数，也就是改变 R 或 C 的数值，就可以改变电容元件充电的快慢。

$t \geqslant 0$ 时电容元件充电电路中的电流也可求出，其计算方法为

$$i = C\frac{du_C}{dt} = \frac{U}{R}e^{-\frac{t}{\tau}} \tag{1-46}$$

由此也可得出电阻元件 R 上的电压，即

$$u_R = Ri = Ue^{-\frac{t}{\tau}} \tag{1-47}$$

所求 u_R 和 i 随时间变化的曲线如图 1-62b 所示。

综上所述，可将计算线性电路暂态过程的步骤归纳如下：

1）按换路后的电路列出微分方程式。

2）求出微分方程式的特解，即稳态分量。

3）求微分方程的补函数，即暂态分量。

4）按照换路定则确定暂态过程的初始值，从而定出积分常数。

分析较为复杂的电路的暂态过程时，也可以应用戴维南定理或诺顿定理将换路后的电路化简为一个简单电路（如图 1-61 所示的一个 *RC* 串联电路），而后利用由上述方法给出的式子予以分析。

例 1-25 在图 1-63a 所示的电路中，$U=9V$，$R_1=6k\Omega$，$R_2=3k\Omega$，$C=1000pF$，$u_C(0)=0V$。试求 $t \geqslant 0$ 时的电压 u_C。

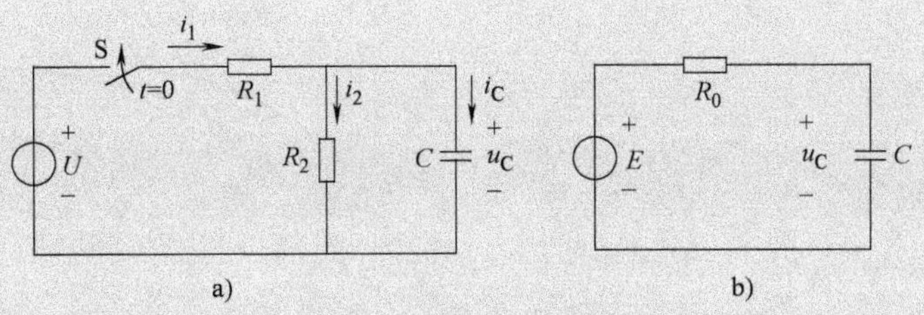

图 1-63 例 1-25 电路图

a) 电路图 b) $t \geqslant 0$ 时的等效电路

解 应用戴维南定理将换路后的电路化为图 1-63b 所示等效电路（R_0C 串联电路），则等效电源的电动势和内阻分别为

$$E=\frac{R_2U}{R_1+R_2}=\frac{3\times10^3\times9}{(6+3)\times10^3}\text{V}=3\text{V}$$

$$R_0=\frac{R_1R_2}{R_1+R_2}=\frac{(6\times3)\times10^6}{(6+3)\times10^3}\Omega=2\times10^3\Omega=2\text{k}\Omega$$

电路的时间常数为

$$\tau=R_0C=2\times10^3\times1000\times10^{-12}\text{s}=2\times10^{-6}\text{s}$$

于是由式（1-45）得

$$u_C=E(1-\text{e}^{-\frac{t}{\tau}})=3(1-\text{e}^{-\frac{t}{2\times10^{-6}}})\text{V}=3(1-\text{e}^{-5\times10^5t})\text{V}$$

2. RC 电路的零输入响应

所谓 RC 电路的零输入，是指无电源激励，输入信号为零。在此条件下，由电容元件的初始状态 $u_C(0_+)$ 所产生的电路的响应，称为零输入响应。

分析 RC 电路的零输入响应，实际上就是分析它的放电过程。如果在图 1-61 所示电路中，当电容元件充电到 $u_C=U_0$ 时，即将开关 S 从位置 1 合到 2，使电路脱离电源，输入为零。此时，电容元件上电压的初始值 $u_C(0_+)=U_0$，于是电容元件经过电阻 R 开始放电。

$t \geqslant 0$ 时电路的微分方程为

$$RC\frac{\text{d}u_C}{\text{d}t}+u_C=0$$

求解可得

$$u_C=U_0\text{e}^{-\frac{t}{\tau}}=U_0\text{e}^{-\frac{t}{RC}} \tag{1-48}$$

其随时间的变化曲线如图 1-64a 所示。

当 $t=\tau$ 时

$$u_C=U_0\text{e}^{-1}=0.368U_0=36.8\%\ U_0$$

即从 $t=0$ 经过一个 τ 的时间 u_C 衰减到初始值 U_0 的 36.8%。τ 越小，u_C 衰减越快，即电容元件放电越快。

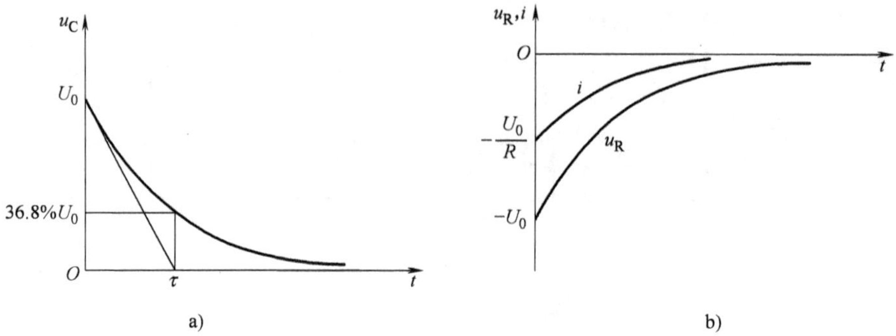

图 1-64　*RC* 电路零输入响应

a）u_C 变化曲线　b）i 和 u_R 变化曲线

至于 $t\geqslant 0$ 时电容元件的放电电流和电阻 R 上的电压，同样可以求出，即

$$i=C\frac{du_C}{dt}=-\frac{U_0}{R}e^{-\frac{t}{\tau}} \tag{1-49}$$

$$u_R=Ri=-U_0e^{-\frac{t}{\tau}} \tag{1-50}$$

上两式中的负号表示放电电流的实际方向与图 1-61 所示电路中所选定的参考方向相反。u_R 和 i 随时间变化的曲线如图 1-64b 所示。

例 1-26　电路如图 1-65 所示，开关 S 闭合前电路已处于稳态。在 $t=0$ 时，将开关闭合，试求 $t\geqslant 0$ 时电压 u_C 和电流 i_C、i_1 及 i_2。

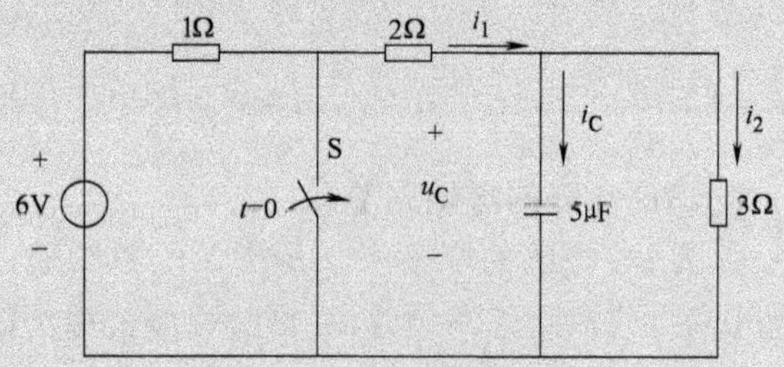

图 1-65　例 1-26 电路图

解　在 $t=0_-$ 时

$$u_C(0_-)=\frac{6}{1+2+3}\times 3V=3V$$

在 $t\geqslant 0$ 时，6V 电压源与 1Ω 电阻串联的支路被开关短路，所以对右边电路不起作用。这时电容 C 经两支路放电，时间常数为

$$\tau=\frac{2\times 3}{2+3}\times 5\times 10^{-6}s=6\times 10^{-6}s$$

由式（1-48）可得

$$u_C=3e^{-\frac{10^6}{6}t}V=3e^{-1.7\times 10^5 t}V$$

并由此得

$$i_C=C\frac{du_C}{dt}=-2.5e^{-1.7\times 10^5 t}A$$

$$i_2=\frac{u_C}{3}=e^{-1.7\times 10^5 t}A$$

$$i_1=i_2+i_C=-1.5e^{-1.7\times 10^5 t}A$$

3. *RC* 电路的全响应

所谓 *RC* 电路的全响应，是指电源激励和电容元件的初始状态 $u_C(0_+)$ 均不为零时电路的响应，也就是零输入响应与零状态响应两者的叠加。

在图 1-61 所示电路中，电源激励电压为 U，$u_C(0_-)=U_0$。$t\geqslant 0$ 时电路的微分方程和式（1-44）相同，即

$$u_C=u_C'+u_C''=U+Ae^{-\frac{1}{RC}t}$$

但积分常数 A 与零状态时不同。在 $t=0_+$时，$u_C(0_+)=U_0$，则 $A=U_0-U$，所以有

$$u_C=U+(U_0-U)e^{-\frac{1}{RC}t} \tag{1-51}$$

经改写后得

$$u_C=U_0e^{-\frac{t}{\tau}}+U(1-e^{-\frac{t}{\tau}}) \tag{1-52}$$

显然，式（1-52）等号右边第一项即为式（1-48），是零输入相应；第二项为式（1-45），是零状态响应。于是有

全响应=零输入响应+零状态响应

这是叠加定理在电路暂态分析中的体现。在求全响应时，可把电容元件的初始状态 $u_C(0_+)$ 看作一种电压源 $u_C(0_+)$ 和电源激励分别单独作用时所得出的零输入响应和零状态响应叠加，即为全响应。如图 1-66a 所示电路，电容电压的初始值 $u_C(0_+)=U_0$，电源激励为 U_S，该电路为 *RC* 电路的全响应，利用叠加定理可将其分解为图 1-66b 与图 1-66c 所示电路的叠加。图 1-66b 所示电路为电容电压初始值 $u_C(0_+)=u_C(0_-)=0$ 的零状态响应，图 1-66c 所示电路为电源激励 $U_S=0$，电容电压初始值 $u_C(0_+)=u_C(0_-)=U_0$ 的零输入响应。

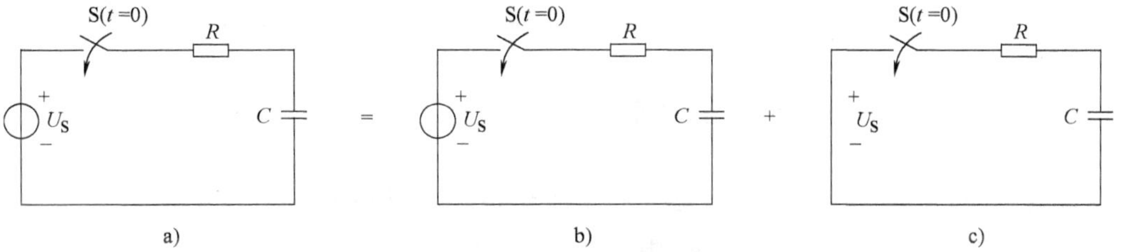

图 1-66 *RC* 电路全响应

a) $u_C(0_+)=U_0$ b) $u_C(0_+)=u_C(0_-)=0$ c) $u_C(0_+)=u_C(0_-)=U_0$

观察式（1-51）可发现，它的右边也有两项：U 为稳态分量；$(U_0-U)e^{-\frac{t}{\tau}}$为暂态分量。于是全响应也可表示为

全响应=稳态分量+暂态分量

求出 u_C 后，就可得出

$$i=C\frac{du_C}{dt},\ U_R=Ri$$

例 1-27 在图 1-67 中，开关长期合在位置 1 上，如在 $t=0$ 时把它合到位置 2 后，试求电容元件上的电压。已知 $R_1=1k\Omega$，$R_2=2k\Omega$，$C=3\mu F$，电压源 $U_1=3V$，$U_2=5V$。

解 在 $t=0_-$ 电路中，电路达到稳态，电容开路，根据换路定则

$$u_C(0_+)=u_C(0_-)=\frac{U_1R_2}{R_1+R_2}=\frac{3\times2\times10^3}{(1+2)\times10^3}\text{V}=2\text{V}$$

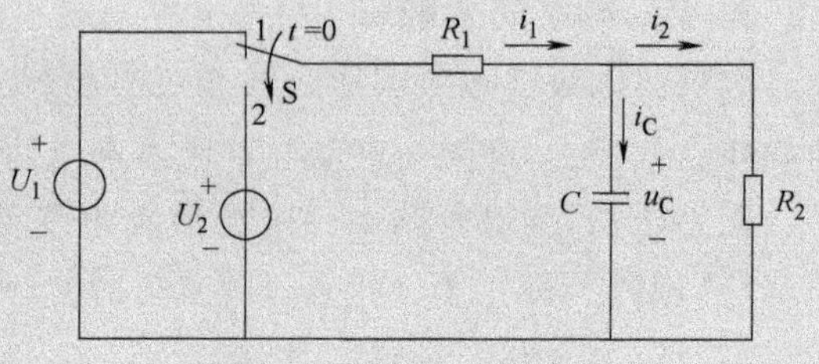

图 1-67 例 1-27 电路图

在 $t=0$ 时将开关合到位置 2 后，在求全响应时，可应用叠加定理，把电容元件的初始状态 $u_C(0_+)$ 看作一种电压源 $u_C(0_+)$ 和电源激励 U_2 分别单独作用时所得出的零输入响应和零状态响应叠加。

将 U_2 短路，电容元件的初始状态 $u_C(0_+)$ 单独作用时的零输入响应为

$$u_C'=u_C(0_+)\mathrm{e}^{-\frac{t}{\tau}}=2\mathrm{e}^{-\frac{t}{\tau}}\text{V}$$

电源激励 U_2 单独作用时所得出的零状态响应为

$$u_C''=U(1-\mathrm{e}^{-\frac{t}{\tau}})=\frac{U_2R_2}{R_1+R_2}(1-\mathrm{e}^{-\frac{t}{\tau}})=\frac{10}{3}(1-\mathrm{e}^{-\frac{t}{\tau}})\text{V}$$

时间常数为

$$\tau=RC=\frac{R_1R_2}{R_1+R_2}C=\frac{1\times2}{1+2}\times10^3\times3\times10^{-6}\text{s}=2\times10^{-3}\text{s}$$

由叠加定理求得全响应为

$$u_C=u_C'+u_C''=\left[2\mathrm{e}^{-\frac{t}{2\times10^{-3}}}+\frac{10}{3}(1-\mathrm{e}^{-\frac{t}{2\times10^{-3}}})\right]\text{V}=\left(\frac{10}{3}-\frac{4}{3}\mathrm{e}^{-500t}\right)\text{V}$$

1.4.4 一阶电路暂态分析的三要素

只含有一个储能元件或可等效为一个储能元件的线性电路，不论是简单的或复杂的，它的微分方程都是一阶常系数线性微分方程，即式（1-44），这种电路称为一阶线性电路。

RC 电路就是一阶线性电路，电路的响应由稳态分量（包括零值）和暂态分量两部分相加而得，如写成一般式，则为

$$f(t)=f'(t)+f''(t)=f(\infty)+A\mathrm{e}^{-\frac{t}{\tau}}$$

式中，$f(t)$ 是电流或电压；$f(\infty)$ 是稳态分量（即稳态值）；$A\mathrm{e}^{-\frac{t}{\tau}}$是暂态分量。若初始值为 $f(0_+)$，则得 $A=f(0_+)-f(\infty)$。于是有

$$f(t)=f(\infty)+[f(0_+)-f(\infty)]\mathrm{e}^{-\frac{t}{\tau}} \tag{1-53}$$

这就是分析一阶线性电路暂态过程中任意变量的一般公式。只要求得 $f(0_+)$、$f(\infty)$ 和 τ 这三个“要素”，就能直接写出电路的响应（电流或电压）。

电路响应中“三要素”的确定方法如下：

（1）初始值 $f(0_+)$ 的计算

1）由 $t=0_-$ 时的电路求 $u_C(0_-)$、$i_L(0_-)$。

2）根据换路定则求出 $u_C(0_+)$、$i_L(0_+)$。

3）在 $t=0_+$ 时的等效电路中，若 $u_C(0_+)=U_0\neq0$，电容元件可用恒压源代替，其值等于 U_0；若 $u_C(0_+)=0$，电容元件视为短路。若 $I_L(0_+)=I_0\neq0$，电感元件可用恒流源代替；其值等于 I_0，$I_L(0_+)=0$，电感元件视为开路。

4）在 $t=0_+$ 时的电路中求所需其他各量的 $u(0_+)$ 和 $i(0_+)$。

（2）稳态值 $f(\infty)$ 的计算 在换路后的电路中求电压和电流的稳态值时，电容元件可视为开路，电感元件视为短路，即求解直流电阻性电路中的电压和电流。

（3）时间常数 τ 的计算 对于一阶 RC 电路，$\tau=R_0C$；对于一阶 RL 电路，$\tau=\dfrac{L}{R_0}$。对于简单的一阶电路，$R_0=R$；对于较复杂的一阶电路，R_0 为换路后的电路在断开储能元件后所得无源二端网络（二端网络内除源）从端口看入的等效电阻。R_0 的计算类似于应用戴维南定理解题时计算电路等效电阻的方法，即从储能元件两端看进去的等效电阻。

例 1-28 电路如图 1-68 所示，$t=0$ 时合上开关 S，合上 S 前电路已处于稳态。试求电容电压 u_C 和电流 i_2、i_C。

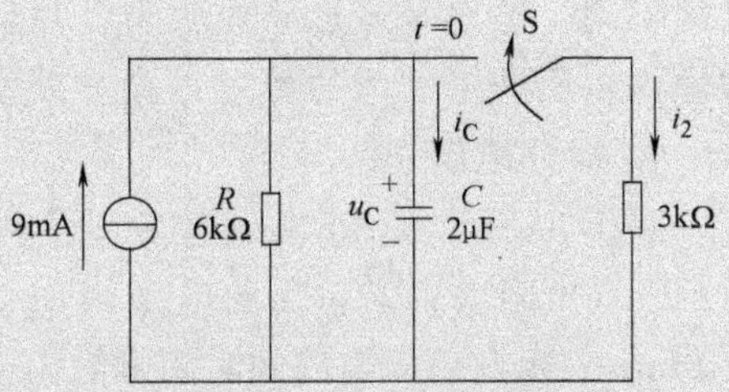

图 1-68 例 1-28 电路图

解 用三要素法求解得

$$u_C=u_C(\infty)+[u_C(0_+)-u_C(\infty)]\mathrm{e}^{-\frac{t}{\tau}}$$

（1）确定初始值 $u_C(0_+)$。

如图 1-69a 所示 $t=0_-$ 电路可求得

$$u_C(0_-)=9\times10^{-3}\times6\times10^3\text{V}=54\text{V}$$

由换路定则得

$$u_C(0_+)=u_C(0_-)=54\text{V}$$

（2）确定稳态值 $u_C(\infty)$。

如图 1-69b 所示 $t=\infty$ 的电路中求稳态值 $u_C(\infty)$ 为

$$u_C(\infty)=9\times10^{-3}\times\frac{6\times3}{6+3}\times10^3\text{V}=18\text{V}$$

（3）在换路后电路中求时间常数 τ，有

$$\tau=R_0C=\frac{6\times3}{6+3}\times10^3\times2\times10^{-6}\text{s}=4\times10^{-3}\text{s}$$

$$u_C=18+(54-18)\mathrm{e}^{-\frac{t}{4\times10^{-3}}}\text{V}=18+36\mathrm{e}^{-250t}\text{V}$$

$$i_C=C\frac{\mathrm{d}u_C}{\mathrm{d}t}=2\times10^{-6}\times36\times(-250)\mathrm{e}^{-250t}\text{A}=-0.018\mathrm{e}^{-250t}\text{A}$$

$$i_2=\frac{u_C}{3\times10^3}=\frac{18+36e^{-250t}}{3\times10^3}A=6+12e^{-250t}mA$$

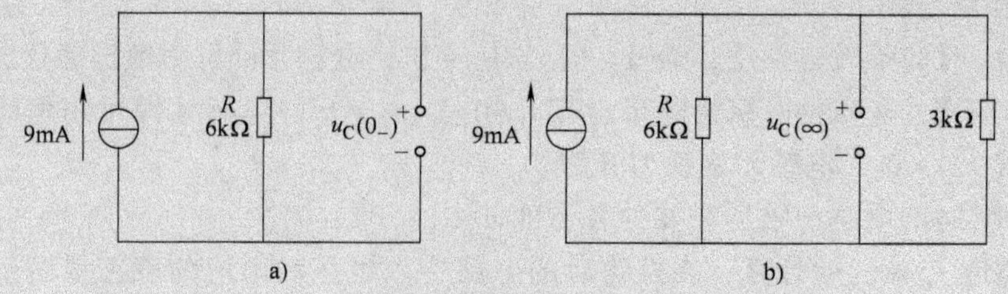

图 1-69 使用三要素法求解例 1-28 电路图

a) $t=0_-$ 等效电路 b) $t=\infty$ 等效电路

1.4.5 微分电路和积分电路

本节所讲的微分电路与积分电路是指电容元件充放电的 *RC* 电路，但与 1.4.3 节所讲的电路不同，这里是矩形脉冲激励，并且可以选取不同的电路的时间常数而构成输出电压波形和输入电压波形之间的特定（微分或积分）关系。

1. 微分电路

图 1-70 所示是 *RC* 微分电路（设电路处于零状态）。输入的是矩形脉冲电压 u，如图 1-71a 所示，在电阻 R 两端输出的电压为 u_2。设 $R=20k\Omega$，$C=100pF$，u 的幅值 $U=6V$，脉冲宽度 $t_p=50\mu s$。由此可得电路的时间常数为

$$\tau=RC=20\times10^3\times100\times10^{-12}s=2\times10^{-6}s=2\mu s$$

式中，$\tau\ll t_p$。

在 $t=0$ 时，u_1 从零突然上升到 6V，即 $u_1=U=6V$，开始对电容元件充电。由于电容元件两端电压不能跃变，在这瞬间它相当于短路（$u_C=0$），所以 $u_2=U=6V$。因为 $\tau\ll t_p$，相对于 t_p 而言，电容元件充电很快，u_C 很快增长到 U；与此同时，u_2 很快衰减到零。这样，在电阻两端就输出一个正尖脉冲，如图 1-71b 所示。

图 1-70 微分电路

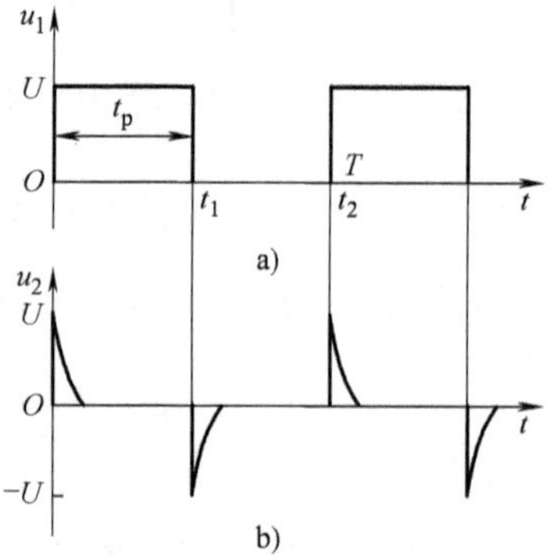

图 1-71 微分电路输入电压和输出电压波形

在 $t=t_1$ 时，u_1 突然下降到零（这时输入端不是开路，而是短路），也由于 u_C 不能跃变，所以在这瞬间，$u_1=-u_C=-U=-6V$，极性与之前相反。而后电容元件经电阻很快放电，

u_2 很快衰减到零。这样，就输出一个负尖脉冲。如果输入的是周期性矩形脉冲，则输出的是周期性正、负尖脉冲同样如图 1-71b 所示。

比较 u_1 和 u_2 的波形，可看到在 u_1 的上升跃变部分，$u_2=U=6\text{V}$，此时正值最大；在 u_1 的平直部分，$u_2\approx 0$；在 u_1 的下降跃变部分，$u_2=-U=-6\text{V}$，此时负值最大。这种输出尖脉冲反映了输入矩形脉冲的跃变部分，是对矩形脉冲微分的结果。因此这种电路称为微分电路。

RC 微分电路具有两个条件：$\tau \ll t_p$（一般 $\tau<0.2t_p$）；从电阻两端输出。

在脉冲电路中，常应用微分电路把矩形脉冲变换为尖脉冲，作为触发信号。

2. 积分电路

微分和积分在数学上是矛盾的两个方面，同样，微分电路和积分电路也是矛盾的两个方面。虽然它们都是 RC 串联电路，但是，当条件不同时，所得结果也就相反。微分电路必须具有 $\tau \ll t_p$ 和从电阻两端输出两个条件。如果条件变为 $\tau \gg t_p$；从电容器两端输出，电路就转化为积分电路了，如图 1-72 所示。

图 1-73 所示是积分电路的输入电压 u_1 和输出电压 u_2 的波形。由于 $\tau \gg t_p$，电容元件缓慢充电，其上的电压在整个脉冲持续时间内缓慢增长，但当还未增长到趋近稳定值时，脉冲已告终止（$t=t_1$）。以后电容元件经电阻缓慢放电，电容元件上的电压也缓慢衰减。在输出端输出一个锯齿波电压。时间常数 τ 越大，充放电越是缓慢，所得锯齿波电压的线性也就越好。

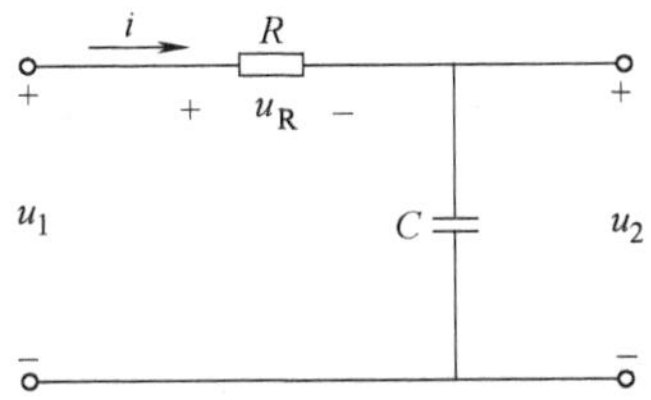

图 1-72 积分电路

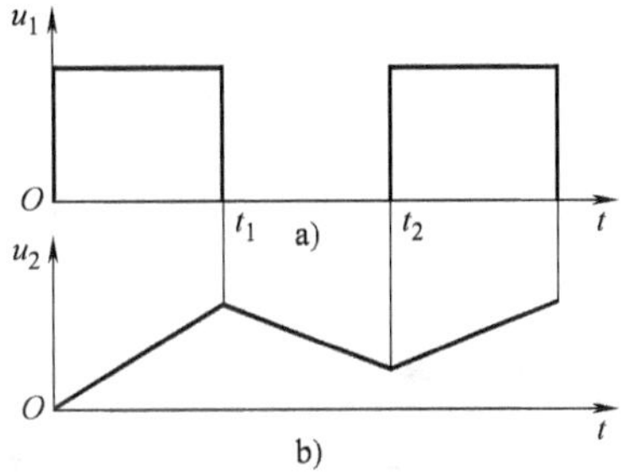

图 1-73 积分电路输入电压和输出电压波形

从图 1-73 所示的波形上看，u_2 是对 u_1 积分的结果。因此这种电路称为积分电路。

在脉冲电路中，可应用积分电路把矩形脉冲变换为锯齿波电压，作为扫描等用途使用。

1.4.6 *RL* 电路的响应

1. *RL* 电路的零状态响应

在图 1-74 中所示电路，已知电感电流 $i_L(0_-)=0$，在 $t=0$ 时，开关 S 闭合，换路后，在电源激励下，电路产生零状态响应，这个响应实际是 RL 电路的充电过程。

利用三要素法，其通式为

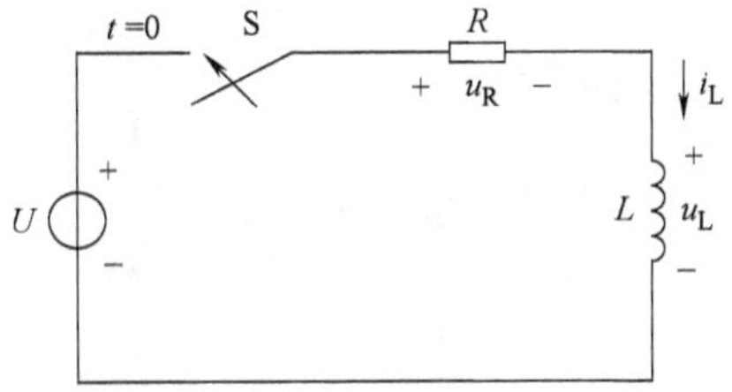

图 1-74 *RL* 电路零状态响应

$$i_L = i_L(\infty) + [i_L(0_+) - i_L(\infty)]e^{-\frac{t}{\tau}}$$

初始值为 $$i_L(0_+) = i_L(0_-) = 0$$

稳态值为 $$i_L(\infty) = \frac{U}{R}$$

时间常数为 $$\tau = \frac{L}{R}$$

RL 电路零状态响应为

$$i_L = \frac{U}{R} + \left(0 - \frac{U}{R}\right)e^{-\frac{R}{L}t} = \frac{U}{R}(1 - e^{-\frac{R}{L}t}) \tag{1-54}$$

由式（1-54）可得出 $t \geqslant 0$ 电感和电阻元件上的电压为

$$u_L = L\frac{di_L}{dt} = Ue^{-\frac{t}{\tau}} = Ue^{-\frac{R}{L}t} \tag{1-55}$$

$$u_R = i_L R = U(1 - e^{-\frac{R}{L}t}) \tag{1-56}$$

i_L、u_L 和 u_R 如图 1-75 所示。

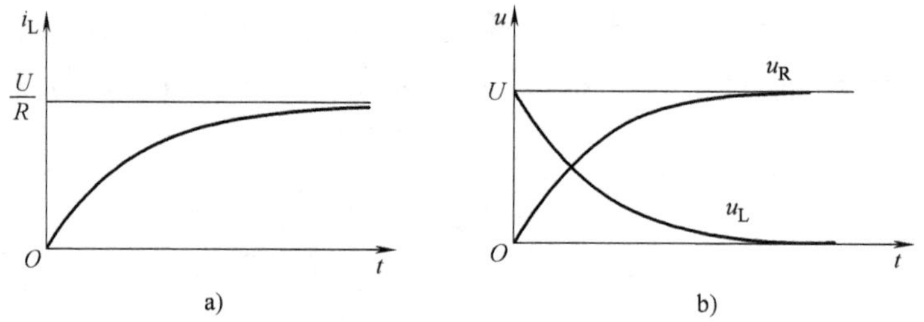

图 1-75 *RL* 电路零状态响应

a）i_L 变化曲线 b）u_L、u_R 变化曲线

2. *RL* 电路的零输入响应

在图 1-76 所示电路中，电路接通电源后待其中电流达到稳态，将开关 S 从位置 2 合到 1，使电路脱离电源，即为零输入响应，这实际是 *RL* 电路的放电过程。

利用三要素法，其通式为

$$i_L = i_L(\infty) + [i_L(0_+) - i_L(\infty)]e^{-\frac{t}{\tau}}$$

初始值为 $$i_L(0_+) = i_L(0_-) = \frac{U}{R}$$

稳态值为 $$i_L(\infty) = 0$$

时间常数为 $$\tau = \frac{L}{R}$$

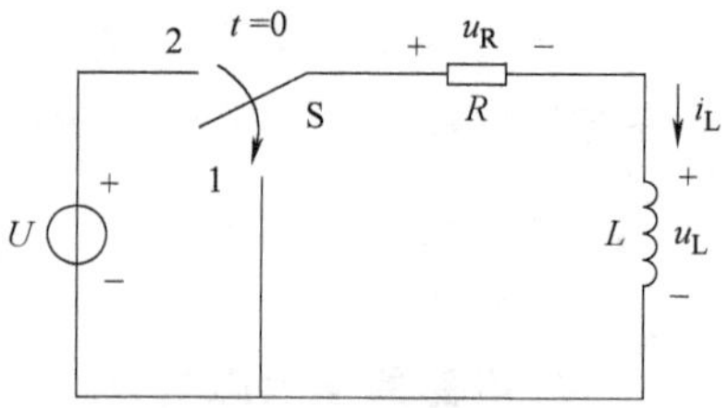

图 1-76 *RL* 电路零输入响应

RL 电路零输入响应为

$$i_L = 0 + \left(\frac{U}{R} - 0\right)e^{-\frac{R}{L}t} = \frac{U}{R}e^{-\frac{R}{L}t} \tag{1-57}$$

由式（1-57）可得出 $t \geqslant 0$ 时电感和电阻元件上的电压为

$$u_L=L\frac{di}{dt}=-Ue^{-\frac{R}{L}t} \tag{1-58}$$

$$u_R=i_LR=Ue^{-\frac{R}{L}t} \tag{1-59}$$

i_L、u_L 和 u_R 如图 1-77 所示。

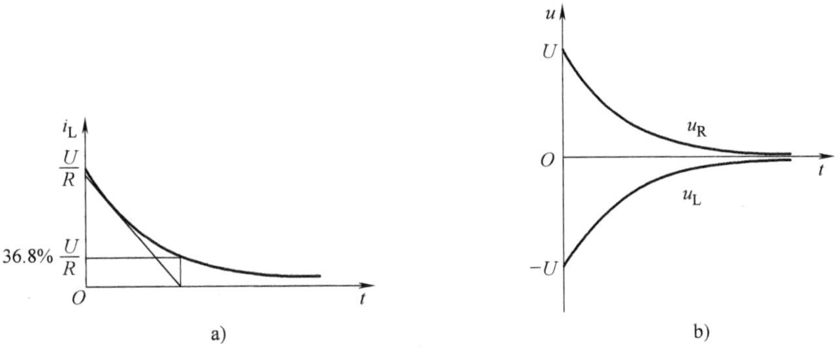

图 1-77 *RL* 电路零输入响应曲线

a) i_L 变化曲线 b) u_L，u_R 变化曲线

3. *RL* 电路的全响应

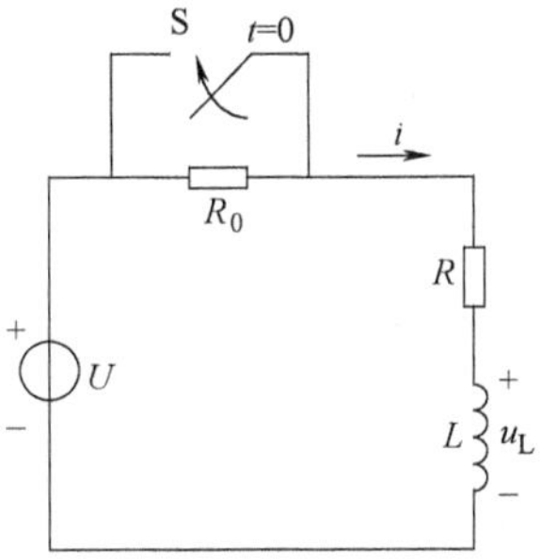

图 1-78 *RL* 电路全响应

在图 1-78 所示电路中，电源电压为 U，$i(0_-)=I_0$。当开关闭合时，即为 *RL* 电路的全响应。

利用三要素法，其通式为

$$i_L=i_L(\infty)+[i_L(0_+)-i_L(\infty)]e^{-\frac{t}{\tau}}$$

初始值为 $i_L(0_+)=i_L(0_-)=I_0$

稳态值为 $i_L(\infty)=\frac{U}{R}$

时间常数为 $\tau=\frac{L}{R}$

RL 电路全响应为

$$i_L=\frac{U}{R}+\left(I_0-\frac{U}{R}\right)e^{-\frac{t}{\tau}}=I_0e^{-\frac{R}{L}t}+\frac{U}{R}(1-e^{-\frac{R}{L}t}) \tag{1-60}$$

式（1-60）中，等号右边第一项为零输入响应，第二项为零状态响应。

例 1-29 在图 1-79 电路中，已知 S 在 $t=0$ 时闭合，换路前电路处于稳态。求电感电流 i_L 和电压 u_L。

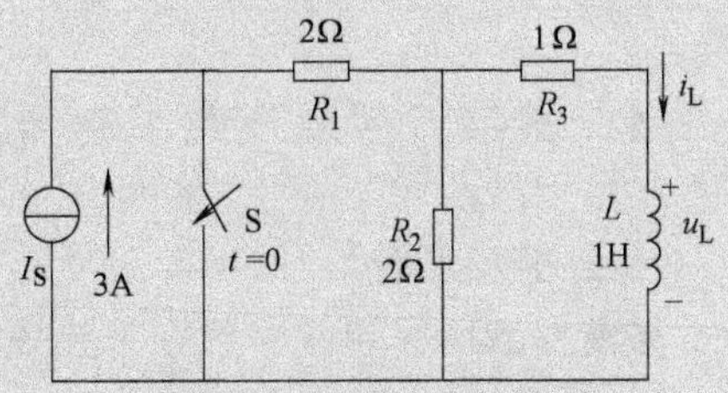

图 1-79 例 1-29 电路图

解 用三要素法求解

（1）求 $u_L(0_+)$，$i_L(0_+)$。

由图 1-80a 所示 $t=0_-$ 时的等效电路可求得

$$i_L(0_+)=i_L(0_-)=\frac{2}{1+2}\times 3A=2A$$

由图 1-80b 所示 $t=0_+$ 等效电路可求得

$$u_L(0_+)=-i_L(0_+)\times\left(\frac{2\times2}{2+2}+1\right)\Omega=-4V$$

(2) 求稳态值 $i_L(\infty)$ 和 $u_L(\infty)$。

由图 1-80c 所示 $t=\infty$ 时的等效电路可求得

$$i_L(\infty)=0 \qquad u_L(\infty)=0$$

(3) 求时间常数 τ。

由图 1-80d 所示电路可求得

$$R_0=R_1/\!/R_2+R_3=\frac{2\times2}{2+2}\Omega+1\Omega=2\Omega \qquad \tau=\frac{L}{R_0}=\frac{1}{2}s=0.5s$$

$$i_L=0A+(2-0)e^{-2t}A=2e^{-2t}A$$

$$u_L=0V+(-4-0)e^{-2t}V=-4e^{-2t}V$$

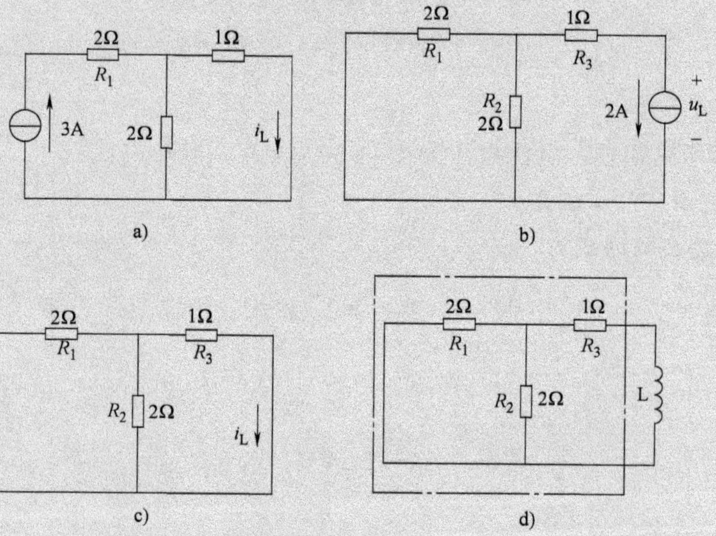

图 1-80 使用三要素法求解例 1-27 电路图

a) $t=0_-$ 等效电路 b) $t=0_+$ 等效电路 c) $t=\infty$ 等效电路 d) 求等效电阻 R_0

1.5 汽车电工电子常用的仪表

1.5.1 数字万用表及汽车专用万用表

1. 数字万用表

与模拟万用表相比，数字万用表灵敏度高、准确度高、显示清晰、过载能力强、便于携带且使用更简单。下面以 VC9802 型数字万用表为例，简单介绍其使用方法和注意事项，图 1-81 所示即为数字万用表。

(1) 使用方法

1) 使用前应认真阅读有关使用说明书，熟悉电源开关、量程开关、插孔及特殊插口的作用。

2) 将电源开关置于 ON 位置。

3) 交、直流电压的测量：根据需要将量程开关拨至“DCV”（直流）或“ACV”（交流）档的合适量程，红表笔插入“V/Ω”孔，黑表笔插入“COM”孔，并将表笔与被测线路并联，其读数即显示数值。

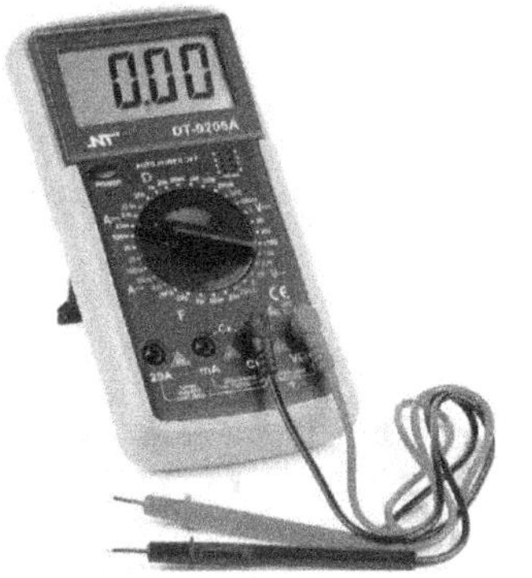

图 1-81 数字万用表

4) 交、直流电流的测量：将量程开关拨至“DCA”（直流）或“ACA”（交流）档的合适量程，红表笔插入“mA”孔（<200mA 时）或“10A”孔（>200mA 时），黑表笔插入“COM”孔，并将万用表串联在被测电路中。测量直流电时，数字万用表能自动显示极性。

5) 电阻的测量：将量程开关拨至“Ω”档的合适量程，红表笔插入“V/Ω”孔，黑表笔插入“COM”孔。如果被测电阻值超出所选择量程的最大值，万用表将显示“1”，这时应选择更高的量程。测量电阻时，红表笔为正极，黑表笔为负极，这与指针式万用表正好相反。因此，测量电解电容、晶体管等有极性的元器件时，必须注意表笔的极性。

(2) 使用注意事项

1) 如果无法预先估计被测电压或电流的大小，则应先拨至最高量程档测量一次，再视情况逐渐把量程减小到合适位置。测量完毕应将量程开关拨到最高电压档再关闭电源。

2) 满量程时，万用表仅在最高位显示数字“1”，其他位均消失，这时应选择更高的量程。

3) 测量电压时，应将数字万用表与被测电路并联。测电流时应与被测电路串联，测直流量时不必考虑正、负极性。

4) 当误用交流电压档去测量直流电压，或者误用直流电压档去测量交流电压时，万用表显示屏将显示“000”，或低位上的数字出现跳动。

5) 禁止在测量高电压（220V 以上）或大电流（0.5A 以上）时换量程，以防止产生电弧，烧毁万用表内部的开关触点。

6) 当显示“BATT”或“LOW BAT”时，表示电池电压低于工作电压。

2. 汽车专用万用表

(1) 汽车专用万用表的功能 如图 1-82 所示，汽车专用万用表的面板主要包括液晶显示屏、功能按键、选择开关和表笔插孔等部分。汽车专用万用表是一种多用数字仪表，与普通数字式万用表外形类似，功能则是在数字万用表基本功能的基础上增加了汽车专用功能档（如“DWELL”档，“TACHO”档等）。它可用于测量交流电压与电流、直流电压与电流、电阻、频率、电容、占空比、温度、二极管、闭合角和转速等。有的汽车专用万用表功能更加完善，具有自动断电、自动变换量程、模拟条图显示、峰值保持、读数保持、数据锁定和电池测试等

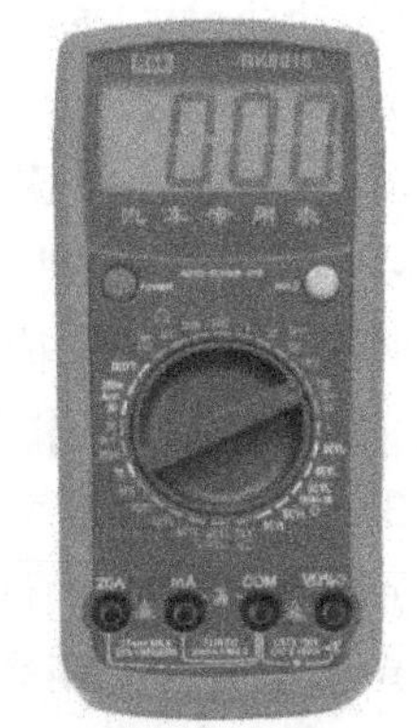

图 1-82 汽车专用万用表

功能。另外汽车专用万用表还配有一些套件，如热电偶适配器、热电偶探头、电感拾取器以及 AC/DC 感应式电流夹钳等。

(2) 汽车万用表的使用方法

1) 电流测量：将量程开关置于电流测量档，表笔插到相应的孔内（表笔的插法与普通数字万用表一致），估算电流的大小，选择合适量程。测量时表笔与被测设备串联，此时可从显示屏上直接读取数值。若显示为“0”，表明量程太大；若显示为“1”，则表明量程太小。数值前面显示“-”时，表明电流的实际方向与测量表笔的方向相反。

2) 电压测量：将量程开关置于电压测量档，表笔插到相应的孔内，估算电压的大小，选择合适量程。测量时表笔与被测设备并联，此时可从显示屏上直接读取数值。若无法估算大小，则从最大量程开始逐级调节。

3) 电阻的测量：将量程开关置于电阻测量档，两表笔对接调零，确保测量数据的准确性，估算电阻的大小，选择合适量程，测量时表笔与被测电阻并联，被测电阻应断电测量。测量受其他设备影响时，被测设备要脱离电路测量。

4) 温度的测量：将量程开关置于温度档，按下功能按钮，将黑表笔搭铁，探针线插头端插入汽车专用万用表温度测量孔，探针端接触被测物体，显示屏即显示被测温度。

5) 信号频率的测量：将量程开关置于频率（Freq）档，黑表笔（自汽车专用万用表搭铁座孔引出）搭铁，红表笔（自汽车专用万用表公用座引出）接被测信号线，显示屏即显示被测频率。

6) 点火线圈一次侧电路闭合角检测：将量程开关置于闭合角（Dwell）档，黑表笔搭铁，红表笔接点火线圈负极接线柱，使发动机运转，显示屏即显示点火线圈一次侧电路闭合角。

7) 占空比测量：将量程开关置于占空比（Duty）档，红表笔接电路信号，黑表笔搭铁，使发动机运转，显示屏即显示脉冲信号的占空比。

8) 转速测量：将量程开关置于转速（RPM）档，转速测量专用插头插入搭铁座孔与公用座孔中，感应式转速传感器夹在发动机某一气缸高压点火线上，在发动机工作时，显示屏即显示发动机转速。

9) 起动机起动电流测量：将量程开关置于“400mV”档，把霍尔式电流传感器夹到电池上，其引线插头插入电流测量座孔，按下最大/最小功能按钮，然后拆下点火高压线，用起动机转动曲轴 2~3s，显示屏即显示起动电流。

10) 氧传感器测量：拆下氧传感器线束连接器，将量程开关置于“4V”档，按下 DC 功能按钮，使显示屏显示“DC”，再按下最大/最小功能按钮，将黑表笔搭铁，红表笔与氧传感器相连，然后以快怠速（2000r/min）运转发动机，使氧传感器工作温度达 360℃ 以上。此时如混合气浓，氧传感器输出电压为 0.8V；如混合气稀，氧传感器输出电压为 0.1~0.2V；当氧传感器工作温度低于 360℃ 时，氧传感器无电压输出。

(3) 汽车专用万用表使用注意事项

1) 测量电阻时，汽车上被测元器件不得带电，被测元器件不得与其他元器件并联。

2) 汽车专用万用表不使用时，应将量程开关置于交流电压最高档放置。

3) 在测量电流、电压时，不得带电更换量程。

4）选择量程要先选大量程，后选小量程，尽量使被测值接近于量程。

1.5.2 钳形电流表

1. 钳形电流表的特点

（1）优点 可在不切断电路的情况下测量电路中的电流，使用方便。

（2）缺点 准确度相对不高，只有 2.5 和 5.0 两级。

2. 钳形电流表的分类

钳形电流表分为指针式钳形电流表和数字式钳形电流表。指针式钳形电流表又分为互感器式钳形电流表和电磁系钳形电流表。其中电磁系钳形电流表可交直流两用，互感器式钳形电流表只能测交流电，此外数字式钳形电流表也只能测交流电。

3. 指针式钳形电流表的结构原理

（1）互感器式钳形电流表构造及原理 这种钳形电流表由电流互感器和整流系电流表组成。电流互感器的铁心呈钳口形，当紧握钳形电流表的把手时，其铁心张开，将通有被测电流的导线放入钳口中。松开把手后铁心闭合，通有被测电流的导线相当于电流互感器的一次侧，于是在二次侧就会产生感应电流，并送入整流系电流表测出电流数值。互感器式钳形电流表如图 1-83 所示。

（2）电磁系钳形电流表构造及原理 这种钳形电流表由电磁系测量机构组成，处在铁心钳口中的导线相当于电磁系测量机构中的线圈。当被测电流通过导线时，会在铁心中产生磁场，使可动铁片磁化，产生电磁推力，带动仪表指针偏转，指示出被测电流的大小，如图 1-84 所示。

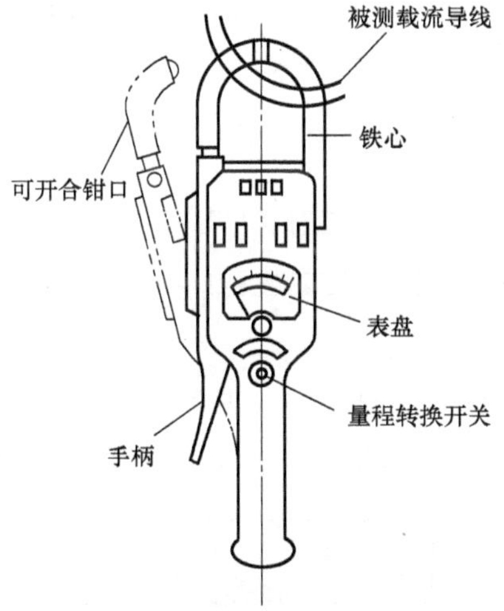

图 1-83 互感器式钳形电流表

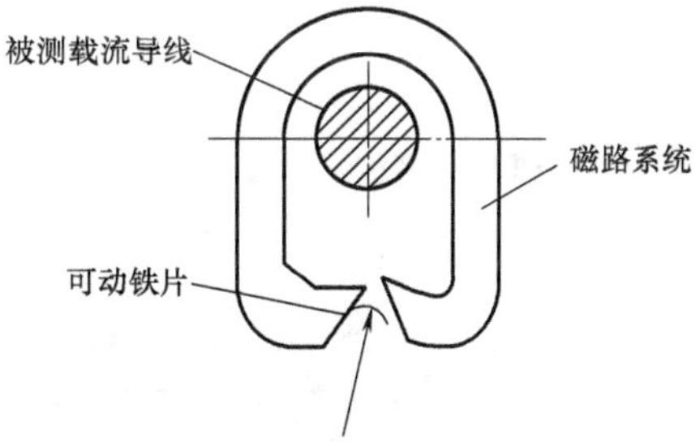

图 1-84 电磁系钳形电流表构造及原理

4. 钳形电流表的使用

1）测量前，先机械调零。

2）估计被测电流的大小，选择合适量程。

3）若电流大小无法估计，应从最大量程开始测量，逐步减小量程直至合适。

4）测量时，将被测支路导线置于钳口的中央，当指针稳定后再读数。

钳形电流表注意事项：

1）测量前，检查钳形电流表铁心的绝缘是否完好，钳口应清洁、无锈迹，闭合后无明显的缝隙。

2）改变量程时应将钳形电流表的钳口断开。

3）为减小误差，测量时被测导线应尽量位于钳口的中央，并垂直于钳口。

4）测量结束后应将量程开关置于最高档位，以防下次使用时因疏忽未选准量程即测量而损坏仪表。

1.5.3 电烙铁

1. 电烙铁

电烙铁有内热式、外热式、恒温式、吸锡式和温控式等。锡焊中一般常用外热式和内热式电烙铁。

（1）外热式电烙铁 外热式电烙铁应用较为广泛，它由烙铁头、烙铁心、外壳、手柄、电源线和电源插头等几部分组成，其结构外形如图 1-85 所示。由于发热的烙铁心在烙铁头的外面，所以称为外热式电烙铁。外热式电烙铁对焊接大型和小型电子产品都很方便，因为它可以调整烙铁头的长短和形状，借此来掌握焊接温度。外热式电烙铁规格通常有 25W、45W、75W 和 100W 等。电烙铁功率越大，烙铁头的温度越高。

（2）内热式电烙铁 内热式电烙铁的烙铁心安装在烙铁头里面，其结构同样如图 1-85 所示。烙铁心是将镍铬电阻丝缠绕在两层陶瓷管之间，再经过烧结制成的。通电后，镍铬电阻丝立即产生热量，由于它的发热元件在烙铁头内部，所以发热快，热量利用率高达 85%～90%，烙铁温度在 350℃左右。内热式电烙铁功率越大，烙铁头的温度越高。目前，常用的内热式电烙铁有 20W、50W 和 70W 等规格。

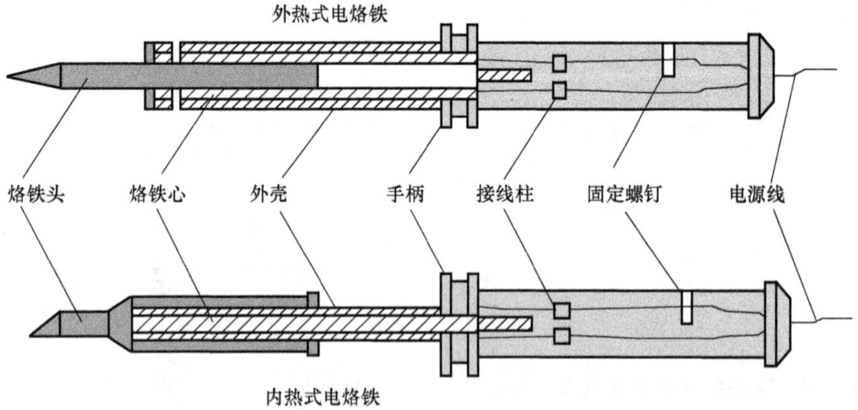

图 1-85 内热式和外热式电烙铁的结构图

内热式电烙铁与外热式电烙铁相比，其优点是体积小、重量轻、升温快、耗电少和效率高。20W 内热式电烙铁的热量相当于 25～40W 的外热式电烙铁的热量。其缺点是温度过高容易损坏印制电路板上的元器件，特别是在集成电路的焊接等温度不能太高的场合。又由于镍铬电阻丝细，所以内热式电烙铁的烙铁心很容易烧断。另外，内热式电烙铁的烙铁头不容易加工，更换不方便。

2. 电烙铁使用的注意事项

1）新的电烙铁在使用之前必须先蘸上一层焊锡（给电烙铁通电，然后在电烙铁加热到一定的时候就用焊锡条靠近烙铁头），使用久了的电烙铁应将烙铁头部锉亮，然后通电加热升温，并将烙铁头蘸上一点松香，待松香冒烟时再上焊锡，使烙铁头表面先镀上一层焊锡。

2）电烙铁通电后温度高达250℃以上，不用时应放在电烙铁架上，较长时间不用时应切断电源，防止高温“烧死”烙铁头（烙铁头被氧化）。要防止电烙铁烫坏其他元器件，尤其是电源线，若其绝缘层被电烙铁烧坏而未被注意容易引发安全事故。

3）不要猛力敲打电烙铁，以免震断电烙铁内部电阻丝或导线而产生故障。

4）电烙铁使用一段时间后，可能在烙铁头部留有焊锡垢，在电烙铁加热的条件下，可以用湿布轻擦处理。如烙铁头出现凹坑或氧化块，应用细纹锉刀修复，或者直接更换烙铁头。

3. 焊料

焊料是一种易熔金属，它能使元器件引脚与印制电路板连接在一起。锡（Sn）是一种质地柔软、延展性大的银白色金属，熔点为232℃，在常温下化学性能稳定，不易氧化，不易失去金属光泽，抗大气腐蚀能力强。铅（Pb）是一种较软的浅青白色金属，熔点为327℃，高纯度的铅耐大气腐蚀能力强，化学稳定性好，但对人体有害。而在锡中加入一定比例的铅和少量其他金属可制成熔点低、流动性好、对元器件和导线的附着力强、机械强度高、导电性好、不易氧化、抗腐蚀性好、焊点光亮美观的焊料，一般称焊锡。

4. 焊剂

（1）助焊剂 助焊剂一般可分为无机助焊剂、有机助焊剂和树脂助焊剂，能溶解去除金属表面的氧化物，并在焊接加热时包围金属的表面，使之和空气隔绝，防止金属在加热时氧化，也可降低熔融焊锡的表面张力，有利于焊锡的湿润。

（2）阻焊剂 限制焊料只在需要的焊点上焊接，把不需要焊接的印制电路板的其他部分覆盖起来，保护印制电路板，使其在焊接时受到的热冲击小，不易起泡，同时还起到防止桥接、拉尖、短路及虚焊等情况的作用。使用焊剂时，必须根据被焊件的面积大小和表面状态适量使用，用量过小时影响焊接质量，用量过多时焊剂残渣将会腐蚀焊件或使印制电路板绝缘性能变差。

1.6 汽车直流电路分析

1.6.1 惠斯通电桥在汽车传感器中的应用

1. 惠斯通电桥

图1-86所示为惠斯通电桥的原理图，待测电阻 R_x 与 R_1、R_2 和 R_0 四个电阻构成电桥的

四个“臂”，检流计 G 连通的 CD 支路称内“桥”。当 A、B 端加上直流电源时，“桥”上的检流计用来检测其间有无电流，以及比较“桥”两端（即 C、D 端）的电位大小。

调节 R_1、R_2 和 R_0，可使 CD 两端的电位相等，检流计 G 指针示零（即 $I_g=0$），此时电桥达到平衡。电桥平衡时，$U_{AC}=U_{AD}$，$U_{BC}=U_{BD}$，即 $I_1R_1=I_2R_2$，$I_xR_x=I_0R_0$。因为 G 中无电流，所以 $I_1=I_x$，$I_2=I_0$。以上两式相除，得

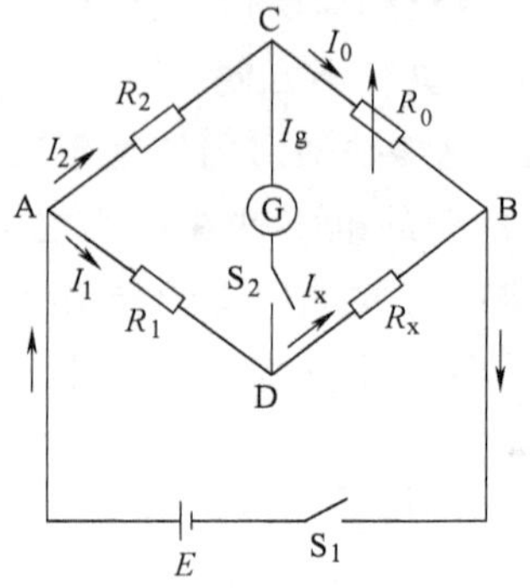

图 1-86　惠斯通电桥原理图

$$\frac{R_1}{R_x}=\frac{R_2}{R_0}$$

则

$$R_x=\frac{R_1}{R_2}R_0=CR_0$$

上式为电桥平衡条件。

显然，惠斯通电桥测量电阻的原理就是采用电压比较法。由于电桥平衡须由检流计示零表示，故电桥测量方法又称为示零法。当电桥平衡时，已知三个桥臂电阻，就可以求得另一桥臂的待测电阻值。通常称 R_0 为比较臂，R_1/R_2（即 C）为比率（或倍率），R_x 为电桥未知臂。

2. 进气压力传感器

进气压力传感器（manifold absolute pressure sensor），简称 MAP。它以真空管连接进气歧管，随着发动机不同的转速负荷，感应进气歧管内的真空变化，再将传感器内部电阻的改变转换成电压信号，供 ECM 计算机修正喷油量和点火正时角度，进气压力传感器种类较多，有压敏电阻式、电容式等。

图 1-87a 所示的 RP 是图 1-87b 所示的应变电阻 R_1，R_1、R_2、R_3 和 R_4 构成惠斯通电桥

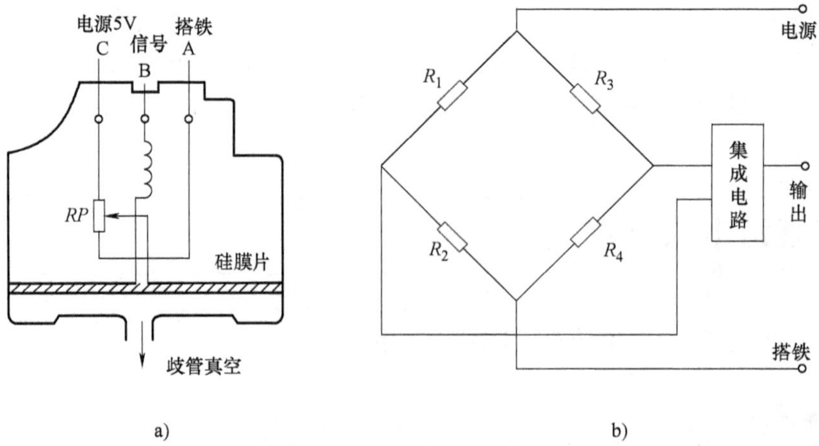

图 1-87　压敏电阻式进气压力传感器的工作原理图

并与硅膜片黏结在一起。硅膜片在歧管内的绝对压力作用下可以变形，从而引起应变电阻阻值的变化，歧管内的绝对压力越高，硅膜片的变形越大，从而电阻 R 的阻值变化也越大，即把硅膜片的机械变化转变成了电信号，再由集成电路放大后输出至 ECU。

3. 空气流量传感器

在现代汽车的电控燃油喷射系统中，空气流量传感器用于测量发动机吸入的空气量，它是决定电控系统控制精度的主要部件之一。空气流量传感器又叫空气流量计，它获得的进气量信号是 ECU 计算喷油时间和点火时间的主要依据。

该传感器采用等温热线的方式，如图 1-88 所示。图中 R_H、R_K、R_A 和 R_B 组成惠斯通电桥的四个臂，将热线 R_H（通常以铂丝制成）与温度补偿电阻 R_K（冷线）同置于所测量的通道中，使 R_H 与气流的温差维持在一个水平。当气流加大时，由于散热加快，R_H 降温，其阻值变化，电桥失去平衡，这时集成电路会提高电桥电压使电桥恢复平衡，通常取 R_A 上的电压降为测量信号。

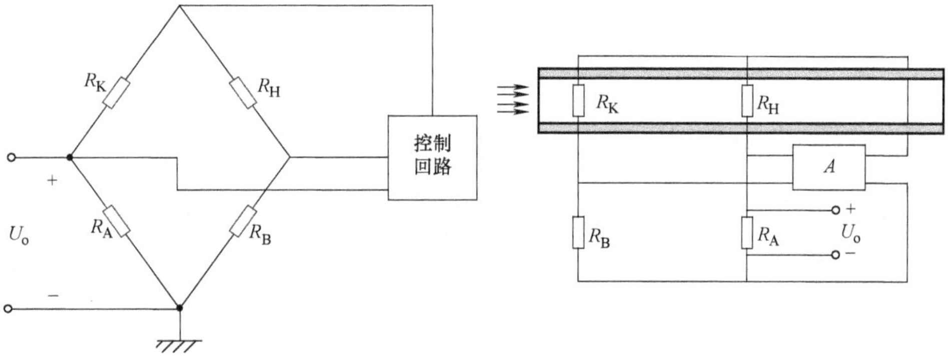

图 1-88 空气流量传感器工作原理图

A—混合集成电路 R_H—热线电阻 R_K—温度补偿电阻 R_A—精密补偿电阻 R_B—电桥电阻

1.6.2 电磁冷却液温度表电路分析

图 1-89 所示为电磁式冷却液温度表工作原理图。温度传感器用负温度系数的热敏电阻制成，其阻值随温度的升高而减小。在冷却液温度表内，有两个线圈 L_1 和 L_2（内阻分别为 R_1、R_2，阻值较小），L_1 与热敏电阻并联，再与 L_2 串联。两个线圈中间装着带有指针的衔铁 4，线圈 L_2 放在指针表 0℃ 刻度处附近，线圈 L_1 放在指针表满偏刻度处附近。电阻 R 为电路的限流电阻。

电磁式冷却液温度表等效电路如图 1-90 所示。根据温度的变化，电路中的热敏电阻阻值变化，从而引起两个线圈中电流的变化，继而在两个线圈中产生不同的电磁力，引起衔铁和指针动作。根据基尔霍夫电流定律可知，总电流 $I_2=I_{敏}+I_1$。当冷却液温度低时，热敏电阻阻值大，根据电阻并联分流原理，$I_{敏}$ 较小，$I_1\approx I_2$，但由于 L_1 匝数多，产生磁场较强，吸引衔铁使指针偏向 0℃。当冷却液温度增高时，热敏电阻阻值减小，分流作用增强，$I_{敏}$ 变大，相对于流经线圈 L_2 的总电流 I_2，流经 L_1 的电流 I_1 减小，其磁场力减弱，衔铁被线圈 L_2 吸引，使指针向右偏转指向较高温度。

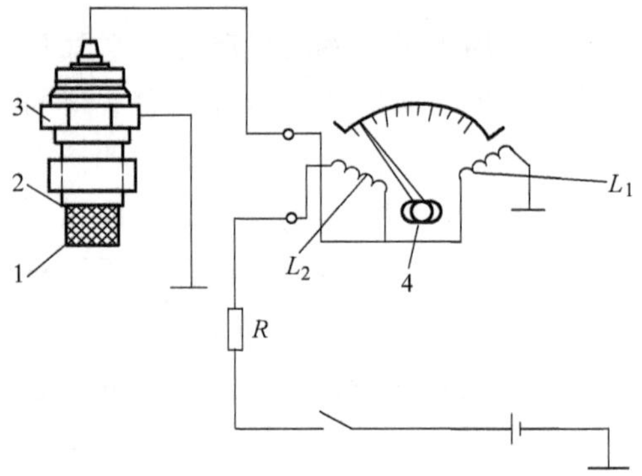

图 1-89　电磁式冷却液温度表工作原理图

1—热敏电阻　2—弹簧　3—传感器壳体　4—衔铁

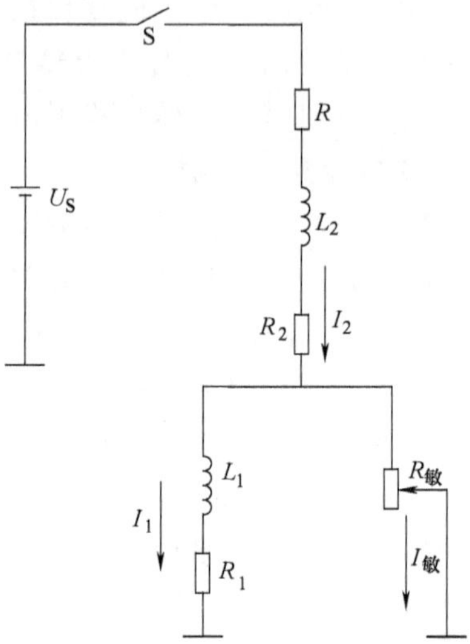

图 1-90　电磁式冷却液温度表等效电路

1.6.3　汽车照明电路分析

图 1-91 所示为汽车常用照明系统电路，在电路中，根据不同的控制要求，许多照明灯并联在一起。如示宽灯、尾灯和牌照灯等并联；远光灯、前照灯（远光）和远光指示灯并联，前照灯（近光）互相并联。照明灯由灯光开关 9 控制，灯光开关 9 有 3 个档位——0 档、1 档和 2 档。灯光开关在 0 档关断；1 档为示宽灯、尾灯和牌照灯等小灯亮；2 档配合变光开关控制前照灯、远关灯亮灭，同时示宽灯、尾灯及牌照灯等小灯亮。

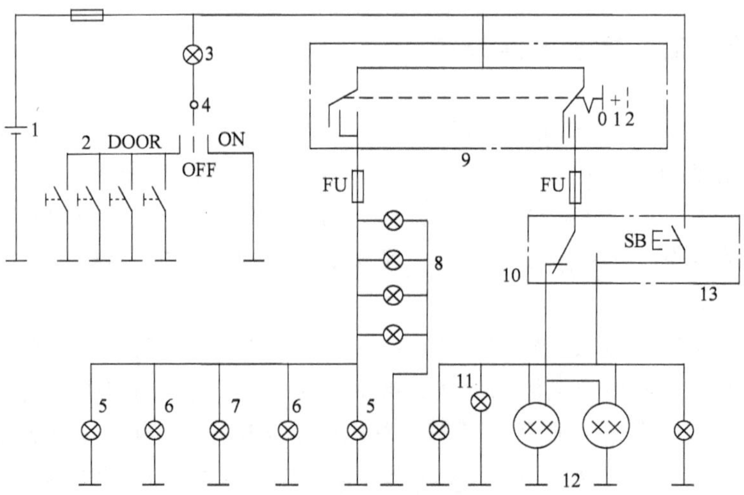

图 1-91　汽车常用照明系统电路

1—蓄电池　2—门控开关　3—室内灯　4—室内灯控开关　5—示宽灯　6—尾灯　7—牌照灯

8—仪表灯　9—灯光开关　10—变光开关　11—远光指示灯

12—前照灯（4 远光灯、2 近光灯）　13—超车灯开关

习题

一、填空题

1.1 任何一个完整的电路都必须有________、________和________三个基本部分。具有单一电磁特性的电路元器件称为________电路元器件，由它们组成的电路称为________。

1.2 电源和负载的本质区别是：电源把________转换成________；负载把________转换成________。

1.3 电路有________、________和________三种工作状态。

1.4 电路图上标示的电流、电压方向称为________，假定某元器件是负载时，该元器件两端的电压和通过元器件的电流方向应为________方向。

1.5 电路中参考点选得不同，各点的电位________。

1.6 电路中任意两点之间电位的差值等于这两点间的________，电路中某点到参考点间的称为该点的电位。

1.7 生产厂家在电气设备和元器件的铭牌或外壳上均明确标出了电压、电流和功率的值，它们均为________，分别用符号________、________和________来表示。

1.8 在电压、电流为关联参考方向时，$P=UI$，若 $P>0$，则元器件为________，若 $P<0$，则元器件为________。

1.9 有三个 6Ω 的电阻，若把它们串联，等效电阻是____ Ω；若把它们并联，等效电阻是____ Ω；若两个电阻并联后再与第三个串联，等效电阻是____ Ω。

1.10 用电流表测量电流时，应把电流表________在被测电路中；用电压表测量电压时，应把电压表与被测电路________。

1.11 电路中任意一个闭合路径称为______；三条或三条以上支路的交点称为______。

1.12 并联的负载电阻越多，总电阻________，电路中的总电流就________。

1.13 一个电压源________一个电阻，可以等效变换为一个电流源________一个电阻。

1.14 电阻元件是________能元件，电容元件是________能元件。

1.15 应用支路电流法对电路求解时，对于具有 n 个结点和 b 条支路的电路，可以列出________独立的结点方程，其余的________个方程可由网孔列出。

1.16 用叠加定理求解电路时，当对某一电源求解电路时，其他的电源要除去，即电压源________，电流源________。

1.17 戴维南定理中，将电路除去负载电阻后，可将其余部分看作一个有源二端网络，即可以等效为一个________串联一个________的形式。

1.18 在诺顿定理中，等效电流源的电流等于有源二端网络的________。

1.19 在换路的瞬间，电感上的________和电容上的________不跃变，这称为换路定则。

1.20 一阶线性电路暂态分析的三要素是指________、________和________。

二、选择题

1.1 电位和电压相同之处是（　　）。

A. 定义相同　　B. 方向一致　　C. 单位相同　　D. 都与参考点有关

1.2　某电阻元件的额定数据为“1kΩ、2.5W”，正常使用时允许流过的最大电流为（　　）。

A. 50mA　　B. 2.5mA　　C. 250mA　　D. 25mA

1.3　有“220V、100W”“220V、25W”白炽灯两盏，串联后接入220V交流电源，其亮度情况是（　　）。

A. 100W的灯最亮　　B. 25W的灯最亮　　C. 两盏灯一样亮　　D. 两盏灯都不亮

1.4　将额定值为“220V、100W”的灯泡接在110V电路中，其实际功率为（　　）。

A. 100W　　B. 50W　　C. 25W　　D. 12.5W

1.5　一个由线性电阻构成的电器，从220V的电源吸取1000W的功率，若将此电器接到110V的电源上，则吸取的功率为（　　）。

A. 250W　　B. 500W　　C. 1000W　　D. 2000W

1.6　下面关于理想电压源说法错误的是（　　）。

A. 端电压不随输出电流的大小而改变　　B. 输出电流的大小由外部负载决定

C. 可以用一个内阻为0的电动势来表示　　D. 输出电流不随端电压的大小而改变

1.7　将一个实际的电压源等效为一个实际的电流源以后，电流源的电流方向是（　　）。

A. 从原来电压源的正极指向负极　　B. 从原来电压源的负极指向正极

C. 不变　　D. 以上都不是

1.8　在图1-92中电流 I 为（　　）。

A. 1A　　B. 2A　　C. −1A　　D. −2A

1.9　直流电路如图1-93所示，$E=15V$，$I_k=5A$，$R=5\Omega$，电压源 E 的工作状况是（　　）。

A. 吸收功率30W　　B. 发出功率30W　　C. 吸收功率75W　　D. 发出功率75W

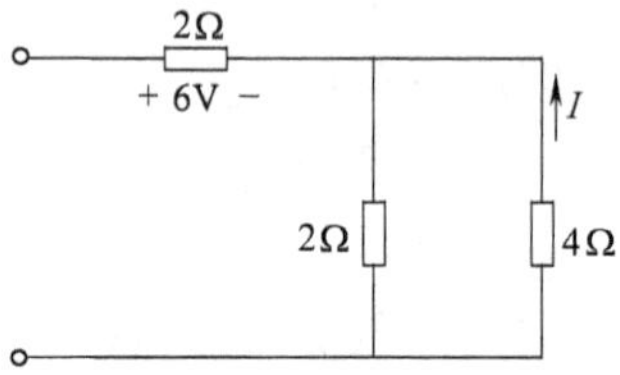

图1-92　选择题1.8电路图

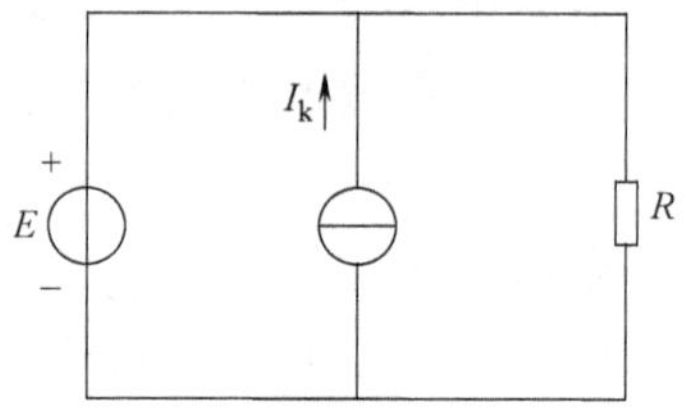

图1-93　选择题1.9电路图

1.10　电路中两点间的电压值高，则说明（　　）。

A. 两点的电位高　　B. 两点间的电位差大

C. 两点的电位一定为正　　D. 两点的电位一定为负

1.11　在图1-94所示电路中，a点的电位 V_A 为（　　）。

A. 2V　　B. 4V　　C. −2V　　D. −4V

1.12　两个阻值相同的电阻串联后的等效电阻与并联后的等效电阻之比是（　　）。

A. 4∶1　　B. 1∶4　　C. 1∶2　　D. 2∶1

1.13　有一段电阻值为16Ω的导线，把它对折起来作为一条导线用，其电阻变为（　　）。

A. 8Ω　　B. 16Ω　　C. 4Ω　　D. 32Ω

1.14 图 1-95 所示电路中，a、b 间的电压 $U=$(　　)。

A. −2V　　B. −1V　　C. 2V　　D. 3V

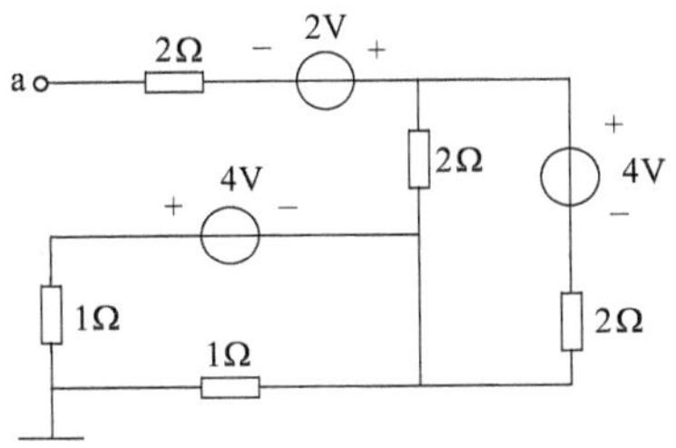

图 1-94　选择题 1.11 电路图

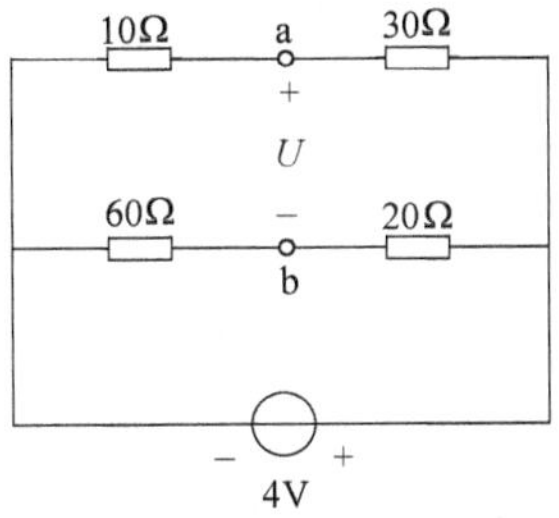

图 1-95　选择题 1.14 电路图

1.15 基尔霍夫电压定律、电流定律（　　）。

A. 与电路结构有关，与元器件性质无关

B. 与电路结构有关，与元器件性质也有关

C. 与电路结构无关，与元器件性质有关

D. 与电路结构无关，与元器件性质也无关

1.16 任何一个有源二端线性网络的戴维南等效电路是（　　）。

A. 一个理想电流源和一个电阻的并联电路

B. 一个理想电流源和一个理想电压源的并联电路

C. 一个理想电压源和一个理想电流源的串联电路

D. 一个理想电压源和一个电阻的串联电路

1.17 图 1-96a 所示电路的戴维南等效电路为图 1-96b 中的（　　）。

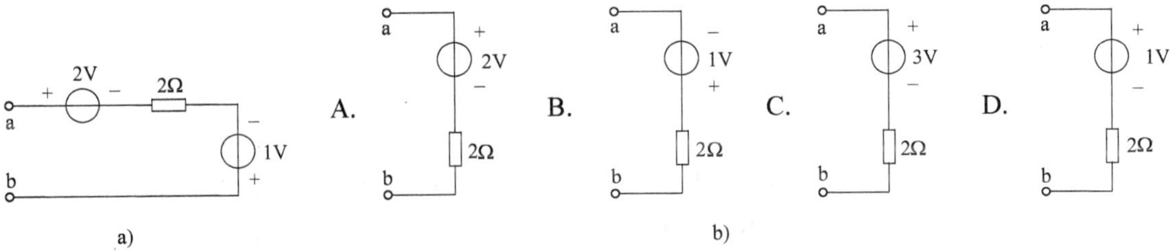

图 1-96　选择题 1.17 电路图

1.18 图 1-97 所示电路的诺顿等效电路参数为（　　）。

A. 1A，$\frac{2}{3}$Ω　　B. $1\frac{1}{2}$A，$\frac{2}{3}$Ω　　C. $\frac{3}{4}$A，$2\frac{2}{3}$Ω　　D. 1A，$2\frac{2}{3}$Ω

1.19 电路的时间常数大，则瞬态过程进行（　　）。

A. 较快　　B. 较慢　　C. 不变　　D. 不确定

1.20 在图 1-98 所示电路中，开关 S 在 $t=0$ 瞬间闭合，若 $u_C(0_-)=0V$，则 $i_C(0_+)$ 为（　　）。

A. 2.4A　　B. 0A　　C. 1.2A　　D. 1A

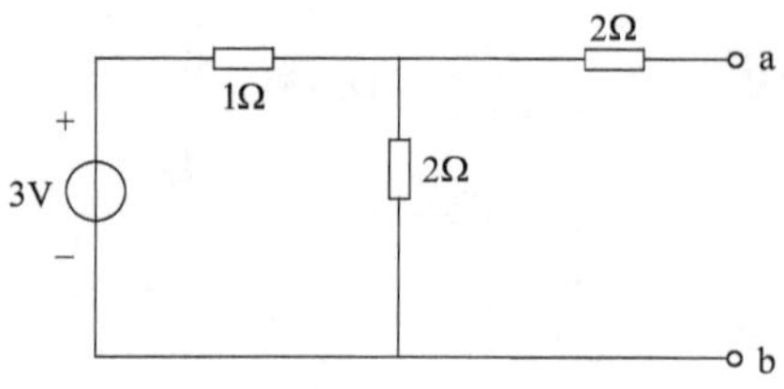

图 1-97 选择题 1.18 电路图

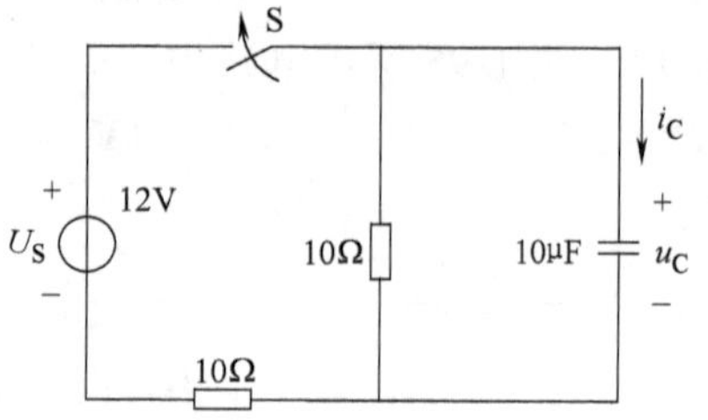

图 1-98 选择题 1.20 电路图

三、计算题

1.1 在图 1-99 中，5 个元器件代表电源或负载。电流和电压的参考方向如图中所示。今通过实验测量得知：$I_1=-4A$，$I_2=6A$，$I_3=10A$，$U_1=140V$，$U_2=-90V$，$U_3=60V$，$U_4=-80V$，$U_5=30V$。

（1）试标出各电流的实际方向和各电压的实际极性。

（2）判断哪些元器件是电源？哪些是负载？

（3）计算各元器件的功率，电源发出的功率和负载取用的功率是否平衡？

1.2 有一直流电源，其额定功率 $P_N=200W$，额定电压 $U_N=50V$，内阻 $R_0=0.5\Omega$，负载电阻 R 可以调节，其电路如图 1-100 所示。试求：

（1）额定工作状态下的负载电阻。

（2）开路状态下的电源端电压。

（3）电源短路状态下的电流。

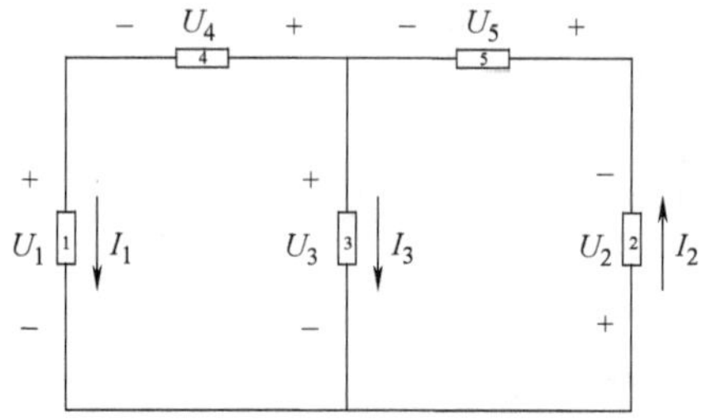

图 1-99 计算题 1.1 电路图

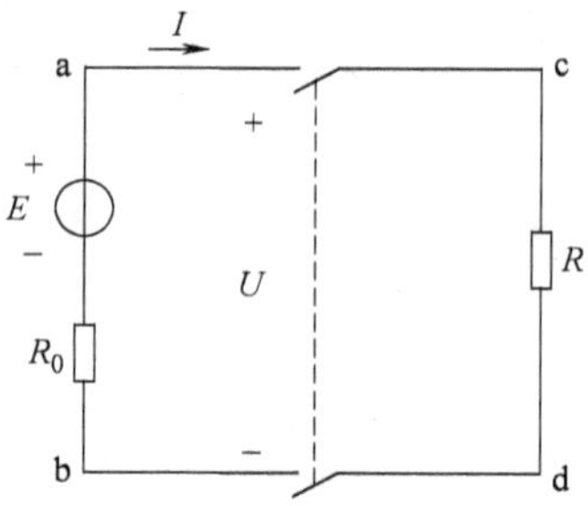

图 1-100 计算题 1.2 电路图

1.3 一只“110V，8W”的指示灯，现在要接在 380V 的电源上，问要串联多大阻值的电阻？该电阻应选用多大功率的？

1.4 图 1-101 所示是电源有载工作的电路。电源的电动势 $E=220V$，内阻 $R_0=0.2\Omega$；负载电阻 $R_1=10\Omega$，$R_2=6.67\Omega$，线路电阻 $R_L=0.1\Omega$。试求负载电阻 R_2 并联前后：

（1）电路中电流 I。

（2）电源端电压 U_1 和负载端电压 U_2。

（3）负载功率 P，且说明当负载增大时，总的

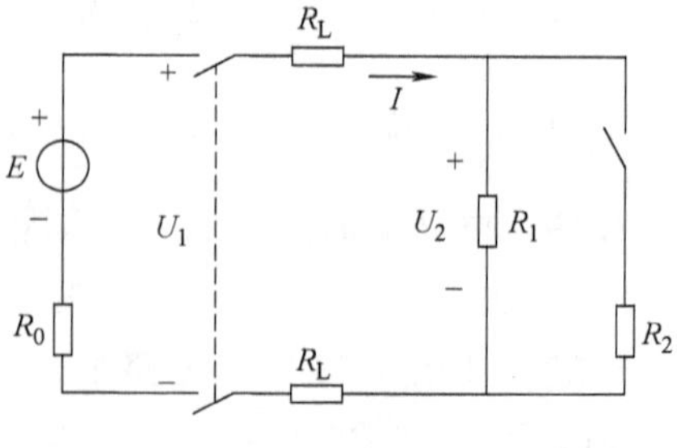

图 1-101 计算题 1.4 电路图

负载电阻、电路中电流、负载功率、电源端和负载端的电压是如何变化的。

1.5 试求图1-102所示电路中a点的电位。

1.6 试求图1-103所示电路中a点和b点的电位。如将a，b两点直接连接或接一电阻，对电路工作有无影响？

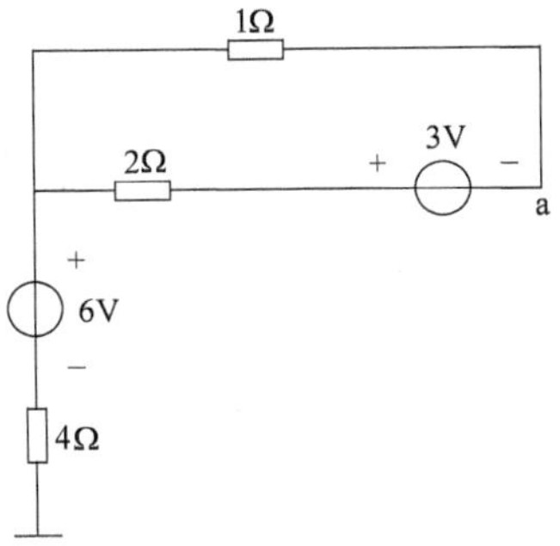

图1-102 计算题1.5电路图

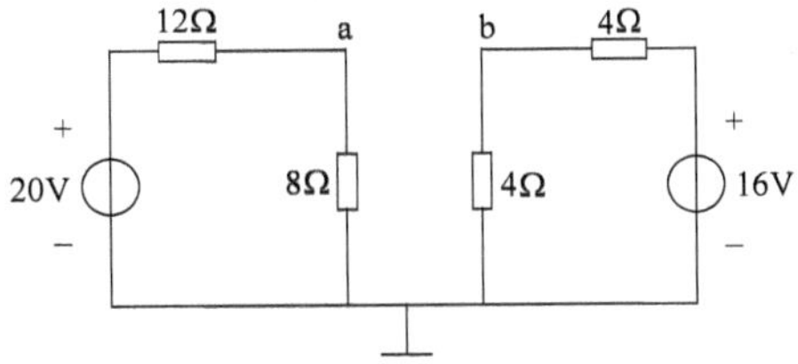

图1-103 计算题1.6电路图

1.7 图1-104所示电路中，在开关S断开和闭合的两种情况下试求a点的电位。

1.8 在图1-105中，求a点电位 V_a。

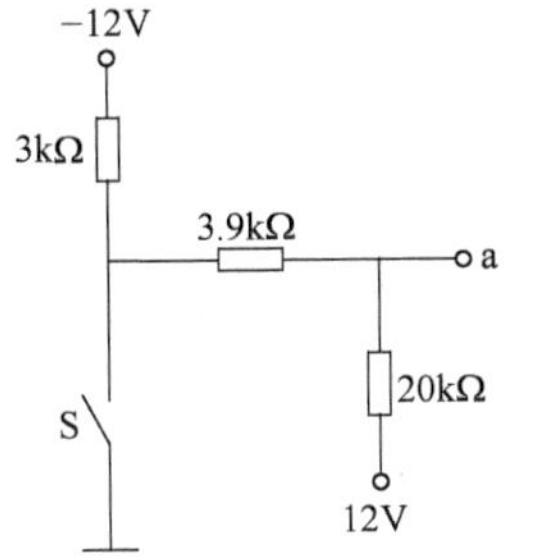

图1-104 计算题1.7电路图

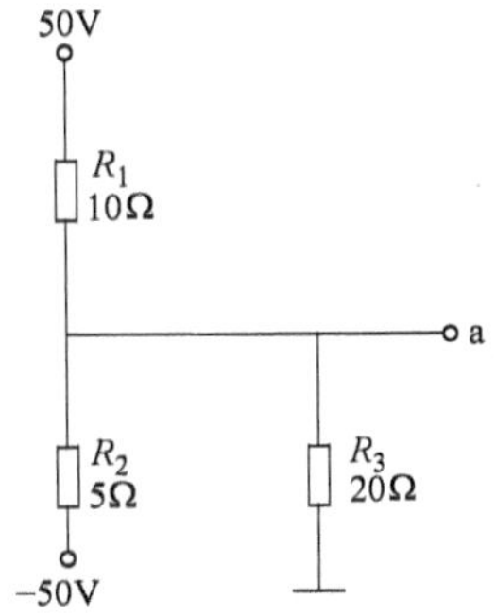

图1-105 计算题1.8电路图

1.9 在图1-106所示电路中，如果15Ω电阻上的电压降为30V，其极性如图所示，试求电阻 R 及a点的电位 V_a。

1.10 在图1-107所示电路中，已知 $I_1=0.01\mu A$，$I_2=0.3\mu A$，$I_5=9.61\mu A$，试求 I_3、I_4 和 I_6。

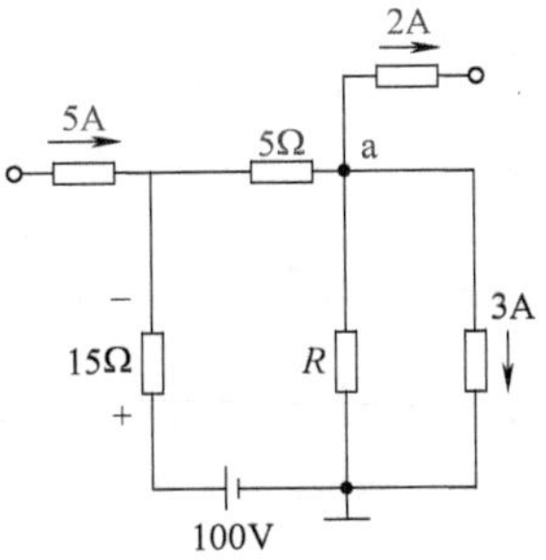

图1-106 计算题1.9电路图

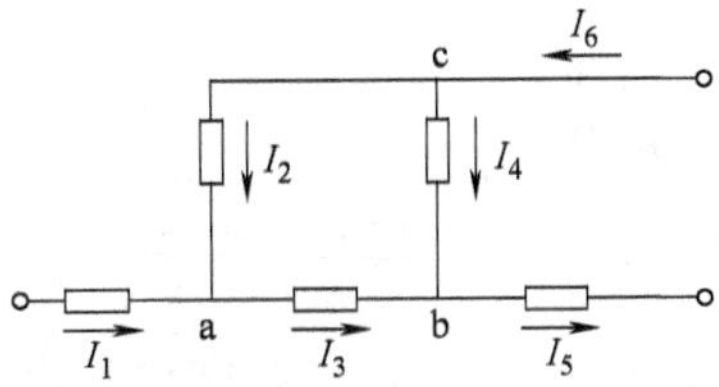

图1-107 计算题1.10电路图

1.11 在图 1-108 所示的电路中，已知 $U_1=10\text{V}$，$E_1=4\text{V}$，$E_2=2\text{V}$，$R_1=4\Omega$，$R_2=2\Omega$，$R_3=5\Omega$，a，b 两点间处于开路状态，试计算开路电压 U_2。

1.12 求图 1-109 中各电流源上的电压。

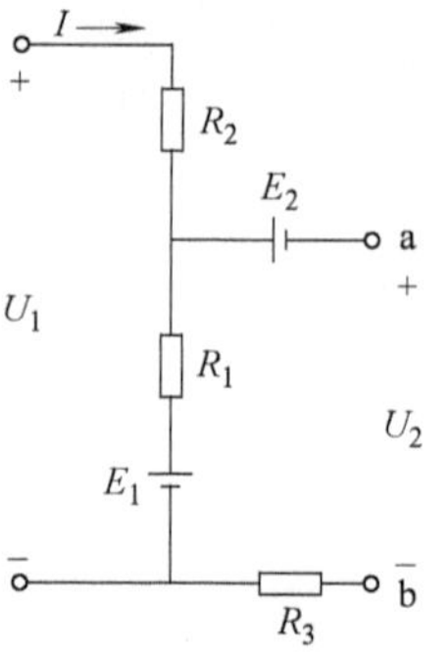

图 1-108 计算题 1.11 电路图

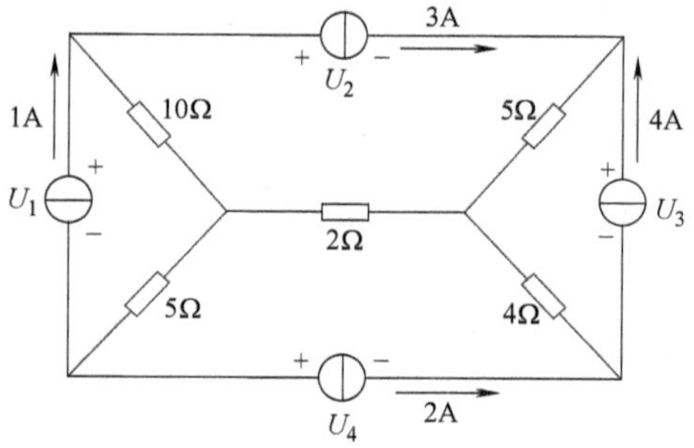

图 1-109 计算题 1.12 电路图

1.13 求图 1-110 所示电路 a、b 两端的等效电阻。

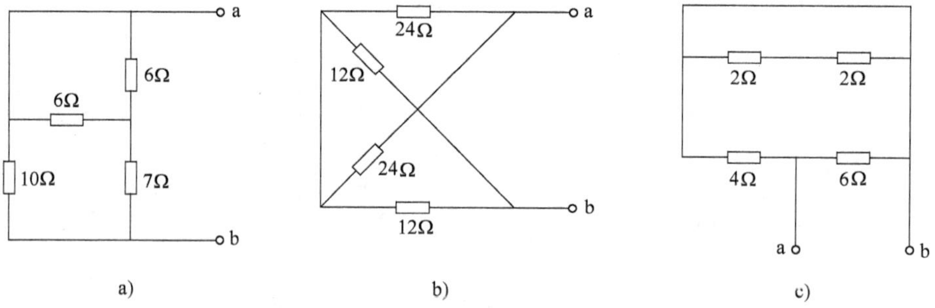

图 1-110 计算题 1.13 电路图

1.14 在图 1-111 所示的电路中，$E=6\text{V}$，$R_1=6\Omega$，$R_2=3\Omega$，$R_3=4\Omega$，$R_4=3\Omega$，$R_5=1\Omega$。试求 I_3 和 I_4。

1.15 在图 1-112 中，$R_1=R_2=R_3=R_4=300\Omega$，$R_5=600\Omega$，试求开关 S 断开和闭合时 a 点和 b 点之间的等效电阻。

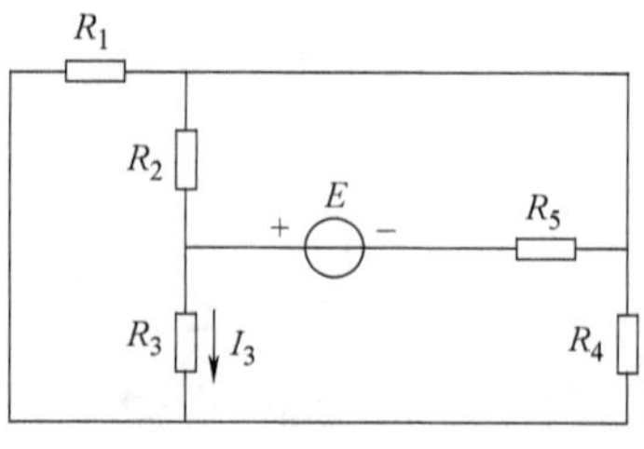

图 1-111 计算题 1.14 电路图

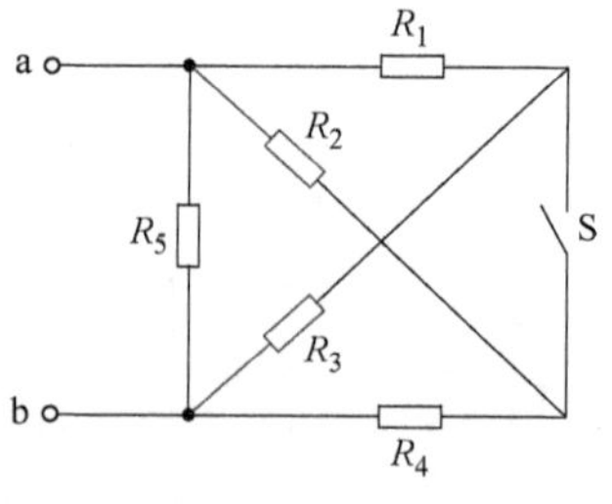

图 1-112 计算题 1.15 电路图

1.16 计算图 1-113 所示电路中的电流 I_3。

1.17 计算图 1-114 所示电路中的电压 U_5。

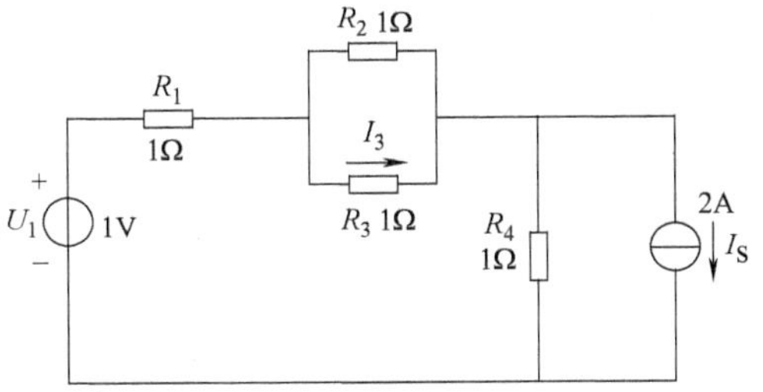

图 1-113 计算题 1.16 电路图

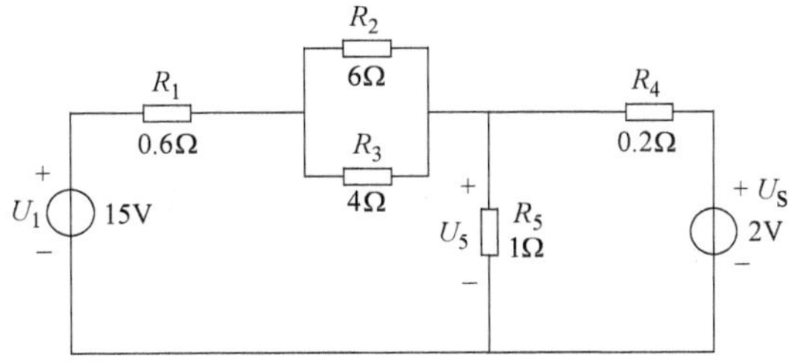

图 1-114 计算题 1.17 电路图

1.18 试用电压源与电流源等效变换的方法计算图 1-115 所示电路中 2Ω 电阻中的电流 I。

1.19 试用支路电流法或结点电压法求图 1-116 所示电路中的各支路电流，并求三个电源的输出功率和负载电阻 R_L 取用的功率。0.8Ω 和 0.4Ω 分别为两电压源的内阻。

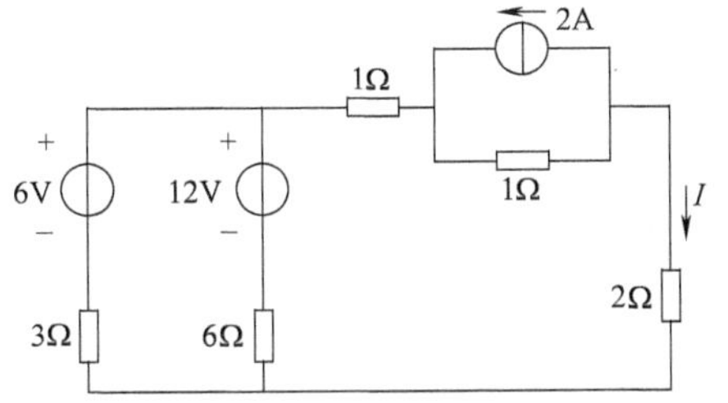

图 1-115 计算题 1.18 电路图

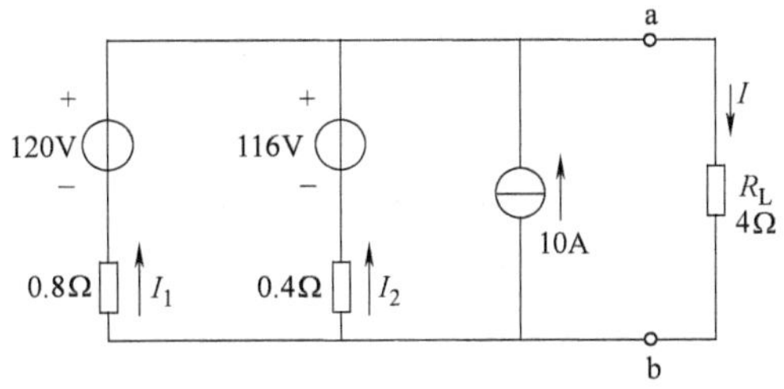

图 1-116 计算题 1.19 电路图

1.20 用支路电流法求如图 1-117 所示电路中各支路电流。

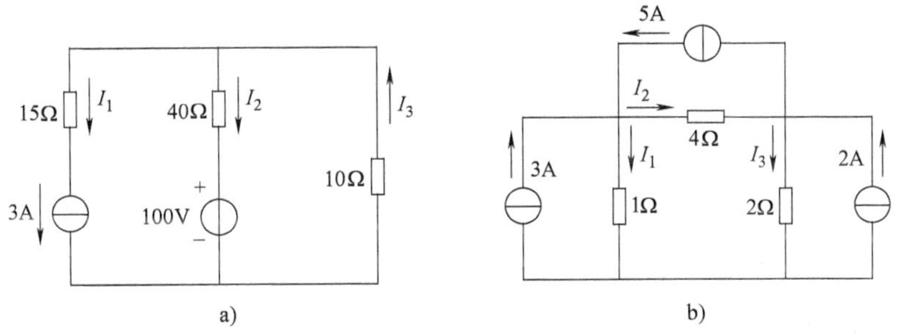

图 1-117 计算题 1.20 电路图

1.21 应用叠加原理计算如图 1-118 所示电路中各支路电流。

1.22 电路如图 1-119 所示，当 $R=4\Omega$ 时，$I=2\text{A}$，求当 $R=9\Omega$ 时，I 等于多少？

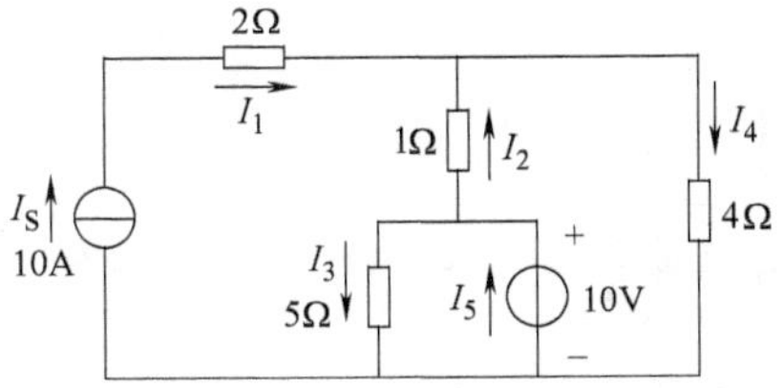

图 1-118 计算题 1.21 电路图

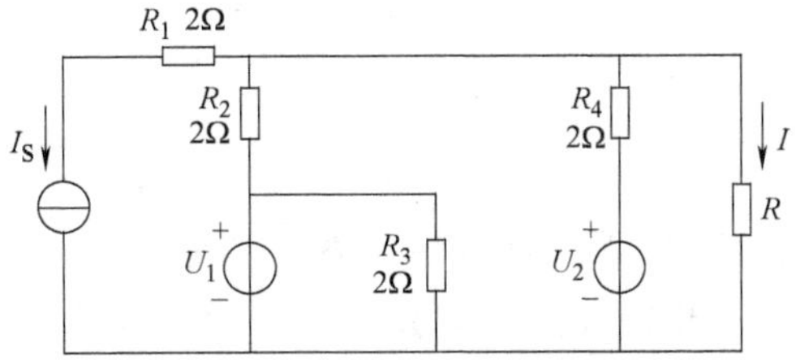

图 1-119 计算题 1.22 电路图

1.23 应用戴维南定理计算图 1-120 中 2Ω 电阻中的电流 I。

1.24 在图 1-121 所示电路中，已知 $E_1=15\text{V}$，$E_2=13\text{V}$，$E_3=4\text{V}$，$R_1=R_2=R_3=R_4=1\Omega$，$R_5=10\Omega$。

（1）当开关 S 断开时，试求电阻 R_5 上的电压 U_5 和电流 I_5。

（2）当开关 S 闭合后，试用戴维南定理计算 I_5。

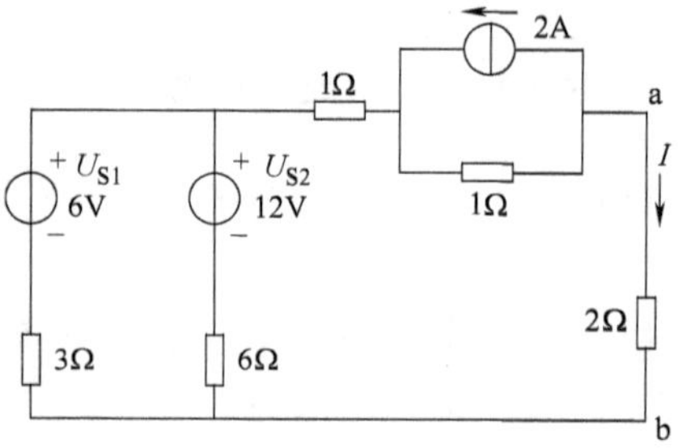

图 1-120 计算题 1.23 电路图

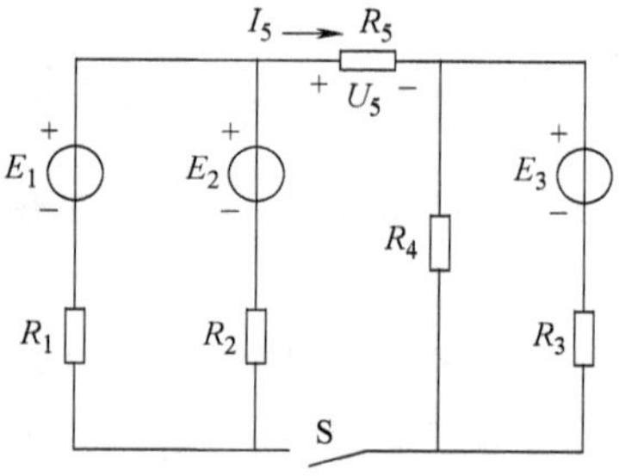

图 1-121 计算题 1.24 电路图

1.25 用戴维南定理计算图 1-122 所示电路中的电流 I。

1.26 计算图 1-123 所示电路中电阻 R_L 上的电流 I_L。

（1）用戴维南定理求解。

（2）用诺顿定理求解。

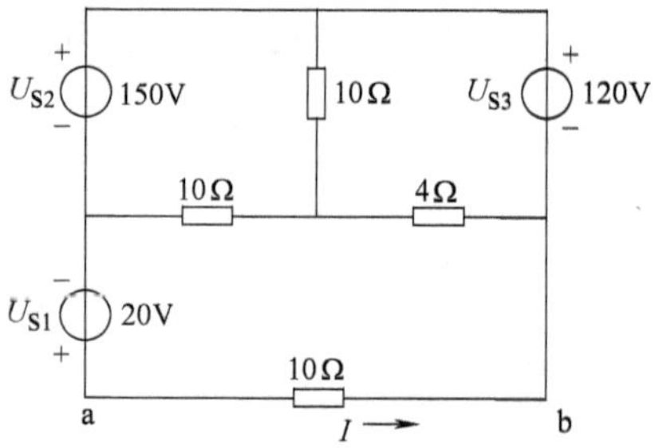

图 1-122 计算题 1.25 电路图

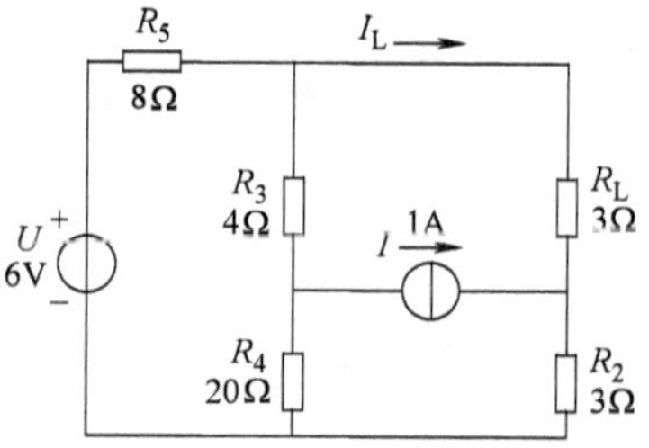

图 1-123 计算题 1.26 电路图

1.27 两个相同的有源二端网络 N 与 N′的连接如图 1-124a 所示，测得 $U_1=4\text{V}$。若连接如图 1-124b 所示，则测得 $I_1=1\text{A}$。试求连接如图 1-124c 时的电流 I_1。

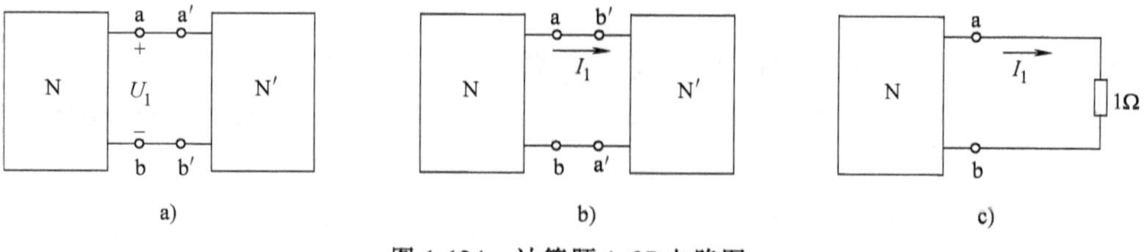

图 1-124 计算题 1.27 电路图

1.28 图 1-125 所示各电路在换路前都处于稳态，试求换路后各电路电流 i 的初始值 $i(0_+)$ 和稳态值 $i(\infty)$。

1.29 图 1-126 所示电路在换路前处于稳态，试求换路后 i_L，u_C 和 i_S 的初始值和稳态值。

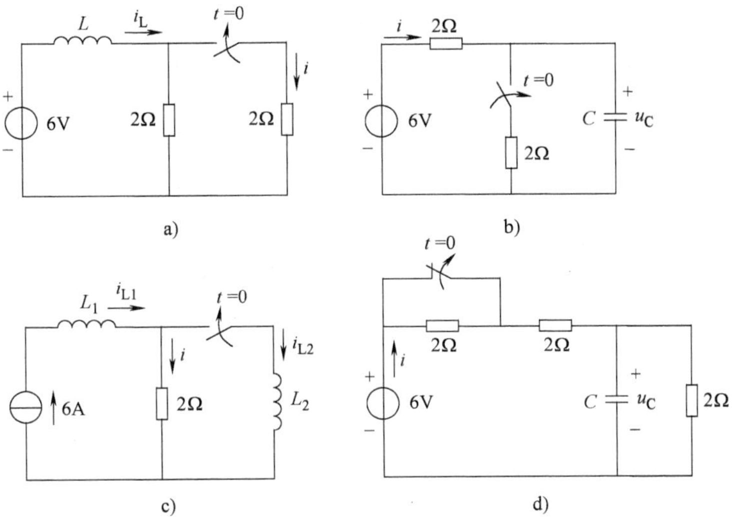

图 1-125 计算题 1.28 电路图

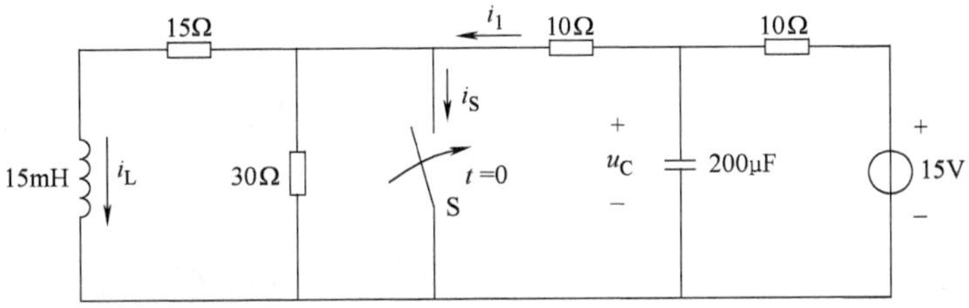

图 1-126 计算题 1.29 电路图

1.30 在图 1-127 所示电路中，$I=10\text{mA}$，$R_1=3\text{k}\Omega$，$R_2=3\text{k}\Omega$，$R_3=6\text{k}\Omega$，$C=2\mu\text{F}$。在开关 S 闭合前电路已处于稳态。求在 $t\geqslant 0$ 时 u_C 和 i_1，并画出它们随时间的变化曲线。

1.31 电路如图 1-128 所示，在开关 S 闭合前电路已处于稳态，求开关闭合后的电压 u_C。

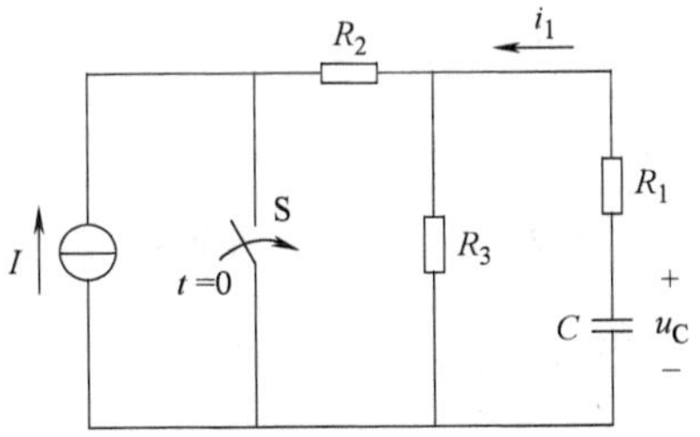

图 1-127 计算题 1.30 电路图

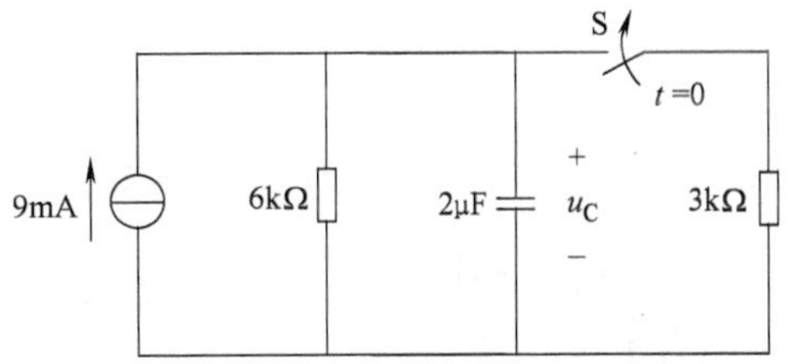

图 1-128 计算题 1.31 电路图

1.32 有一线性无源二端网络 N，如图 1-129a 所示，其中储能元件未储有能量，当输入电流 i（其波形如图 1-129b 所示）后，其两端电压 u 的波形如图 1-129c 所示。

（1）写出 u 的指数式。

（2）画出该网络的电路，并确定元器件的参数值。

1.33 在图 1-130a 所示的电路中，u 为一阶跃电压，如图 1-130b 所示，试求 i_3 和 u_C，设 $u_C(0_-)=1\text{V}$。

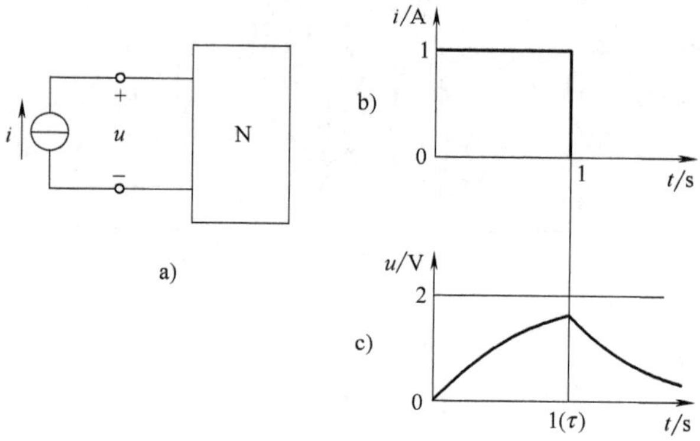

图 1-129 计算题 1.32 电路图

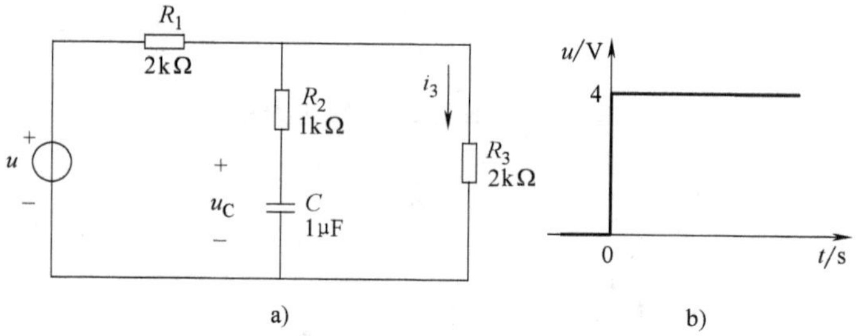

图 1-130 计算题 1.33 电路图

1.34 电路如图 1-131 所示，换路前已处于稳态，试求换路后（$t \geqslant 0$）的 u_C。

1.35 电路如图 1-132 所示，试用三要素法求 $t \geqslant 0$ 时的 i_1，i_2 及 i_L。换路前电路已处于稳态。

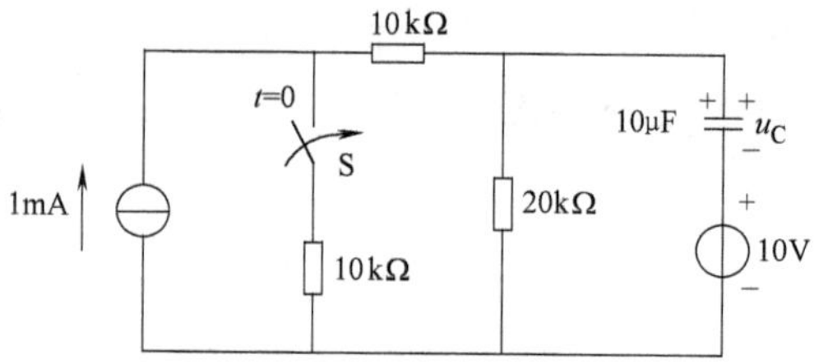

图 1-131 计算题 1.34 电路图

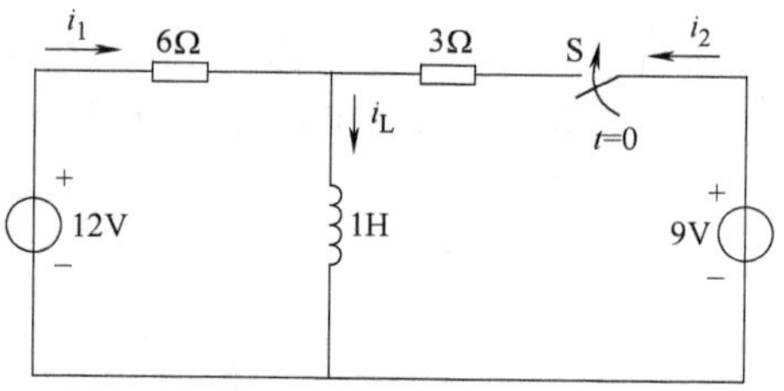

图 1-132 计算题 1.35 电路图

1.36 电路如图 1-133 所示，在换路前已处于稳态。当开关从 1 的位置换到 2 的位置后，试求 i 和 i_L。

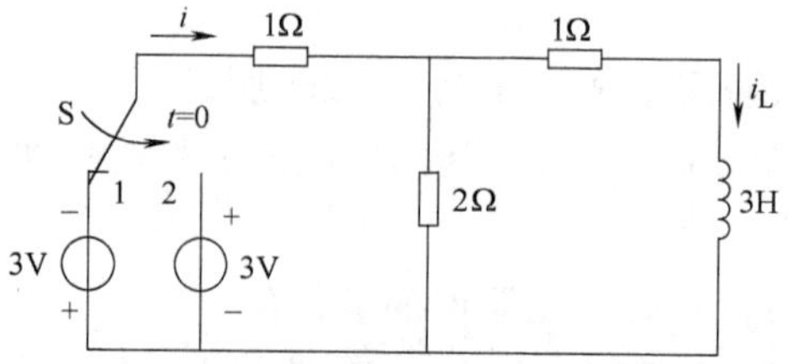

图 1-133 计算题 1.36 电路图

第2章

正弦交流电路

第 2 章　授课视频

2.1　正弦交流电路的基本概念

2.1.1　正弦交流电路的概念

所谓正弦交流电路，是指含有正弦电源（激励）而且电路各部分所产生的电压和电流（响应）均按正弦规律变化的电路。交流发电机产生的电动势和正弦信号发生器输出的信号电压都是随时间按正弦规律变化的，它们都是常用的正弦电源。在生产上和日常生活中所用的交流电，一般都是指正弦交流电。

分析与计算正弦交流电路，主要是确定不同参数和不同结构的各种正弦交流电路中电压与电流之间的关系和功率。交流电路具有用直流电路的概念无法理解和无法分析的物理现象，因此，在学习本章的时候，必须建立交流的概念，否则容易引起错误。

第 1 章分析的是直流电路，除在换路瞬间，其中电流和电压的大小与方向（或电压的极性）是不随时间而变化的，如图 2-1 所示。

正弦电压和电流是按照正弦规律周期性变化的，其波形如图 2-2 所示。

图 2-1　直流

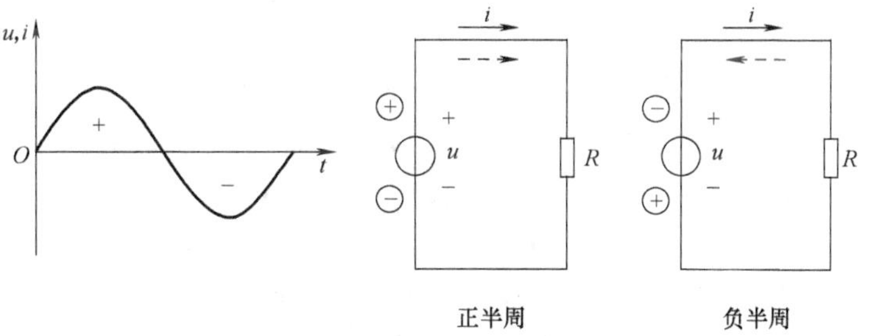

图 2-2　正弦电压和电流

由于正弦电压和电流的方向是周期性变化的，因此在电路图上标出的方向是指它们的参考方向，即代表正半周时的方向。在负半周时，由于所标的参考方向与实际方向相反，则其值为负。图中的虚线箭头代表电流的实际方向；“⊕”“⊖”代表电压的实际方向（极性）。

正弦电压和电流等物理量常统称为正弦量。正弦量的特征表现在变化的快慢、大小及初始值三个方面，而它们分别由频率（或周期）、幅值（或有效值）和初相位来确定。所以频率、幅值和初相位就称为确定正弦量的三要素。

2.1.2 正弦交流电路的三要素

1. 周期、频率和角频率

正弦量变化一次所需的时间（秒）称为周期 T。每秒内变化的次数称为频率 f，它的单位是赫兹（Hz）。

频率是周期的倒数，即

$$f=\frac{1}{T} \tag{2-1}$$

我国和世界上大多数国家都采用50Hz作为电力标准频率，也有些国家（如美国、日本等）及地区采用60Hz。50Hz频率在工业上应用广泛，习惯上也称为工频。通常的交流电动机和照明负载都用这种频率。

在其他各种不同的技术领域也会使用各种不同的交流电频率。例如，高频电炉的频率是200~300kHz；中频电炉的频率是500~8000Hz；高速电动机的频率是150~2000Hz；通常收音机中波段的频率是530~1600kHz，短波段是2.3~23MHz；移动通信的频率是900MHz和1800MHz；在无线通信中使用的频率可高达300GHz。

正弦量变化的快慢除用周期和频率表示外，还可用角频率 ω 来表示。因为一周期经历了 2π 弧度，如图2-3所示，所以角频率为

$$\omega=\frac{2\pi}{T}=2\pi f \tag{2-2}$$

它的单位是弧度每秒（rad/s）。

式（2-2）表示 T、f 和 ω 三者之间的关系，只要知道其中之一，则其余均可求出。

2. 瞬时值、幅值和有效值

正弦量在任一瞬间的值称为瞬时值，用小写字母来表示，如 i、u 及 e 分别表示电流、电压及电动势的瞬时值。瞬时值中最大的值称为幅值或最大值，用带下标m的大写字母来表示，如 I_m、U_m 及 E_m 分别表示电流、电压及电动势的幅值。

图2-3所示是正弦电流的波形，它的数学表达式为

$$i=I_m\sin\omega t \tag{2-3}$$

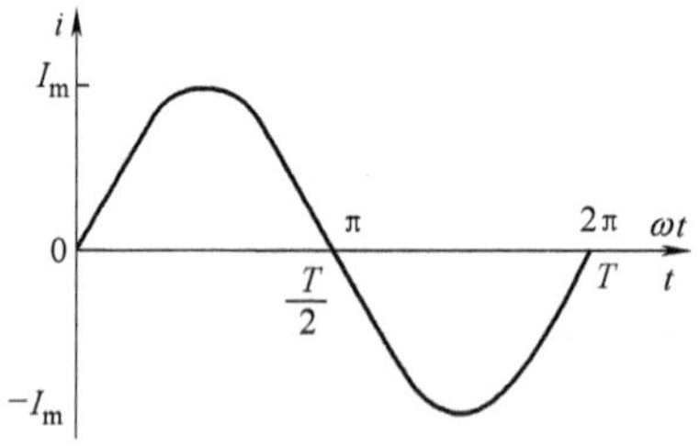

图2-3　正弦波形

正弦电流、电压和电动势的大小往往不是用它们的幅值，而是用有效值（均方根值）来计量的。

有效值是用电流的热效应来规定的，因为在电工技术中，电流常表现出其热效应。不论是周期性变化的电流还是直流电流，只要它们在相等的时间内通过同一电阻而两者的热效应相等，就把它们的有效值看作是相等的。就是说，某一个周期电流 i 通过电阻 R（如电阻炉）在一个周期内产生的热量，和另一个直流电流 I 通过同样大小的电阻，并在相等的时间内产生的热量相等，那么这个周期性变化的电流 i 的有效值在数值上就等于这个直流电流 I，因此有

$$\int_0^T Ri^2\mathrm{d}t = RI^2T$$

由上式可得出周期电流的有效值为

$$I = \sqrt{\frac{1}{T}\int_0^T i^2\mathrm{d}t} \tag{2-4}$$

式（2-4）只适用于周期性变化的量，不能用于非周期量。

当周期电流为正弦量时，即 $i=I_\mathrm{m}\sin\omega t$，则

$$I = \sqrt{\frac{1}{T}\int_0^T I_\mathrm{m}^2\sin^2\omega t\mathrm{d}t}$$

因为

$$\int_0^T\sin^2\omega t\mathrm{d}t = \int_0^T\frac{1-\cos2\omega t}{2}\mathrm{d}t = \frac{1}{2}\int_0^T\mathrm{d}t - \frac{1}{2}\int_0^T\cos2\omega t\mathrm{d}t = \frac{T}{2} - 0 = \frac{T}{2}$$

所以

$$I=\sqrt{\frac{1}{T}I_\mathrm{m}^2\ \frac{T}{2}}=\frac{I_\mathrm{m}}{\sqrt{2}} \tag{2-5}$$

如果考虑到周期电流 i 是作用在电阻 R 两端的周期电压 u 产生的，则由式（2-4）就可推得周期电压的有效值为

$$U = \sqrt{\frac{1}{T}\int_0^T u^2\mathrm{d}t}$$

当周期电压为正弦量时，即 $u=U_\mathrm{m}\sin\omega t$，则

$$U=\frac{U_\mathrm{m}}{\sqrt{2}} \tag{2-6}$$

同理

$$E=\frac{E_\mathrm{m}}{\sqrt{2}}$$

有效值都用大写字母表示，和表示直流的字母一样。

一般所讲的正弦电压或电流的大小，例如交流电压 380V 或 220V，都是指它的有效值。一般交流电流表和电压表的刻度也是根据有效值来定的。

3. 初相位、相位和相位差

正弦量是随时间变化的，要确定一个正弦量还需从计时起点（$t=0$）上看。所取的计时起点不同，正弦量的初始值（$t=0$ 时的值）就不同，到达幅值或某一特定值所需的时间也就不同。

正弦量可表示为

$$i=I_\mathrm{m}\sin\omega t \tag{2-7}$$

其波形如图 2-3 所示，它的初始值为零。

正弦量也可以表示为

$$i=I_m\sin(\omega t+\psi) \tag{2-8}$$

其波形如图 2-4 所示。在这种情况下，初始值 $i_0=I_m\sin\psi$，不等于零。

式（2-7）及式（2-8）中的角度 ωt 和 $\omega t+\psi$ 称为正弦量的相位角或相位，它反映出正弦量变化的进程。当相位角随时间连续变化时，正弦量的瞬时值随之作连续变化。

$t=0$ 时的相位角称为初相位角或初相位。在式（2-7）中初相位为零；在式（2-8）中初相位为 ψ。因此，所取计时起点不同，正弦量的初相位不同，其初始值也就不同。

在一个正弦交流电路中，电压 u 和电流 i 的频率是相同的，但初相位不一定相同，如图 2-5 所示。图中 u 和 i 的波形可表示为

$$u=U_m\sin(\omega t+\psi_1)$$

$$i=I_m\sin(\omega t+\psi_2) \tag{2-9}$$

它们的初相位分别为 ψ_1 和 ψ_2。

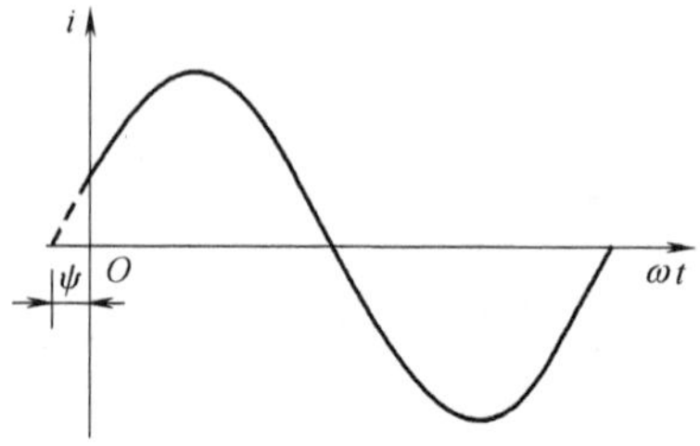

图 2-4 初相位不等于零的正弦波形

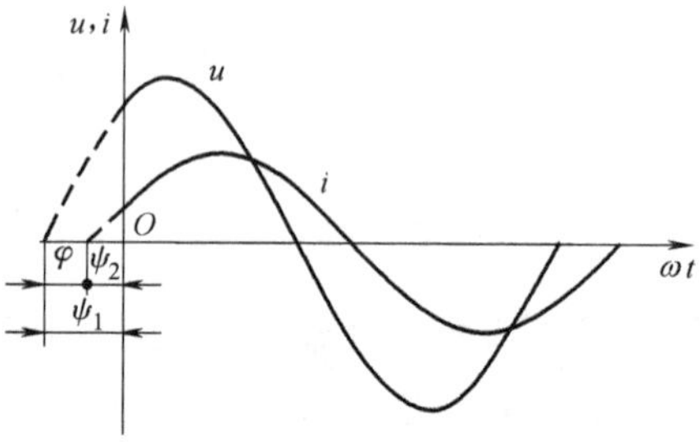

图 2-5 u 和 i 的初相位不相等

两个同频率正弦量的相位角之差或初相位角之差，称为相位角差或相位差，用 φ 表示。在式（2-9）中，u 和 i 的相位差为

$$\varphi=(\omega t+\psi_1)-(\omega t+\psi_2)=\psi_1-\psi_2 \tag{2-10}$$

当两个同频率正弦量的计时起点（$t=0$）改变时，它们的相位和初相位即跟着改变，但是两者之间的相位差仍保持不变。

由图 2-5 所示的正弦波形可见，因为 u 和 i 的初相位不同（不同相），所以它们的变化步调是不一致的，即不是同时到达正的幅值或零值。图 2-5 中，$\psi_1>\psi_2$，所以 u 较 i 先到达正的幅值。这时就说，在相位上 u 比 i 超前 φ 角，或者说 i 比 u 滞后 φ 角。

在图 2-6 所示的情况下，i_1 和 i_2 具有相同的初相位，即相位差 $\varphi=0$，则两者同相（相位相同）；而 i_1 和 i_3 反相（相位相反），即两者的相位差 $\varphi=180°$。

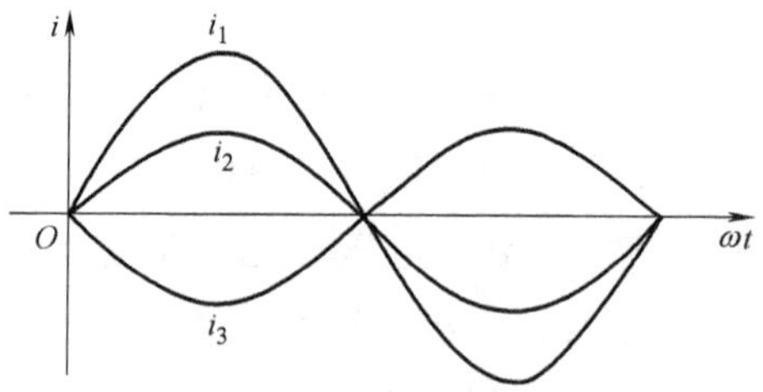

图 2-6 正弦量的同相和反相

2.1.3 正弦量的相量表示法

一个正弦量具有幅值、频率及初相位三个特征或要素。而这些特征可以用一些方法表示出来。正弦量的各种表示方法是分析与计算正弦交流电路的工具。

前面已经讲过两种表示法。一种是用三角函数式来表示，如 $i=I_m\sin\omega t$，这是正弦量的

基本表示法；另一种是用正弦波形来表示，如图 2-3 所示。

此外，正弦量还可以用相量来表示。相量表示法的基础是复数，也就是用复数来表示正弦量。

1. 复数

设复平面中有一复数 A，其模为 r，辐角为 ψ，如图 2-7 所示，它可以表示为

$$A=a+\mathrm{j}b=r\cos\psi+\mathrm{j}r\sin\psi=r(\cos\psi+\mathrm{j}\sin\psi) \tag{2-11}$$

由欧拉公式

$$\cos\psi=\frac{\mathrm{e}^{\mathrm{j}\psi}+\mathrm{e}^{-\mathrm{j}\psi}}{2}\qquad \cos\psi=\frac{\mathrm{e}^{\mathrm{j}\psi}-\mathrm{e}^{-\mathrm{j}\psi}}{\mathrm{j}2}$$

可推出

$$A=r\mathrm{e}^{\mathrm{j}\psi} \tag{2-12}$$

或简写为

$$A=r\angle\psi \tag{2-13}$$

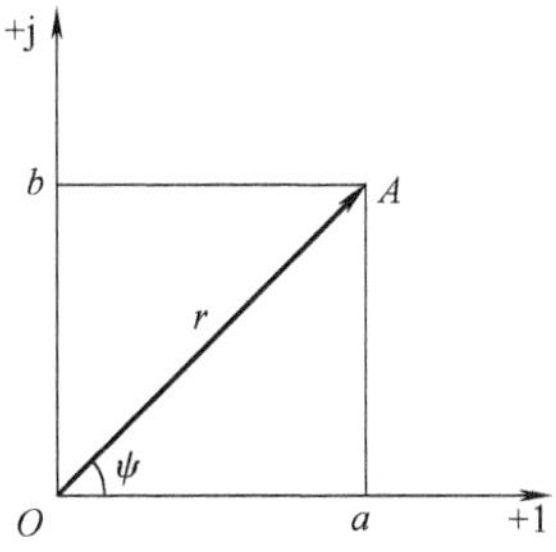

图 2-7　复数

因此，一个复数可用几种复数的表达式来表示，其式（2-11）称为复数的代数式；式（2-12）称为指数式；式（2-13）称为极坐标式。三者可以互相转换。复数的加减运算可用代数式，复数的乘除运算可用指数式或极坐标式。

2. 相量法

显然，一个复数由模和辐角两个特征来确定。而正弦量由幅值、初相位和频率三个特征来确定。但在分析线性电路时，正弦激励和响应均为同频率的正弦量，而频率是已知的，可不必考虑。因此，一个正弦量由幅值（或有效值）和初相位就可确定。

比照复数和正弦量，正弦量可用复数表示。复数的模即为正弦量的幅值或有效值，复数的辐角即为正弦量的初相位。

为了与一般的复数相区别，把表示正弦量的复数称为相量，并在大写字母上打“·”。于是表示正弦电压 $u=U_{\mathrm{m}}\sin(\omega t+\psi)$ 的相量式就为

$$\dot{U}=U(\cos\psi+\mathrm{j}\sin\psi)=U\mathrm{e}^{\mathrm{j}\psi}=U\angle\psi \tag{2-14}$$

注意： 相量只是可以表示正弦量，而不是说它等于正弦量。

式（2-14）中的 j 是复数的虚数单位，即 $\mathrm{j}=\sqrt{-1}$，并由此得 $\mathrm{j}^2=-1$，$\frac{1}{\mathrm{j}}=-\mathrm{j}$。

3. 相量图

按照各个正弦量的大小和相位关系画出的若干个相量的图形，称为相量图。在相量图上能形象地看出各个正弦量的大小和相互间的相位关系。例如，在图 2-5 中用正弦波形表示的电压 u 和电流 i 两个正弦量，在式（2-9）中是用三角函数式表示的，如果用相量图表示则如图 2-8 所示。电压相量 $\dot{U}$ 比电流相量 $\dot{I}$ 超前 φ 角，也就是正弦电压 u 比正弦电流 i 超前 φ 角。

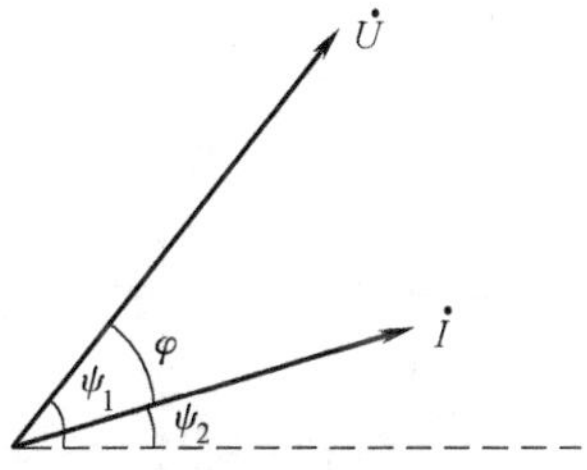

图 2-8　相量图

只有正弦周期量才能用相量表示，非正弦周期量不能用相

量表示。只有同频率的正弦量才能画在同一个相量图上，不同频率的正弦量不能画在同一个相量图上，否则就无法比较和计算了。

因此，表示正弦量的相量有两种形式：相量图和复数式（相量式）。

当 $\psi=\pm90°$时，则

$$e^{\pm j90°}=\cos90°\pm j\sin90°=0\pm j=\pm j$$

因此任意一个相量乘以+j 后，即向逆时针方向旋转了 90°；乘以−j 后，即向顺时针方向旋转了 90°。

例 2-1 已知选定参考方向的正弦量波形图如图 2-9 所示，试写出正弦量的表达式。

解 由图 2-9 可知，正弦量的角频率为 ω，u_1 的幅值为 200V，初相位为 60°；u_2 的幅值为 250V，初相位为−30°。故

$$u_1=200\sin(\omega t+60°)\text{V}$$

$$u_2=250\sin(\omega t-30°)\text{V}$$

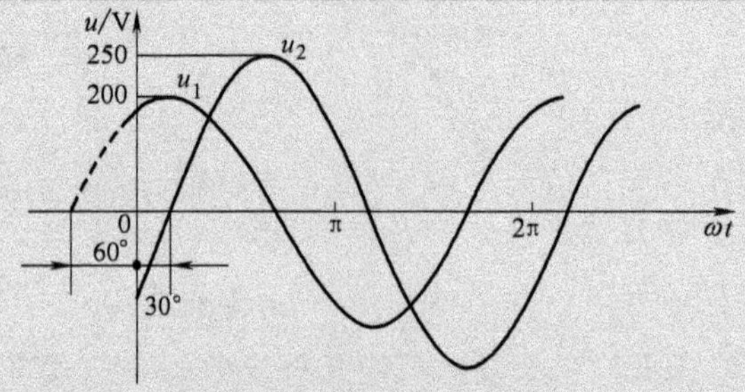

图 2-9 例 2-1 波形图

例 2-2 已知同频率的正弦量的解析式分别为 $i=10\sin(\omega t+30°)\text{A}$，$u=220\sqrt{2}\sin(\omega t-45°)\text{V}$，写出电流和电压的相量 $\dot{I}$、$\dot{U}$，并绘出相量图。

解 (1) 相量式为

$$\dot{I}=\frac{10}{\sqrt{2}}\angle30°=5\sqrt{2}\angle30°\text{A}\qquad \dot{U}=220\angle-45°\text{V}$$

(2) 相量图如图 2-10 所示。

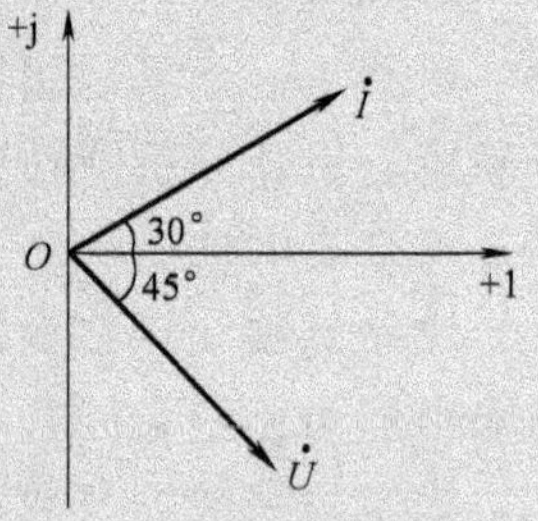

图 2-10 例 2-2 相量图

例 2-3 已知 $i_1=12.7\sqrt{2}\sin(314t+30°)\text{A}$，$i_2=11\sqrt{2}\sin(314t-60°)\text{A}$，求 $i=i_1+i_2$。

解 电流的相量式为

$$\dot{I}_1=12.7\angle30°\text{A}\qquad \dot{I}_2=11\angle-60°\text{A}$$

则有

$$\begin{aligned}\dot{I}&=\dot{I}_1+\dot{I}_2\\&=(12.7\angle30°+11\angle-60°)\text{A}\\&=[12.7(\cos30°+j\sin30°)+11(\cos60°-j\sin60°)]\text{A}\\&=(16.5-j3.18)\text{A}\\&=16.8\angle-10.9°\text{A}\end{aligned}$$

电流的瞬时值为

$$i=16.8\sqrt{2}\sin(314t-10.9°)\ \text{A}$$

因此电流的有效值为 16.8A。

2.2　单相正弦交流电路

2.2.1　电阻元件的交流电路

1. 电压和电流的关系

图 2-11a 所示是一个线性电阻元件的交流电路，电压和电流的参考方向已在图中标出。电阻元件上电压和电流满足欧姆定律，即其瞬时值关系式为

$$i=\frac{u}{R}\quad 或\quad u=iR \tag{2-15}$$

为了分析方便起见，选择电流经过零值并将向正值增加的瞬间作为计时起点（$t=0$），即设

$$i=I_{\mathrm{m}}\sin\omega t$$

为参考相量，则

$$u=Ri=RI_{\mathrm{m}}\sin\omega t=U_{\mathrm{m}}\sin\omega t \tag{2-16}$$

也是一个同频率的正弦量。

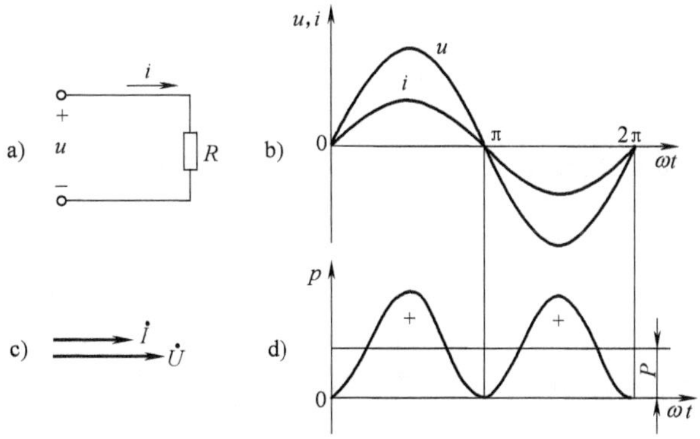

图 2-11　电阻元件的交流电路

a）电路图　b）电压和电流的正弦波形

c）电压和电流的相量图　d）功率波形

比较电压和电流的表达式即可看出，在电阻元件的交流电路中，电压和电流频率相同，相位相同。电阻元件的电压和电流的正弦波形如图 2-11b 所示。

在式（2-16）中，有

$$U_{\mathrm{m}}=RI_{\mathrm{m}}$$

或

$$\frac{U_{\mathrm{m}}}{I_{\mathrm{m}}}=\frac{U}{I}=R \tag{2-17}$$

由此可知，在纯电阻元件的电路中，电压的幅值（或有效值）与电流的幅值（或有效值）之比就是电阻 R。

用相量表示电压和电流的关系，则为

$$\frac{\dot{U}}{\dot{I}}=\frac{U\mathrm{e}^{\mathrm{j}0^\circ}}{I\mathrm{e}^{\mathrm{j}0^\circ}}=\frac{U}{I}\mathrm{e}^{\mathrm{j}0^\circ}=R$$

或

$$\dot{U}=R\dot{I} \tag{2-18}$$

此即欧姆定律的相量表示式。电压和电流的相量图如图 2-11c 所示。

2. 功率

在任意瞬间，电压和电流瞬时值的乘积就是瞬时功率，用小写字母 p 表示，即

$$p=ui=U_{\mathrm{m}}I_{\mathrm{m}}\sin^2\omega t=\frac{U_{\mathrm{m}}I_{\mathrm{m}}}{2}(1-\cos2\omega t)=UI(1-\cos2\omega t) \tag{2-19}$$

由式（2-19）可知，p 是由两部分组成的，第一部分是常数 UI，第二部分是 $UI\cos2\omega t$ 的交变量，其幅值为 UI，角频率为 2ω。p 随时间而变化的波形如图 2-11d 所示。

由于在电阻元件的交流电路中 u 与 i 同相，它们同时为正，同时为负，所以瞬时功率是正值，即 $p \geqslant 0$。瞬时功率为正，这表示外电路从电源取用能量。在这里就是电阻元件从电源取用电能而转换为热能。

一个周期内电路消耗电能的平均速度，即瞬时功率的平均值，称为平均功率。在电阻元件电路中，平均功率为

$$P = \frac{1}{T}\int_0^T p\mathrm{d}t = \frac{1}{T}\int_0^T UI(1 - \cos2\omega t)\,\mathrm{d}t = UI = RI^2 = \frac{U^2}{R} \tag{2-20}$$

例 2-4 一个额定电压为 220V，功率为 100W 的电烙铁，误接在 380V 的交流电源上，问此时它接受的功率为多少？是否安全？若接到 110V 的交流电源上，功率又为多少？

解 由电烙铁的额定值可得

$$R = \frac{U_{\mathrm{R}}^2}{P} = \frac{220^2}{100}\Omega = 484\Omega$$

当电源电压为 380V 时，电烙铁的功率为

$$P_1 = \frac{U_{\mathrm{R}}^2}{R} = \frac{380^2}{484}\mathrm{W} \approx 298\mathrm{W} > 100\mathrm{W}$$

此时电烙铁不安全，将被烧坏。

当接到 110V 的交流电源上，此时电烙铁的功率为

$$P_2 = \frac{U_{\mathrm{R}}^2}{R} = \frac{110^2}{484}\mathrm{W} = 25\mathrm{W} < 100\mathrm{W}$$

此时电烙铁达不到正常的使用温度。

2.2.2 电感元件的交流电路

1. 电压与电流的关系

图 2-12a 所示是一个线性电感元件的交流电路。当电感线圈中通过交流电流 i 时，其中产生自感电动势 e_{L}。设电流 i、电动势 e_{L} 和电压 u 的参考方向如图 2-12a 所示。根据基尔霍夫电压定律得出

$$u = -e_{\mathrm{L}} = L\frac{\mathrm{d}i}{\mathrm{d}t}$$

设电流为参考正弦量，即

$$i = I_{\mathrm{m}}\sin\omega t$$

则

$$u = L\frac{\mathrm{d}(I_{\mathrm{m}}\sin\omega t)}{\mathrm{d}t} = I_{\mathrm{m}}\omega L\sin(\omega t + 90°) = U_{\mathrm{m}}\sin(\omega t + 90°) \tag{2-21}$$

这也是一个同频率的正弦量。

比较电压和电流的表达式可知，在电感元件电路中，在相位上电流比电压滞后 90°（相位差 $\varphi=90°$）。

表示电压 u 和电流 i 的正弦波形如图 2-12b 所示。

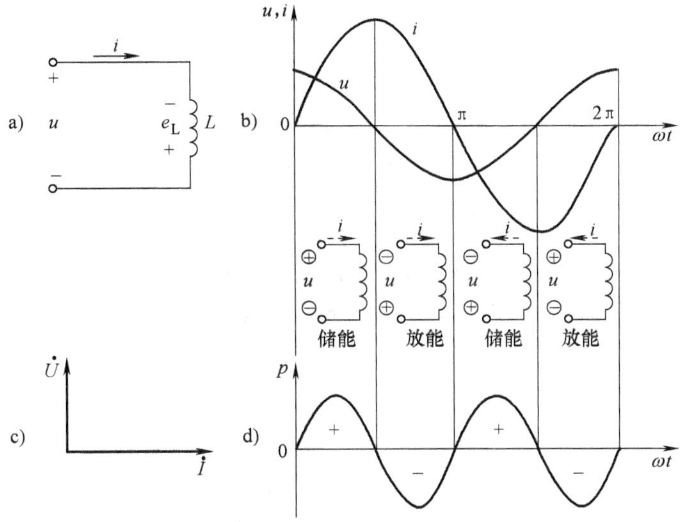

图 2-12 电感元件的交流电路

a）电路图 b）电压和电流的正弦波形 c）电压和电流的相量图 d）功率波形

在式（2-21）中

$$U_m=I_m\omega L$$

或
$$\frac{U_m}{I_m}=\frac{U}{I}=\omega L \tag{2-22}$$

由此可知，在电感元件电路中，电压的幅值（或有效值）与电流的幅值（或有效值）之比值为 ωL。显然，它的单位为欧姆。当电压 U 一定时，ωL 越大，则电流 I 越小。可见电感具有对交流电流起阻碍作用的物理性质，所以称为感抗，用 X_L 代表，即

$$X_L=\omega L=2\pi fL \tag{2-23}$$

感抗 X_L 与电感 L、频率 f 成正比。因此，电感线圈对高频电流的阻碍作用很大，而对直流则可视为短路，即对直流讲，$X_L=0$（注意，不是 $L=0$，而是 $f=0$）。

如设电压为
$$u=U_m\sin\omega t$$

则电流应为
$$i=\frac{U_m}{X_L}\sin(\omega t-90°)=I_m\sin(\omega t-90°)$$

因此，在分析与计算交流电路时，以电压或电流作为参考量都可以，它们之间的关系是（大小和相位差）一样的，如用相量表示电压与电流的关系，则为

$$\frac{\dot U}{\dot I}=\frac{Ue^{j0°}}{Ie^{-j90°}}=\frac{U}{I}e^{j90°}=jX_L$$

或
$$\dot U=jX_L\dot I=j\omega L\dot I \tag{2-24}$$

式（2-24）表示电压的有效值等于电流的有效值与感抗的乘积，在相位上电压比电流超前90°。因电流相量 $\dot{I}$ 乘上 j 后，即向逆时针方向旋转90°。电压和电流的相量图如图 2-12c 所示。

2. 功率

知道了电压 u 和电流 i 的变化规律和关系后，便可找出瞬时功率的变化规律，即

$$p=ui=U_mI_m\sin\omega t\sin(\omega t+90°) \tag{2-25}$$

$$=U_mI_m\sin\omega t\cos\omega t=\frac{U_mI_m}{2}\sin2\omega t=UI\sin2\omega t$$

在第一个和第三个$\frac{1}{4}$周期内，p 是正的（u 和 i 同正同负）；在第二个和第四个$\frac{1}{4}$周期内，p 是负的（u 和 i 一正一负）。瞬时功率的正、负可以这样来理解：当瞬时功率为正值时，电感元件处于充电状态，它从电源取用电能；当瞬时功率为负值时，电感元件处于放电状态，它把电能归还电源。

在电感元件电路中，平均功率

$$P=\frac{1}{T}\int_0^T UI\sin(2\omega t)\,\mathrm{d}t=0$$

从图 2-12d 所示的功率波形也容易看出，p 的平均值为零。

由上述可知，在电感元件的交流电路中，没有能量消耗，只有电源与电感元件间的能量互换。这种能量互换的规模可用无功功率 Q 来衡量。这里规定无功功率等于瞬时功率 p 的幅值，即

$$Q=UI=I^2X_L=\frac{U^2}{X_L} \tag{2-26}$$

它并不等于单位时间内互换了多少能量。无功功率的单位是乏（var）或千乏（kvar）。

应当指出，电感元件和后面将要讲的电容元件都是储能元件，它们与电源间进行能量互换是工作所需，这对电源来说是一种负担，但对储能元件本身来说却并没有消耗能量，故将往返于电源与储能元件之间的功率命名为无功功率。因此，平均功率也可称为有功功率。

例 2-5 把一个 0.1H 的电感接到 $f=50\text{Hz}$、$U=10\text{V}$ 的正弦电源上，求电流 I，如保持 U 不变，而电源 $f=5000\text{Hz}$，这时 I 为多少？

解 当 $f=50\text{Hz}$ 时

$$X_L=2\pi fL=2\times3.14\times50\times0.1\Omega=31.4\Omega$$

$$I=\frac{U}{X_L}=\frac{10}{31.4}\text{A}\approx318\text{mA}$$

当 $f=5000\text{Hz}$ 时

$$X_L=2\pi fL=2\times3.14\times5000\times0.1\Omega=3140\Omega$$

$$I=\frac{U}{X_L}=\frac{10}{3140}\text{A}\approx3.18\text{mA}$$

可见，当电压有效值一定时，频率越高，则通过电感元件的电流有效值越小。

2.2.3 电容元件的交流电路

1. 电压和电流的关系

图 2-13a 所示是一个线性电容元件的交流电路，电流 i 和电压 u 的参考方向如图中所示，两者相同。由此得

$$i=C\frac{\mathrm{d}u}{\mathrm{d}t}$$

如果在电容元件的两端加一正弦电压

$$u=\sqrt{2}U\sin\omega t$$

则

$$i=C\frac{\mathrm{d}u}{\mathrm{d}t}=\omega CU_{\mathrm{m}}\cos\omega t=\omega CU_{\mathrm{m}}\sin(\omega t+90°)=I_{\mathrm{m}}\sin(\omega t+90°) \tag{2-27}$$

也是一个同频率的正弦量。

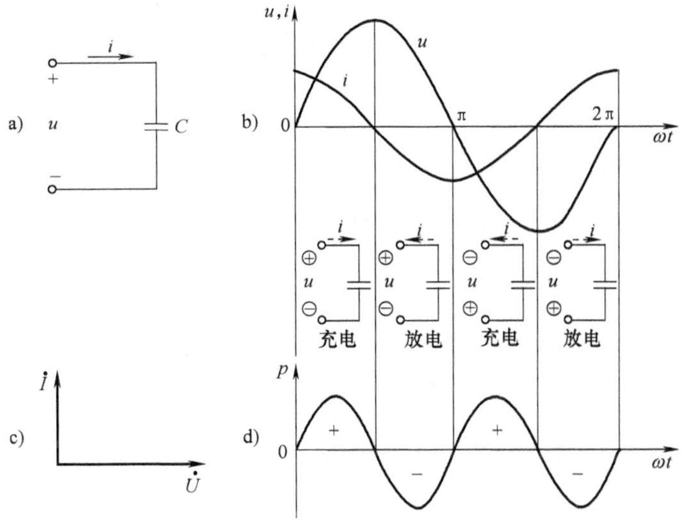

图 2-13 电容元件的交流电路

a）电路图 b）电压和电流的正弦波形 c）电压和电流的相量图 d）功率波形

比较上面两式可知，在电容元件电路中，在相位上电流比电压超前 90°（$\varphi=-90°$）。这里规定：当电流比电压滞后时，其相位差 φ 为正；当电流比电压超前时，其相位差 φ 为负。这样的规定是为了便于说明电路是电感性的还是电容性的。

表示电压和电流的正弦波形如图 2-13b 所示。

在式（2-27）中

$$I_{\mathrm{m}}=\omega CU_{\mathrm{m}}$$

或

$$\frac{U_{\mathrm{m}}}{I_{\mathrm{m}}}=\frac{U}{I}=\frac{1}{\omega C} \tag{2-28}$$

由此可知，在电容元件电路中，电压的幅值（或有效值）与电流的幅值（或有效值）

的比值为$\frac{1}{\omega C}$。显然，它的单位是欧姆。当电压 U 一定时，$\frac{1}{\omega C}$越大，则电流 I 越小。可见它具有对电流起阻碍作用的物理性质，所以称为容抗，用 X_C 代表，即

$$X_C=\frac{1}{\omega C}=\frac{1}{2\pi fC} \tag{2-29}$$

容抗 X_C 与电容 C、频率 f 成反比，所以电容元件对高频电流所呈现的容抗很小，是高频电流的捷径，而对直流（$f=0$）所呈现的容抗 $X_C\to\infty$，可视为开路。因此，电容元件有隔断直流的作用。

如用相量表示电压与电流的关系，则为

$$\frac{\dot{U}}{\dot{I}}=\frac{Ue^{j0°}}{Ie^{j90°}}=\frac{U}{I}e^{-j90°}=-jX_C$$

或

$$\dot{U}=-j\dot{I}X_C=-j\frac{\dot{I}}{\omega C}=\frac{\dot{I}}{j\omega C} \tag{2-30}$$

式（2-30）表示电压的有效值等于电流的有效值与容抗的乘积，而在相位上电压比电流滞后 90°。因此电流相量 $\dot{I}$ 乘上 $-j$ 后，即向顺时针方向旋转 90°。电压和电流的相量图如图 2-13c 所示。

2. 功率

知道了电压 u 和电流 i 的变化规律与相互关系后，便可找出瞬时功率的变化规律，即

$$\begin{aligned}p&=ui=U_mI_m\sin\omega t\sin(\omega t+90°)=U_mI_m\sin\omega t\cos\omega t\\&=\frac{U_mI_m}{2}\sin2\omega t=UI\sin2\omega t\end{aligned} \tag{2-31}$$

由式（2-31）可见，p 是一个以 2ω 的角频率随时间而变化的交变量，它的幅值为 UI。P 的波形如图 2-13d 所示。

在第一个和第三个$\frac{1}{4}$周期内，电压值在增高，也就是电容元件在充电。这时，电容元件从电源取用电能而储存在它的电场中，所以 p 是正的。在第二个和第四个$\frac{1}{4}$周期内，电压值在降低，也就是电容元件在放电。这时，电容元件放出它在充电时所储存的能量，把它归还给电源，所以 p 是负的。

在电容元件电路中，平均功率

$$P=\frac{1}{T}\int_0^T p\mathrm{d}t=\frac{1}{T}\int_0^T UI\sin2\omega t\mathrm{d}t=0$$

为了同电感的无功功率相比较，设电流

$$i=I_m\sin\omega t$$

为参考正弦量，则

$$u=U_m\sin(\omega t-90°)$$

这样，得出的瞬时功率为

$$p=ui=-UI\sin2\omega t$$

由此，电容元件的无功功率为

$$Q=-UI=-I^2X_C \tag{2-32}$$

电容性无功功率为负值，电感性无功功率取正值。

例 2-6　将电容 $C=23.5\mu F$ 接在电源电压 $U=220V$、频率为 $f=50Hz$、初相位为零的交流电源上，求电路中的电流 i、P 及 Q。

解　在电容元件的交流电路中，容抗为

$$X_C=\frac{1}{\omega C}=\frac{1}{2\pi fC}=\frac{1}{2\times3.14\times50\times23.5\times10^{-6}}\Omega\approx135.5\Omega$$

电路中电流的有效值为

$$I=\frac{U}{X_C}=\frac{220}{135.5}A\approx1.62A$$

电压的初相位为零，电流超前电压 90°，电流的瞬时值为

$$i=\sqrt{2}I\sin(\omega t+90°)=2.3\sin(314t+90°)A$$

电容元件的电路中无电阻元件，因此不消耗功率，故有功功率为

$$P=0W$$

无功功率为

$$Q=-UI=-220\times1.62var=-356.4var$$

2.2.4　*RLC* 串联的交流电路

1. 电压和电流的关系

电阻、电感和电容串联的交流电路如图 2-14 所示，电路的各元件通过同一电流。电流与电压的参考方向如图中所示。

(1) 电压和电流的瞬时值关系式　根据基尔霍夫电压定律，图 2-14a 中有

$$u=u_R+u_L+u_C=Ri+L\frac{di}{dt}+\frac{1}{C}\int idt \tag{2-33}$$

设串联电路电流 $i=I_m\sin\omega t$ 为参考正弦量，则

$$u_R=RI_m\sin\omega t=U_{Rm}\sin\omega t$$

$$u_L=I_m\omega L\sin(\omega t+90°)=U_{Lm}\sin(\omega t+90°)$$

$$u_C=\frac{I_m}{\omega C}\sin(\omega t-90°)=U_{Cm}\sin(\omega t-90°)$$

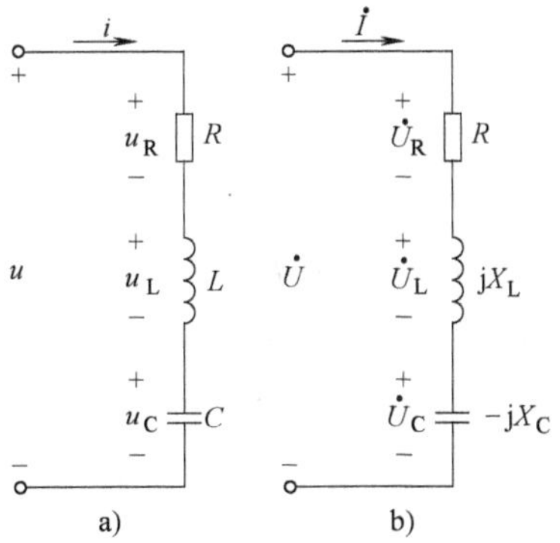

图 2-14　电阻、电感和电容串联的交流电路

同频率的正弦量相加，得出的仍为同频率的正弦量，所以可得出电源电压为

$$u=u_R+u_L+u_C=U_m\sin(\omega t+\varphi)$$

(2) 电压和电流的相量关系式　根据基尔霍夫电压定律（相量形式），图 2-14b 中有

$$\dot{U}=\dot{U}_R+\dot{U}_L+\dot{U}_C=R\dot{I}+jX_L\dot{I}-jX_C\dot{I}=[R+j(X_L-X_C)]\dot{I} \tag{2-34}$$

式（2-34）可改写为

$$\frac{\dot{U}}{\dot{I}}=R+j(X_L-X_C) \tag{2-35}$$

其中 $R+j(X_L-X_C)$ 的实部为电阻，虚部为电抗，称为电路的阻抗，用大写字母 Z 表示，即

$$Z=R+j(X_L-X_C)=\sqrt{R^2+(X_L-X_C)^2}\,e^{j\arctan\frac{X_L-X_C}{R}}=|Z|\angle\varphi \tag{2-36}$$

阻抗 Z 不是一个相量，而是一个复数计算量。式（2-36）中

$$|Z|=\sqrt{R^2+(X_L-X_C)^2}=\sqrt{R^2+\left(\omega L-\frac{1}{\omega C}\right)^2} \tag{2-37}$$

$|Z|$称为阻抗模，即

$$\frac{U}{I}=\sqrt{R^2+(X_L-X_C)^2}=|Z|$$

其单位为欧姆。反映了电压与电流之间的大小关系，而

$$\varphi=\arctan\frac{X_L-X_C}{R} \tag{2-38}$$

称为阻抗的辐角。反映了电压与电流的相位角差。

式（2-38）中，如果 $X_L>X_C$，即 $\varphi>0$，则电路为电感性；如果 $X_L<X_C$，即 $\varphi<0$，则电路为电容性；如果 $X_L=X_C$，即 $\varphi=0$，则电路为电阻性。

(3) 复数形式的欧姆定律 设 $u=U_m\sin(\omega t+\psi_u)$，$i=I_m\sin(\omega t+\psi_i)$，则复数形式的欧姆定理为

$$\dot{U}=\dot{I}Z \tag{2-39}$$

由式（2-39）可得

$$Z=\frac{\dot{U}}{\dot{I}}=\frac{U\angle\psi_u}{I\angle\psi_i}=\frac{U}{I}\angle\psi_u-\psi_i=|Z|\angle\varphi$$

$$\varphi=\psi_u-\psi_i=\arctan\frac{X_L-X_C}{R}$$

(4) 电压和电流的相量图 在图 2-14 所示电路中，设电流为参考相量，则电压和电流的相量图如图 2-15 所示。

由式（2-37）可知，$|Z|$、R 及（X_L-X_C）之间满足直角三角形的关系，因此称为阻抗三

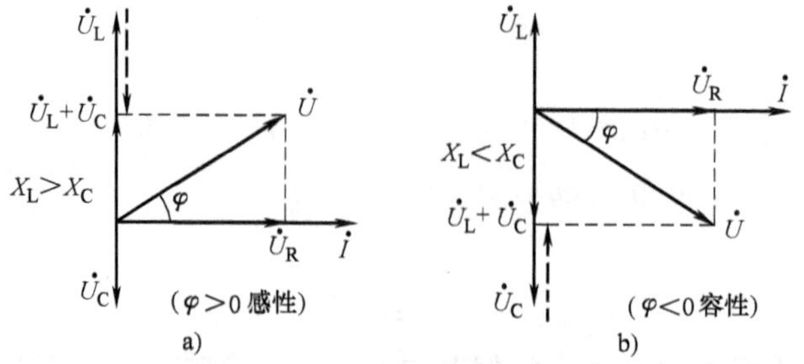

图 2-15 电压与电流的相量图

角形，而由图 2-15 可知，$\dot{U}$、$\dot{U}_R$及（$\dot{U}_L+\dot{U}_C$）构成的三角形则称为电压三角形，如图 2-16 所示。

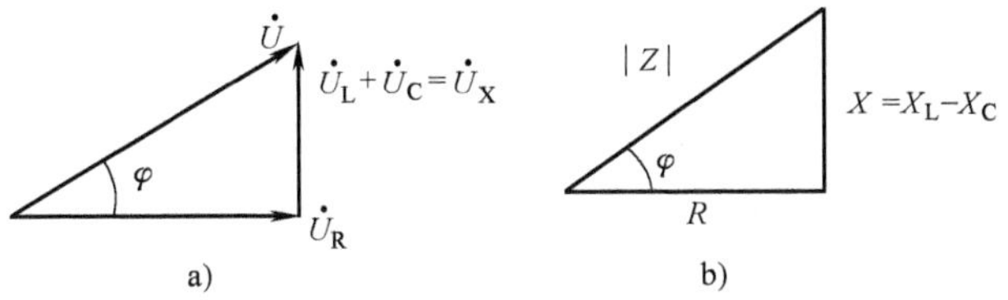

图 2-16 电压、阻抗三角形

在图 2-16a 中

$$U_R=U\cos\varphi \qquad U_X=U\sin\varphi$$

在图 2-16b 中

$$R=|Z|\cos\varphi \qquad X=|Z|\sin\varphi$$

2. 功率

(1) 瞬时功率 电阻、电感和电容串联的交流电路中，设 $i=I_m\sin\omega t$，$u=U_m\sin(\omega t+\varphi)$，则其瞬时功率为

$$\begin{aligned} p&=ui=U_mI_m\sin(\omega t+\varphi)\sin\omega t\\ &=\frac{U_mI_m}{2}\cos\varphi-\frac{U_mI_m}{2}\cos(2\omega t+\varphi)\\ &=UI\cos\varphi-UI\cos(2\omega t+\varphi) \end{aligned} \tag{2-40}$$

(2) 平均功率 电阻元件要消耗电能，其平均功率即有功功率为

$$\begin{aligned} P&=\frac{1}{T}\int_0^T p\mathrm{d}t=\frac{1}{T}\int_0^T[UI\cos\varphi-UI\cos(2\omega t+\varphi)]\mathrm{d}t\\ &=UI\cos\varphi \end{aligned} \tag{2-41}$$

根据电压三角形有

$$U\cos\varphi=U_R=RI$$

于是有功功率为

$$P=U_RI=RI^2=UI\cos\varphi \tag{2-42}$$

有功功率的单位为瓦（W）或千瓦（kW）。

(3) 无功功率 电感和电容元件要储放能量，即它们与电源之间要进行能量的互换，根据式（2-26）和式（2-32），则无功功率为

$$Q=U_LI-U_CI=(U_L-U_C)I=I^2(X_L-X_C)=UI\sin\varphi \tag{2-43}$$

无功功率的单位为乏（var）或千乏（kvar）。

(4) 视在功率 在交流电路中，平均功率一般不等于电压和电流有效值的乘积，如将两者的有效值相乘，则得出所谓的视在功率 S，即

$$S=UI=|Z|I^2 \tag{2-44}$$

视在功率的单位为伏安（V · A）或千伏安（kV · A）。

交流电气设备是按照规定了的额定电压 U_N 和额定电流 I_N 来设计和使用的，发电机、变

压器等供电设备的容量则是以视在功率来表示的，即

$$S_N=U_NI_N$$

由于平均功率 P，无功功率 Q 和视在功率 S 三者所表示的意义不同，为了区别起见故采用不同的单位。

有功功率、无功功率和视在功率的关系为

$$S=\sqrt{P^2+Q^2} \tag{2-45}$$

或 $P=S\cos\varphi \quad Q=S\sin\varphi$

式（2-45）称为功率三角形。

功率、电压和阻抗三角形是相似三角形，如图 2-17 所示。将电压三角形的有效值同除以 I 得到阻抗三角形，将电压三角形的有效值同乘以 I 得到功率三角形。

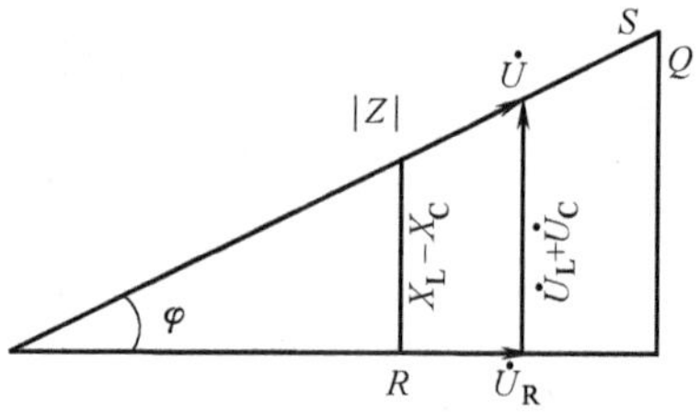

图 2-17 功率、电压和阻抗三角形

注意：功率和阻抗都不是正弦量，所以不能用相量表示。

例 2-7 在 RLC 串联交流电路中，已知 $R=30\Omega$，$L=127\text{mH}$，$C=40\mu\text{F}$，$u=220\sqrt{2}\sin(314t+20°)\text{V}$，求：（1）电流的有效值 I 与瞬时值 i；（2）各部分电压的有效值与瞬时值；（3）作相量图；（4）有功功率 P、无功功率 Q 和视在功率 S。

解 （1）电流的有效值 I 与瞬时值 i 计算方法为

$$X_L=\omega L=314\times127\times10^{-3}\Omega\approx40\Omega$$

$$X_C=\frac{1}{\omega C}=\frac{1}{314\times40\times10^{-6}}\Omega\approx80\Omega$$

$$Z=R+j(X_L-X_C)=(30-j40)\Omega=50\angle-53°\Omega$$

$$|Z|=\sqrt{R^2+(X_L-X_C)^2}=\sqrt{30^2+(40-80)^2}\Omega=50\Omega$$

$$\dot{U}=220\angle20°\text{V}$$

$$\dot{I}=\frac{\dot{U}}{Z}=\frac{220\angle20°}{50\angle-53°}\text{A}=4.4\angle73°\text{A}$$

电流的有效值 $I=4.4\text{A}$，瞬时值 i 为

$$i=4.4\sqrt{2}\sin(314t+73°)\text{A}$$

（2）各部分电压的有效值与瞬时值为

$$\dot{U}_R=\dot{I}R=4.4\angle73°\times30\text{V}=132\angle73°\text{V}$$

$$u_R=132\sqrt{2}\sin(314t+73°)\text{V}$$

$$\dot{U}_L=j\dot{I}X_L=j4.4\times40\angle73°\text{V}=176\angle163°\text{V}$$

$$u_L=176\sqrt{2}\sin(314t+163°)\text{V}$$

$$\dot{U}_C=-j\dot{I}X_C=-j4.4\times80\angle73°\text{V}=352\angle-17°\text{V}$$

$$u_C = 352\sqrt{2}\sin(314t-17°)\text{V}$$

有效值为

$$U_R = 132\text{V} \qquad U_L = 176\text{V} \qquad U_C = 352\text{V}$$

（3）相量图如图 2-18 所示。

（4）有功功率 P、无功功率 Q 和视在功率 S 为

$$P = UI\cos\varphi = 220\times4.4\times\cos(-53°)\text{W} = 580.8\text{W}$$

$$Q = UI\sin\varphi = 220\times4.4\times\sin(-53°)\text{var} = -774.4\text{var}$$

$$S = UI = 220\times4.4\text{V}\cdot\text{A} = 968\text{V}\cdot\text{A}$$

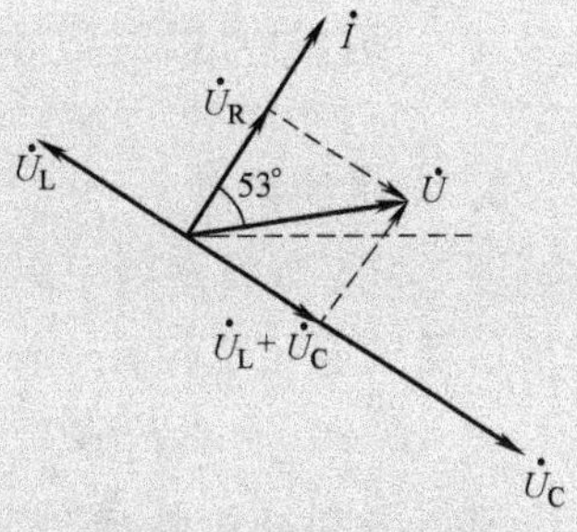

图 2-18　例 2-7 相量图

例 2-8　在图 2-19a 所示电路中，$I_1 = 10\text{A}$，$I_2 = 10\sqrt{2}\text{A}$，$U = 220\text{V}$，$R_1 = 5\Omega$，$R_2 = X_L$，试求 I、X_C、X_L 及 R_2。

分析　求解此题可借助于相量图。故先画出该电路的相量图如图 2-19b 所示。以 $\dot{U}_2$为参考相量，其中 $\dot{U}_2$为电容两端电压，$\dot{U}_2 = U_2\angle 0°\text{V}$。因为 $R_2 = X_L$，所以 $\dot{I}_2$滞后于 $\dot{U}_2 45°$。$\dot{I}_1$超前于 $\dot{U}_2 90°$。

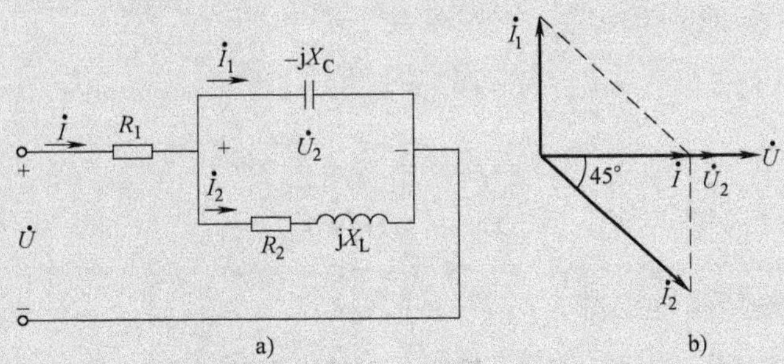

图 2-19　例 2-8 图

a）例 2-8 电路图　b）解例 2-8 的相量图

解　设 $\dot{U}_2 = U_2\angle 0°\text{V}$，故 $\dot{I}_1 = 10\angle 90° = \text{j}10\text{A}$，$\dot{I}_2 = 10\sqrt{2}\angle -45° = 10-\text{j}10\text{A}$，由基尔霍夫电流定律

$$\dot{I} = \dot{I}_1 + \dot{I}_2 = (\text{j}10+10-\text{j}10)\text{A} = 10\text{A}$$

由基尔霍夫电压定律

$$\dot{U} = \dot{U}_{R1} + \dot{U}_2 = \dot{I}R_1 + \dot{U}_2 = 10\times5\text{V} + U_2 = 220\text{V}$$

又因为 $\dot{U}$、$\dot{U}_2$及 $\dot{U}_{R1}$同相，所以 $U_2 = 220\text{V}-50\text{V} = 170\text{V}$，故

$$X_C = \frac{U_2}{I_1} = \frac{170}{10}\Omega = 17\Omega$$

又因为 $R_2 = X_L$，于是 $R_2 + \text{j}X_L = R_2(1+\text{j}) = \sqrt{2}R_2\angle 45°$，

$$\sqrt{2}R_2 = \frac{U_2}{I_2} = \frac{170}{10\sqrt{2}}\Omega = \frac{17}{2}\sqrt{2}\Omega, \qquad R_2 = X_L = 8.5\Omega$$

2.2.5 阻抗的串联和并联

1. 阻抗的串联

图 2-20a 所示是两个阻抗串联的电路，根据基尔霍夫电压定律有

$$\dot{U}=\dot{U}_1+\dot{U}_2=Z_1\dot{I}_1+Z_2\dot{I}_2=(Z_1+Z_2)\dot{I}$$

两个串联的阻抗可以用一个等效阻抗 Z 来代替，根据图 2-20b 所示电路，有

$$\dot{U}=Z\dot{I}$$

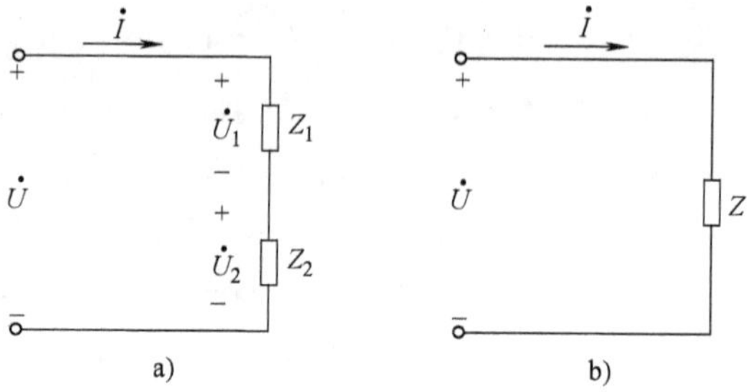

图 2-20 阻抗的串联

比较上面两式得等效阻抗为

$$Z=Z_1+Z_2 \tag{2-46}$$

因此多个阻抗串联时，等效阻抗为

$$Z=\sum Z_k=\sum R_k+j\sum X_k=|Z|e^{j\phi} \tag{2-47}$$

式中，$|Z|=\sqrt{(\sum R_k)^2+(\sum X_k)^2}$；$\phi=\arctan\dfrac{\sum X_k}{\sum R_k}$

注意：对于两个阻抗串联电路，一般情况下有

$$U\neq U_1+U_2$$

即 $$|Z|I\neq|Z_1|I+|Z_2|I$$

所以 $$|Z|\neq|Z_1|+|Z_2|$$

例 2-9 图 2-20a 所示电路中，$Z_1=(6.16+j9)\Omega$，$Z_2=(2.5-j4)\Omega$，二者串联在 $U=220\angle 30°$V 的电源上。试用相量计算电路的电流和各阻抗上的电压。

解

$$Z=Z_1+Z_2=[(6.16+j9)+(2.5-j4)]\Omega=(8.66+j5)\Omega=10\angle 30°\Omega$$

$$\dot{I}=\frac{\dot{U}}{Z}=\frac{220\angle 30°}{10\angle 30°}A=22\angle 0°\ A$$

$$\dot{U}_1=Z_1\dot{I}=(6.16+j9)\times 22V=10.9\angle 55.6°\times 22V=239.8\angle 55.6°V$$

$$\dot{U}_2=Z_2\dot{I}=(2.5-j4)\times 22V=4.71\angle -58°\times 22V\approx 103.6\angle -58°V$$

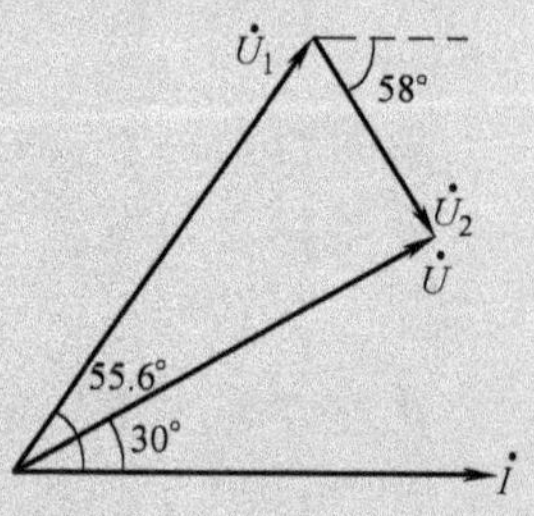

图 2-21 例 2-9 相量图

可用 $\dot{U}_1+\dot{U}_2=\dot{U}$ 进行验算，电压和电流的相量图如图 2-21 所示。

2. 阻抗的并联

图 2-22a 所示是两个阻抗并联的电路，根据基尔霍夫电流定律，有

$$\dot{I}=\dot{I}_1+\dot{I}_2=\frac{\dot{U}}{Z_1}+\frac{\dot{U}}{Z_2}=\dot{U}\left(\frac{1}{Z_1}+\frac{1}{Z_2}\right)$$

两个并联的阻抗可以用一个等效阻抗 Z 来代替，根据图 2-22b 所示电路，有

$$\dot{I}=\frac{\dot{U}}{Z}$$

比较上面两式得等效阻抗为

$$Z=\frac{Z_1Z_2}{Z_1+Z_2} \tag{2-48}$$

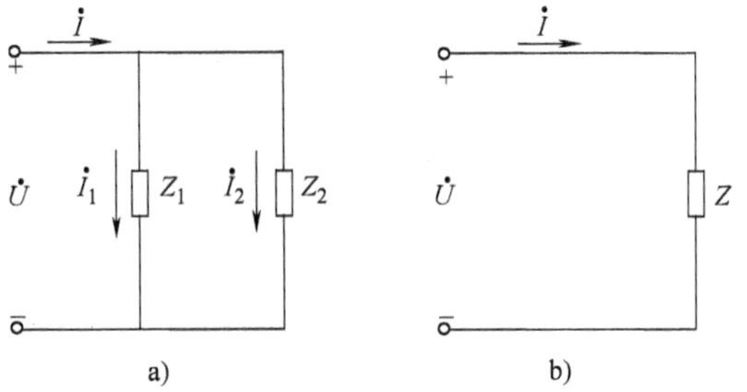

图 2-22 阻抗的串联

因此多个阻抗并联时

$$\frac{1}{Z}=\sum\frac{1}{Z_k} \tag{2-49}$$

注意：对于两个阻抗并联电路，一般情况下

$$I\neq I_1+I_2$$

即

$$\frac{U}{|Z|}\neq\frac{U}{|Z_1|}+\frac{U}{|Z_2|}$$

所以

$$\frac{1}{|Z|}\neq\frac{1}{|Z_1|}+\frac{1}{|Z_2|}$$

例 2-10 在图 2-22a 所示电路中，$Z_1=(3+\mathrm{j}4)\Omega$，$Z_2=(8-\mathrm{j}6)\Omega$ 二者并联在 $U=220\underline{/0°}$ V 的电源上。计算电路的各支路的电流和总电流，并画出相量图。

解

$$Z_1=(3+\mathrm{j}4)\Omega=5\underline{/53°}\Omega,\quad Z_2=(8-\mathrm{j}6)\Omega=10\underline{/-37°}\Omega$$

$$Z=\frac{Z_1Z_2}{Z_1+Z_2}=\frac{5\underline{/53°}\times10\underline{/-37°}}{3+\mathrm{j}4+8-\mathrm{j}6}\Omega=\frac{50\underline{/16°}}{11-\mathrm{j}2}\Omega=\frac{50\underline{/16°}}{11.8\underline{/-10.5°}}\Omega=4.47\underline{/26.5°}\Omega$$

$$\dot{I}_1=\frac{U}{Z_1}=\frac{220\underline{/0°}}{5\underline{/53°}}\mathrm{A}=44\underline{/-53°}\mathrm{A}$$

$$\dot{I}_2=\frac{U}{Z_2}=\frac{220\underline{/0°}}{10\underline{/-37°}}\mathrm{A}=22\underline{/37°}\mathrm{A}$$

$$\dot{I}=\frac{\dot{U}}{Z}=\frac{220\underline{/0°}}{4.47\underline{/26.5°}}\mathrm{A}\approx49.2\underline{/-26.5°}\mathrm{A}$$

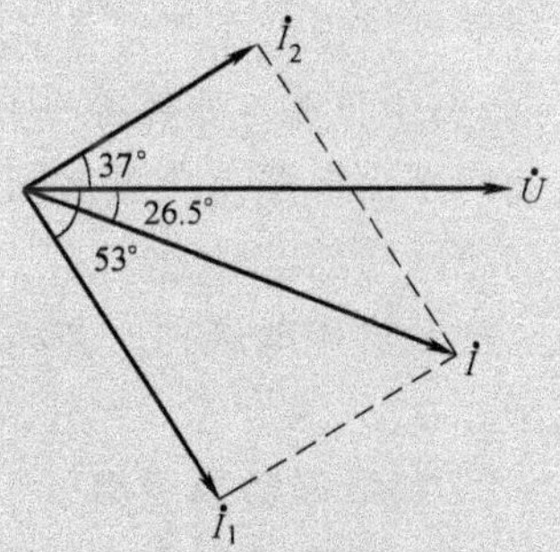

图 2-23 例 2-10 相量图

可用 $\dot{I}_1+\dot{I}_2=\dot{I}$ 验算，电压和电流的相量图如图 2-23 所示。

2.2.6 功率因数的提高

1. 提高功率因数的意义

在直流电路中，功率仅与电流和电压的乘积有关，即

$$P=UI$$

但在交流电路中，功率不仅与电流和电压的乘积有关，而且还与电压与电流之间的相位差有关，即

$$P=UI\cos\varphi$$

上式中的 $\cos\varphi$ 是电路中的功率因数。其大小决定于电路（负载）的参数。对纯电阻性负载，功率因数为 1；对其他负载来说，功率因数均介于 0 和 1 之间。

2. 功率因数低的危害

（1）使发电设备的容量不能充分利用　额定情况下发电设备发出的有功功率为

$$P=U_N I_N\cos\varphi$$

由上式可见，当负载的功率因数 $\cos\varphi<1$，且发电机的电压和电流又不容许超过额定值时，显然发电机所能发出的有功功率就减小了。功率因数越低，发电机所发出的有功功率就越小，而无功功率却越大。无功功率越大，即电路中能量互换的规模越大，则发电机发出的能量就越不能充分利用，其中有一部分即在发电机与负载之间进行互换。

例如容量为 1000kV · A 的变压器，如果 $\cos\varphi=1$，即能发出 1000kW 的有功功率，而在 $\cos\varphi=0.7$ 时，则只能发出 700kW 的有功功率。

（2）增加电路和发电机绕组的功率损耗　发电机的电压 U 和输出功率 P 一定时，电流 I 与功率因数成反比，电路和发电机绕组上的功率损耗 ΔP 与功率因数的二次方成反比，即

$$\Delta P=rI^2=\left(r\frac{P^2}{U^2}\right)\frac{1}{\cos^2\varphi}$$

式中，r 是发电机绕组和线路的电阻。

功率因数的提高能使发电设备的容量得到充分利用，同时也能使电能得到大量节约，也就是说在同样的发电设备的条件下能够多发电。

功率因数不高的根本原因就是由于电感性负载的存在。例如生产中最常用的异步电动机在额定负载时的功率因数为 0.7~0.9，如果在轻载时其功率因数就更低。其他如工频电炉、电焊变压器以及荧光灯等负载的功率因数也都是较低的。电感性负载的功率因数之所以小于 1，是由于负载本身需要一定的无功功率。从技术经济观点出发，如何解决这个矛盾，也就是如何减少电源与负载之间能量的互换而又使电感性负载能取得所需的无功功率，这就是提高功率因数的实际意义。

按照供用电规则，高压供电的工业企业的平均功率因数应不低于 0.95，而其他单位不低于 0.9。

3. 功率因数的提高

（1）提高功率因数的原则　必须保证原负载的工作状态不变。即加至负载上的电压和负载的有功功率不变。

（2）提高功率因数的措施　提高功率因数常用的方法就是将电感性负载并联静电电容（设置在用户或变电站中），其电路图和相量图如图 2-24 所示。

由图 2-24b 可以看出，并联电容后阻抗角减小了，功率因数提高了，电源与负载之间的能量互换也减少了，这时电感性负载所需的无功功率大部分或全部由并联的电容供给，也就是说能量的互换主要或完全发生在电感性负载和并联的电容之间。

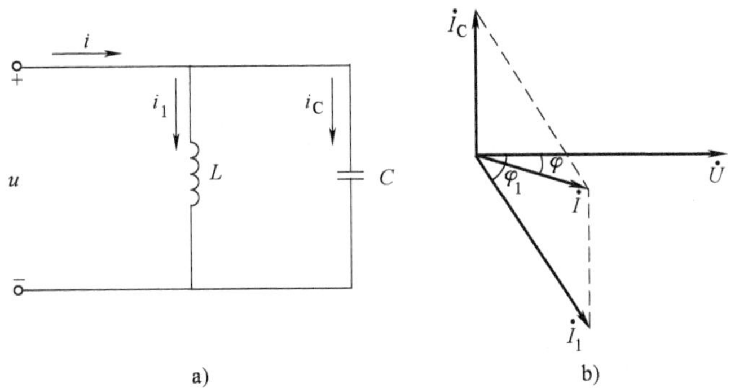

图 2-24 电容器和电感性负载并联提高功率因数

a）电路图 b）相量图

应该注意，并联电容以后，有功功率并未改变，因为电容器是不消耗电能的。电路的总电流 I 减小，电路总功率因数 $\cos\varphi$ 增大，电路总视在功率 S 减小。原电感性支路的工作状态不变，即电感性支路的功率因数 $\cos\varphi_1$ 不变，电感性支路的电流 I_1 不变。

例 2-11 有一电感性负载，其功率 $P=10\text{kW}$，功率因数为 0.6，接在电压 $U=220\text{V}$ 的电源上，电源频率为 50Hz。（1）如要将功率因数提高到 0.95，试求与负载并联的电容的电容量和电容并联前后的电路电流。（2）如要将功率因数从 0.95 再提高到 1，试问并联电容的电容量还需增加多少。

解 由图 2-24b 相量图可得

$$I_C=I_1\sin\varphi_1-I\sin\varphi=\left(\frac{P}{U\cos\varphi_1}\right)\sin\varphi_1-\left(\frac{P}{U\cos\varphi}\right)\sin\varphi=\frac{P}{U}(\tan\varphi_1-\tan\varphi)$$

又因为

$$I_C=\frac{U}{X_C}=U\omega C$$

所以

$$U\omega C=\frac{P}{U}(\tan\varphi_1-\tan\varphi)$$

由此得

$$C=\frac{P}{U^2\omega}(\tan\varphi_1-\tan\varphi)$$

（1）$\cos\varphi_1=0.6$，即 $\varphi_1=53°$；$\cos\varphi=0.95$，即 $\varphi=18°$。

$$C=\frac{10\times10^3}{220^2\times2\pi\times50}(\tan53°-\tan18°)\mu\text{F}\approx656\mu\text{F}$$

并联电容前电路的电流为

$$I_1=\frac{P}{U\cos\varphi_1}=\frac{10\times10^3}{220\times0.6}\text{A}\approx75.8\text{A}$$

并联电容后电路的电流为

$$I=\frac{P}{U\cos\varphi}=\frac{10\times10^3}{220\times0.95}\text{A}\approx47.8\text{A}$$

（2）如要将功率因数由 0.95 再提高到 1，则要增加的电容量大小为

$$C=\frac{10\times10^3}{220^2\times2\pi\times50}(\tan18°-\tan0°)\mu\text{F}\approx213.6\mu\text{F}$$

由此可见，功率因数已经接近于 1 时，若再继续提高，则所需的电容量是很大的，因此一般不必提高到 1。

2.3 三相正弦交流电路

2.3.1 三相电压

图 2-25a 所示是三相交流发电机的原理图，它的主要组成部分是电枢和磁极。

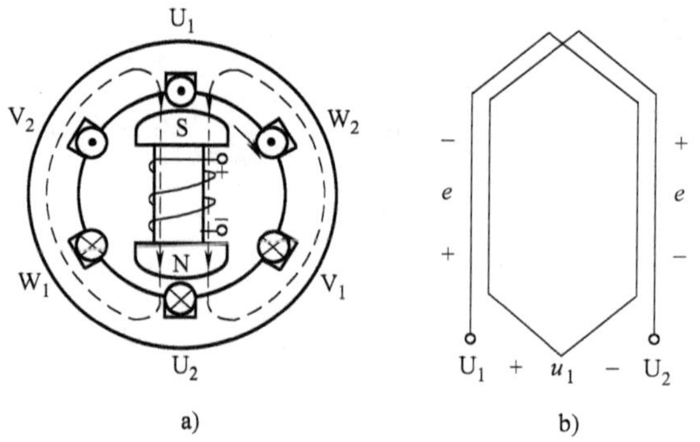

图 2-25 三相交流发电机原理及每相电枢绕组

a）三相交流发电机原理图 b）每相电枢绕组

电枢是固定的，亦称定子。定子铁心的内圆周表面冲有槽，用以放置三相电枢绕组。每组绕组是同样的，如图 2-25b 所示。它们的始端（头）标以 U_1、V_1 和 W_1，末端（尾）标以 U_2、V_2 和 W_2。每个绕组的两边放置在相应的定子铁心的槽内，但要求绕组的始端之间或末端之间都彼此相隔 120°。

磁极是转动的，亦称转子。转子铁心上绕有励磁绕组，用直流电励磁。选择合适的磁极面形状和励磁绕组的布置情况，可使气隙中的磁感应强度按正弦规律分布。

当转子由原动机带动，并以匀速按顺时针方向转动时，则每相绕组依次切割磁通，产生感应电动势；因而在 U_1U_2、V_1V_2 及 W_1W_2 三相绕组上得到频率相同、幅值相等且相位互差 120°的三相对称正弦电压，它们分别为 u_1、u_2 及 u_3，并以 u_1 为参考正弦量，则

$$\begin{cases} u_1 = U_m \sin\omega t \\ u_2 = U_m \sin(\omega t - 120°) \\ u_3 = U_m \sin(\omega t - 240°) = U_m \sin(\omega t + 120°) \end{cases} \tag{2-50}$$

也可用相量表示为

$$\begin{cases} \dot{U}_1 = U\angle 0° = U \\ \dot{U}_2 = U\angle -120° = U\left(-\dfrac{1}{2} - \mathrm{j}\dfrac{\sqrt{3}}{2}\right) \\ \dot{U}_3 = U\angle 120° = U\left(-\dfrac{1}{2} + \mathrm{j}\dfrac{\sqrt{3}}{2}\right) \end{cases} \tag{2-51}$$

如果用相量图和正弦波形表示，则如图 2-26 所示。

显然，三相对称正弦电压的瞬时值或相量之和为零，即

$$\begin{cases} u_1 + u_2 + u_3 = 0 \\ \dot{U}_1 + \dot{U}_2 + \dot{U}_3 = 0 \end{cases} \tag{2-52}$$

三相交流电压出现正幅值（或相应零值）的顺序称为相序。在本例中，相序是 $U_1 \to V_1 \to W_1$。

发电机三相绕组的接法通常如图 2-27 所示，即三个末端连在一起，这一连接点称为中性点，用 N 表示。这种连接方法称为星形联结。从中性点引出的导线称为中性线。从始端 U_1、V_1 和 W_1 引出的三根导线 L_1、L_2 和 L_3 称为相线。相序也可以是 $L_1 \to L_2 \to L_3$。

在图 2-27 中，每相始端与末端间的电压，即相线与中性线间的电压称为相电压，其有效值用 U_1、U_2 和 U_3 或一般地用 U_P 表示。而任意两始端间的电压，即两相线间的电压称为线电压，其有效值用 U_{12}、U_{23} 及 U_{31} 或一般地用 U_L 表示。

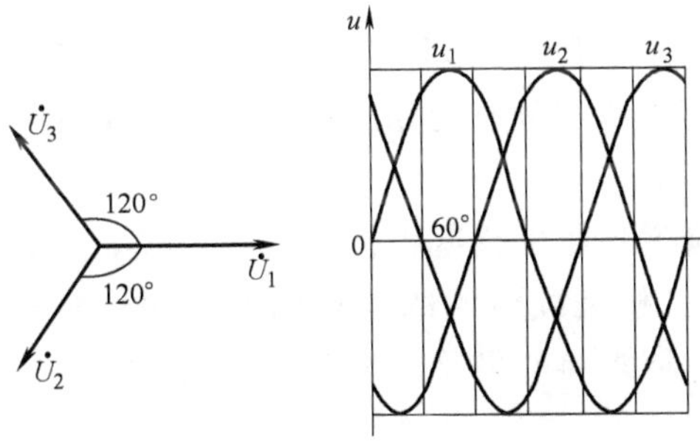

图 2-26 表示三相电压的相量图和正弦波形

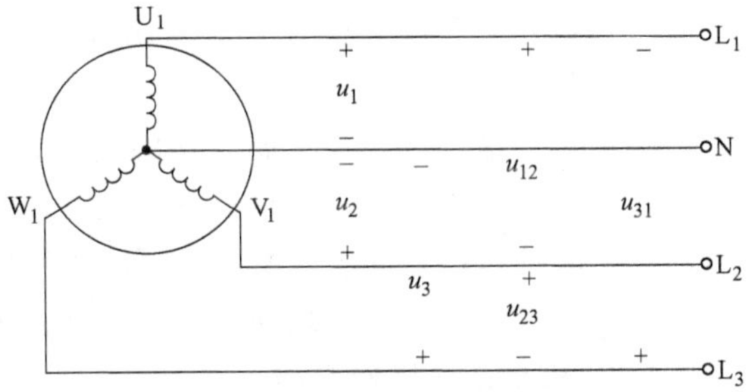

图 2-27 发电机的星形联结

当发电机的绕组连成星形联结时，相电压与线电压显然是不相等的。根据图 2-27 所示的参考方向，它们的关系是

$$\begin{cases} u_{12} = u_1 - u_2 \\ u_{23} = u_2 - u_3 \\ u_{31} = u_3 - u_1 \end{cases} \tag{2-53}$$

或用相量表示为

$$\begin{cases}\dot{U}_{12}=\dot{U}_1-\dot{U}_2\\ \dot{U}_{23}=\dot{U}_2-\dot{U}_3\\ \dot{U}_{31}=\dot{U}_3-\dot{U}_1\end{cases} \tag{2-54}$$

图 2-28 所示是相电压与线电压的相量图。画相量图时，先画出相电压 $\dot{U}_1$、$\dot{U}_2$、$\dot{U}_3$的相量，而后根据式（2-54）分别画出线电压 $\dot{U}_{12}$、$\dot{U}_{23}$和 $\dot{U}_{31}$的相量。可见线电压也是频率相同、幅值相等且相位互差 120°的三相对称电压，在相位上比相应的相电压超前 30°。至于线电压和相电压在大小上的关系，也很容易从相量图上看出，即

$$U_L=\sqrt{3}\,U_P \tag{2-55}$$

发电机（或变压器）的绕组连成星形时，可引出四根导线（三相四线制），这样就有可能给予负载两种电压。通常在低压配电系统中相电压为 220V，线电压为 380V（即$\sqrt{3}\times220V$）。当发电机（或变压器）的绕组连成星形联结时，不一定都引出中性线。

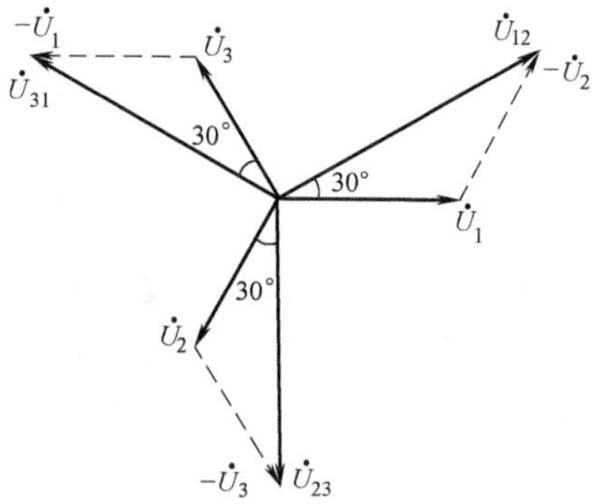

图 2-28 发电机绕组为星形联结时相电压和线电压的相量图

2.3.2 三相负载的连接方法

交流用电设备的种类很多，从用电的相数可分为单相和三相两大类。由三相电源供电负载称为三相负载，如三相交流电动机、三相变压器等。由单相电源供电的负载称为单相负载，如电风扇、电灯等家用电器。各种单相负载实际上也是按照一定方式接在三相电源上，所以从整体来说，它们也可以看成三相负载。

三相负载的连接方法有星形联结和三角形联结两种，但不论哪种负载或者何种连接方法，在负载与电源连接时，必须使电源的实际相电压等于负载额定的相电压，才能确保负载的正常工作，这是电源与负载连接的基本原则。

在用电设备方面，三相负载通常是对称的。也就是说各相的负载阻抗均一样，即阻抗的模相等，阻抗角也相同。这样由对称三相电源和对称三相负载组成的电路称为对称三相电路。为了使三相电源供电均衡，对于各种单相负载，也要求将它们平均分配到三相电源上。

1. 三相负载的星形联结

图 2-29 所示为三相四线制电路，设其线电压为 380V。负载如何连接应视其额定电压而定。通常电灯（单相负载）的额定电压为 220V，因此要接在相线与中性线之间。电灯负载是大量使用的，所以不能集中接在一相中，从总的电路来说，它们应当比较均匀地分配在各相之中，如图 2-29 所示。电灯的这种连接方法称为星形联结。至于其他单相负载（如单相电动机、电炉和继电器的电磁线圈等）该接在相线之间还是相线与中性线之间，应视其额定电压是 380V 还是 220V 而定。如果负载的额定电压不等于电源电压，则需用变压器调整电源电压。例如机床照明灯的额定电压为 36V，就要用一个 380/36V 的降压变压器。

三相电动机的三个接线端总是与电源的三根相线相连。但电动机本身的三相绕组可以接

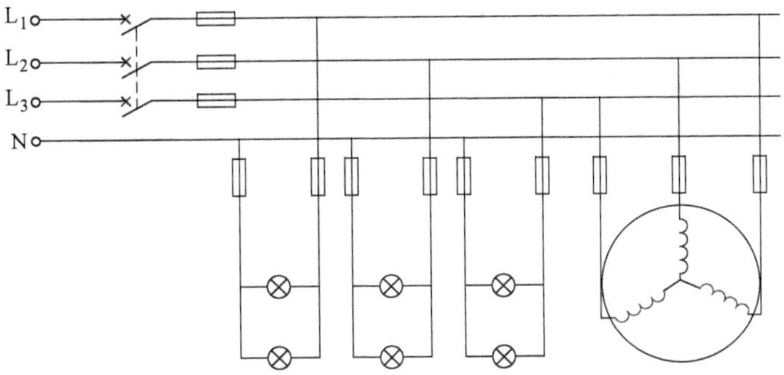

图 2-29 电灯与电动机的星形联结

成星形联结或三角形联结。它的连接方法会在铭牌上标出，例如“380V 星形联结”或“380V 三角形联结”。

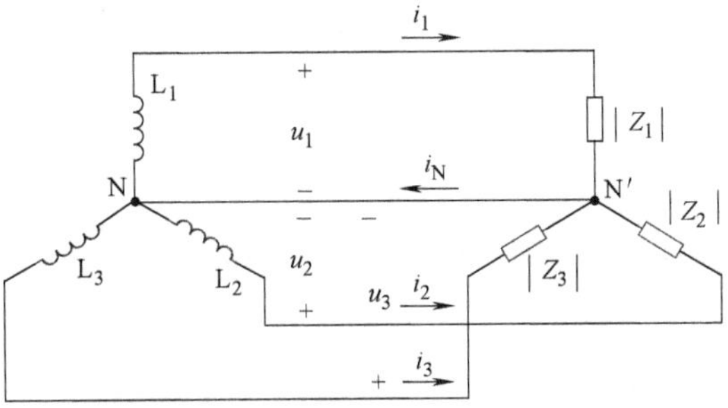

图 2-30 负载星形联结的三相四线制电路图

负载星形联结的三相四线制电路一般可以用如图 2-30 所示的电路表示，每相负载的阻抗模分别为 $|Z_1|$、$|Z_2|$和$|Z_3|$。电压和电流的参考方向都已在图中标出。

三相电路中的电流也有相电流与线电流之分。每相负载中的电流 I_P 称为相电流，每根相线中的电流 I_L 称为线电流。在负载为星形联结时，显然相电流即线电流，也就是有

$$I_P = I_L \tag{2-56}$$

对三相电路应该一相一相地计算。

设电源相电压 $\dot{U}_1$ 为参考正弦量，则得

$$\dot{U}_1 = U_1\angle 0° \qquad \dot{U}_2 = U_2\angle -120° \qquad \dot{U}_3 = U_3\angle 120°$$

在图 2-30 所示电路中，电源相电压即为每相负载电压。于是每相负载中的电流可分别求出，即

$$\begin{cases} \dot{I}_1 = \dfrac{\dot{U}_1}{Z_1} = \dfrac{U_1\angle 0°}{|Z_1|\angle \varphi_1} = I_1\angle -\varphi_1 \\ \dot{I}_2 = \dfrac{\dot{U}_2}{Z_2} = \dfrac{U_2\angle -120°}{|Z_2|\angle \varphi_2} = I_2\angle -120°-\varphi_2 \\ \dot{I}_3 = \dfrac{\dot{U}_3}{Z_3} = \dfrac{U_3\angle 120°}{|Z_3|\angle \varphi_3} = I_3\angle 120°-\varphi_3 \end{cases} \tag{2-57}$$

式中，每相负载中电流的有效值分别为

$$I_1 = \frac{U_1}{|Z_1|},\quad I_2 = \frac{U_2}{|Z_2|},\quad I_3 = \frac{U_3}{|Z_3|} \tag{2-58}$$

各相负载的电压与电流之间的相位差分别为

$$\varphi_1=\arctan\frac{X_1}{R_1},\quad \varphi_2=\arctan\frac{X_2}{R_2},\quad \varphi_3=\arctan\frac{X_3}{R_3} \tag{2-59}$$

中性线中的电流可以按照图 2-30 所示电路中所选定的参考方向应用基尔霍夫电流定律得出，即

$$\dot I_N=\dot I_1+\dot I_2+\dot I_3 \tag{2-60}$$

电压和电流的相量图如图 2-31 所示。作相量图时，先画出以 $\dot U_1$为参考相量的电源相电压 $\dot U_1$、$\dot U_2$和 $\dot U_3$的相量；而后逐相按照式（2-58）和式（2-59）画出各相电流 $\dot I_1$、$\dot I_2$和 $\dot I_3$的相量；再由式（2-60）画出中性线电流 $\dot I_N$的相量。

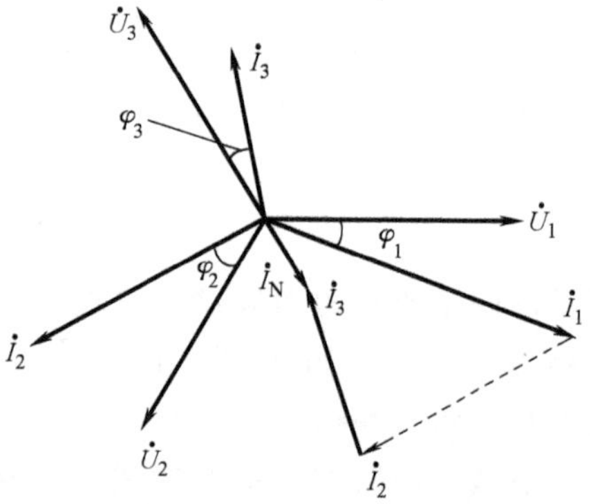

图 2-31　负载星形联结时电压和电流的相量图

下面讨论图 2-30 所示电路中负载对称的情况。所谓负载对称，就是指各相阻抗相等，即

$$Z_1=Z_2=Z_3=Z$$

或阻抗模和相位角相等，即

$$|Z_1|=|Z_2|=|Z_3|=|Z| \quad 和 \quad \varphi_1=\varphi_2=\varphi_3=\varphi$$

由式（2-58）和式（2-59）可知，因为电压对称，所以负载相电流也是对称的，即

$$I_1=I_2=I_3=I_P=\frac{U_P}{|Z|}$$

$$\varphi_1=\varphi_2=\varphi_3=\varphi=\arctan\frac{X}{R}$$

因此，这时中性线电流等于零，即

$$\dot I_N=\dot I_1+\dot I_2+\dot I_3=0$$

线电压和线电流的相量图如图 2-32 所示。

中性线在这种情况下既然没有电流通过，也就可以去掉。因此图 2-30 所示的电路就变为图 2-33 所示的电路，这就是三相三线制电路。三相三线制电路在生产上的应用极为广泛，因为生产上的三相负载（通常所见的是三相电动机）一般都是对称的。

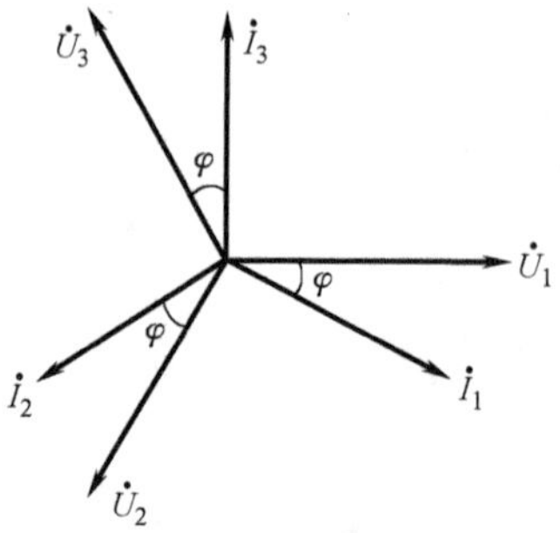

图 2-32　对称负载星形联结时电压和电流的相量图

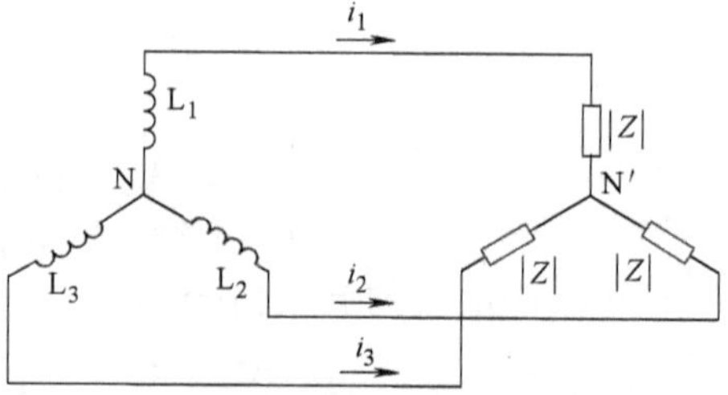

图 2-33　对称负载星形联结的三相三线制电路图

例 2-12 图 2-34 为星形联结的三相电路，电源电压对称。设电源线电压 $u_{12}=380\sqrt{2}\sin(314t+30°)$ V。负载为白炽灯组。(1) 若 $R_1=R_2=R_3=5\Omega$，求线电流及中性线电流 I_N；(2) 若 $R_1=5\Omega$，$R_2=10\Omega$，$R_3=20\Omega$，求线电流及中性线电流 I_N。

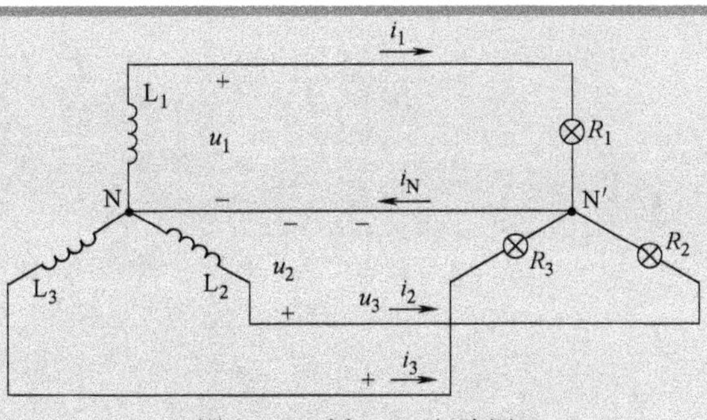

图 2-34　例 2-12 电路图

解　已知 $\dot{U}_{12}=380\angle 30°$V，电源为星形联结，故 $\dot{U}_1=220\angle 0°$ V

(1) 线电流为

$$\dot{I}_1=\frac{\dot{U}_1}{R_1}=\frac{220\angle 0°}{5}\text{A}=44\angle 0°\ \text{A}$$

三相电流对称，故有

$$\dot{I}_2=44\angle -120°\text{A}\qquad \dot{I}_3=44\angle 120°\ \text{A}$$

中性线电流为

$$\dot{I}_N=\dot{I}_1+\dot{I}_2+\dot{I}_3=0\text{A}$$

(2) 三相负载不对称时 ($R_1=5\Omega$，$R_2=10\Omega$，$R_3=20\Omega$)，则各线电流为

$$\dot{I}_1=\frac{\dot{U}_1}{R_1}=\frac{220\angle 0°}{5}\text{A}=44\angle 0°\ \text{A}$$

$$\dot{I}_2=\frac{\dot{U}_2}{R_2}=\frac{220\angle -120°}{10}\text{A}=22\angle 0°\ \text{A}$$

$$\dot{I}_3=\frac{\dot{U}_3}{R_3}=\frac{220\angle 120°}{20}\text{A}=11\angle 120°\text{A}$$

中性线电流为

$$\dot{I}_N=\dot{I}_1+\dot{I}_2+\dot{I}_3=(44\angle 0°+22\angle 0°+11\angle 120°)\text{A}=29.1\angle -19°\text{A}$$

例 2-13　照明系统故障分析。在例 2-12 的星形联结三相电路中，$R_1=5\Omega$，$R_2=10\Omega$，$R_3=20\Omega$，试计算：

(1) L_1 相短路：中性线未断时，各相的负载电压；中性线断开时，各相的负载电压。

(2) L_1 相断路：中性线未断时，各相的负载电压；中性线断开时，各相的负载电压。

解　(1) L_1 相短路时若中性线未断，如图 2-35 所示，此时 L_1 相短路电流很大，将 L_1 相熔断器的熔体熔断，而 L_2 相和 L_3 相未受影响，其相电压仍为 220V 且正常工作。

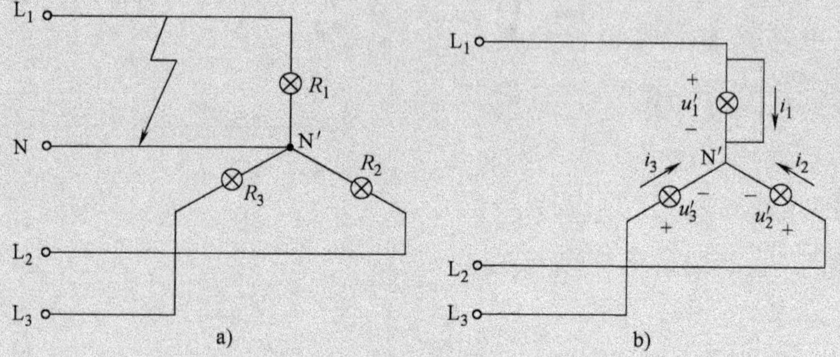

图 2-35 例 2-13 电路图（L_1 相短路）

若中性线断开，此时负载中性点 N′即为 L_1，因此负载各相电压为

$$\dot{U}'_1=0, \quad U'_1=0$$

$$\dot{U}'_2=\dot{U}'_{21}, \quad U'_2=380\text{V}$$

$$\dot{U}'_3=\dot{U}'_{31}, \quad U'_3=380\text{V}$$

此情况下，L_2 相和 L_3 相的白炽灯组上所加的电压都超过额定电压（220V），这是不允许的。

（2）L_1 相断路时若中性线未断，如图 2-36a 所示，L_2、L_3 相白炽灯组仍承受 220V 电压且正常工作。

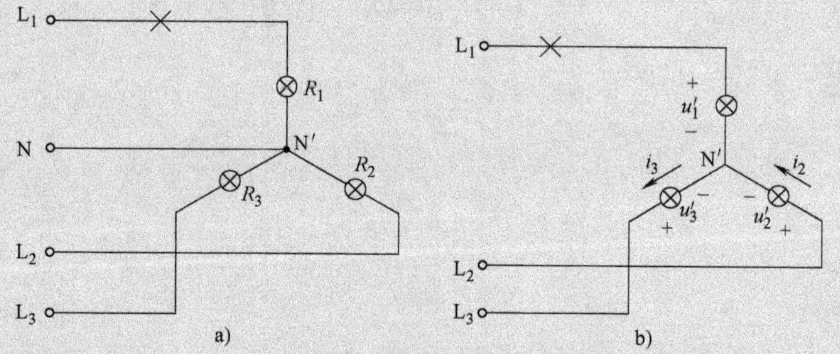

图 2-36 例 2-13 电路图（L_1 相断路）

若中性线断开，变为单相电路，如图 2-36b 所示，L_2 和 L_3 相为串联关系，因此有

$$I=\frac{U_{23}}{R_2+R_3}=\frac{380}{10+20}\text{A}\approx 12.7\text{A}$$

$$U'_2=IR_2=12.7\times10\text{V}=127\text{V}$$

$$U'_3=IR_3=12.7\times20\text{V}=254\text{V}$$

由于 L_2 相的电阻比 L_3 相的电阻小，所以 L_2 相的电压低于电灯的额定电压，而 L_3 相的电压高于电灯的额定电压，这也是不允许的。

从上面两个例题，可以看出：

1）不对称负载星形联结且未接中性线时，负载相电压不再对称，且负载电阻越大，负载承受的电压越高。

2）中性线的作用：保证星形联结三相不对称负载电路的相电压对称。

3）若照明负载三相不对称，必须采用三相四线制供电方式，且中性线内不允许接熔断器或刀开关。

2. 三相负载的三角形联结

负载三角形联结的三相电路一般可用图 2-37 所示的电路来表示。每相负载的阻抗模分别为 $|Z_{12}|$、$|Z_{23}|$ 和 $|Z_{31}|$。电压和电流的参考方向都已在图中标出。

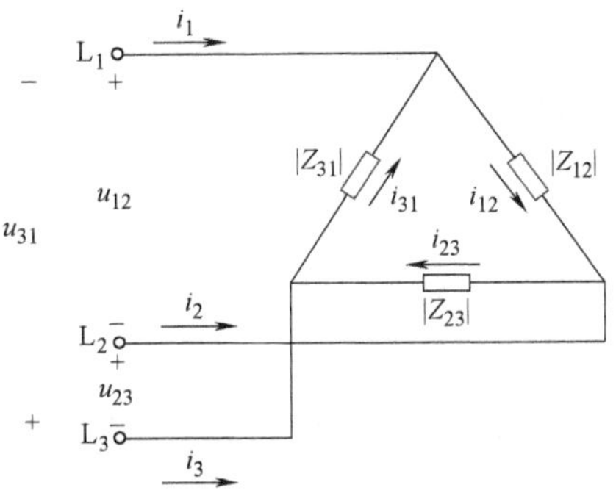

图 2-37　负载三角形联结的三相电路图

因为各相负载都直接接在电源的线电压上，所以负载的相电压与电源的线电压相等，因此，不论负载对称与否，其相电压总是对称的，即

$$U_{12}=U_{23}=U_{31}=U_L=U_P \tag{2-61}$$

在负载为三角形联结时，相电流和线电流是不一样的。

各相负载的相电流的有效值分别为

$$I_{12}=\frac{U_{12}}{|Z_{12}|},\quad I_{23}=\frac{U_{23}}{|Z_{23}|},\quad I_{31}=\frac{U_{31}}{|Z_{31}|} \tag{2-62}$$

各相负载的电压与电流之间的相位差分别为

$$\varphi_{12}=\arctan\frac{X_{12}}{R_{12}},\quad \varphi_{23}=\arctan\frac{X_{23}}{R_{23}},\quad \varphi_{31}=\arctan\frac{X_{31}}{R_{31}} \tag{2-63}$$

负载的线电流可应用基尔霍夫电流定律列出下列各式进行计算

$$\begin{cases}\dot{I}_1=\dot{I}_{12}-\dot{I}_{31}\\ \dot{I}_2=\dot{I}_{23}-\dot{I}_{12}\\ \dot{I}_3=\dot{I}_{31}-\dot{I}_{23}\end{cases} \tag{2-64}$$

如果负载对称，即

$$|Z_{12}|=|Z_{23}|=|Z_{31}|=|Z| \quad 和 \quad \varphi_{12}=\varphi_{23}=\varphi_{31}=\varphi$$

则负载的相电流也是对称的，即

$$I_{12}=I_{23}=I_{31}=I_P=\frac{U_P}{|Z|}$$

$$\varphi_{12}=\varphi_{23}=\varphi_{31}=\varphi=\arctan\frac{X}{R} \tag{2-65}$$

至于负载对称时线电流和相电流的关系，则可从根据式（2-64）所作出的相量图（如图 2-38 所示）看出。显然，线电流也是对称的，在相位上比相应的相电流滞后 30°。

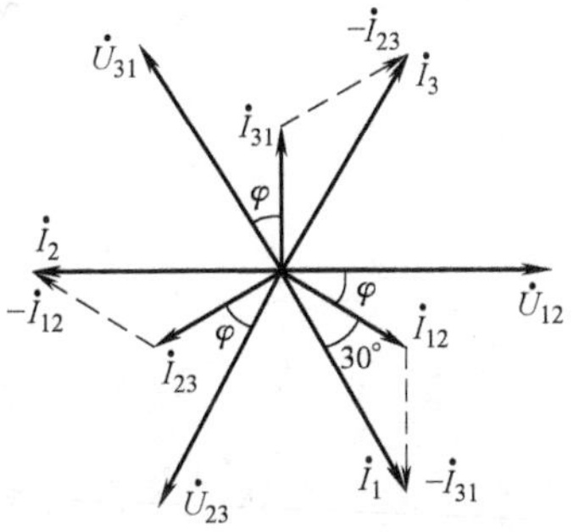

图 2-38　对称负载三角形联结时电压和电流的相量图

线电流和相电流在大小上的关系也很容易从相量图中得出，即

$$I_L = \sqrt{3} I_P \tag{2-66}$$

三相电动机的绕组可以接成星形联结，也可以接成三角形联结，但照明负载一般都接成星形联结（具有中性线）。

2.3.3 三相电路的功率

不论负载是星形联结或是三角形联结，总的有功功率必定等于各相有功功率之和。当负载对称时，每相的有功功率是相等的。因此三相总功率为

$$P = 3P_P = 3U_P I_P \cos\varphi \tag{2-67}$$

式中，φ 角是相电压 U_P 与相电流 I_P 之间的相位差。

对称负载是星形联结时有

$$U_L = \sqrt{3} U_P, \quad I_L = I_P$$

当对称负载是三角形联结时有

$$U_L = U_P, \quad I_L = \sqrt{3} I_P$$

不论对称负载是星形联结或是三角形联结，如将上述关系代入式（2-67），则得

$$P = \sqrt{3} U_L I_L \cos\varphi \tag{2-68}$$

应注意，上式中的 φ 仍为相电压与相电流之间的相位差。

式（2-67）和式（2-68）都是用来计算三相有功功率的，但通常较多使用式（2-68），因为线电压和线电流的数值往往是容易测量出的，或者是已知的。

同理，可得出三相无功功率和视在功率为

$$Q = 3U_P I_P \sin\varphi = \sqrt{3} U_L I_L \sin\varphi \tag{2-69}$$

$$S = 3U_P I_P = \sqrt{3} U_L I_L \tag{2-70}$$

例 2-14 有一台三相电动机，每相的等效电阻 $R = 29\Omega$，等效感抗 $X_L = 21.8\Omega$，试求下列两种情况下电动机的相电流、线电流以及从电源输入的功率，并比较所得结果。

（1）绕组接成星形联结，接于 $U_L = 380\text{V}$ 的三相电源上。

（2）绕组接成三角形联结，接于 $U_L = 220\text{V}$ 的三相电源上。

解 （1）绕组接成星形联结时，相电流等于线电流，即

$$I_P = \frac{U_P}{|Z|} = \frac{220}{\sqrt{29^2 + 21.8^2}}\text{A} \approx 6.1\text{A}$$

$$I_L = I_P = 6.1\text{A}$$

$$P = \sqrt{3} U_L I_L \cos\varphi = \sqrt{3} \times 380 \times 6.1 \times \frac{29}{\sqrt{29^2 + 21.8^2}}\text{W} \approx 3.2\text{kW}$$

（2）绕组接成三角形联结时，相电流不等于线电流，即

$$I_P = \frac{U_P}{|Z|} = \frac{220}{\sqrt{29^2 + 21.8^2}}\text{A} \approx 6.1\text{A}$$

$$I_L=\sqrt{3}I_P\approx 10.6\text{A}$$

$$P=\sqrt{3}U_L I_L\cos\varphi\approx\sqrt{3}\times 220\times 10.5\times 0.8\text{W}\approx 3.2\text{kW}$$

比较两组的结果可以看出：有的电动机有两种额定电压，如 220/380V，当电源电压为 380V 时，电动机的绕组应接成星形联结；当电源电压为 220V 时，电动机的绕组应接成三角形联结。在三角形和星形两种联结中，相电压、相电流以及功率都未改变，仅三角形联结情况下的线电流为星形联结情况下的线电流$\sqrt{3}$倍。

例 2-15 在图 2-39 所示的电路中，三相四线制电源的电压为 380/220V，接有对称星形联结的白炽灯负载，其总功率为 180W。此外，在 L_3 相上接有额定电压为 220V，功率为 40W，功率因数 $\cos\varphi=0.5$ 的荧光灯一支。试求电流 $\dot{I}_1$、$\dot{I}_2$、$\dot{I}_3$及 $\dot{I}_N$。设 $\dot{U}_1=220\angle 0°$ V。

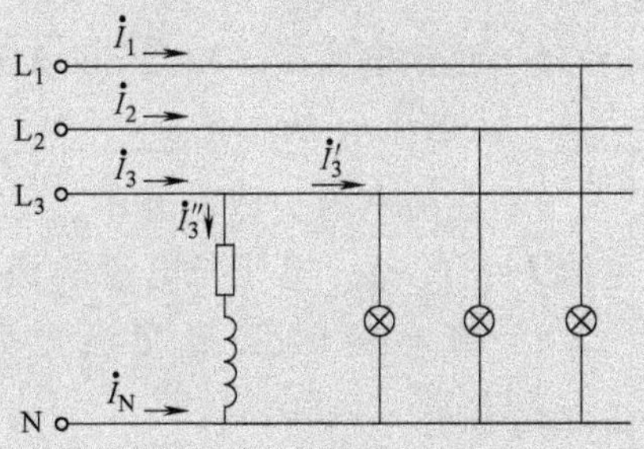

图 2-39 例 2-15 电路图

分析 白炽灯是纯电阻性的，但荧光灯中含有电感，故二者的功率公式也不相同，前者为 $P=UI$，后者为 $P=UI\cos\varphi$。根据功率公式分别求出电流值。

解 设 $\dot{U}_1=220\angle 0°$ V，则对白炽灯负载，每相功率为 60W，其电流由 $P=UI$ 可知

$$I_1=\frac{P}{U}=\frac{60}{220}\text{A}\approx 0.273\text{A}$$

白炽灯为纯电阻电路，电压与电流同相，故

$$\dot{I}_1=0.273\angle 0°\text{ A}\qquad \dot{I}_2=0.273\angle -120°\text{A}\qquad \dot{I}_3'=0.273\angle 120°\text{A}$$

日光灯的功率 $P=UI\cos\varphi$，于是

$$I_3''=\frac{P}{U\cos\varphi}=\frac{40}{220\times 0.5}\text{A}\approx 0.364\text{A}$$

由于日光灯为感性元件，电流滞后电压 $\varphi=\arctan 0.5=60°$，而 $\dot{U}_3=220\angle 120°$V，故

$$\dot{I}_3''=I_3''\angle 120°-60°=0.364\angle 60°\text{A}$$

由基尔霍夫电流定律

$$\dot{I}_3=\dot{I}_3'+\dot{I}_3''=(0.273\angle 120°+0.364\angle 60°)\text{A}=0.553\angle 85.30°\text{A}$$

又由基尔霍夫电流定律，中性线上电流为

$$\dot{I}_N=\dot{I}_1+\dot{I}_2+\dot{I}_3=(0.273\angle 0°+0.273\angle -120°+0.553\angle 85.3°)\text{A}=0.364\angle 60°\text{A}$$

习题

一、填空题

2.1 正弦量的三要素是________、________和________。

2.2 表征正弦交流电振荡幅度的量是它的________；表征正弦交流电随时间变化快慢程度的量是________；表征正弦交流电起始位置时的量称为它的________。

2.3 对称三相电源是指三个________相同、________相同和__________的电源。

2.4 已知正弦交流电压的有效值为200V，频率为100Hz，初相角为30°，则其瞬时值表达式 $u=$______________。

2.5 正弦交流电压的最大值 U_m 与其有效值 U 之比为__________。

2.6 已知电流 $i_1=20\sqrt{2}\sin(314t+30°)$ A，$i_2=30\sqrt{2}\sin(314t-20°)$ A。则电流 i_1 的相位________，电流 i_2 的相位________。

2.7 在纯电阻交流电路中，已知电路端电压为 $220\sqrt{2}\sin(314t-60°)$ V，电阻 $R=10\Omega$，则电流 $I=$____ A，电压与电流的相位差 $\varphi=$____，电阻消耗的功率 $P=$____ W。

2.8 纯电容的正弦交流电路中，电压有效值不变，频率增大时，电路中电流将________。

2.9 在正弦交流电路中，电源的频率越高，电感元件的感抗越________。

2.10 已知一正弦电压为 $311\sin(628t-60°)$ V，则其最大值为____ V，频率为____ Hz，初相位为________。

2.11 在 RL 串联电路中，$U_R=16$V，$U_L=12$V，则总电压为__________。

2.12 在 RLC 串联电路中，已知电流为5A，电阻为30Ω，感抗为40Ω，容抗为80Ω，那么电路的阻抗模为________，该电路为________性电路。电路中吸收的有功功率为________，吸收的无功功率为________。

2.13 三相对称负载作三角形联结时，线电流 I_L 与相电流 I_P 间的关系式是________。

2.14 对称三相负载作星形联结，接在380V的三相四线制电源上。此时负载端的相电压等于________倍的线电压；相电流等于________倍的线电流；中线电流等于________。

2.15 三角形联结的三相对称负载，若线电压为380V，则相电压为____ V；若相电流为10A，则线电流为____ A。

2.16 在低压系统中，中性线________断开，因此________安装熔断器和开关。

2.17 有一对称三相负载成星形联结，每相阻抗均为22Ω，功率因数为0.8，又测出负载中的电流为10A，那么三相电路的有功功率为________；无功功率为________；视在功率为________。

二、选择题

2.1 角频率 ω 与频率 f 之间的关系为（　　）。

A. $\omega=2\pi f$　　B. $\omega=1/f$　　C. $\omega=\pi f$　　D. $\omega=f$

2.2 我国使用的工频交流电频率为（　　）。

A. 45Hz　　B. 50Hz　　C. 60Hz　　D. 65Hz

2.3 已知 $i_1=10\sin(314t+90°)$ A，$i_2=10\sin(628t+30°)$ A，则（　　）。

A. i_1 超前 i_2 60°　B. i_1 滞后 i_2 60°　C. 相位差无法判断

2.4 某正弦电压有效值为380V，频率为50Hz，计时起始数值等于380V，其瞬时值表达式为（　　）。

A. $u=380\sin 314t$ V　　B. $u=380\sqrt{2}\sin(314t+45°)$ V

C. $u=380\sin(314t+90°)$ V　　D. $u=380\sqrt{2}\sin(314t-45°)$ V

2.5 有效值 $220\sqrt{2}$ V 的正弦电压 u，当 $t=0$ 时其瞬时值为220V，则 u 的瞬时值表达式是（　　）。

A. $u=220\sin(\omega t+90°)$ V　　B. $u=220\sqrt{2}\sin(\omega t+30°)$ V

C. $u=440\sin(\omega t+30°)$ V　　D. $u=440\sin(\omega t+90°)$ V

2.6 在交流电路中，电阻元件上电流与电压之间的相位关系是（　　）。

A. 电流与电压同相　B. 电流超前电压90°　C. 电压超前电流90°

2.7 通过电感 L 的电流为 $i_L=6\sqrt{2}\sin(200t+30°)$ A，此时电感的端电压 $U_L=2.4$V，则电感 L 为（　　）。

A. $\sqrt{2}$mH　B. 2mH　C. 8mH　D. 400mH

2.8 电容元件的正弦交流电路中，电压有效值不变，频率增大时，电路中电流将（　　）。

A. 增大　B. 减小　C. 不变

2.9 已知交流电路中，某元件的阻抗与频率成反比，则该元件是（　　）。

A. 电阻　B. 电感　C. 电容　D. 电压源

2.10 正弦交流电流的频率为50Hz，有效值是1A，初相角90°，其瞬时值表达式为（　　）。

A. $i(t)=\sin(314t+90°)$ A　　B. $i(t)=\sqrt{2}\sin(314t+90°)$ A

C. $i(t)=\cos(314t+90°)$ A　　D. $i(t)=\sqrt{2}\cos(314t+90°)$ A

2.11 已知在 RL 串联正弦交流电路中，总电压 $U=30$V，L 上的电压 $U_L=18$V，则 R 上的电压 $U_R=$（　　）。

A. 12V　B. 24V　C. 48V　D. $48\sqrt{2}$

2.12 在 RL 串联电路中，$U_R=16$V，$U_L=12$V，则总电压为（　　）。

A. 28V　B. 20V　C. 2V　D. 4V

2.13 一个电热器，接在10V的直流电源上，产生的功率为 P。把它改接在正弦交流电源上，使其产生的功率为 $P/2$，则正弦交流电源电压的最大值为（　　）。

A. 7.07V　B. 5V　C. 14V　D. 10V

2.14 正弦交流电路的视在功率是表征该电路的（　　）。

A. 电压有效值与电流有效值乘积　B. 平均功率　C. 瞬时功率最大值

2.15 提高供电电路的功率因数，下列说法正确的是（　　）。

A. 减少了用电设备中无用的无功功率

B. 减少了用电设备的有功功率，提高了电源设备的容量

C. 可以节省电能

D. 可提高电源设备的利用率并减小输电线路中的功率损耗

2.16 某感性负载的功率因数为 0.5，接在 220V 正弦交流电源上，电流为 10A，则该负载消耗的功率为（　　）。

A. 2.2kW　　B. 1.1kW　　C. 4.4kW　　D. 0.55kW

2.17 三相对称电路是指（　　）。

A. 三相电源对称的电路　　B. 三相负载对称的电路

C. 三相电源和三相负载均对称的电路

2.18 在三相交流电中，有效值为最大值的（　　）。

A. $\sqrt{3}$倍　　B. $\sqrt{2}$倍　　C. $1/\sqrt{3}$　　D. $1/\sqrt{2}$

2.19 三角形联结的纯电容对称负载三相对称电源上，已知各相容抗 $X_C=6\Omega$，各线电流均为 10A，则此三相电路的视在功率为（　　）。

A. 200V · A　　B. 600V · A　　C. 1039V · A　　D. 1800V · A

2.20 在三相四线制供电系统中，相电压为线电压的（　　）。

A. $\sqrt{3}$倍　　B. $\sqrt{2}$倍　　C. $1/\sqrt{3}$　　D. $1/\sqrt{2}$

2.21 电源电压为 380V，采用三相四线制供电，负载为额定电压 220V 的白炽灯，负载应采用（　　）方式，白炽灯才能在额定情况下正常工作。

A. 星形联结　　B. 三角形联结　　C. 直接连接　　D. 不能相连

2.22 在负载为三角形连接的对称三相电路中，各线电流与相电流的关系是（　　）。

A. 大小、相位都相等

B. 大小相等、线电流超前相应的相电流 30°

C. 线电流大小为相电流大小的$\sqrt{3}$倍、线电流超前相应的相电流 30°

D. 线电流大小为相电流大小的$\sqrt{3}$倍、线电流滞后相应的相电流 30°

2.23 在三相交流电路的不对称星型连接中，中性线的作用是（　　）。

A. 使不对称的相电流保持对称　　B. 使不对称的相电压保持对称

C. 使输出功率更大　　D. 线电压与相电压同相

三、计算题

2.1 图 2-40 所示的是时间 $t=0$ 时电压和电流的相量图，并已知 $U=22\text{V}$，$I_1=10\text{A}$，$I_2=5\sqrt{2}\text{A}$，试分别用三角函数式及相量式表示各正弦量。

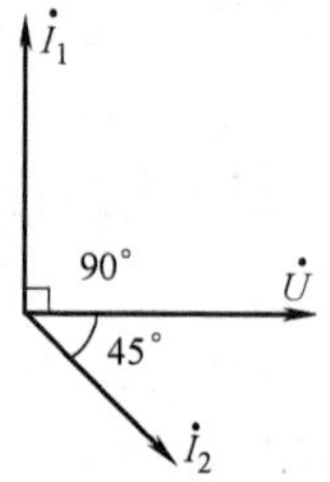

图 2-40 计算题 2.1 电路相量图

2.2 在图 2-41 所示的各电路图中，除 A_0 和 V_0 外，其余电流表和电压表的读数在图上都已标出（都是正弦量的有效值），试求电流表 A_0 或电压表 V_0 的读数。

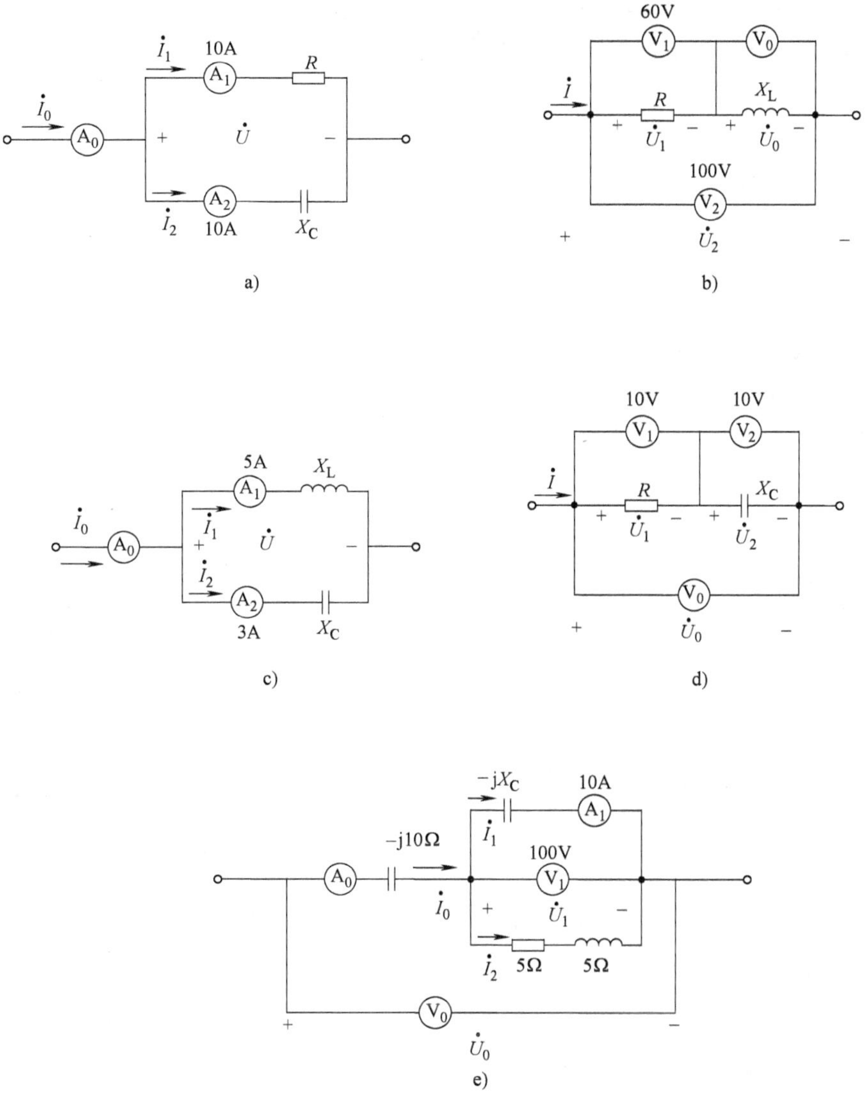

图 2-41 计算题 2.2 电路图

2.3 在图 2-42 所示电路中，电流表 A_1 和 A_2 的读数分别为 $I_1=3A$，$I_2=4A$。

（1）设 $Z_1=R$，$Z_2=-jX_C$，则电流表 A_0 的读数应为多少？

（2）设 $Z_1=R$，问 Z_2 为何种参数才能使电流表 A_0 的读数最大？此读数应为多少？

（3）设 $Z_1=jX_L$，问 Z_2 为何种参数才能使电流表 A_0 的读数最小？此读数应为多少？

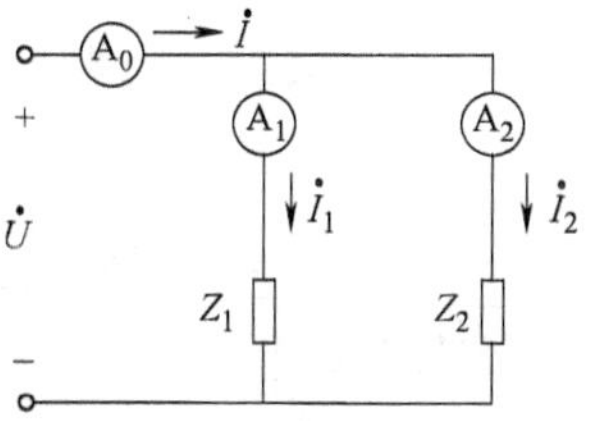

图 2-42 计算题 2.3 电路图

2.4　在图 2-43 所示电路中，$I_1 = I_2 = 10\text{A}$，$U = 100\text{V}$，u 与 i 同相，试求 I、R、X_C 及 X_L。

2.5　一个线圈接在 $U = 120\text{V}$ 的直流电源上，$I = 20\text{A}$；若接在 $f = 50\text{Hz}$，$U = 220\text{V}$ 的交流电源上，则 $I = 28.2\text{A}$。试求线圈的电阻 R 和电感 L。

2.6　荧光灯管与镇流器串联接到交流电压上，可看作 RL 串联电路。如已知某灯管的等效电阻 $R_1 = 280\Omega$，镇流器的电阻和电感分别为 $R_2 = 20\Omega$，$L = 1.65\text{H}$，电源电压 $U = 220\text{V}$，电源频率为 50Hz，试求电路中的电流和灯管两端与镇流器上的电压，以及这两个电压加起来是否等于 220V。

2.7　有一 RC 串联电路，电源电压为 u，电阻和电容上的电压分别为 u_R 和 u_C，已知电路阻抗模为 2000Ω，频率为 1000Hz，并设 u 与 u_C 之间的相位差为 30°，试求 R 和 C，并说明在相位上 u_C 比 u 超前还是滞后。

2.8　图 2-44 所示是一移相电路。如果 $C = 0.01\mu\text{F}$，输入电压 $u_1 = \sqrt{2}\sin 6280t\text{V}$，且要让输出电压 u_2 在相位上前移 60°，问应配多大的电阻 R？此时输出电压的有效值 U_2 等于多少？

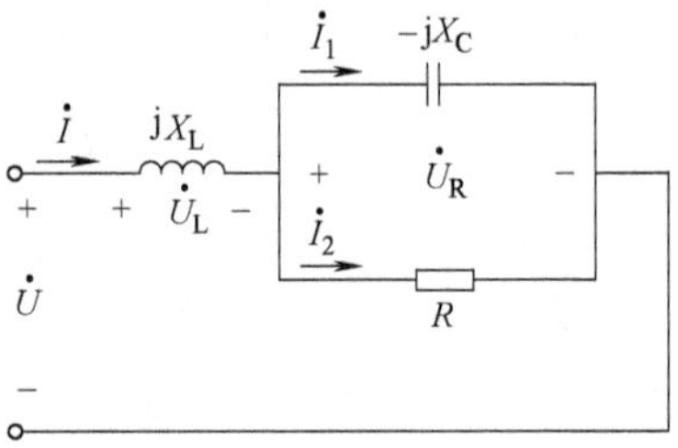

图 2-43　计算题 2.4 电路图

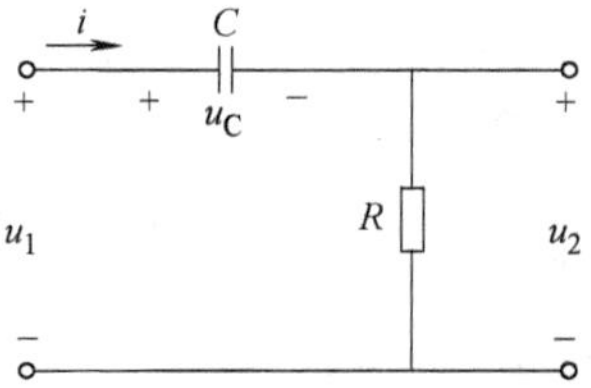

图 2-44　计算题 2.8 电路图

2.9　计算图 2-45a 所示电路的电流 $\dot{I}$ 和各阻抗元件上的电压 $\dot{U}_1$ 与 $\dot{U}_2$，并作相量图；计算图 2-45b 所示电路各支路电流 $\dot{I}_1$ 与 $\dot{I}_2$ 和电压 $\dot{U}$，并作相量图。

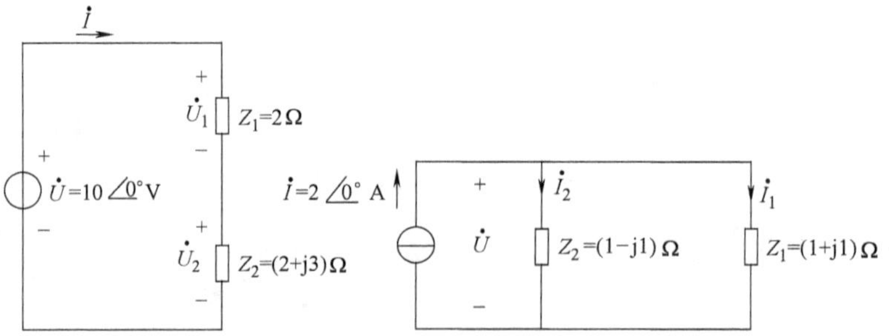

a)　　　　b)

图 2-45　计算题 2.9 电路图

2.10　在图 2-46 所示电路，已知 $U = 220\text{V}$，$R_1 = 10\Omega$，$X_1 = 10\sqrt{3}\,\Omega$，$R_2 = 20\Omega$，试求各个电流和平均功率。

2.11　在图 2-47 所示电路中，已知 $u = 220\sqrt{2}\sin 314t\text{V}$，$i_1 = 22\sin(314t - 45°)\text{A}$，$i_2 =$

$11\sqrt{2}\sin(314t+90°)$ A，试求各仪表读数及电路参数 R、L 和 C。

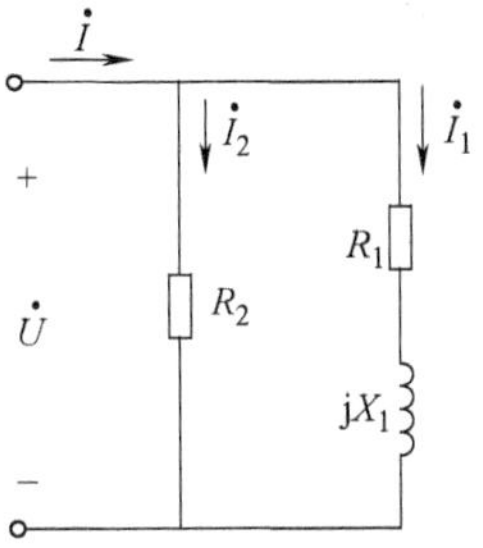

图 2-46　计算题 2.10 电路图

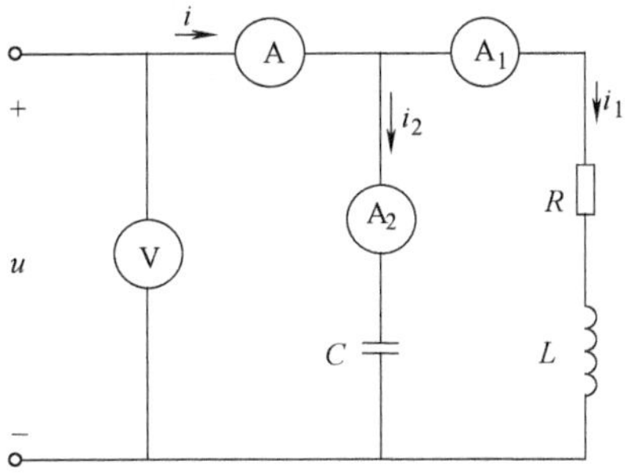

图 2-47　计算题 2.11 电路图

2.12　在图 2-48 中，已知 $R_1=3\Omega$，$X_1=4\Omega$，$R_2=8\Omega$。$X_2=6\Omega$，$u=220\sqrt{2}\sin 314t$V，试求 i_1、i_2 和 i。

2.13　在图 2-49 中，已知 $U=220$V，$R=22\Omega$，$X_L=22\Omega$，$X_C=11\Omega$，试求电流 I_R、I_L、I_C 和 I。

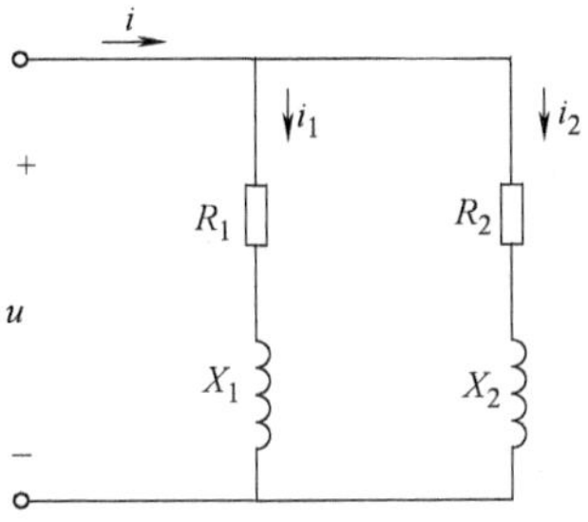

图 2-48　计算题 2.12 电路图

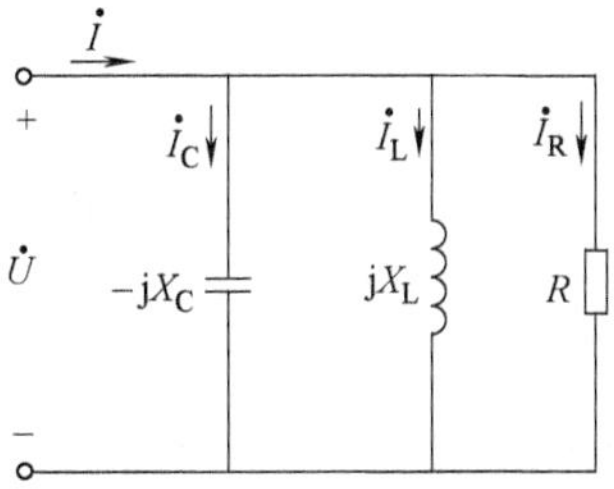

图 2-49　计算题 2.13 电路图

2.14　求图 2-50 所示电路的阻抗 Z_{ab}。

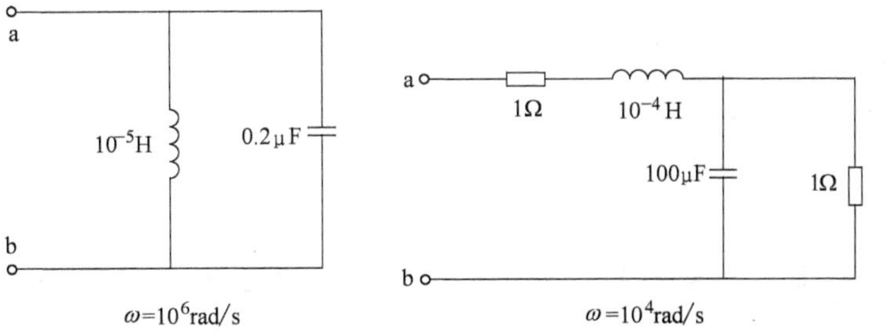

a)　　b)

图 2-50　计算题 2.14 电路图

2.15　求图 2-51 所示电路中的电流 $\dot{I}$。

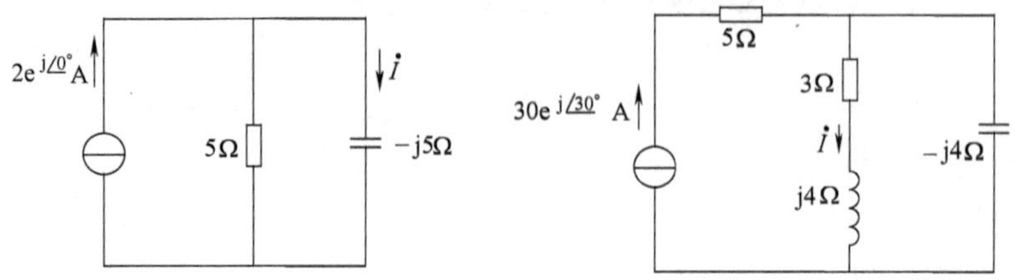

a) b)

图 2-51 计算题 2.15 电路图

2.16 在图 2-52 所示的电路中，已知 $\dot{U}_C = 1\underline{/0°}$ V，求 $\dot{U}$。

2.17 在图 2-53 所示的电路中，已知 $U_{ab} = U_{bc}$，$R = 10\Omega$，$X_C = \dfrac{1}{\omega C} = 10\Omega$，$Z_{ab} = R + jX_L$。试求 $\dot{U}$ 和 $\dot{I}$ 同相时 Z_{ab} 等于多少？

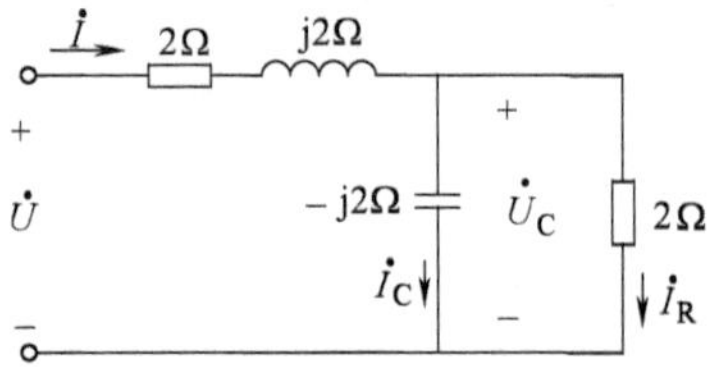

图 2-52 计算题 2.16 电路图

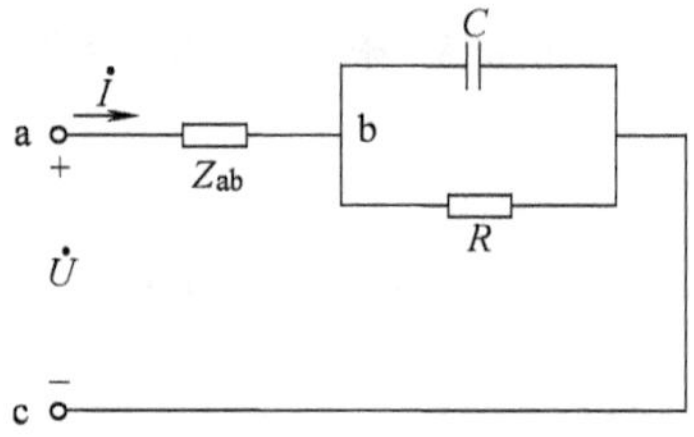

图 2-53 计算题 2.17 电路图

2.18 无源二端网络如图 2-54 所示，输入端的电压和电流为 $u = 220\sqrt{2}\sin(314t + 20°)$ V，$i = 4.4\sqrt{2}\sin(314t - 33°)$ A。试求此二端网络由两个元件串联的等效电路和元件的参数值，并求二端网络的功率因数及输入的有功功率和无功功率。

2.19 电路如图 2-55 所示，已知 $R = R_1 = R_2 = 10\Omega$，$L = 31.8$mH，$C = 318\mu$F，$f = 50$Hz，$U = 10$V，试求并联支路端电压 U_{ab}、电路的 P、Q、S 及 $\cos\varphi$。

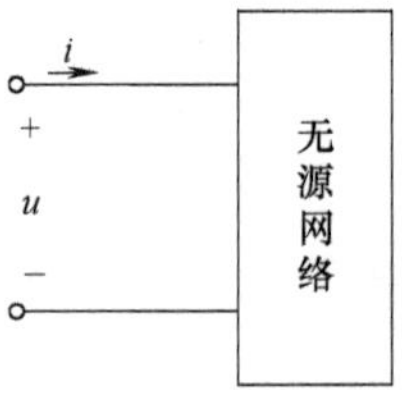

图 2-54 计算题 2.18 电路图

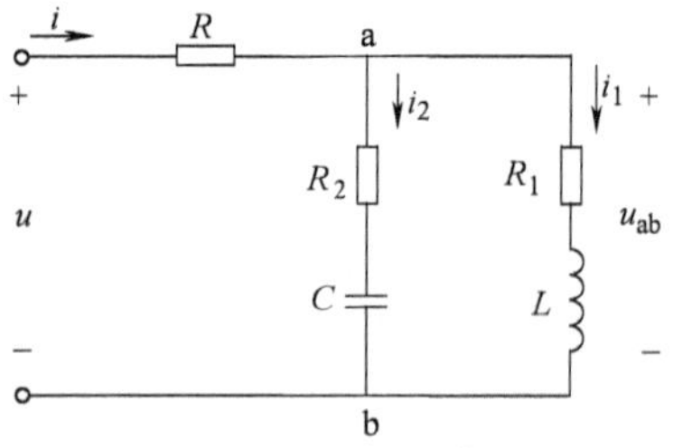

图 2-55 计算题 2.19 电路图

2.20 有 40W 的荧光灯一个，使用时灯管与镇流器（可近似地把镇流器看作纯电感）串联后接在电压为 220V，频率为 50Hz 的电源上。已知灯管工作时属于纯电阻负载，灯管两端的电压等于 110V，试求镇流器的感抗与电感。这时电路的功率因数等于多少？若想将功率因数提高到 0.8，问应并联多大电容？

2.21 有一电动机，其输入功率为 1.21kW，接在 220V 的交流电源上，通入电动机的电流为 11A，试计算电动机的功率因数。如果要把电路的功率因数提高到 0.91，应该和电动机并联多大电容量的电容？并联电容后，电动机的功率因数、电动机中的电流、线路电流及电路的有功功率和无功功率有无改变？设 $f=50\text{Hz}$。

2.22　用图 2-56 所示电路测得无源线性二端网络 N 的数据如下：$U=220\text{V}$，$I=5\text{A}$，$P=500\text{W}$。又知当与 N 并联一个适当数值的电容 C 后，电流 I 减小，而其他读数不变。试确定该网络的性质（电阻性、电感性或电容性）、等效参数及功率因数。设 $f=50\text{Hz}$。

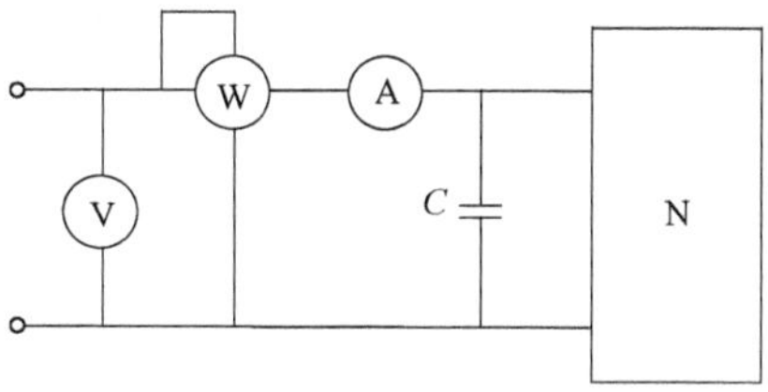

图 2-56　计算题 2.22 电路图

2.23　有一个三相对称负载，其每相的电阻 $R=8\Omega$，感抗 $X_L=6\Omega$。如果将负载接成星形联结，置于线电压 $U_L=380\text{V}$ 的三相电源上，试求相电压、相电流及线电流。

2.24　图 2-57 所示的是三相四线制电路，电源线电压 $U_L=380\text{V}$。三个电阻性负载联成星形，其电阻为 $R_{L1}=11\Omega$，$R_{L2}=R_{L3}=22\Omega$。

（1）试求负载相电压、相电流及中性线电流，并作出它们的相量图。

（2）如无中性线，求负载相电压及中性点电压。

（3）如无中性线，当 L_1 相短路时求各相电压和电流，并作出它们的相量图。

（4）如无中性线，当 L_3 相断路时求另外两相的电压和电流。

（5）在（3）、（4）中如有中性线，则又如何？

2.25　某楼电灯发生故障，第二层和第三层楼的所有电灯突然都暗淡下来，而第一层楼的电灯亮度未变，试问这是什么原因？这楼的电灯是如何连接的？同时又发现第三层楼的电灯比第二层楼的还要暗些，这又是什么原因？画出电路图。

2.26　在线电压为 380V 的三相电源上，接两组电阻性对称负载，如图 2-58 所示，试求线路电流 I。

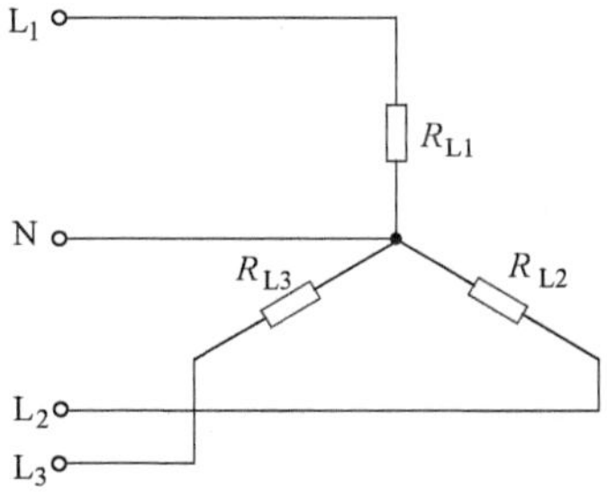

图 2-57　计算题 2.24 电路图

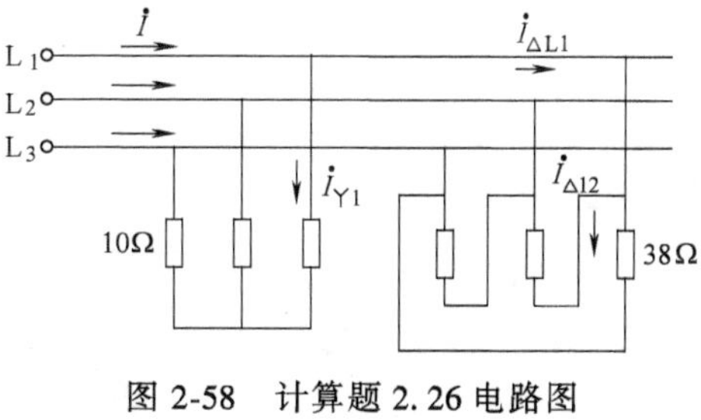

图 2-58　计算题 2.26 电路图

2.27　有一三相异步电动机，其绕组接成三角形联结，接在线电压 $U_L=380\text{V}$ 的电源上，从电源所取用的功率 $P_1=11.43\text{kW}$，功率因数 $\cos\varphi=0.87$，试求电动机的相电流和线电流。

2.28　在图 2-59 所示电路中，电源线电压 $U_L=380\text{V}$。

（1）如果图中各相负载的阻抗都等于 10Ω，是否可以说负载是对称的？

（2）试求各相电流，并用电压与电流的相量图计算中性线电流。如果中性线电流的参考方向选得同电路图上所示的方向相反，则结果有何不同？

（3）试求三相平均功率 P。

2.29 在图 2-60 所示电路中，对称负载接成三角形联结，已知电源电压 $U_L = 220V$，电流表读数 $I_L = 17.3A$，三相功率 $P = 4.5kW$。试求：

（1）每相负载的电阻和感抗。

（2）当 L_1、L_2 相断开时，图中各电流表的读数和总功率 P。

（3）当 L_1 断开时，图中各电流表的读数和总功率 P。

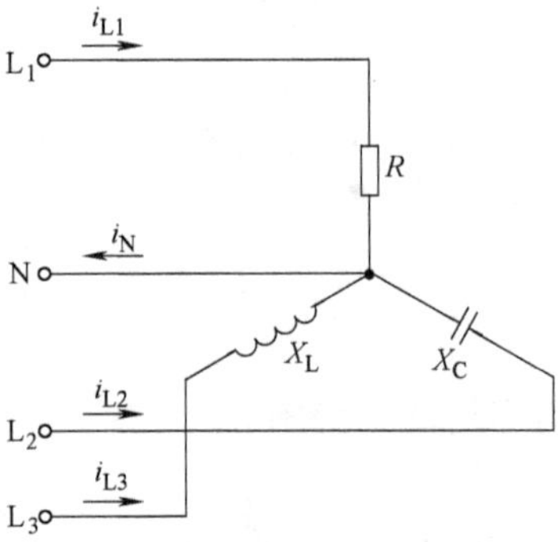

图 2-59 计算题 2.28 电路图

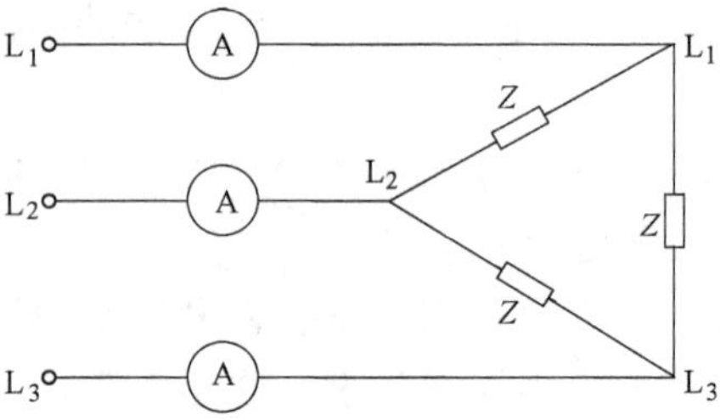

图 2-60 计算题 2.29 电路图

第3章

磁路和变压器

像电现象一样，磁现象也与人类有着密切的联系，现代社会生活离不开电动机、发电机、电话、电视机、电子计算机和各类电气仪表，这些都跟磁现象有关。磁现象跟电现象有着密不可分的联系，许多电现象都有磁现象伴随。

第 3 章　授课视频

3.1　磁路及其分析方法

3.1.1　磁场的基本物理量

在实际电路中存在大量的电感元件，如电工测量仪表、电磁铁、变压器和电动机等，它们都是依靠电磁相互作用的过程进行工作的。

1. 磁场的基本物理量

磁场是磁体周围存在的一种物质，磁体通过磁场发生相互作用。磁场的大小和方向可用磁力线来形象地描述：磁力线的疏密表示磁场的强弱，磁力线的切线方向表示磁场的方向。在磁体的周围空间有磁场的存在，磁场的特征可以用感应强度、磁通、磁导率和磁场强度等几个物理量来描述。

(1) 磁感应强度　磁感应强度是定量描述磁场中各点磁场强弱和方向的物理量。实验表明，处于磁场中某点的一小段与磁场方向垂直的通电导体，如果通过它的电流为 I，其有效长度（即通电导体垂直磁力线的长度）为 L，则它所受到的安培力为 F。当导体中的电流 I 或有效长度 L 变化时，此导体受到的安培力 F 也要改变，但对磁场中确定的点来说，不论 I 和 L 如何变化，比值$\frac{F}{IL}$始终保持不变。这个比值就称为磁感应强度，用 B 表示，即

$$B=\frac{F}{IL} \tag{3-1}$$

式中，B 是磁感应强度，单位为 T（特斯拉）；F 是通电导体所受的安培力，单位为 N（牛顿）；I 是导体中的电流，单位为 A（安培）；L 是导体的长度，单位为 m（米）。

磁感应强度的方向与该点的磁场方向相同。

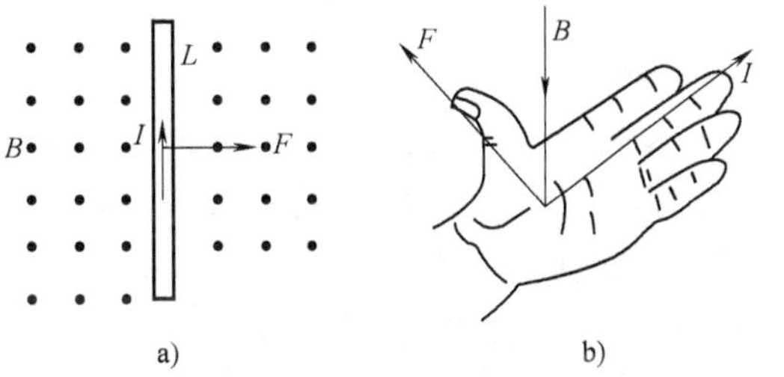

图 3-1　磁场中通电导线所受作用力
a）磁场中通电导体所受作用力　b）左手定则

磁场中通电导体受力的方向、磁场方向、导体中电流的方向三者之间的关系，可用左手定则来判断。如图 3-1 所示。伸出左手，使拇

指跟其他四指垂直，并都跟手掌在一个平面内，让磁力线穿入手心，四指指向电流方向，大拇指所指的方向即为通电直导线在磁场中所受安培力的方向。

由左手定则可知：F 垂直于 B、I 所决定的平面。

若磁场中各点的磁感应强度的大小、方向都相同，则称此磁场为匀强磁场。

(2) 磁通 磁感应强度 B 与垂直于磁场方向的面积 S 的乘积称为通过该面积的磁通，用 Φ 表示，即

$$\Phi = BS \quad 或 \quad B = \frac{\Phi}{S} \tag{3-2}$$

磁通 Φ 反映了磁导体某个范围内磁力线的多少，单位为 Wb（韦伯）。

式（3-2）只适用于磁场方向与面积垂直的均匀磁场。当磁场方向与面积不垂直时，则磁通为

$$\Phi = BS\sin\theta \tag{3-3}$$

式中，θ 是磁场方向与面积 S 的夹角。

(3) 磁导率 磁导率是描述磁场介质导磁能力的物理量，用 μ 表示。磁性材料都有很强的导磁性能，不同的介质，其导磁能力不同。常用的主要有铁、镍、钴及其合金等材料。磁导率 μ 和磁感应强度 B 的关系为

$$B_x = \mu \frac{NI}{l_x} = \mu H_x \tag{3-4}$$

式中，l_x 是 x 点处的磁力线（磁路）的长度；N 是线圈的匝数；I 是流过的电流。

(4) 磁场强度 磁场强度是表征磁场强弱和方向的物理量，用 H 表示，但磁场强度与磁场介质的 μ 无关。因此有

$$H = \frac{B}{\mu} \tag{3-5}$$

B 和 H（单位为 A/m）是方向相同、数值上相差 μ 倍的两个矢量。

由实验测得真空中的磁导率为一常数，即 $\mu_0 = 4\pi \times 10^{-7}$ H/m。不同介质的磁导率不同。为了比较各种物质的导磁性能，将任一物质的磁导率与真空的磁导率的比值称为该物质的相对磁导率，用 μ_r 表示，即

$$\mu_r = \frac{\mu}{\mu_0} \tag{3-6}$$

相对磁导率没有单位，它随磁介质种类的不同而不同，其数值反映了磁介质磁化后对原磁场影响的程度，是描述磁介质本身特性的物理量。

2. 磁路

在变压器、电动机等电气设备中，为了把磁通约束在一定的空间范围内，均采用高磁导率的硅钢片等铁磁性材料制造铁心，使其形成一个闭合的磁通路径。这种将磁通约束在铁心范围内的磁通路径称为磁路。由于铁心的导磁性能比空气要好得多，所以绝大部分磁通将在铁心内通过，这部分磁通称为主磁通。围绕载流线圈、部分铁心和铁心周围的空间还存在少量分散的磁通，这部分磁通称为漏磁通。

图 3-2 所示为几种电气设备的磁路。图 3-2a 所示为单相变压器的磁路，它由同一种铁磁

性物质构成；图 3-2b 所示为直流电动机的磁路；图 3-2c 所示为继电器的磁路。后两种电气设备的磁路常由几种不同的材料构成，而且磁路中还有很短的气隙。

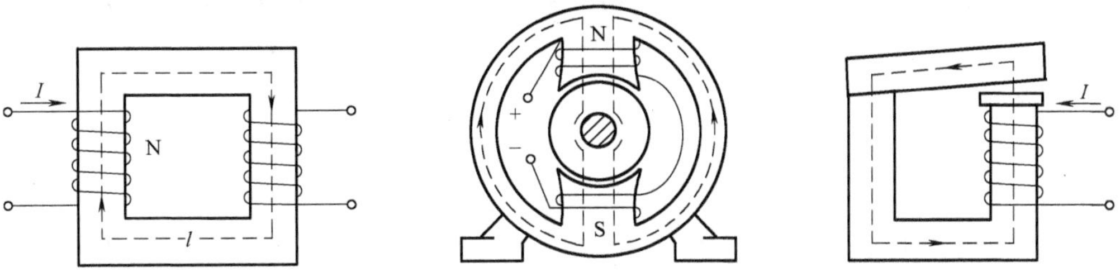

a) b) c)

图 3-2 几种常见电气设备的磁路

a）单相变压器的磁路 b）直流电动机的磁路 c）继电器的磁路

3.1.2 磁性材料的磁性能

磁场中的物质称为介质，物质对磁场的影响能力称为导磁性。根据物质导磁性的不同，把物质分为非铁磁性物质和铁磁性物质两大类。如空气、木材、陶瓷、胶木、铜和铝等之类的磁介质，其导磁能力很弱，这类磁介质统称为非铁磁性物质，铁、钴、镍和它们的合金及氧化物之类的磁介质，其导磁能力很强，这类磁介质统称为铁磁性物质。由于铁磁性物质的磁导率很大，具有铁心的线圈的磁场就远比没有铁心的线圈的磁场强，所以电动机和变压器等电气设备都要采用铁心作磁路。下面就来介绍铁磁性物质的磁化特性。

1. 铁磁性物质的磁化

磁化曲线只反映了铁磁性物质在外磁场由零逐渐增强的磁化过程，而在很多实际应用中，铁磁性物质是工作在交变磁场中的。所以，有必要研究铁磁性物质交变磁化的问题。铁磁性物质具有很强的被磁化特性，其物质内部存在着许多小的自然磁化区，称为磁畴。这些磁畴犹如小的磁铁，在无外磁场作用时呈杂乱无章的排列，对外不显磁性，如图 3-3a 所示。若将铁磁物质放入通电线圈中（线圈称为励磁线圈，电流称为励磁电流），在励磁电流产生的外磁场作用下，各磁畴的磁场方向在外磁场的作用下将按照外磁场的方向顺序排列，产生一个很强的附加磁场，此时称铁磁性物质被磁化。磁化后，附加磁场与外磁场相叠加，从而使铁磁性物质内的合成磁场大大增强，如图 3-3b 所示。

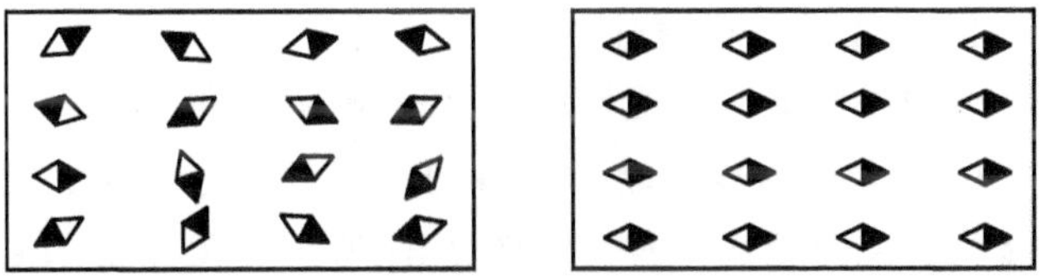

a) b)

图 3-3 铁磁性物质磁畴示意图

a）磁化前 b）磁化后

2. 磁滞损耗

铁磁性物质在交变磁化过程中，由于磁畴在不断地改变方向，使铁磁性物质内部分子振动加剧，温度升高，造成能量消耗。这种由于磁滞而引起的能量损耗称为磁滞损耗。磁滞损耗的程度与铁磁性物质的性质有关，不同的铁磁性物质的磁滞损耗不同，如硅钢片的磁滞损耗比铸钢或铸铁的小。磁滞回线包围的面积越大，磁滞损耗就越大，所以剩磁和矫顽磁力越大的铁磁性物质，磁滞损耗就越大。因此，磁滞回线的形状常被用来判断铁磁性物质的性质，并作为选择材料的依据。磁滞损耗对电动机或变压器等电气设备的运行不利，是引起铁心发热的原因之一。

3. 涡流损耗

由于铁磁性物质具有很高的磁导率，所以电气设备中采用铁磁性物质做磁路材料。铁磁性物质作为磁路材料时，除了产生磁滞损耗之外，还会产生涡流损耗。

涡流是一种感应电流，它产生在交流电气设备中。如图 3-4a 所示，在一个整体铁心上绕有线圈，当线圈中通以交变电流时，铁心中便产生交变磁场。由于铁心也是导体，可将其看成是由许多垂直于磁通方向的闭合回路组成。当穿过这些闭合回路的磁通发生变化时，回路中就会产生感应电流，这个感应电流称为涡流。

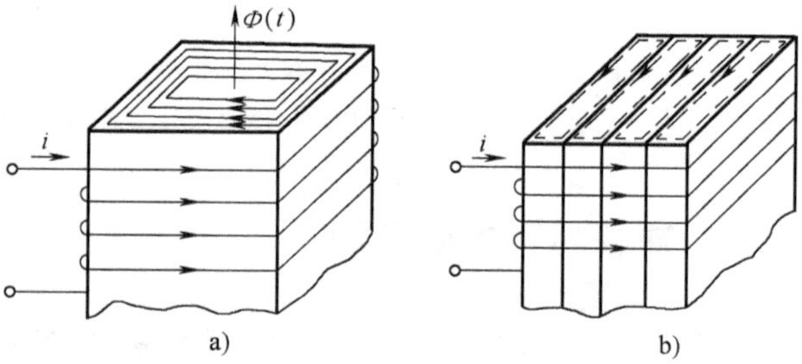

图 3-4 铁心中的涡流

a）整块铁块 b）叠层铁心

涡流的存在会使电气设备的铁心发热而消耗电功率，称为涡流损耗，这对电气设备是不利的。为了减小涡流损耗，电气设备的铁心一般都不用整体的铁心，而用硅钢片叠成。硅钢片由含硅 2.5% 的硅钢轧制而成，其厚度为 0.35～1mm，表面涂有绝缘层，使片间相互绝缘。图 3-4b 所示为由硅钢片压制成的线圈铁心，这种结构使得涡流大大减小。涡流虽然在很多电气设备中会引起不良后果，但在有些场合也可利用涡流为生产、生活服务。例如工业上利用涡流产生热量来熔化金属；日常生活中的电磁炉也是利用涡流的原理制成的，它给人们的生活带来了很多的便利。在汽车上，机械传感式车速表利用的也是涡流原理来工作的。

4. 铁磁性材料的分类

根据磁性能，铁磁性材料又可分为以下三种。

（1）软磁材料 软磁材料的特点是磁导率高，磁滞特性不明显，具有较小的矫顽磁力和剩磁，磁滞回线窄长，如图 3-5a 所示。常用的有铸铁、铸钢、硅钢片和坡莫合金等，一般用来制造电动机、电器及变压器等的铁心、磁头、磁心等。

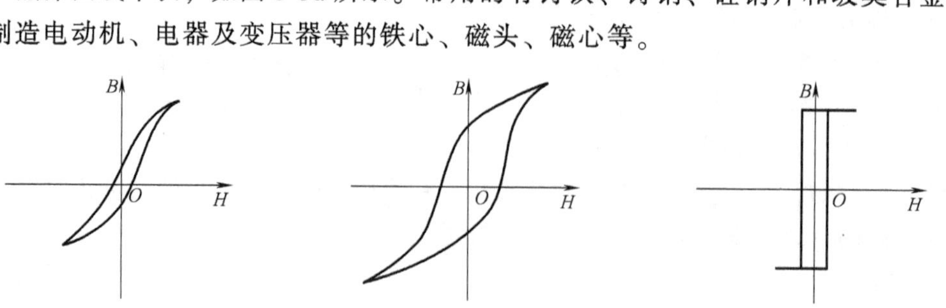

图 3-5 铁磁性材料的磁性能

a）软磁材料 b）硬磁材料 c）矩磁材料

(2) 硬磁材料 硬磁材料的特点是剩磁和矫顽力均较大，磁滞性明显，磁滞回线较宽，如图 3-5b 所示。常用的硬磁材料如碳钢、钨钢、钴钢和镍钢合金等，常用来制造永久磁体、磁电系测量仪表、扬声器等。

(3) 矩磁材料 矩磁材料的特点是只要受较小的外磁场作用就能磁化到饱和，当外磁场去掉后，磁性仍保持，磁滞回线接近矩形，稳定性良好，如图 3-5c 所示。常用的矩磁材料有镁锰铁氧体和某些铁镍合金等，在计算机和控制系统中矩磁材料用作记忆器件、开关器件和逻辑器件。

3.1.3 磁路的基本定律

1. 磁路欧姆定律

磁路中的平均磁通为

$$\Phi = BS = \frac{IN\mu S}{l} = \frac{IN}{\dfrac{l}{\mu S}}$$

令

$$R_m = \frac{l}{\mu S} \tag{3-7}$$

即

$$\Phi = \frac{IN}{R_m} \tag{3-8}$$

式 (3-8) 称为磁路的欧姆定律。式中的 IN 称为磁动势，R_m 称为磁阻，即磁路中的磁通等于磁动势除以磁阻。磁路欧姆定律与电路欧姆定律形式相似：在一个无分支的电路中，回路中的电流等于电动势除以回路的总电阻 R；在一个无分支的磁路中，回路中的磁通等于磁动势 IN 除以回路中的总磁阻 R_m。

由式 (3-7) 可见，磁阻 R_m 的值取决于磁路的尺寸和材料的磁导率，故磁阻也不是常数。所以磁路欧姆定律不能用来进行定量计算，只做定性分析。磁路和电路有相似之处，却也有本质的区别。

图 3-6a 所示为电磁铁的磁路，当衔铁还没有被吸住时，磁通不但要通过铁心，还要通过气隙，其等效磁路如图 3-6b 所示。由磁路欧姆定律可得

$$\Phi = \frac{IN}{R_m} = \frac{IN}{R_{m0} + R_{m1} + R_{m2}}$$

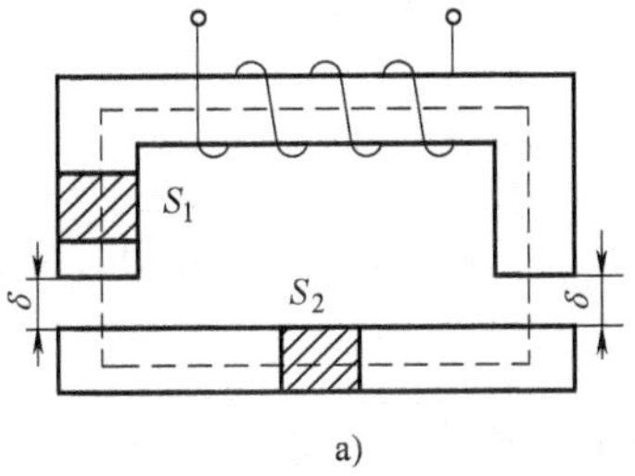

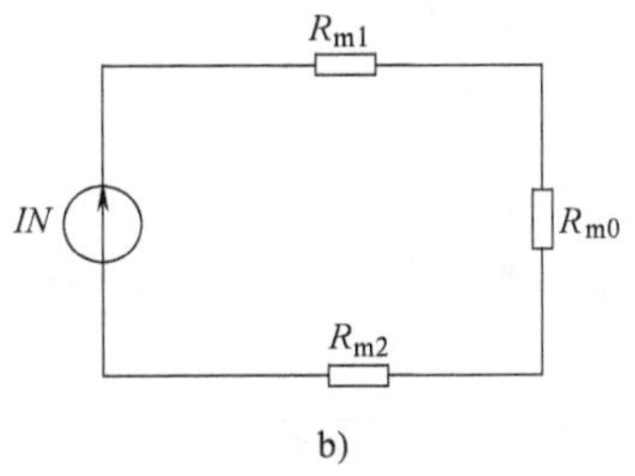

图 3-6 有气隙的磁路和等效磁路

a) 电磁铁磁路 b) 电磁铁等效磁路

若要使磁路中获得一定的磁通，磁路中有气隙时所需要的磁动势要远远大于没有气隙时的磁动势。所以当磁路的长度和截面积已经确定时，为了减小磁动势（即减小励磁电流或线圈匝数），除了选择高磁导率的磁性材料外，还应当尽可能地缩短磁路中不必要的气隙长度。

2. 安培环路定律（也称全电流定律）

根据磁路的欧姆定律 $\Phi=\dfrac{IN}{R_m}$，将 $\Phi=BS$，$R_m=\dfrac{l}{\mu S}$代入，可得

$$B=\mu\frac{IN}{l}$$

将上式与 $B=\mu H$ 对照，可得

$$H=\frac{IN}{l}\quad 或\quad IN=Hl \tag{3-9}$$

式中，l 是磁路的平均长度，单位为 m；I 是线圈中的电流，单位为 A；H 是磁路中的磁场强度，单位为 A/m；N 是线圈的匝数。

即磁路中磁场强度 H 与磁路的平均长度 l 的乘积，在数值上等于激发磁场的磁动势，这就是安培环路定律。磁场强度 H 与磁路平均长度 l 的乘积又称磁位差，用 U_m 表示，即

$$U_m=Hl \tag{3-10}$$

磁位差 U_m 的单位为安培（A）。

若所研究的磁路具有不同的截面，并且是由不同的材料构成的，则可以把磁路分成许多段来考虑，于是有 $IN=H_1l_1+H_2l_2+\cdots+H_nl_n$ 或 $IN=\sum Hl=\sum U_m$。

3. 电磁感应定律

（1）电磁感应 实验指出，当导体对磁场做相对运动，即切割磁力线时，导体中便有感应电动势产生；当穿过闭合回路的磁通发生变化时，回路中便有感应电动势产生。这两种情况本质上一样，但在不同条件下产生感应电动势的现象统称为电磁感应。

从形式上看，产生感应电动势有两种方法，切割磁力线和磁通变化。

1）切割磁力线产生感应电动势如图 3-7a 所示，当处在匀强磁场 B 中的直导线 l 以速度 v 垂直于磁场方向运动切割磁力线时，导线中便产生感应电动势，感应电动势为

$$e=Blv \tag{3-11}$$

式中，e 是感应电动势，单位为 V；B 是磁感应强度，单位为 T；l 是导线的有效长度，单位为 m，v 是导线的运动速度，单位为 m/s。

e 的方向可由右手定则来判断，如图 3-7b 所示。

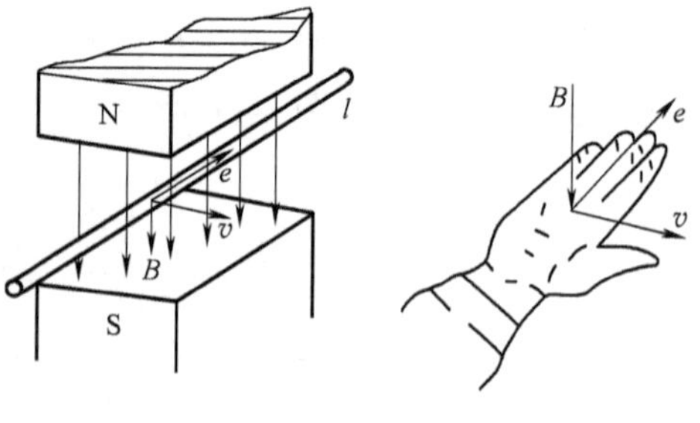

图 3-7 导体中的感应电动势

根据感应电动势的产生原理，可制造出各种发电机，如交流发电机。

交流发电机的转子绕组就是切割磁力线的导体，当转子在外力作用下匀速转动时，导体切割磁力线，在线圈中产生感应电动势。

2）磁通变化产生感应电动势如图 3-8 所示，将线圈放在磁场中，当磁体垂直移动时，穿过线圈的磁通也发生变化，此时线圈中就产生感应电动势。线圈中感应电动势的大小与穿过线圈的磁通的变化率成正比，即穿过线圈的磁通变化越快，产生的感应电动势越大；穿过线圈的磁通变化越慢，产生的感应电动势越小；磁通不变化时，感应电动势为零。这一变化规律称为法拉第电磁感应定律。

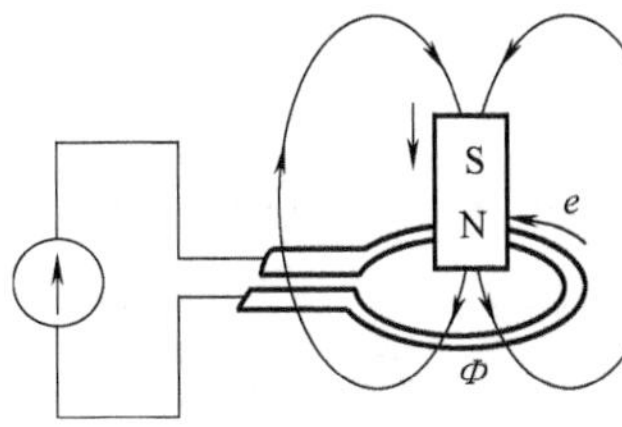

图 3-8 变化的磁通产生感应电动势

感应电动势的方向可用楞次定律来确定。楞次定律指出：如果回路中的感应电动势是由于穿过回路的磁通变化产生的，则感应电动势在闭合回路中将产生一电流，由这一电流产生的磁通总是阻碍原磁通的变化。根据楞次定律，若选择磁通 $\varPhi$ 与感应电动势 e 的参考方向仍符合右手螺旋关系，则表达式为

$$e=-\frac{\mathrm{d}\varPhi}{\mathrm{d}t}$$

如果同一变化的磁通穿过 N 匝线圈，则线圈中产生的感应电动势为

$$e=-N\frac{\mathrm{d}\varPhi}{\mathrm{d}t} \tag{3-12}$$

(2) 自感和互感

1）自感。当线圈中电流变化时，便在线圈周围产生变化的磁通，这个变化的磁通穿过线圈本身时，线圈中便产生感应电动势。这种由于线圈本身电流变化而产生感应电动势的现象称为自感，所产生的电动势称为自感电动势，用 e_L 表示。自感电动势同样可以用电磁感应公式来表示，当线圈的匝数为 N 时，自感电动势为

$$e_L=-N\frac{\mathrm{d}\varPhi}{\mathrm{d}t}=-\frac{\mathrm{d}\psi}{\mathrm{d}t} \tag{3-13}$$

式中，$\psi=N\varPhi$，称为磁链，即与各线圈相交链的磁通总和。

通常，磁通或磁链是由通过线圈的电流 i 产生的，当线圈中没有铁磁性物质时，ψ 或 $\varPhi$ 与 i 呈正比，即

$$\psi=N\varPhi=Li \quad 或 \quad L=\frac{\psi}{i}=\frac{N\varPhi}{i} \tag{3-14}$$

式中，L 为自感系数，简称电感，即电感元件的参数，单位为 H（亨）。

由式（3-14）可见，线圈的匝数 N 越多，其电感值越大；线圈中单位电流产生的磁通越大，电感值也越大。

将 $\psi=Li$ 代入式（3-13），则得

$$e_L=-L\frac{\mathrm{d}i}{\mathrm{d}t} \tag{3-15}$$

式（3-15）为电感元件自感电动势与线圈中电流关系的基本表达式，是分析电感元件的基本公式。

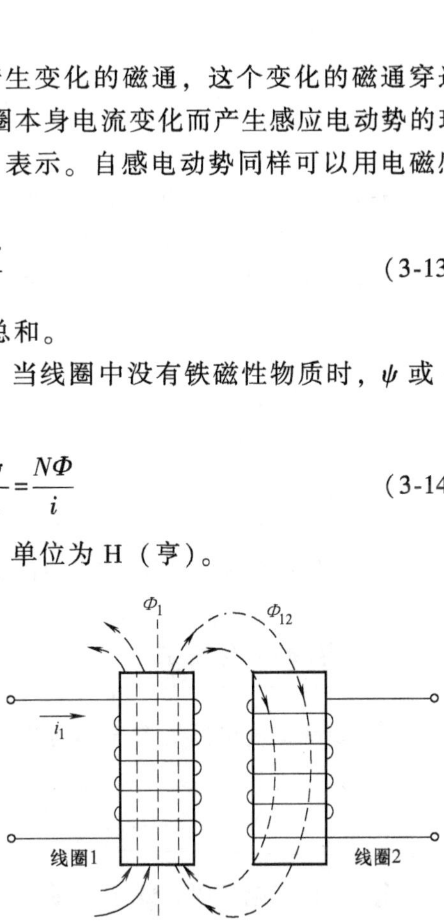

图 3-9 互感

2）互感。如图 3-9 所示，当线圈 1 中电流变化

时，产生的变化磁通穿过邻近的线圈 2，使线圈 2 中产生感应电动势。这种由于一个线圈中电流变化而在另一线圈中产生感应电动势的现象称为互感，所产生的感应电动势称为互感电动势。两个互感线圈称为磁耦合线圈。

3.2 交流铁心线圈电路

3.2.1 电磁关系

图 3-10 所示的交流线圈是具有铁心的，先来讨论这种线圈的电磁关系。磁动势 Ni 产生的磁通绝大部分通过铁心而闭合，这部分磁通称为主磁通或工作磁通 Φ。此外还有很少的一部分磁通主要经过空气或其他非导磁介质而闭合，这部分磁通称为漏磁通 Φ_σ。这两个磁通在线圈中产生两个感应电动势：主磁电动势 e 和漏磁电动势 e_σ。这个电磁关系表示为

$$u \longrightarrow i(Ni) \begin{cases} \nearrow \Phi \longrightarrow e \\ \searrow \Phi_\sigma \longrightarrow e_\sigma \end{cases}$$

因为漏磁通主要不经过铁心，所以励磁电流 i 与 Φ_σ 之间可以认为是线性关系，铁心线圈的漏磁电感为

$$L_\sigma = \frac{N\Phi_\sigma}{i} = 常数$$

但主磁通通过铁心，所以 i 与 Φ 之间不存在线性关系（如图 3-11 所示）。铁心线圈的主磁电感 L 不是一个常数，它随励磁电流而变化的关系和磁导率 μ 随磁场强度而变化的关系相似。因此，铁心线圈是一个非线性电感元件。

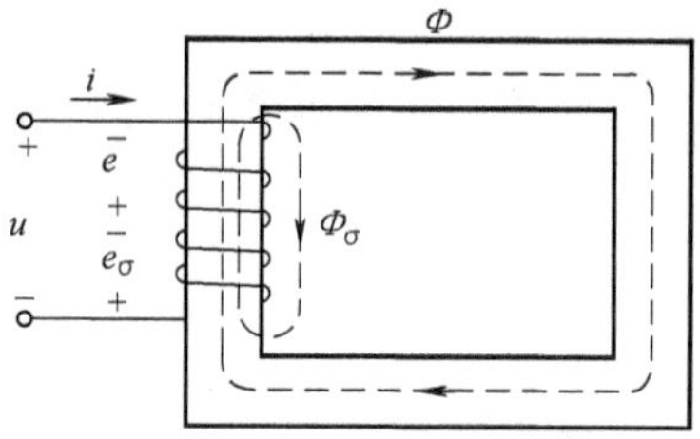

图 3-10 铁心线圈的交流电路

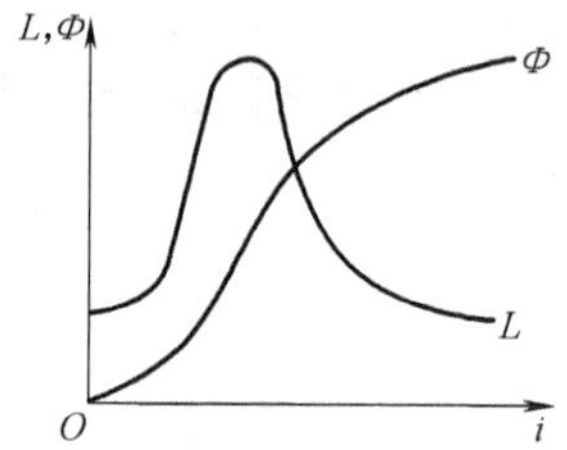

图 3-11 Φ 和 L 与 i 的关系

3.2.2 电压电流关系

铁心线圈交流电路的电压和电流之间的关系也可由基尔霍夫电压定律得出，即

$$u+e+e_\sigma = Ri$$

或

$$u = Ri+(-e_\sigma)+(-e) = Ri+L_\sigma\frac{\mathrm{d}i}{\mathrm{d}t}+(-e) = u_R+u_\sigma+u' \tag{3-16}$$

当 u 是正弦电压时，式中各量可视为正弦量，于是上式可用相量表示

$$\dot{U} = R\dot{I}+(-\dot{E}_\sigma)+(-\dot{E}) = R\dot{I}+\mathrm{j}X_\sigma\dot{I}+(-\dot{E}) = \dot{U}_R+\dot{U}_\sigma+\dot{U}' \tag{3-17}$$

式（3-17）中漏磁感应电动势 $\dot{E}_\sigma=-jX_\sigma\dot{I}$，其中 $X_\sigma=\omega L_\sigma$，称为漏磁感抗，它是由漏磁通引起的；R 是铁心线圈的电阻。

至于主磁感应电动势，由于主磁电感或相应的主磁感抗不是常数，应按下法计算。

设主磁通 $\Phi=\Phi_m\sin\omega t$，则

$$e=-N\frac{d\Phi}{dt}=-N\frac{d(\Phi_m\sin\omega t)}{dt}=-N\omega\Phi_m\cos\omega t$$

$$=2\pi fN\Phi_m\sin(\omega t-90°)=E_m\sin(\omega t-90°) \quad (3\text{-}18)$$

式中，$E_m=2\pi fN\Phi_m$，是主磁电动势 e 的幅值，而其有效值则为

$$E=\frac{E_m}{\sqrt{2}}=\frac{2\pi fN\Phi_m}{\sqrt{2}}=4.44fN\Phi_m \quad (3\text{-}19)$$

由式（3-16）或（3-17）可知，电源电压 u 可分为三个分量：$u_R=Ri$ 是电阻上的电压降；$u_\sigma=-e_\sigma$ 是平衡漏磁电动势的电压分量；$u'=-e$ 是与主磁电动势相平衡的电压分量。因为根据楞次定律，感应电动势具有阻碍电流变化的物理性质，所以电源电压必须有一部分来平衡它们。

通常由于线圈的电阻 R 和感抗 X_σ（或漏磁通中 Φ_σ）较小，因而其上的电压降也较小，与主磁电动势比较起来，可以忽略不计。于是

$$\dot{U}\approx-\dot{E} \quad (3\text{-}20)$$

$$U\approx E=4.44fN\Phi_m=4.44fNB_mA \quad (\text{V}) \quad (3\text{-}21)$$

式中，B_m 是铁心中磁感应强度的最大值，单位为 T；A 是铁心截面积，单位为 m^2。若 B_m 的单位为高斯，A 的单位为 cm^2，则上式为

$$U\approx E=4.44fNB_mA\times10^{-8} \quad (3\text{-}22)$$

3.2.3 功率损耗

在交流铁心线圈中，除线圈电阻 R 上有功率损耗 RI^2（所谓铜损耗 ΔP_{Cu}）外，处于交变磁化下的铁心中也有功率损耗（所谓铁损耗 ΔP_{Fe}）。铁损耗是由磁滞和涡流产生的。

由磁滞所产生的铁损耗称为磁滞损耗 ΔP_h。可以证明，交变磁化一周在铁心的单位体积内所产生的磁滞损耗能量与磁滞回线所包围的面积成正比。

磁滞损耗要引起铁心发热。为了减小磁滞损耗，应选用磁滞回线狭小的磁性材料制造铁心。硅钢就是变压器和电动机中常用的铁心材料，其磁滞损耗较小。

由涡流所产生的铁损耗称为涡流损耗 ΔP_e。

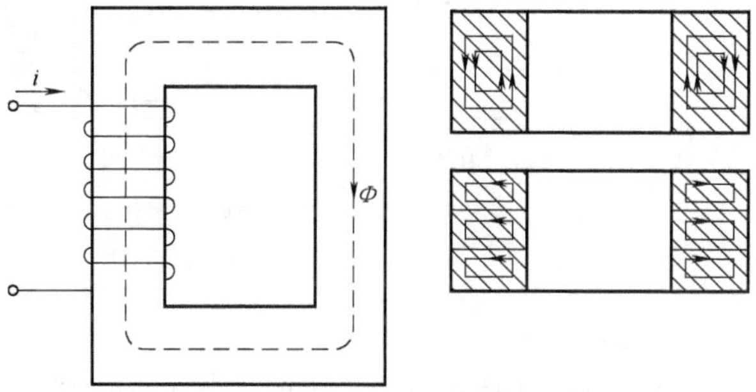

图 3-12 铁心中的涡流

在图 3-12 中，当线圈中通有交流电时，它所产生的磁通也是交变的。因此，不仅要在线圈中产生感应电动势，而且在铁心内也要产生感应电动势和感

应电流。这种感应电流称为涡流，它在垂直于磁通方向的平面内环流着。

涡流损耗也要引起铁心发热。为了减小涡流损耗，在顺磁场方向铁心可由彼此绝缘的硅钢片叠成（图 3-12），这样就可以限制涡流只能在较小的截面内流通。此外，通常所用的硅钢片中含有少量的硅（0.8%~4.8%），因而电阻值较大，这也可以使涡流减小。

涡流有有害的一面，但在另外一些场合下也有有利的一面。对其有害的一面应尽可能地加以限制，而对其有利的一面则应充分加以利用。例如，可利用涡流的热效应来冶炼金属；可利用涡流和磁场相互作用而产生电磁力的原理来制造感应式仪器及涡流测距器等。

在交变磁通的作用下，铁心内的这两种损耗合称铁损耗 ΔP_{Fe}。铁损耗差不多与铁心内磁感应强度的最大值 B_m 的二次方成正比，故 B_m 不宜选得过大，一般取 0.8~1.2T。

从上述可知，铁心线圈交流电路的有功功率为

$$P = UI\cos\varphi = RI^2 + \Delta P_{Fe} \tag{3-23}$$

3.3 变压器

变压器是一种常见的电气设备，在电力系统和电子线路中应用广泛。

在电力系统中，若要输送一定的电功率，电压越高，线路电流就越小，从而可以减小线路上的损耗和导线的金属用量，这就需要变压器将交流发电机发出的电压升高。在用电时为了保证用电安全和符合用电设备的电压要求，还要用变压器降低电压。

在电子设备中，常常采用变压器来提供所需要的高压和低压，此外，变压器还常用来耦合电路、传送信号、并实现阻抗匹配。

变压器的种类很多，根据不同用途，有输配电用的电力变压器、冶炼用的电炉变压器，电解用的整流变压器、焊接用的电焊变压器、实验用的调压器和测量用的仪用互感器等。虽然变压器的种类多，结构上也有差异，但它们的基本原理是一样的，都是通过磁路来工作。

3.3.1 变压器的基本结构

变压器实际上是一种特殊的交流铁心线圈，其结构可分为心式和壳式两种，如图 3-13 所示。从结构看，它们都由一次绕组和二次绕组、闭合铁心等几个主要部分组成。

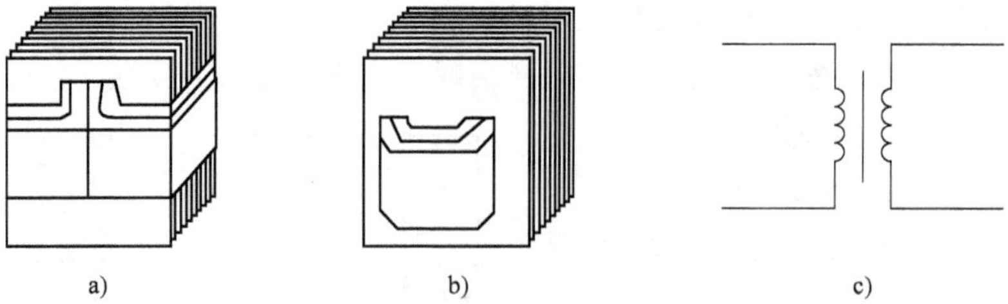

图 3-13 变压器的基本结构及符号
a）心式 b）壳式 c）符号

1. 铁心

变压器铁心的作用是构成磁路。为了减少磁滞损耗和涡流损耗，铁心通常用厚度为 0.2~

0.35mm 的硅钢片交错叠装而成，而且硅钢片的表面涂有绝缘漆，形成绝缘层。在一些小型变压器中，也可采用铁氧体替代硅钢片。壳式变压器的结构特点是铁心包围线圈（绕组）；心式变压器是线圈（绕组）包围铁心，其结构简单，绕组装配容易，故目前多数变压器均采用心式结构。

2. 绕组

绕组是用绝缘扁线或圆导线绕成的线圈。小容量变压器的绕组多用高强度漆包线绕制，大容量变压器的绕组可用绝缘铜线或铝线绕制。接在电源的绕组称为一次绕组，接在负载的绕组称为二次绕组。变压器绕组的线圈可以做成同心式和交叠式两种。同心式线圈指一次和二次绕组的线圈同心地套装在铁心柱上。为便于绝缘，一般是将二次绕组的线圈装在里层，一次绕组的线圈套在外层；交叠式线圈做成饼式，一次和二次绕组的线圈互相交叠放置，这类绕组主要用于电炉和电焊变压器，应用范围较小。

变压器除了上述基本部件外，还有其他附件，如油箱、冷却油、绝缘套管、储油柜、气体继电器、测温装置和分接开关等。小型变压器一般采用空气制冷，大、中型变压器采用油冷。

3.3.2 变压器的工作原理

1. 电压变换

如图 3-14 所示为单相变压器空载时的原理图，其中，变压器一次绕组接电源，二次绕组不接负载（开路）。这时，一次绕组产生的电流 i_1 称为空载电流，在铁心中产生主磁通，而且一次和二次绕组同时与主磁通 Φ 交链。根据电磁感应定律可知，主磁通 Φ 在一次和二次绕组中分别产生频率相同的感应电动势 e_1 和 e_2，即

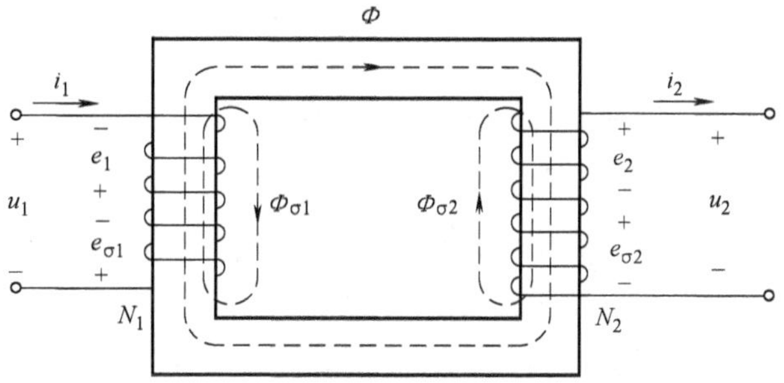

图 3-14 单相变压器的空载运行

$$e_1=-N_1\frac{\mathrm{d}\Phi}{\mathrm{d}t}=-N_1\omega\Phi_{\mathrm{m}}\cos\omega t=E_{1\mathrm{m}}\sin(\omega t-90^{\circ})$$
$$e_2=-N_2\frac{\mathrm{d}\Phi}{\mathrm{d}t}=-N_2\omega\Phi_{\mathrm{m}}\cos\omega t=E_{2\mathrm{m}}\sin(\omega t-90^{\circ}) \tag{3-24}$$

式中，N_1 和 N_2 分别是一次绕组和二次绕组的匝数；$\omega=2\pi f$ 是电源的角频率；$E_{1\mathrm{m}}$ 和 $E_{2\mathrm{m}}$ 分别是 e_1 和 e_2 的最大值，单位为 V。

由式（3-24）可得到电动势的有效值表达式为

$$E_1=\frac{E_{1\mathrm{m}}}{\sqrt{2}}=4.44fN_1\Phi_{\mathrm{m}}$$
$$E_2=\frac{E_{2\mathrm{m}}}{\sqrt{2}}=4.44fN_2\Phi_{\mathrm{m}} \tag{3-25}$$

变压器空载时一次绕组的情况与交流铁心线圈中的情况类似。根据式（3-18）和式（3-20）可得到

$$U_1 \approx 4.44 f N_1 \Phi_m \tag{3-26}$$

再看二次绕组，由于 $I_2=0$，即 $I_2 r_2=0$，故二次绕组电压 u_2 等于开路电压 u_{20}，则有

$$U_2 = U_{20} = E_2 = 4.44 f N_2 \Phi_m \tag{3-27}$$

由式（3-26）和式（3-27）可以推导出变压器的电压变换关系为

$$\frac{U_1}{U_2} \approx \frac{E_1}{E_2} = \frac{N_1}{N_2} = k \tag{3-28}$$

由此可见，输入电压和输出电压之比近似等于感应电动势之比，也是一次绕组和二次绕组的匝数比，故将 k 定义为变压器的电压比。

2. 电流变换

当变压器二次绕组接有负载 Z 时，在二次绕组中产生电流 i_2，如图 3-15 所示。这种情况称为变压器的负载运行。

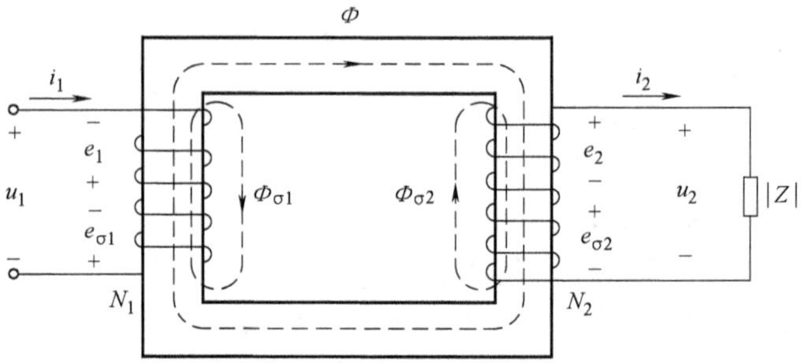

图 3-15 变压器的负载运行

变压器接上负载后，一次绕组和二次绕组的电流分别为 i_1 和 i_2，它们分别产生磁动势 i_1N_1 和 i_2N_2。根据楞次定律，i_2N_2 产生的磁动势是与主磁通 Φ_m 反向的。所以，i_1 在所建立的磁动势 i_1N_1 除了要维持主磁通 Φ_m 基本不变外，还要抵消磁动势 i_2N_2 对主磁通的影响。因此，作用在铁心中的总磁动势为 $i_1N_1+i_2N_2$ 两个分量。由于磁路具有恒磁通特性，因此无论有无负载，只要电源电压有效值 i_1 不变，主磁通 Φ_m 就基本不变，也就是说产生主磁通的磁动势总和不变。因此，有负载时产生主磁通的合成磁动势 $i_1N_1+i_2N_2$ 等于空载时产生主磁通的磁动势 $i_{10}N_1$，用相量可表示为

$$\dot{I}_1 N_1 + \dot{I}_2 N_2 = \dot{I}_{10} N_1 \tag{3-29}$$

由于变压器的空载电流 $\dot{I}_{10}$很小，为一次侧额定电流 $\dot{I}_1$的 2%～10%，故 $\dot{I}_{10}N$ 可视为零。那么式（3-29）可写成 $\dot{I}_1N_1+\dot{I}_2N_2\approx 0$，则有

$$\dot{I}_1 \approx -\frac{N_2}{N_1}\dot{I}_2 \tag{3-30}$$

式中的负号说明 i_1 和 i_2 的相位相反，即 i_1N_1 对 i_2N_2 有去磁作用。

由式（3-30）可得出一次绕组和二次绕组电流有效值之比为

$$\frac{I_1}{I_2} \approx \frac{N_2}{N_1} = \frac{1}{k} \tag{3-31}$$

上式说明一次侧电流与二次侧电流之比与绕组的匝数成反比，与电压比的倒数成正比。可见，变压器不仅有变换电压的作用，还有变换电流的作用。

3. 阻抗变换

在电子技术中，总是希望负载能获得最大功率。负载能获得最大功率的条件是负载电阻等于信号源内阻。在实际电路中，负载阻抗与信号源内阻往往是不相等的，若将负载直接接在信号源上就难于获得最大功率。因此，可由变压器进行阻抗变换，从而实现阻抗匹配。

图 3-16a 所示是接有负载阻抗 Z 的变压器电路，图 3-16b 所示为变压器从一次侧看进来的等效电路，它与图 3-16a 中一次侧的端电压 U_1 和电流 I_1 分别相同，Z'是负载 Z 等效到一次侧的阻抗。下边讨论 Z'和 Z 之间的数量关系。

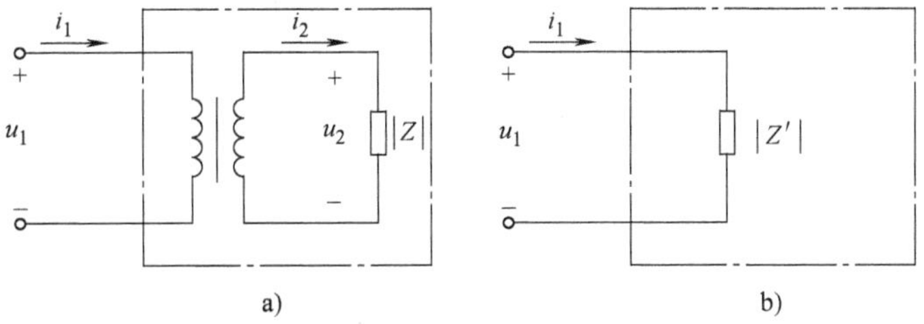

图 3-16　变压器阻抗变换的等效电路

a）接有负载阻抗 Z 的变压器　b）变压器从一次侧看进来的等效电路

由图 3-16b 可知

$$|Z'|=\frac{U_1}{I_1}$$

在图 3-16a 中

$$|Z|=\frac{U_2}{I_2}=\frac{U_1/k}{kI_1}=\frac{1}{k^2}\frac{U_1}{I_1}=\frac{1}{k^2}|Z'|$$

或

$$|Z'|=k^2|Z| \tag{3-32}$$

为了获得最大的功率输出，可以利用变压器将负载阻抗增大或减小到正好等于电源的内阻抗，以达到最佳的功率匹配。

例 3-1　如图 3-17 所示，交流信号源的电动势 $E=120\text{V}$，内阻 $R_0=800\Omega$，负载为扬声器，其等效电阻为 $R_L=8\Omega$，求：（1）当 R_L 折算到原边的等效电阻 $R_L'=R_0$ 时，变压器的匝数比和信号源输出的功率；（2）将负载直接与信号源连接时，信号源输出多大功率？

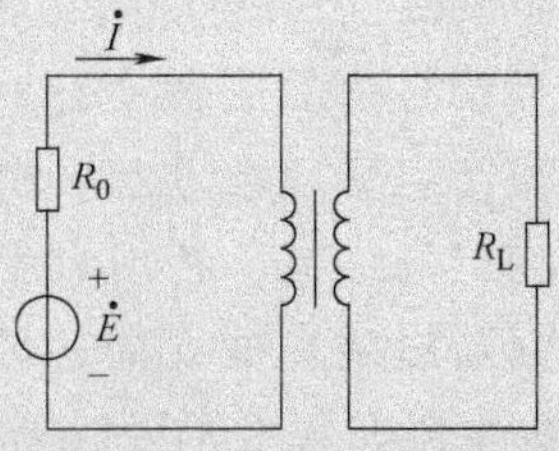

图 3-17　例 3-1 电路图

解　（1）变压器的匝数比应为

$$k=\frac{N_1}{N_2}=\sqrt{\frac{R_L'}{R_L}}=\sqrt{\frac{800}{8}}=10$$

信号源的输出功率为

$$P=\left(\frac{E}{R_0+R_L'}\right)^2R_L'=\left(\frac{120}{800+800}\right)^2\times800\text{W}=4.5\text{W}$$

（2）将负载直接接到信号源上时，输出功率为

$$P=\left(\frac{E}{R_0+R_L}\right)^2R_L=\left(\frac{120}{800+8}\right)^2\times8\text{W}\approx0.176\text{W}$$

3.3.3 变压器的外特性

变压器的外特性是当一次绕组加上电压 U_{1N} 和二次绕组的负载功率因数 $\cos\varphi_2$ 不变时，二次电压 U_2 随负载电流 I_2 的变化规律，即 $U_2=f(I_2)$。此时变压器相对于负载是一个电源。因此，当 I_2 增大时，在二次绕组中由于电阻 r_2 及漏电抗 x_2 上的电压降增大，U_2 随 I_2 的增大略有下降，所以变压器外特性是一条略向下倾斜的特性曲线，如图 3-18 所示。

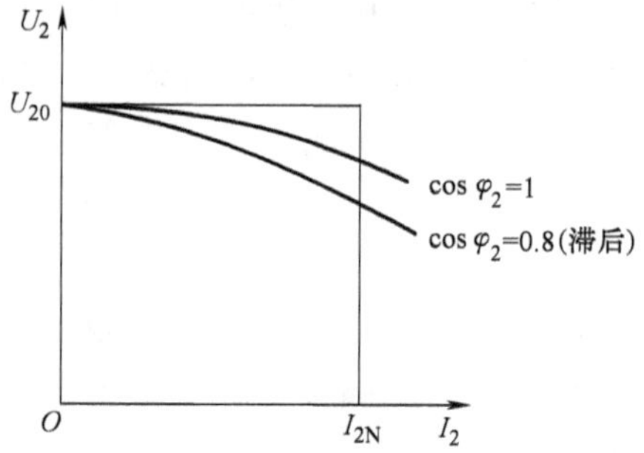

图 3-18 变压器的外特性

二次侧电压的变化情况，除了用外特性表示外，还可以用电压调整率 $\Delta U\%$ 表示。当 I_2 由 0 增大到 I_{2N}（二次侧的额定电流）时，若输出端从开路电压 U_{20} 降到 U_2，则电压调整率 $\Delta U\%$ 为

$$\Delta U\%=\frac{U_{20}-U_2}{U_{20}}\times100\%=\frac{\Delta U_2}{U_{20}}\times100\% \tag{3-33}$$

3.3.4 变压器的同名端

电源变压器往往有多个绕组，使用时可根据需要串联或并联，然而在串联或并联时，必须注意绕组的同名端。

在图 3-19a 中，同一铁心上绕有两个线圈，其绕向相同，在图 3-19b 中，同一铁心上绕有两个线圈，其绕向相反。

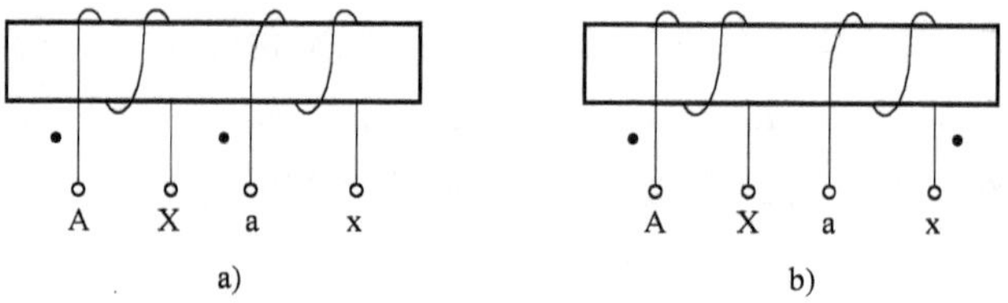

图 3-19 同一铁心上的两个线圈

a）绕向相同 b）绕向相反

当铁心中的磁通变化时，两个线圈中均产生感应电动势。由电流的方向和绕组的绕向，利用右手螺旋定则可以判断出磁场的方向。如果两个绕组中的电流都从图 3-19a 所示的 A 和 a 端流入，从 X 和 x 端流出，或者都相反，则它们产生的磁场方向相同。两个线圈中的感应电动势的极性必然是 A 和 a 端相同，X 和 x 端相同；即 A 和 a 端是这两个绕组的一组对应端，X 和 x 端是另一组对应端。将这种对应端称为同极性端或同名端；而两个绕组中的非对应端，即 A 和 x 端、X 和 a 端，则称为异极性端或异名端。在变压器的符号图上，同名端常用小圆点表示。同理可以分析出图 3-19b 的同名端和异名端。

然而，在电路图以及变压器或其他电器实物中，绕组的绕向常常是看不出来的，为此，需要一种标记来反映绕组的极性。这种标记如图 3-20 所示，在两绕组对应的一端各标以小圆点（或其他符号）。这两个绕组上有标记的端点是它们的一组同极性端，无标记的端点是另一组同极性端；一个绕组上有标记的一端与另一个绕组上无标记的一端是它们的异极性端。当两绕组中的电流从同极性端流入时，产生的磁场方向相同，同方向的磁场都增强或都

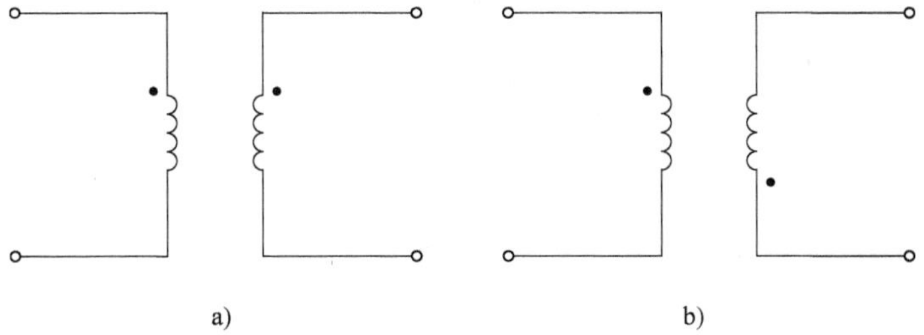

图 3-20　绕组极性的标记
a）绕向相同　b）绕向相反

减弱时在两绕组中产生的感应电动势方向相同。

3.3.5　变压器的主要额定参数

1. 额定容量 S_N

变压器额定容量是指变压器的额定视在功率 S_N，单位用 V · A、kV · A 或 MV · A 表示。变压器在传递能量过程中，效率可达 95%以上，故通常二次绕组按一次绕组的相等容量设计。

2. 额定电压 U_{1N} 和 U_{2N}

U_{1N} 是指额定运行情况下，一次绕组接线端子之间所施加的电压；U_{2N} 是指一次绕组在外加电压为 U_{1N} 时，二次绕组输出端的空载电压 U_{20}，即

$$U_{2N}=U_{20} \tag{3-34}$$

3. 额定电流 I_{1N} 和 I_{2N}

根据额定容量和额定电压所计算的电流称为额定电流，单位用 A 或 kA 表示。即

$$I_{1N}=\frac{S_N}{U_{1N}}\qquad I_{2N}=\frac{S_N}{U_{2N}} \tag{3-35}$$

4. 额定频率 f_N

我国规定电力工业的标准频率 f_N 为 50Hz，在欧洲许多国家及美国的市电频率则为 60Hz。

3.3.6　特殊类型的变压器

变压器的种类很多，除常见的电力变压器外，还有几种常用的变压器。

1. 自耦变压器

图 3-21 所示是自耦变压器的示意图。这种变压器的特点是铁心上只有一组线圈，如果把整组线圈作一次绕组，只取线圈的一部分作二次绕组，就可以降低电压，如图 3-21a 所示；如果把线圈的一部分作一次绕组，整组线圈作二次绕组，就可以升高电压，如图 3-21b 所示。

自耦变压器的一次、二次绕组不仅有磁的耦合，还存在着电的直接联系，这是区别于普

通变压器之处。由于自耦变压器在磁路上一次、二次绕组自相耦合，这就是“自耦”的来源。自耦变压器的电压电流变换作用与普通变压器相似，即

$$\frac{U_1}{U_2}=\frac{N_1}{N_2} \qquad \frac{I_1}{I_2}=\frac{N_2}{N_1}$$

调压器就是一种自耦变压器，它的构造和电路如图 3-22 所示。自耦变压器的二次绕组抽头制成沿绕组自由滑动的触点，这样就可以自由、平滑地调节输出电压。

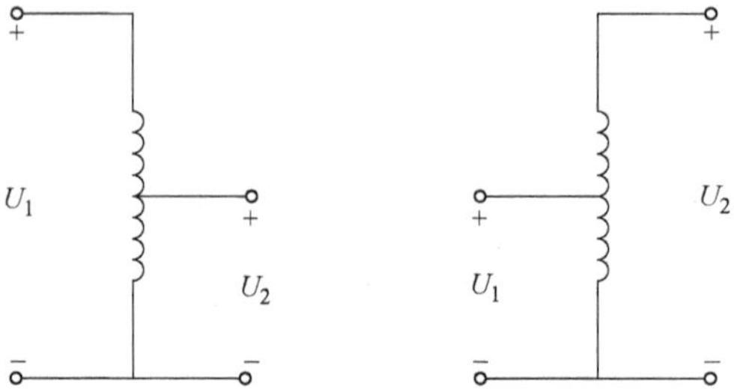

a)　　b)

图 3-21　自耦变压器

a）降压自耦变压器　b）升压自耦变压器

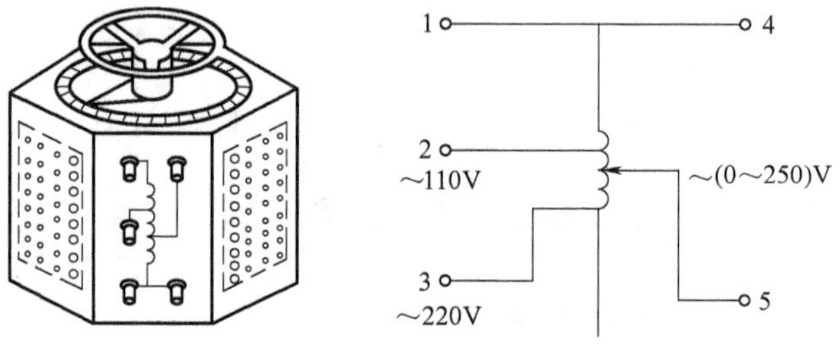

a)　　b)

图 3-22　调压器的外形和电路

a）调压器外型　b）调压器的电路

使用自耦变压器要注意以下几点：

1）一次、二次绕组不能接错，否则会烧毁变压器。

2）接电源的输入端共三个，用于 220V 或 110V 电源，不可将其接错，否则会烧毁变压器。

3）接通电源前，要将手柄转到零位；接通电源后。渐渐转动手柄，直至调节出所需要的输出电压为止。

2. 互感器

互感器也是一种变压器。由于交流电压表和电流表都有一定的量度范围，不能直接测量高电压和大电流，且高电压对人有危险，为了保证工作人员的安全也不能把电表直接接入高压电路中，而用变压器把高电压变成低电压，或者把大电流变成小电流，难以测量的问题就可以解决了。这种变压器称为互感器，互感器分电压互感器和电流互感器两种。

（1）电压互感器　电感互感器用来把高电压变成低电压，它的一次绕组并联在高压电路中。二次绕组上接入交流电压表。根据电压表测得的电压 U_2 和铭牌上注明的电压比（U_1/U_2），可以算出高压电路中的电压。图 3-23a 为电压互感器的测试电路。

由于电压表的阻抗很大，因此，电压互感器的工作情况与普通变压器的空载运行相似，即 $\frac{U_1}{U_2}=\frac{N_1}{N_2}=k$（$k$ 为电压互感器的电压比，且 $k>1$）。为使仪表标准化，使其二次侧的额定电压均为标准值 100V，对不同额定电压等级的高压线路选用各相应变比的电压互感器，如有 6000V/100V，1000V/100V 等不同型号的电压互感器。

电压互感器的二次侧不能短路，否则会因短路电流过大而烧毁；其次，电压互感器的铁

心、金属外壳和二次绕组的一端必须可靠接地，防止绝缘损坏时，二次侧出现高电压而危及运行人员的安全。

(2) 电流互感器　电流互感器用来把大电流变成小电流，所以其一次绕组匝数少，二次绕组匝数多。由于电流互感器是测量电流的，所以其一次绕组应串联于被测电路中，二次绕组与电流表相串联，根据电流表测得的电流 I_2 和铭牌上注明的电流比 (I_1/I_2)，可以算出被测电路中的电流。图 3-23b 为电流互感器的测试电路。

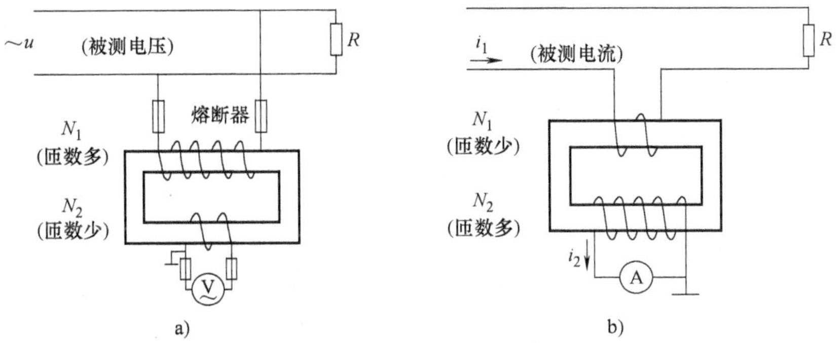

图 3-23　电压互感器与电流互感器
a) 电压互感器　b) 电流互感器

由于电流表等负载的阻抗都很小，因此电流互感器的工作情况相当于二次侧短路运行的普通变压器。通常，电流互感器的二次侧额定电流设计成标准值 5A。如 30A/5A，75A/5A，100A/5A 等不同型号的电流互感器。选用时，应使互感器的一次侧额定电流与被测电路的最大工作电流一致。

钳形电流表是电流互感器的一种变形。它的铁心如同一把钳子，用弹簧压紧。测量时将铁心压开而引入被测导线。这时该导线就是一次绕组，二次绕组绕在铁心上并与电流表接通。利用钳形电流表可以随时随地测量电路中的电流，不必像普通电流互感器那样必须固定在一处或者在测量时要断开电路而将一次绕组串联进去。钳形电流表的原理图如图 3-24 所示。

在使用电流互感器时，二次绕组电路是不允许断开的。这点和普通变压器不一样。因为它的一次绕组是与负载串联的，其中电流 I_1 的大小取决于负载的大小，不是取决于二次绕组电流 I_2。所以当二次绕组电路断开时（如在拆下仪表时未将二次绕组短接），二次绕组的电流和磁动势会立即消失，但是一次绕组的电流 I_1 未变，这时铁心内的磁通全由一次绕组的磁动势 I_1N_1 产生，结果造成铁心内很大的磁通（因为这时二次绕组的磁动势为零，不能对一次绕组的磁动势起去磁作用了）。这一方面使铁损耗大大增加，从而使铁心发热到不能容许的程度；另一方面又使二次绕组的感应电动势增高到危险的程度。

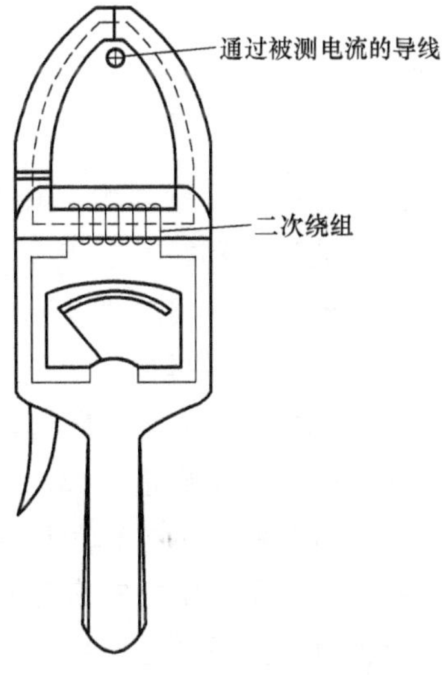

图 3-24　钳形电流表的原理图

3.4　变压器在汽车点火系统中的应用

3.4.1　点火系统的分类

汽车发动机的燃烧是由火花塞点火触发的。为了点燃压缩过的可燃混合气，火花塞的瞬间点火电压必须高达20000V以上。然而，一般汽车所使用的蓄电池电压只有12V，所以需要点火系统将12V的电压变换成高电压，同时将此高压按照点火的顺序分配到每个气缸的火花塞上。蓄电池点火系统按是否采用电子元器件控制可分为传统点火系统和电子点火系统。

1. 传统点火系统

汽车上的蓄电池或发电机向点火系统提供电能，机械触点控制点火时刻，点火时刻的调节采用机械式自动调节机构，储能方式为电感储能。传统点火系统结构简单，成本低，是一种应用较早、较普遍的点火系统。但该点火系统工作可靠性差，点火状况受转速、触点技术状况影响较大，需要经常维修及调整。随着汽车技术的发展，传统点火系统越来越不适应现代发动机对点火的要求，已逐渐被电子点火系统所取代。

2. 电子点火系统

蓄电池或发电机向点火系统提供电能，晶体管控制点火时刻，点火时刻的调节采用机械式调节机构或电子调节机构，储能方式有电感储能和电容储能两种。电子点火系统按信号发生器型式可分为磁感应系、霍尔系、光电系及电磁振荡系。电子点火系统的点火电压和点火能量高，受发动机工况和使用条件的影响小，结构简单，工作可靠，维护、调整工作量小，节约燃油，减小污染，因此应用日益广泛。

3.4.2　点火系统的基本要求

1）迅速产生足以击穿火花塞间隙的高电压。火花塞电极被击穿而产生火花时所需要的电压称为击穿电压。点火系统产生的二次电压必须高于击穿电压，才能使火花塞点火。击穿电压的大小受很多因素影响，其中主要有火花塞电极间隙和形状、气缸内混合气体的压力和温度、电极的温度和极性、发动机的工作情况等。

为了保证点火的可靠性，点火系统必须有一定的二次电压储备。但过高的二次电压将造成绝缘困难，使成本提高。

2）电火花应具备足够高的能量。为了保证可靠点火，高能电子点火系统一般应具有80mJ、100mJ的火花能量，起动时应产生高于100mJ的火花能量。

3）点火时刻应适应发动机的工况。

首先，点火系统应按发动机的工作顺序点火。一般六缸发动机的点火顺序为1-5-3-6-2-4，四缸发动机的点火顺序为1-3-4-2或1-2-4-3。其次，必须在最有利的时刻进行点火，点火过早或过晚都会对发动机的工作不利。

3.4.3 点火线圈

点火线圈是点火系统中实现变压的一个重要元件，其实质上是一个变压器，其铁心上绕有一次绕组和二次绕组。点火线圈按铁心形状不同可分为开磁路系和闭磁路系。

1. 开磁路系点火线圈

传统的开磁路系点火线圈采用柱形铁心，如图 3-25 所示，其铁心用 0.3~0.5mm 厚的硅钢片叠成，铁心上绕有一次绕组和二次绕组。二次绕组居内，通常用直径为 0.06~0.1mm 的漆包线绕 11000~26000 匝；一次绕组居外，通常用 0.5~1.0mm 的漆包线绕 230~370 匝。点火线圈与外壳之间装有导磁钢套并填满沥青或变压器油，以减少漏磁通、加强绝缘性并防止潮气侵入。

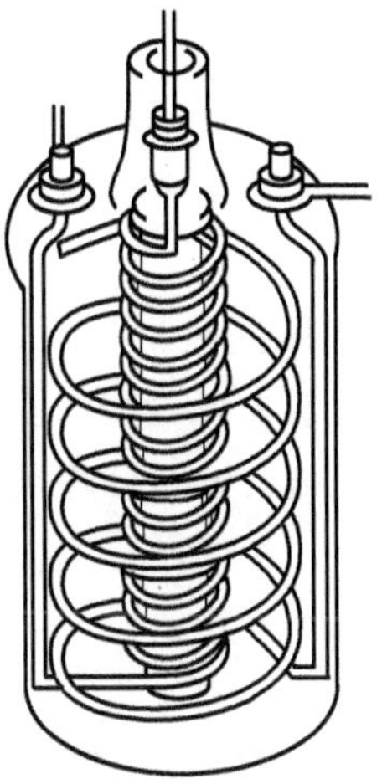

图 3-25 开磁路系点火线圈

2. 闭磁路系点火线圈

闭磁路系点火线圈的铁心是“日”字形或“口”字形，如图 3-26 所示，铁心内绕有一次绕组，在一次绕组外面绕有二次绕组，其铁心构成闭合回路，磁路中只设有一个微小的气隙。闭磁路点火线圈漏磁小，磁阻小，能量损失小，变换效率高，可使点火线圈小型化。

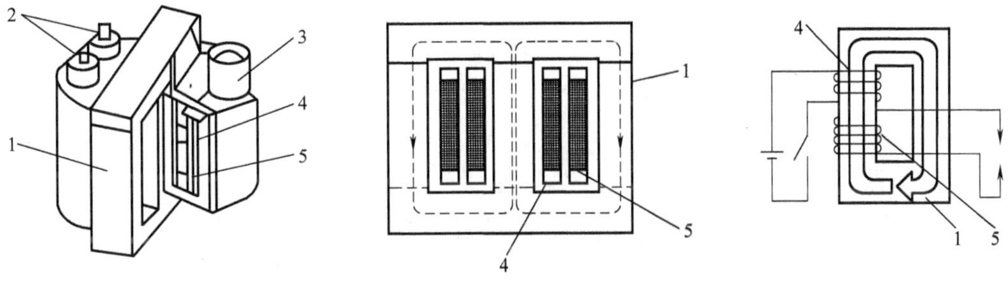

a) b) c)

图 3-26 闭磁路系点火线圈

a）实物图 b）剖面图 c）原理图

1—“日”字形铁心 2—一次绕组接线柱 3—高压接线柱 4—一次绕组 5—二次绕组

3.4.4 传统点火系统的组成及工作原理

传统点火系统由电源、点火开关、分电器（包括断电器、配电器、电容和点火提前调节装置）、火花塞及点火线圈等组成。

点火系统使用直流电，点火线圈的一次绕组电路由点火开关 SW 和断电器触点 K 控制通断。汽车正常行驶时，点火开关 SW 处于闭合状态，而断电器触点则随着发动机的运转而时断时闭，也即通过一次绕组的电流是断续的、脉冲形式的直流电流。电路接通时，通过一次绕组的电流能量以产生磁场的方式储存；电路断开时，磁通快速减少，变化率很大，根据互感原理，在匝数很多的二次绕组中会感应出高压脉冲电，此高压电能击穿火花塞间隙产生火花，从而点燃混合气。

1. 低压回路

当触点 K 闭合时，低压回路（或一次绕组电路）如图 3-27 所示，路线为：蓄电池正极→点火开关→附加电阻→一次绕组→断电器活动触点臂→触点→分电器壳体搭铁→蓄电池负极。

2. 高压回路

当触点 K 断开时，高压回路如图 3-28 所示，路线为：二次绕组→附加电阻→蓄电池正极→蓄电池负极→分电器壳体搭铁→火花塞侧电极→火花塞中心电极→高压导线→二次绕组。

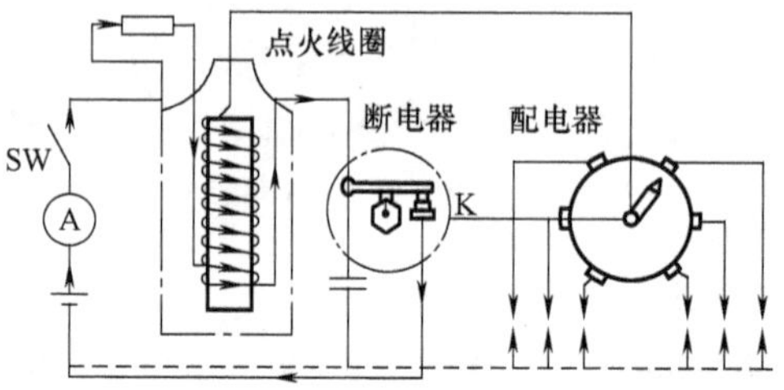

图 3-27　低压回路

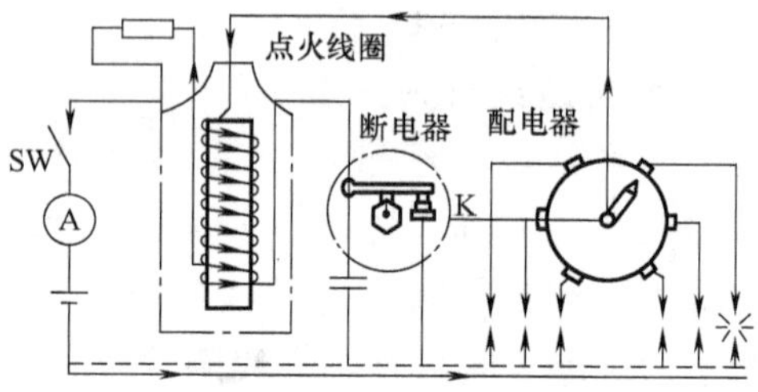

图 3-28　高压回路

习题

一、填空题

3.1　变压器运行时，绕组中电流的热效应所引起的损耗称为________损耗；交变磁场在铁心中所引起的________损耗和________损耗合称为________损耗。

3.2　变压器除了可以改变________、________之外还可以用来变换________。

3.3　三相变压器的额定电压，无论一次或二次电压，均指其________；而一次侧和二次侧的额定电流均指其________。

3.4　线圈产生感应电动势的大小正比于通过线圈的__________。

3.5　磁路的磁通等于________与________之比，这就是磁路的欧姆定律。

3.6　变压器是由________和________组成的。

3.7　变压器空载运行时，其________较小，所以空载时的损耗近似等于________。

3.8　变压器铁心导磁性能越好，其励磁电抗越________，励磁电流越________。

3.9　电压互感器在运行中，二次绕组不能________；而电流互感器在运行中，二次绕组不能________。从安全的角度出发，二者在运行中，________绕组都应可靠地接地。

3.10　变压器负载阻抗模为 10Ω，电压比为 20，负载阻抗模反映到一次侧的阻抗模为________Ω。

二、选择题

3.1 磁性物质能被外磁场强烈磁化，但磁化作用不会无限地增强，即磁性物质在磁化过程中，当磁场强度 H 达到一定值后，其磁感应强度 B 不再随 H 增加而增加，这是由于磁性物质存在（　　）。

A. 高导磁性　　B. 磁饱和性　　C. 磁滞性　　D. 磁伸缩性

3.2 通常用于扩大交流电流表量程的电流互感器，其二次绕组的额定电流规定为（　　）。

A. 0.5A 或 2A　　B. 1A 或 5A　　C. 2A 或 10A　　D. 3A 或 15A

3.3 磁动势的单位是（　　）。

A. Wb　　B. A/m　　C. A　　D. A · m

3.4 B 与 H 的关系是（　　）。

A. $H=\mu B$　　B. $H=\mu_0 B$　　C. $B=\mu H$　　D. $B=\mu_0 H$

3.5 自耦变压器的电压比为 k，其一次、二次侧的电压和电流之比分别为（　　）。

A. k、k　　B. $1/k$、$1/k$　　C. $1/k$、k　　D. k、$1/k$

3.6 一台变压器一次、二次绕组电压为 60V/12V，若二次绕组接一电阻 $R=8\Omega$，则从一次绕组看进去的等效电阻是（　　）。

A. 40Ω　　B. 80Ω　　C. 120Ω　　D. 200Ω

3.7 已知变压器的一次绕组的匝数 $N_1=1000$ 匝，二次绕组的匝数 $N_2=2000$ 匝，若此时变压器的负载阻抗为 5Ω，则从一次绕组看进去的等效阻抗应为（　　）。

A. 2.5Ω　　B. 1.25Ω　　C. 20Ω　　D. 10Ω

3.8 单相变压器一次、二次绕组的额定电压分别为 $U_{1N}=220V$，$U_{2N}=110V$，当一次绕组的额定电流为 9A 时，二次绕组的额定电流为（　　）。

A. 18A　　B. 4.5A　　C. 2.25A　　D. 36A

3.9 某单相变压器额定电压为 380V/220V，额定频率为 50Hz。如将低压侧接到 380V 交流电源上，将出现（　　）。

A. 主磁通增加，空载电流减小　　B. 主磁通增加，空载电流增加

C. 主磁通减小，空载电流减小

3.10 某单相变压器额定电压 380/220V，额定频率为 50Hz。如电源为额定电压，但频率比额定值高 20%，将出现（　　）。

A. 主磁通和励磁电流均增加　　B. 主磁通和励磁电流均减小

C. 主磁通增加，而励磁电流减小

3.11 当电源电压的有效值和电源频率不变时，变压器带负载运行和空载运行时的主磁通（　　）。

A. 完全相同　　B. 基本不变

C. 在负载运行时比空载时大　　D. 在空载运行时比负载时大

3.12 变压器在负载运行时，一次侧与二次侧在电路上没有直接联系，但一次侧电流能随二次侧电流的增减而成比例的增减，这是由于（　　）。

A. 一次绕组和二次绕组电路中都具有电动势平衡关系

B. 一次绕组和二次绕组的匝数是固定的

C. 一次绕组和二次绕组电流所产生的磁动势在磁路中具有磁动势平衡关系

3.13 某变压器实现阻抗匹配，要求从一次侧看等效电阻是 50Ω，现有 2Ω 电阻一个，则变压器的电压比 k 为（　　）。

A. 100　　B. 25　　C. 0.25　　D. 5

3.14 变压器一次侧加 220V 电压，测得二次侧开路电压为 22V，二次侧接负载 $R_2=11\Omega$，一次侧等效负载阻抗为（　　）。

A. 1100Ω　　B. 110Ω　　C. 220Ω　　D. 1000Ω

3.15 变压器一次侧加 220V 电压，测得二次侧开路电压为 22V，二次侧接负载 $R_2=11\Omega$，二次电流 I_2 与一次电流 I_1 比值为（　　）。

A. 0.1　　B. 1　　C. 10　　D. 100

三、计算题

3.1 变压器的一次侧 800 匝，一次电压 200V，二次侧接一电阻，其二次电压为 40V，电流 8A，求一次电流及二次测匝数。

3.2 有一台降压变压器，一次绕组接到 6600V 的交流电源上，二次绕组电压为 220V。

（1）求其电压比。

（2）如果一次绕组匝数 $N_1=3300$ 匝，求二次绕组匝数。

（3）如果电源电压减小到 6000V，为使二次电压保持不变，试问一次绕组匝数应调整到多少？

3.3 有一单相照明变压器，容量为 10kV · A，电压为 3300V/220V。现在要在二次绕组接上 60W、220V 的白炽灯，如果要变压器在额定情况下运行，这种白炽灯可接多少个？并求一次、二次绕组的额定电流。

3.4 将 $R_L=8\Omega$ 的扬声器接在输出变压器的二次绕组，已知 $N_1=300$，$N_2=100$，信号源电动势 $E=6V$，内阻 $R_{S1}=100\Omega$，试求信号源输出的功率。

3.5 在图 3-29 所示电路中，输出变压器的二次绕组有中间抽头，以便接 8Ω 或 3.5Ω 的扬声器，两者都能达到阻抗匹配。试求二次绕组两部分的匝数之比。

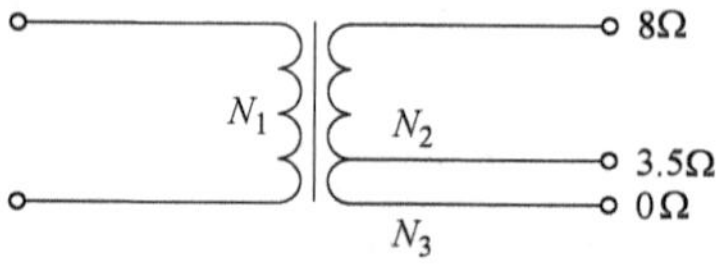

图 3-29　计算题 3.5 电路图

3.6 一台容量为 20kV · A 的照明变压器，它的电压为 6600V/220V，问它能够正常供应 220V、40W 的白炽灯多少盏？能供给 $\cos\varphi=0.6$、电压为 220V、功率 40W 的荧光灯多少盏？

3.7 一台变压器有两个一次绕组，每个绕组额定电压为 110V，匝数为 440 匝，二次绕组匝数为 80 匝，试求：

（1）一次绕组串联时的电压比和一次侧加上额定电压时的二次侧输出电压。

（2）一次绕组并联时的电压比和一次侧加上额定电压时的二次侧输出电压。

3.8 有一个单相变压器，一次绕组匝数 $N_1=1000$ 匝，二次绕组 $N_2=500$ 匝，现一次侧加电压 $U_1=220V$，测得二次电流 $I_2=4A$，忽略变压器内阻抗及损耗，求：

（1）一次侧等效阻抗 Z_1。

（2）负载消耗功率 P_2（负载是电阻性的）。

3.9 已知变压器一次电压 $U_1=380V$，若变压器效率为 80%，要求二次侧接上额定电压为 36V，额定功率为 40W 的白炽灯 100 盏，求：二次电流 I_2 和一次电流 I_1。

3.10 图 3-30 所示的变压器，一次侧有两个额定电压为 110V 的绕组。二次绕组的电压为 6.3V。

（1）若电源电压是 220V，一次绕组的四个接线端子应如何正确连接，才能接在 220V 的电源上？

（2）若电源电压是 110V，一次绕组要求并联使用，这两个绕组应当如何连接？

（3）在上述两种情况下，一次侧每个绕组中的额定电流是否不同？二次电压是否有改变？

3.11 图 3-31 所示是一个电源变压器，一次绕组有 550 匝，接在 220V 电压上。二次绕组有两个：一个电压 36V，负载 36W；一个电压 12V，负载 24W。两个二次绕组都接纯电阻负载时。求一次电流 I_1 和两个二次绕组的匝数。

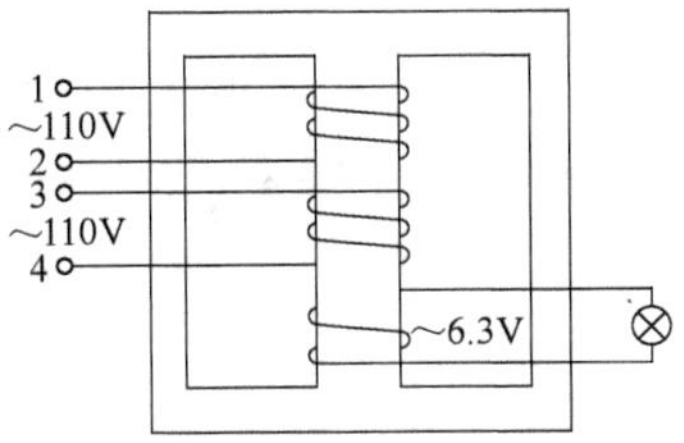

图 3-30 计算题 3.10 电路图

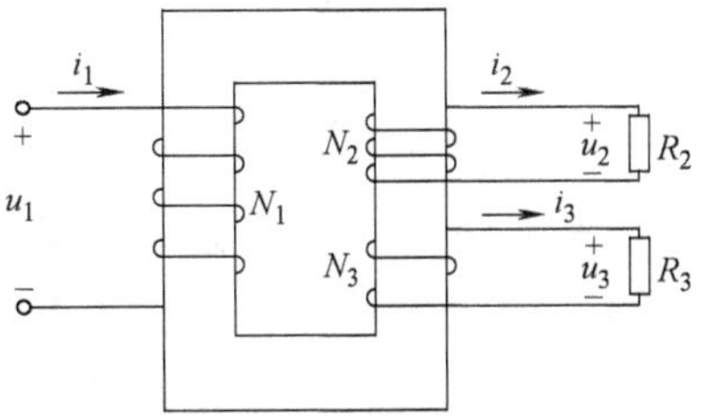

图 3-31 计算题 3.11 电路图

3.12 图 3-32 所示是一个有三个二次绕组的电源变压器，试问能得出多少种输出电压？

3.13 某电源变压器各绕组的极性以及额定电压和额定电流如图 3-33 所示，二次绕组应如何连接能获得以下各种输出？

（1）24V/1A。

（2）12V/2A。

（3）32V/0.5A。

（4）8V/0.5A。

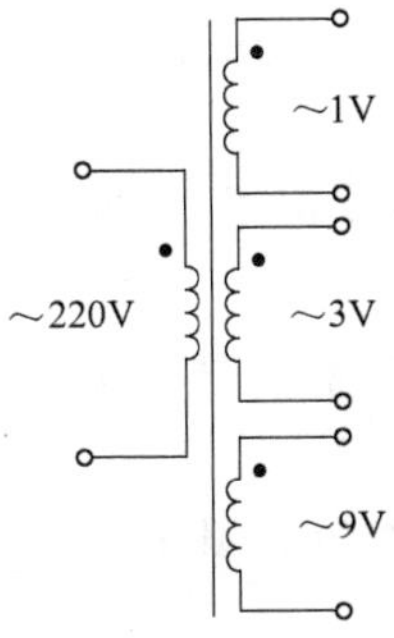

图 3-32 计算题 3.12 电路图

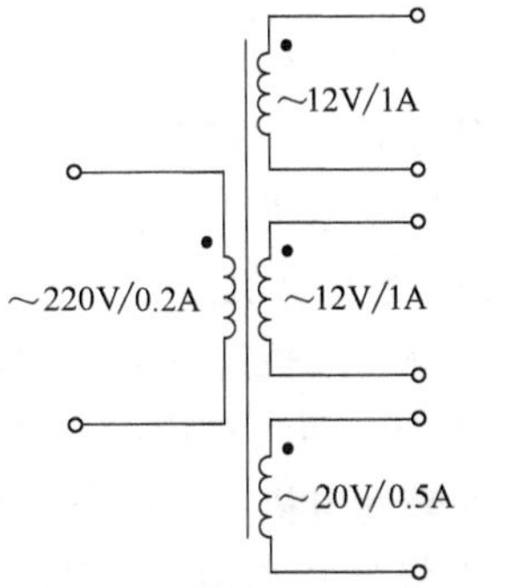

图 3-33 计算题 3.13 电路图

第4章

交流发电机和交流电动机

第 4 章　授课视频

4.1　交流发电机

汽车用发电机有直流发电机和硅整流发电机两大类。传统的直流发电机已不能适应现代高速发动机的要求，因此目前的汽车全部使用硅整流发电机。硅整流发电机由三相同步交流发电机及硅二极管组成的整流器组成，它利用硅二极管将发电机定子绕组中感应生成的三相交流电整流为直流电。由于发电机先产生的是交流电，因此也称为交流发电机。硅整流发电机必须配用调节器，以便在发电机转速变化时稳定其输出电压。

车用交流发电机是给汽车电气系统提供主要电源的硅整流发电机，由汽车发动机驱动。它在正常工作时，对除起动机以外的所有用电设备供电，并向蓄电池充电以补充蓄电池在使用中所消耗的电能。图 4-1 所示为汽车电源系统电路图。

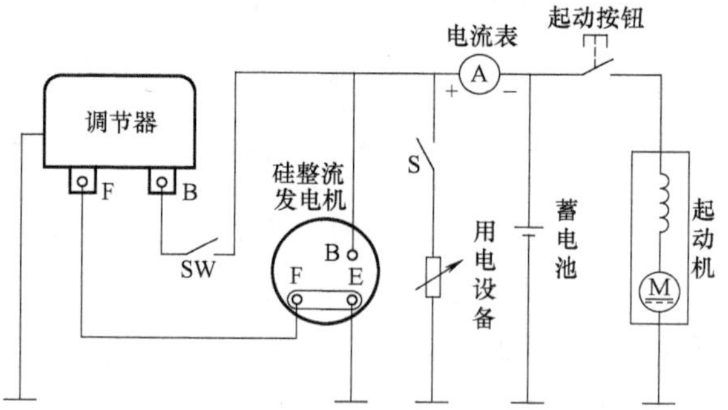

图 4-1　汽车电源系统电路图

4.1.1　汽车交流发电机的分类

汽车用交流发电机可按整流器结构、总体结构和搭铁形式进行分类。

1. 按整流器结构不同可分为四类

（1）六管发电机　六管发电机的整流器由 6 只硅整流二极管组成，如东风 EQ1090 型汽车用的 JF132 型发电机。

（2）八管发电机　八管发电机具有 2 只中性点二极管，其整流器共有 8 只二极管，如天津夏利 TJ7100 型汽车用的 JFZ1542 型发电机。

（3）九管发电机　九管发电机具有 3 只磁场二极管，其整流器共有 9 只二极管，如北京 BJ1022 型轻型货车用的 JFZ141 型发电机。

（4）十一管发电机　十一管发电机具有 2 只中性点二极管和 3 只磁场二极管，其整流器共有 11 只二极管，如桑塔纳轿车用 JFZ18132 型发电机。图 4-2 所示为十一管交流发电机的电路图。

2. 按总体结构可以分为五类

(1) 普通交流发电机 这种发电机使用时需要配装电压调节器，例如JF132（东风EQ140型汽车用）型发电机。

(2) 整体式交流发电机 这种发电机和调节器制成一个整体，例如别克轿车的发动机上装配的CS型发电机。

(3) 带泵交流发电机 这种发电机和汽车制动系统用真空助力泵安装在一起，例如JFZB292型发电机。

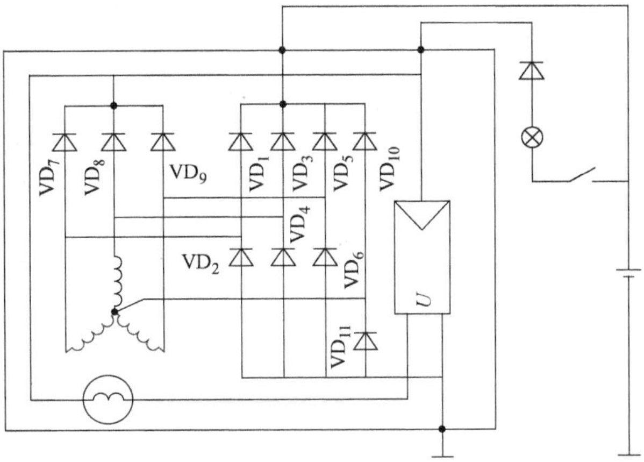

图4-2 十一管交流发电机的电路图

(4) 无刷交流发电机 这种发电机不需要电刷，例如JFW1913型发电机。

(5) 永磁交流发电机 这种发电机磁极为永久磁体制成。

3. 按磁场绕组搭铁形式分两类

(1) 内搭铁型交流发电机 这种发电机励磁绕组的一端（负极）直接搭铁（壳体）相连。

(2) 外搭铁型交流发电机 这种发电机励磁绕组的一端（负极）接入调节器，通过调节器后再搭铁。

4.1.2 汽车交流发电机的结构

普通六管交流发电机的结构如图4-3所示。它主要由转子、定子、电刷装置、三相桥式整流器、前后端盖、风扇及V带轮等组成，也有交流发电机把调节器组装在一起的。

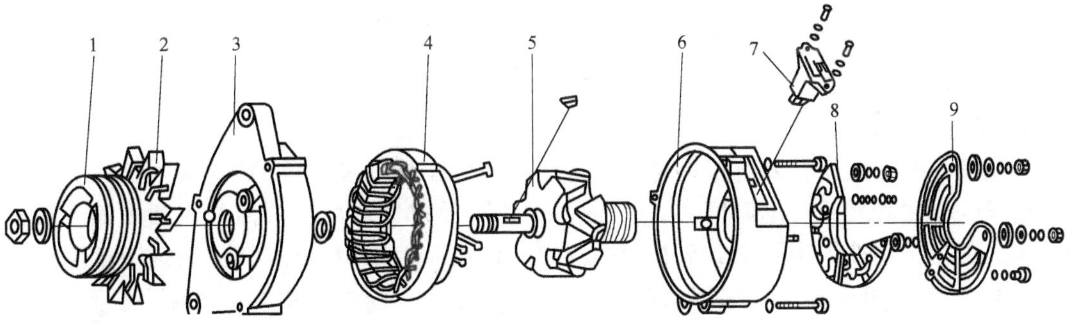

图4-3 普通六管交流发电机组件图

1—V带轮 2—风扇 3—前端盖 4—定子铁心和绕组 5—转子 6—后端盖 7—电刷装置总成 8—整流器总成 9—防护罩

1. 转子

转子部分是交流发电机的磁场部分，它主要由两块对称的爪极、励磁绕组、集电环和转轴组成，如图4-4所示。两块爪极由厚钢板冲压制成，压装在转轴上。爪极的空腔内有一个圆柱形磁轭，磁轭内孔与转轴压装在一起，两个端面与爪极紧压相连（为了减小磁阻，有的发电机将磁轭分别与爪极做成一体，当两个爪极合拢后，磁轭与爪极间只有一个接触面，可有效地减小磁阻），平绕的励磁绕组套装在磁轭的外面、爪极的内部，励磁绕组的两引出线穿过一个爪极端部的两个小孔分别焊接在两个彼此绝缘的集电环上。集电环与轴之间是绝缘的，与装在后端盖上的两个电刷接触，电刷的作用是将直流电源引入励磁绕组产生励磁电流，使轴向磁通磁化爪极，其中一块为N极，一块为S极，形成4~8对相互交错的磁极。国产交流发电机多采用6对磁极。

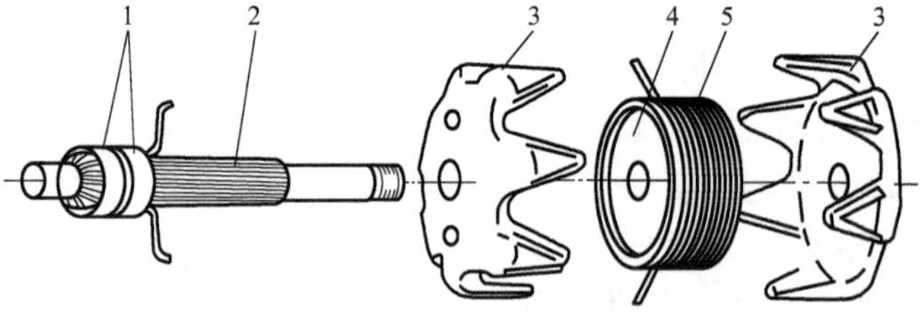

图4-4 转子的结构

1—集电环 2—转子轴 3—爪极 4—磁轭 5—励磁绕组

转子爪极的形状做成鸟嘴形，目的是使磁力线在定子、转子之间的气隙中成正弦分布，以保证定子感应电势有较好的正弦波形。

交流发电机的励磁绕组的搭铁形式有内搭铁和外搭铁之分。励磁绕组的一端经电刷在发电机端盖上搭铁称为内搭铁式；励磁绕组的两端均与端盖绝缘，其中一端经调节器后搭铁称为外搭铁式，如图4-5所示。解放CA1001型汽车用的JF1522A型交流发电机为外搭铁式交流发电机。

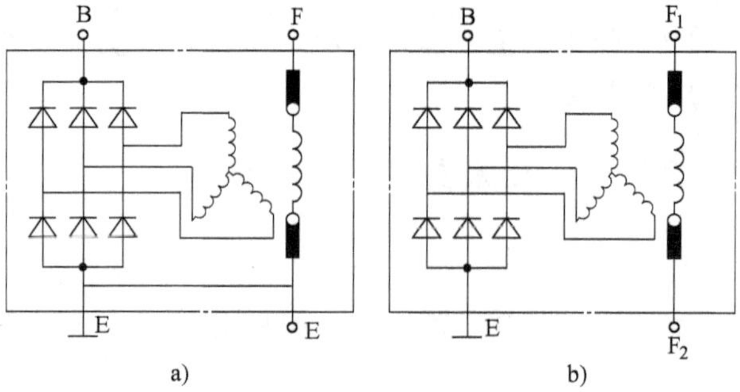

图4-5 交流发电机磁场绕组的搭铁特性

a）内搭铁式 b）外搭铁式

2. 定子

交流发电机的定子是发电机的电枢部分。它由定子铁心和对称的三相绕组组成。

定子铁心由相互绝缘的厚度为0.5mm的硅钢片叠成圆筒状，圆筒的内圆表面一般开36个线槽，电枢绕组按一定规则嵌放在槽内。定子绕组一般采用星形联结，也有采用三角形联结的（如北京BJ2021型、富康等汽车）。三相绕组的每相绕组均由6个线圈串联而成，每个线圈大约绕13匝（也有绕9匝的）。三相绕组的起端分别与整流板上的二极管引脚相接并分别固定在3个绝缘接线柱上（二极管引脚接线柱）。

3. 整流器

整流器的作用是将三相绕组产生的交流电整流成直流电。

交流发电机的整流器一般由6只硅二极管组成三相桥式全波整流电路。常见的二极管安装形式有焊接式和压装式两种，如图4-6所示。焊接式是将二极管的PN结直接烧结在整流

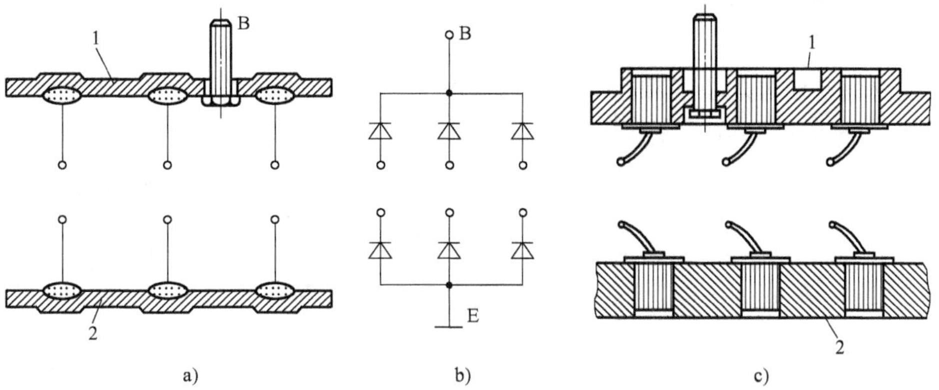

图 4-6 二极管安装示意图

a）焊接式 b）电路图 c）压装式

1—正整流板 2—负整流板

板上；压装式是将具有金属外壳的二极管压装在整流板的孔中。

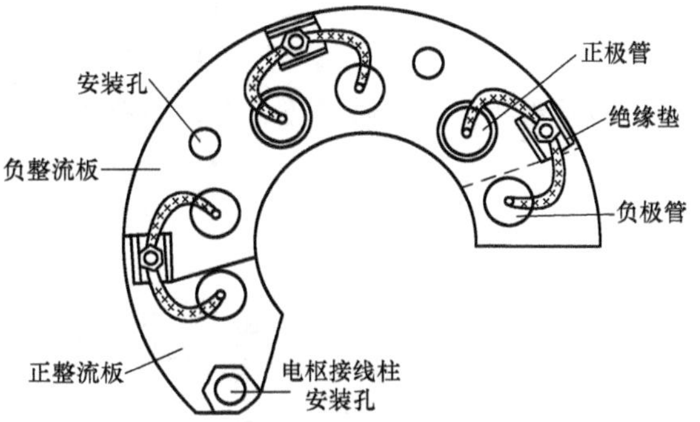

图 4-7 整流器总成

汽车交流发电机用二极管的引出电极有正极与负极之分。引出电极为二极管正极的称为正极管（涂有红色标记），引出电极二极管负极的称为负极管（涂有绿色或黑色标记）。安装 3 只正极管的整流板称为正整流板，在外侧；安装 3 只负极管的整流板称为负整流板，在内侧，如图 4-7 所示。两块整流板相互绝缘地安装在一起（老式发电机只有正整流板，负整流用发电机外壳代替，由于不便于维修，已逐渐被淘汰），然后固定在后端盖上。

安装在正整流板上并与正整流板绝缘的 3 个二极管引脚接线柱分别固装有正、负极管的线和来自三相绕组某一相的端头。与正整流板连接在一起的粗线柱引出，作为发电机输出接线柱，称为电枢接线柱，用 B 表示。

4. 端盖

交流发电机的前、后端盖均用铝合金铸造而成，因为铝合金为非导磁材料，可减少漏磁并具有轻便、散热性能好等优点。

在后端盖上装有电刷装置，电刷装置由电刷、电刷架和电刷弹簧组成，电刷用铜粉和石墨粉模压而成，其作用是将直流电源引入励磁绕组产生励磁电流。电刷架用酚醛玻璃纤维塑料模压或用玻璃纤维增强尼龙制成。电刷安装电刷架的孔内，借弹簧张力与集电环保持接触。

两电刷的引线分别与电刷架上的两个接线柱连接，当交流发电机装复完整后，一个接线柱成为交流发电机的磁场接线柱（与端盖绝缘），用 F 表示；另一个接线柱直接与端盖连通成为交流发电机的接铁接线柱，用“E”表示。CA1091 型汽车装用的交流发电机由于是外接铁式发电机，因此它的两个接线柱都与端盖绝缘，均称为磁场接线柱，分别用 F_1 和 F_2 表示（如图 4-5 所示）。

电刷装置的安装有外装式和内装式两种。外装式可直接从发电机的外部拆装电刷，如图 4-8a 所示；内装式必须将发电机拆开才能拆装电刷，如图 4-8b 所示，因此使用很不方便，已逐渐被淘汰。

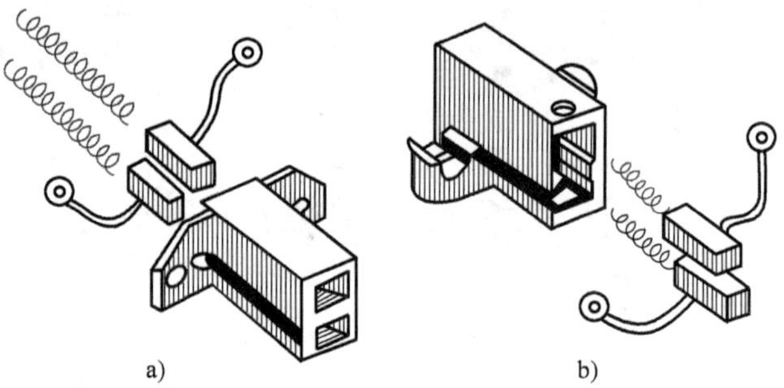

a) b)

图 4-8 电刷装置

a）外装式 b）内装式

交流发电机的前端装有 V 带轮，由发动机通过风扇 V 带驱动发电机旋转。

发电机的后端盖上有进风口，前端盖上有出风口，当 V 带轮由发动机曲轴驱动时，交流发电机转子轴上的叶片式风扇（用钢板冲制或铝合金压铸而成）旋转，使空气高速流经发电机内部进行冷却，这称为外装式风扇。近年来为提高发电机效率、减小发电机体积，又出现了内装式风扇，即风扇叶片直接做在转子上，如图 4-9 所示。

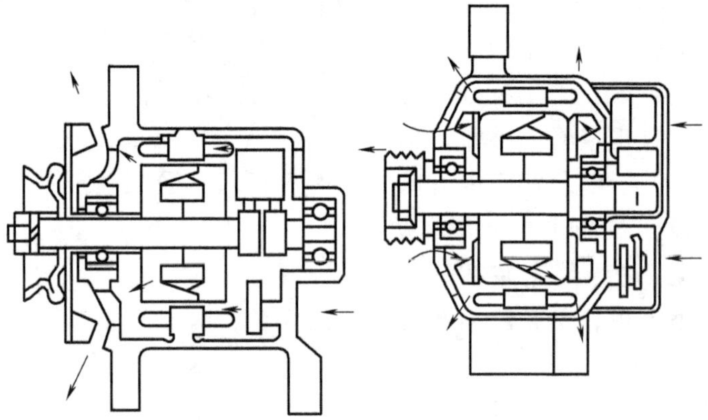

a) b)

图 4-9 交流发电机的通风方式

a）叶片外装式 b）叶片内装式

4.1.3 汽车交流发电机的工作原理

交流发电机由定子（电枢部分）和转子（磁场部分）组成。汽车用交流发电机装有整流器（将交流电变为直流电）。

1. 发电原理

图 4-10 所示为三相交流发电机的工作原理图。图中转子的磁力线从 N 极出发，穿过转子与定子之间的气隙进入定子铁心，然后再经过气隙回到 S 极，构成磁回路。当转子旋转时，磁力线与定子绕组做相对运动，在三相绕组中便产生交变电动势。交变电动势的频率为

$$f=\frac{pn}{60} \tag{4-1}$$

式中，p 是磁极对数；n 是发电机的转速，单位为 r/min。

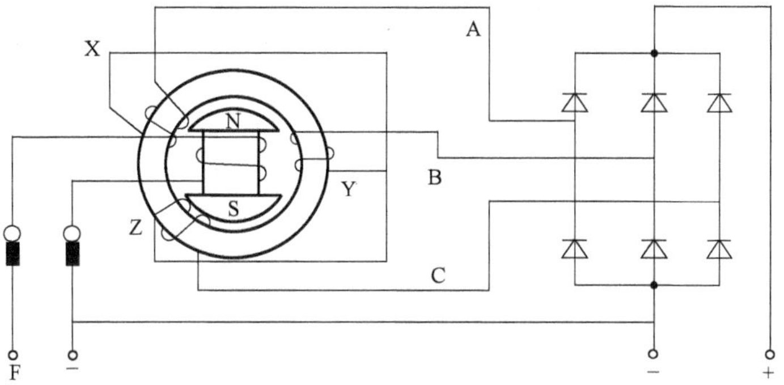

图 4-10 交流发电机工作原理示意图

汽车上用的交流发电机采用爪型磁极，在定子绕组表面沿圆周方向形成近似按正弦规律分布的磁感应强度。根据电磁感应原理，当发电机转子转动时，在定子绕组中产生正弦电动势。又因 3 相绕组在定子槽中是对称分布的，因而它们产生的 3 个电动势也是对称的，称为三相电动势。各相电动势的大小相等、频率相同、相位差互为 120°相位角，每相电动势 E_Φ 的有效值为

$$E_\Phi=4.44KfN\Phi \tag{4-2}$$

式中，K 是绕组系数；f 是频率，单位为 Hz；N 是每相绕组匝数；Φ 是转子每极的磁通，单位为 Wb。

将式（4-1）代入式（4-2）中，则有

$$E_\Phi=0.074KpnN\Phi \tag{4-3}$$

对于某一具体型号的发电机，当制造完成后，其 K、N、p 均为定值。若令 $C=0.074KNp$ 为电机常数，便可得到交变电动势有效值的另一数学表达式，即

$$E_\Phi=Cn\Phi \tag{4-4}$$

式（4-4）说明，在绕组匝数、磁极对数一定的条件下，交流发电机交变电动势的有效值取决于转速 n 和转子的磁通 Φ。因此在实际中，可通过控制磁通的强弱来达到控制发电机电动势（电压）的目的。

2. 整流原理

为了满足汽车用电设备使用直流电的需要，交流发电机内都配置有整流器，图 4-11 所示为硅整流器的整流原理电路和电压波形图，车用交流发电机采用三相桥式全波整流电路。汽车三相交流发电机产生的是三相对称电动势，经过三相桥式整流，变为直流电向外供电。

3. 交流发电机的励磁方式

从理论上讲，任何发电机都应可以利用磁路的剩磁自励建立额定电压。但汽车交流发电机由于以下几个原因而不能实现自励建立额定电压：①发电机的转子磁场剩磁较弱；②硅二极管有 0.6~0.7V 的死区电压，即正向电压低于 0.6~0.7V 时二极管始终处于截止状态；③车用电气设备可能因种种原因直接接在发电机的输出回路中。为此，车用交流发电机在发

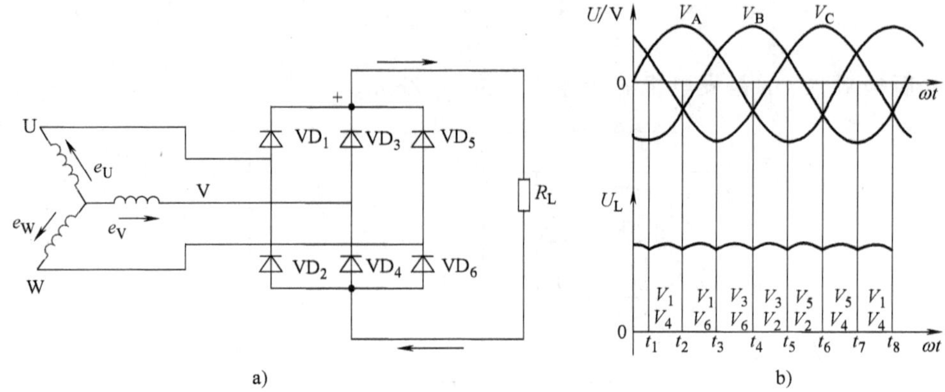

图 4-11 交流发电机整流原理电路及电压波形示意图

a）整流电路 b）三相对称电压及平衡脉冲电压波形

动机起动过程中或低速运转时，总是采用蓄电池供给励磁电流的他励方式来建立电压的。交流发电机的励磁回路的原理电路如图 4-12 所示。这样可以保证发电机的输出电压可以很快地建立起来。当发电机的转速随着发动机转速增大之后，发电机的输出电压大于或等于蓄电池端电压时，发电机才会进入自励发电运行方式。

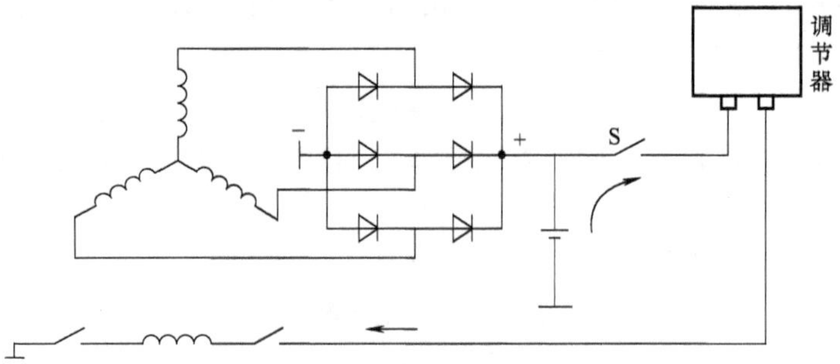

图 4-12 交流发电机励磁回路

4.2 交流电动机

将机械能转换为电能是发电机，反之，将电能转换为机械能的就是电动机。工农业生产离不开电动机，在各种家用电器中也广泛使用电动机。

按照供电形式，电动机可分为直流电动机和交流电动机两大类。电动玩具和便携式的动力装置大多使用直流电动机；家用电器一般使用交流异步电动机；工业生产的驱动装置，常使用三相异步电动机。异步电动机由于结构简单、运行可靠和维护方便等优点，得到了广泛的应用。

4.2.1 三相异步电动机的构造

三相异步电动机的种类很多，但各类三相异步电动机的基本结构是相同的，它们都由定子和转子这两大基本部分组成，在定子和转子之间具有一定的气隙。此外，还有端盖、轴承、接线盒和吊环等其他附件，如图 4-13 所示。

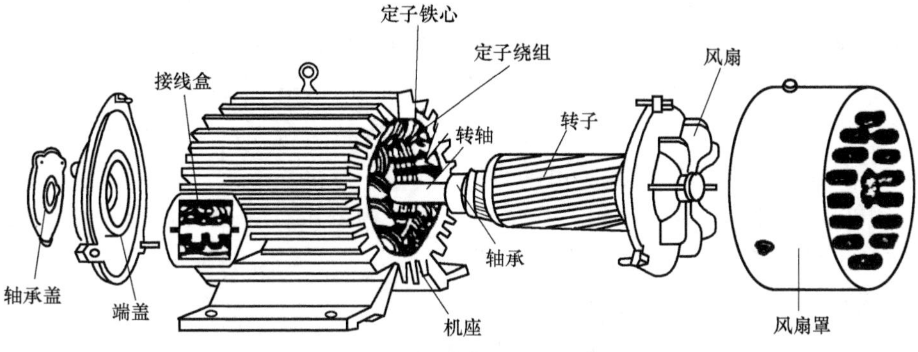

图 4-13 三相异步电动机的构造

1. 定子部分

定子是用来产生旋转磁场的。三相电动机的定子一般由外壳、定子铁心、定子绕组等部分组成。

(1) 外壳 三相电动机外壳包括机座、端盖、轴承盖、接线盒及吊环等部件。

机座：机座由铸铁或铸钢浇铸而成，小型电动机还会用合金铝压铸或挤压制造，它的作用是固定和保护定子铁心和绕组。中、小型电动机的机座还有两个端盖，用于支承转子，它是电动机的机械结构的重要组成部分。通常机座的外表要求散热性能好，所以一般都铸有散热片。

端盖：端盖用铸铁、铸钢或铸铝浇铸而成，它的作用是把转子固定在定子内腔中心，使转子能够在定子中均匀地旋转。

轴承盖：轴承盖也是铸铁或铸钢浇铸而成的，它的作用是限制轴承外圈的，另外起存放润滑油和保护轴承的作用。

接线盒：接线盒一般是用铸铁浇铸或用钢板冲压而成，其作用是保护和固定绕组的引出线的接线端子。

吊环：吊环一般是用铸钢制造，安装在机座的上端，用来起吊、搬抬电动机。

(2) 定子铁心 异步电动机定子铁心是电动机磁路的一部分，由 0.35~0.5mm 厚、薄硅钢片叠压而成，如图 4-14 所示。由于硅钢片较薄而且片与片之间是相对绝缘的，所以减少了由于交变磁通通过而引起的铁损耗。铁心内圆有均匀分布的槽，用来嵌放定子绕组。

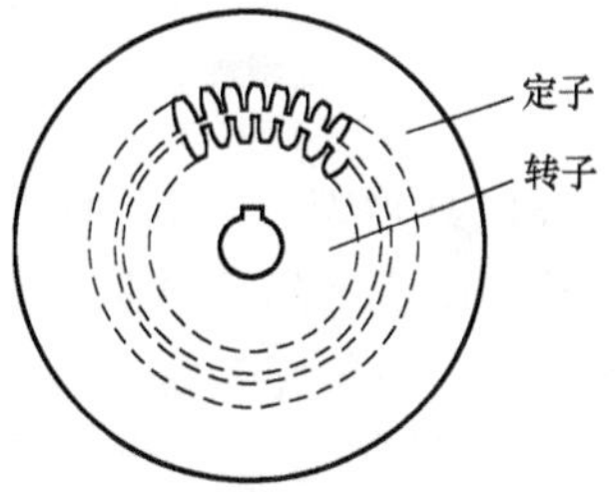

图 4-14 定子和转子的铁心片

(3) 定子绕组 定子绕组是三相电动机的电路部分，三相电动机有三相绕组，通入三相对称电流时，就会产生旋转磁场。三相绕组由三相彼此独立的绕组组成，且每相绕组又由若干线圈连接而成。每相绕组在空间相差 120°相位角。定子绕组由绝缘铜导线或绝缘铝导线绕制。中、小型三相电动机多采用圆漆包线，大、中型三相电动机则用较大截面的绝缘扁铜线或扁铝线，绕制完成的定子绕组再按一定规律嵌入定子铁心槽内。三相定子绕组的 6 个出线端都引至接线盒上，首端分别标为 U_1、V_1 和 W_1，末

端分别标为 U_2、V_2 和 W_2。这6个出线端在接线盒里可以接成星形联结或三角形联结。

2. 转子部分

转子是电动机的旋转部分，由转子铁心、转子绕组、风扇及转轴组成。

(1) 转子铁心 转子铁心是用和定子铁心相同的硅钢片叠压而成的，套在转轴上，其作用和定子铁心相同，一方面作为电动机磁路的一部分，另一方面用来安放转子绕组。

(2) 转子绕组 异步电动机的转子绕组分为绕线转子绕组与笼型转子绕组两种，由此分为绕线转子异步电动机与笼型异步电动机。

1）绕线转子绕组。与定子绕组一样也是一个三相绕组，一般为星形联结，三相引出线分别接到转轴上的3个与转轴绝缘的集电环上，通过电刷装置与外电路相连，这就有可能在转子电路中串联电阻或引入电动势以改善电动机的运行性能，如图4-15所示。

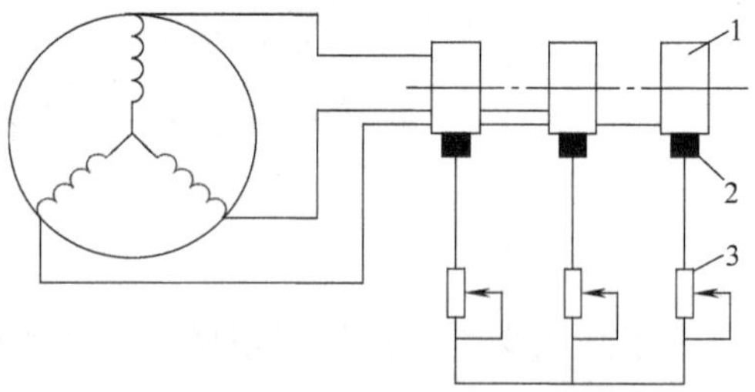

图4-15 绕线转子与外加变阻器的连接

1—集电环 2—电刷 3—变阻器

2）笼型转子绕组。在转子铁心的每一个槽中插入一根铜条，在铜条两端各用一个铜环（称为端环）把导条连接起来做成鼠笼状，如图4-16所示。也可用铸铝的方法，把转子导条、端环及风扇叶片用铝液一次浇铸而成，如图4-17所示。目前绝大部分中小型的笼型电动机的转子采用铸铝的。

图4-16 笼型转子

a）笼型转子绕组 b）转子外形

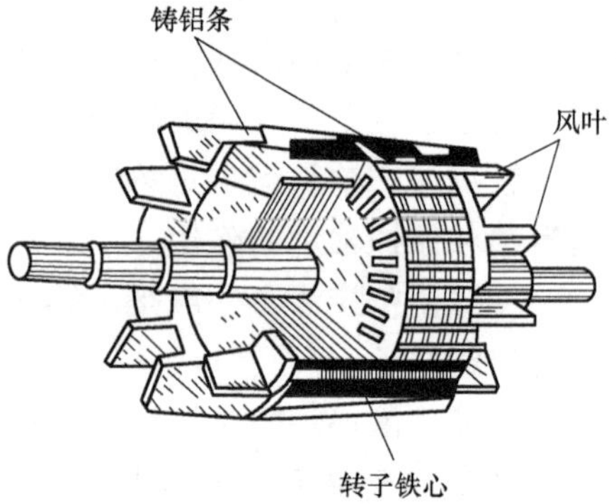

图4-17 铸铝的笼型转子

(3) 其他部分 其他部分包括风扇等。风扇用来通风以冷却电动机。三相异步电动机的定子与转子之间的气隙一般仅为0.2~1.5mm。气隙太大，电动机运行时的功率因数降低；气隙太小，则装配困难，运行不可靠，高次谐波磁场增强，从而使附加损耗增加、起动性能变差。

4.2.2 三相异步电动机的工作原理

三相异步电动机是由定子的旋转磁场切割转子导体，使转子绕组产生感应电流，该电流产生的磁场又与旋转磁场相互作用，产生电磁转矩最终使转子转动的。所以，定子产生旋转磁场是转子转动的先决条件。

1. 旋转磁场

(1) 旋转磁场的产生及转向 在三相对称定子绕组中，U_1U_2、V_1V_2 和 W_1W_2 在空间上互差 120°（电角度）。如果将三相绕组接成星形，并接到对称的三相正弦交流电源上，如图 4-18 所示，绕组中便通入对称的三相交流电流。取绕组始端到末端的方向作为电流的参考方向，在电流的正半周，其值为正，实际方向与参考方向一致；在电流的负半周时，其值为负，实际方向与参考方向相反，即

$$i_1 = I_m \sin\omega t$$

$$i_2 = I_m \sin(\omega t - 120°)$$

$$i_3 = I_m \sin(\omega t + 120°)$$

当三相绕组各自通入电流后，将分别产生交变磁场。这 3 个交变磁场在定子空间合成为一个两极磁场。下面取 $\omega t = 0$、$\omega t = 60°$和 $\omega t = 90°$的特定时刻加以分析。

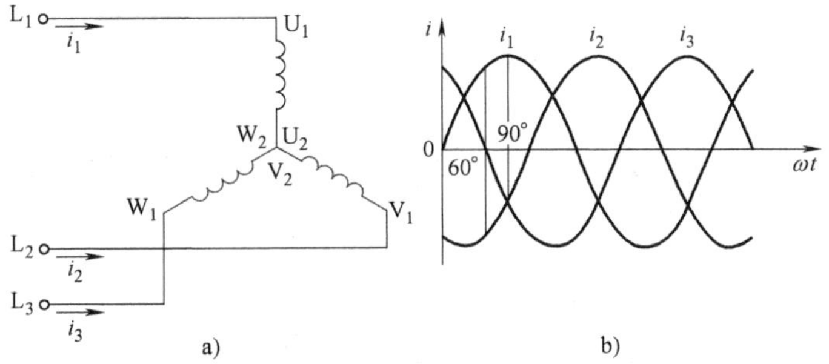

图 4-18 定子绕组通入交变电流

当 $\omega t = 0$ 时，$i_1 = 0$，故 U_1U_2 绕组中没有电流；i_2 为负值，则电流由末端 V_2 流入，从首端 V_1 流出；i_3 为正值，电流由首端 W_1 流入，从末端 W_2 流出。根据右手螺旋定则，V_1V_2 绕组和 W_1W_2 绕组各自的磁场，在定子空间中合成的磁场如图 4-19a 所示，合成的磁场形成了两个磁极，也称一对磁极，故磁极对数 $p = 1$。

当 $\omega t = 60°$时，$i_3 = 0$，故 W_1W_2 绕组中没有电流；i_2 为负值，则电流由末端 V_2 流入，从首端 V_1 流出；i_1 为正值，电流由首端 U_1 流入，从末端 U_2 流出。这时，V_1V_2 绕组和 U_1U_2 绕组各自的磁场，在定子空间中合成的磁场如图 4-19b 所示。由此可见，此时

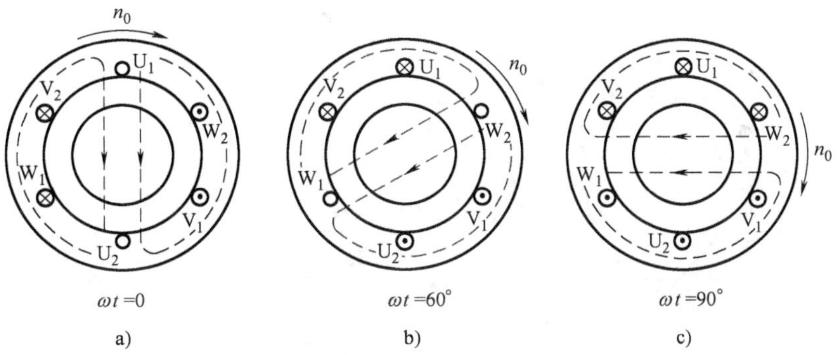

图 4-19 三相电流产生的旋转磁场（$p = 1$）

三相电流所产生的旋转磁场（$p = 1$）

合成的磁场与图 4-19a 比较，唯一的区别是磁极轴线在空间上沿着顺时针方向旋转了 60°。

当 $\omega t=90°$时，i_1 为正值，则电流由 U_1 端流入，从 U_2 端流出；i_2 为负值，则电流由 V_2 端流入，从 V_1 端流出；i_3 为负值，电流由 W_2 端流入，从 W_1 端流出。同理，可画出此时空间中合成的磁场如图 4-19c 所示。将它与图 4-19a 比较可以看出，二者的区别是此时合成磁场的磁极轴线在空间上沿着顺时针方向旋转了 90°。

照此类推，当定子三相对称绕组通入的三相对称正弦交流电流变化 1 个周期时，合成磁场也在空间相应旋转了 1 个周期，即 360°。这个合成磁场如同一对磁极在旋转的磁场一样，它的磁场大小不变，旋转方向从 U 相转到 V 相，再转向 W 相，即按照 U→V→W 的正序方向旋转。随着交流电周期性地流入定子绕组，则所产生的旋转磁场将一直沿着顺时针方向不停地旋转。

由图 4-19 可见，旋转磁场的旋转方向与通入定子绕组三相电流的相序有关，即转向是按照 U→V→W 的正序方向旋转。若要改变旋转方向，只要将同三相电源连接的 3 根导线中的任意两根对调位置，例如将电动机三相定子绕组的 V_1 端改与电源 L_3 相连，W_1 端与 L_2 相相连，则旋转磁场就反转了，如图 4-20 所示，分析方法与前面相同。

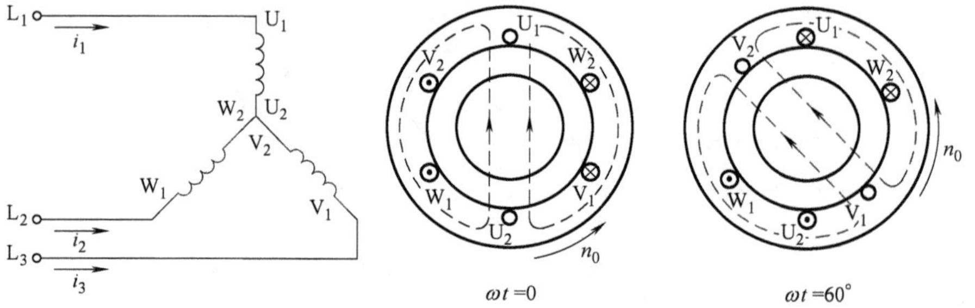

图 4-20　旋转磁场的反转

（2）旋转磁场的极数　三相异步电动机的极数就是旋转磁场的极数。旋转磁场的极数和三相绕组的安排有关。在图 4-19 所示的情况下，每相绕组只有 1 个线圈，绕组的始端之间相差 120°空间角，则产生的旋转磁场具有 1 对极，即 $p=1$。如将定子绕组安排得如图 4-21 所示，即每相绕组有 2 个线圈串联，绕组的始端之间相差 60°空间角，则产生的旋转磁场具有 2 对极，即 $p=2$，如图 4-22 所示。

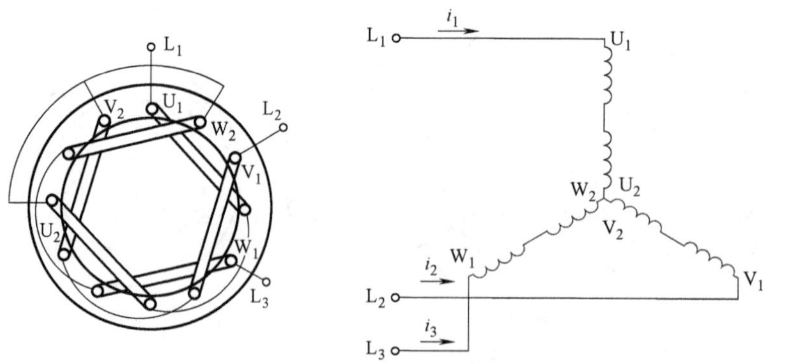

图 4-21　产生 4 极旋转磁场的绕组

同理，如果要产生 3 对磁极，即 $p=3$ 的旋转磁场，每项绕组必须有均匀安排在空间的 3 个串联线圈，绕组的始端之间相差 $40°\left(\frac{120°}{3}\right)$ 空间角。

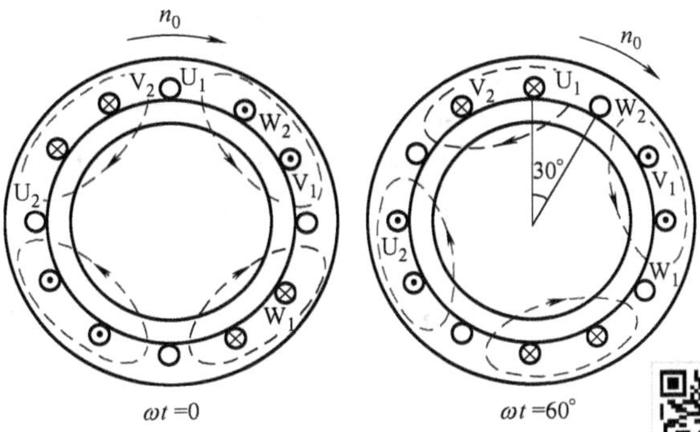

图 4-22　三相电流产生的旋转磁场（$p=2$）

三相电流所产生的旋转磁场（$p=2$）

（3）旋转磁场的转速　由图 4-19 可见，当三相交流电变化 1 个周期 T 时，则磁场在空间旋转了 1 圈。因此，电流每秒变化 f 周期，则旋转磁场的转速为每秒 f 转。若用 n_0 表示每分钟定子磁场的转速（称为同步转速）（单位为 r/min），即可得到

$$n_0=60f \tag{4-5}$$

除此之外，旋转磁场还与磁极对数有关。通过合理设计，定子的磁极对数可以做成 1 对、2 对、3 对或更多对。可以证明，当磁极对数 $p=2$ 时，交流电变化 1 个周期，合成磁场只旋转 180°，其转速为 $n_0=60f/2$。由此可推广到具有 p 对磁极旋转磁场的转速（单位为 r/min）为

$$n_0=\frac{60f}{p} \tag{4-6}$$

因此，旋转磁场的转速 n_0 决定于电流频率 f 和磁极对数 p，而后者又决定于三相绕组的安排情况。对某一异步电动机讲，f 和 p 通常是一定的，所以磁场转速旋转 n_0 是个常数。在我国，工频 $f=50\text{Hz}$，于是由式（4-6）可得出对应于不同磁极对数 p 的旋转磁场转速 n_0（单位为 r/min），见表 4-1。

表 4-1　电源频率为 50Hz 时不同磁极对数的旋转磁场的转速

p	1	2	3	4	5	6
n_0/(r/min)	3000	1500	1000	750	600	500

2. 三相电动机的转动原理

图 4-23 所示是三相异步电动机转子转动的原理图，三相交流电通入定子绕组后，便形成了一个旋转磁场。图中 N、S 表示 2 极旋转磁场，转子中只示出 2 根导条（铜或铝）。当旋转磁场向顺时针方向旋转时，其磁通切割转子导条，导条中就感应出电动势。电动势的方向由右手定则确定。可假设磁极不动，则转子导条可看作是在逆时针方向旋转切割磁通，这与实际上磁极顺时针方向旋转时磁通切割转子导条是相当的。根据右手定则，在上半部转子导体的电动势和电流方向由纸面里向纸面外，用⊙表示；在下半部则由纸面外向纸面里，用⊗表示。

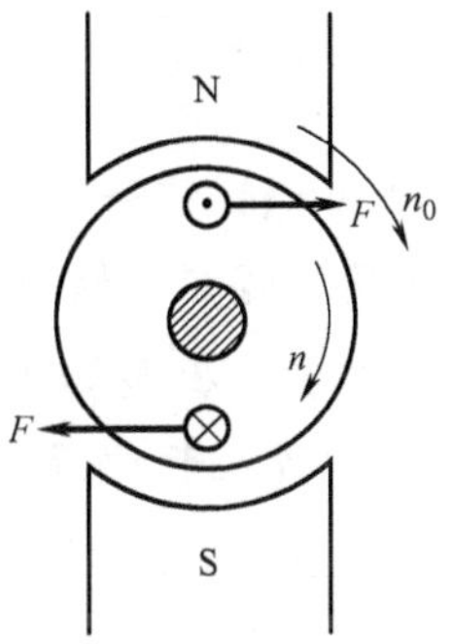

图 4-23　三相异步电动机转动原理示意图

在电动势的作用下，闭合的导条中会有电流。该电流与旋转磁场相互作用，从而使转子导条受到电磁力 F。电磁力的方向可应用左手定则来确定。由电磁力产生电磁转矩，转子就转动起来。由图 4-23 可见，转子转动的方向和磁极旋转的方向相同。

当旋转磁场反转时，电动机也跟着反转。

定子旋转磁场以速度 n_0 切割转子导体感生电动势，在转子导体中形成电流，使导体受电磁力作用形成电磁转矩，推动转子以转速 n 沿 n_0 方向旋转，并从轴上输出一定大小的机械功率。三相电动机的转子转速 n 始终不会加速到旋转磁场的转速 n_0。因为只有这样，转子绕组与旋转磁场之间才会有相对运动而切割磁力线，转子绕组导体中才能产生感应电动势和电流，从而产生电磁转矩，使转子按照旋转磁场的方向继续旋转。由此可见，$n<n_0$ 是异步电动机工作的必要条件，也是异步电动机名称的由来。

电动机运行时 n 恒不等于 n_0（异步）（$n<n_0$），这是必要条件；建立转矩的电流由电磁感应产生，这是感应名称的来源。

3. 转差率

三相电流产生的旋转磁场切割转子铜条或铝条时，可使转子上产生感应电动势和感应电流。当转子感应电流与旋转磁场相互作用时，则可产生电磁转矩使转子转动。

旋转磁场的转速 n_0 也称为同步转速，同步转速 n_0 与转子转速 n 之差（n_0-n）用 Δn 表示，叫作转速差。转速差与同步转速之比，称为转差率，用 s 表示。即

$$s=\frac{n_0-n}{n_0} \quad 或 \quad n=(1-s)n_0 \tag{4-7}$$

转差率是异步电动机的一个主要参数。在电动机起动瞬间，$n=0$，$s=1$，转差率最大；在空载运行时，转子的转速最高，则转差率最小。通常三相异步电动机在额定负载条件下运行时，转子的转速比空载时低，所以额定转差率 s_N 为 1%~9%。

例 4-1 一台三相异步电动机，其额定转速 $n_N=975\text{r/min}$，电源频率 $f_1=50\text{Hz}$。试求电动机的磁极对数和额定负载下的转差率。

解 由于电动机的额定转速接近而略小于同步转速，而同步转速对应于不同磁极对数有一系列的固定值（见表 4-1）。显然，与 975r/min 最相近的同步转速 $n_0=1000\text{r/min}$，即 $p=3$。

额定转差率为

$$s_N=\frac{n_0-n_N}{n_0}\times100\%=\frac{1000-975}{1000}\times100\%=2.5\%$$

4.2.3 三相异步电动机的转矩与机械特性

1. 电磁转矩特性

电磁转矩是由转子导条中的电流 I_2 和旋转磁场 Φ 相互作用产生的。因此，电磁转矩 T 的大小与 I_2、Φ 及转子电路的功率因数 $\cos\varphi_2$ 成正比。而 I_2 和 $\cos\varphi_2$ 均与转差率 s、转子电阻 R_2、电动机起动瞬间的转子感抗 X_{20}，以及电源电压 U_1 等有关。异步电动机的电磁转矩 T 可表示为

$$T=K_T\frac{sR_2U_1^2}{R_2^2+(sX_{20})^2} \tag{4-8}$$

式中，K_T 是与电动机结构相关的常数。

由式（4-8）可见，电磁转矩与电源电压的二次方成正比，说明电源电压的变化对电磁转矩影响很大。当电源电压和频率一定，且 R_2 和 X_{20} 都为常数时，电磁转矩 T 只随转差率 s 变化，即 $T=f(s)$，它的特性曲线如图 4-24 所示，称为电磁转矩特性曲线。

图 4-24 可分为两个区域。当 $s<s_m$ 时，在图中显示出的区域可近似认为 T 与 s 成正比，且曲线变化比较明显；当 $s>s_m$ 时，在图中显示出的区域可近似认为 T 与 s 成反比，且曲线变化比较平坦。

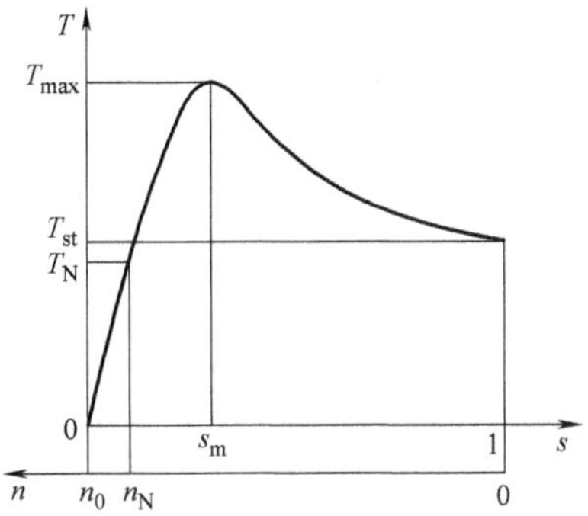

图 4-24　电磁转矩特性曲线

在图 4-24 中，还有以下几个重要转矩。

（1）额定转矩 T_N　在等速（转速稳定不变时）转动时，电动机的转矩 T 必须与阻转矩 T_C 相平衡，即

$$T=T_C$$

阻转矩主要是机械负载转矩 T_2。此外，还包括空载损耗转矩（主要是机械损耗转矩）T_0。由于 T_0 很小，常可忽略，所以

$$T=T_2+T_0\approx T_2 \tag{4-9}$$

并由此得

$$T\approx T_2=\frac{P_2}{\dfrac{2\pi n}{60}}$$

式中，P_2 是电动机轴上输出的机械功率。

上式中转矩的单位是牛·米（N·m）；功率的单位是瓦（W）；转速的单位是转每分（r/min）。功率如用千瓦（kW）为单位，则得出

$$T=9550\frac{P_2}{n} \tag{4-10}$$

额定转矩是电动机在额定负载时的转矩，它可从电动机铭牌上的额定功率（输出机械功率）和额定转速应用式（4-10）求得，即

$$T_N=9550\frac{P_{2N}}{n_N}$$

（2）最大转矩 T_{max}　在 $T=f(s)$ 曲线上的最大值，称为最大转矩 T_{max}。当对式（4-8）求导，并令 $\frac{dT}{ds}=0$ 时，则可求得出现最大转矩时的转差率为

$$s_m=\frac{R_2}{X_{20}} \tag{4-11}$$

将式（4-11）代入式（4-8）中，可得到最大转矩为

$$T_{max}=K_T\frac{U_1^2}{2X_{20}} \tag{4-12}$$

当负载转矩超过 T_{max}，电动机将被迫停转。此时，定子和转子电流都将剧增，则电动机的温度迅速升高，很容易导致电动机的绕组烧毁。为此可引入过载系数 λ_m，它是指电动机

最大转矩 T_{max} 与额定转矩 T_N 的比值，即

$$\lambda_m = \frac{T_{max}}{T_N} \tag{4-13}$$

一般异步电动机的过载系数 λ_m 为 1.8~2.3。

(3) 起动转矩 T_{st} 电动机在起动瞬间（$n=0$ 时）的转矩称为起动转矩，用 T_{st} 表述。此时，将 $s=1$ 代入式（4-8）可得起动转矩 T_{st} 为

$$T_{st} = K_T \frac{R_2 U_1^2}{R_2^2 + X_{20}^2} \tag{4-14}$$

由式（4-14）可见，T_{st} 与 U_1^2 和 R_2 有关。当电源电压 U_1 降低时，起动转矩 T_{st} 将减小；转子绕组的电阻 R_2 适当增大时，起动转矩 T_{st} 将增大。通常用起动转矩与额定转矩的比值来反映电动机的直接起动能力，用 λ_{st} 表示，即

$$\lambda_{st} = \frac{T_{st}}{T_N} \tag{4-15}$$

笼型异步电动机的直接起动能力低，一般 λ_{st} 为 1.1~2.2，而起重机用的电动机要求直接起动能力要高些。绕线转子异步电动机起动时，常在转子绕组中外接电阻来增大起动转矩，可改善起动性能，待起动之后，再将外接的起动电阻短接。

2. 机械特性

在实际工作中，常用异步电动机的机械特性 $n=f(T)$ 来分析，它是从 $T=f(s)$ 曲线顺时针旋转 90°，并将坐标变换得到的，反映了电动机转速 n 与电磁转矩 T 的函数关系，曲线如图 4-25 所示。

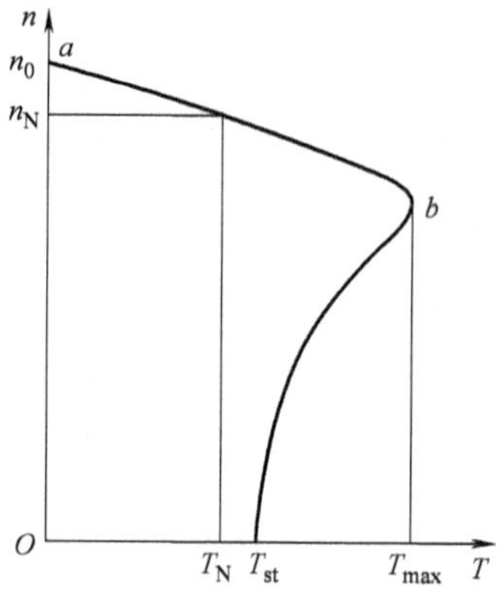

图 4-25 机械特性曲线

从图 4-25 所示曲线所对应的 $T=f(s)$ 的两个区间来看，当 $0<s<s_m$ 时，称为稳定运行区间，当 $s_m<s<1$ 时，称为非稳定运行区间。下面简要分析这两个区间的运行情况。

(1) 稳定运行 设负载转矩 T_L 为 T_N 时，电动机稳定运行在 $0<s<s_m$ 区间，则电磁转矩等于负载转矩（$T_L=T_N$），$n=n_N$；若由于某种原因使负载转矩增大时，最初瞬间 $T<T_L$，所以电动机转速开始下降，$n<n_N$，s 增大，使电磁转矩 T 增加。当 T 增加到重新等于 T_L 时，则电动机在新的状态下运行，但此时转速变低。可见电动机在 $0<s<s_m$ 范围内运行时，无论 T_L 增大或减小，电动机都能够自动适应负载的变化，通过调节自身转速和转矩来达到新的平衡，从而保持稳定运行。此区间曲线上的 ab 段相对比较平坦，说明电动机转矩在较大范围变化时，它的转速变化不大。这种情况称为硬的机械特性。

在这个区间电动机的运行调节过程，可以归纳为

$$T_L\uparrow \rightarrow n\downarrow \rightarrow s\uparrow \rightarrow T\uparrow \rightarrow T=T_L \text{（运行时转速下降）}$$

(2) 非稳定运行 在 $s_m<s<1$ 区间，如果负载增大时，同样由于 $T<T_L$，电动机转速 n 下降。从这个区间的曲线来看，T 与 s 的变化方向相反，n 下降则使 s 增大，反而使 T 减小。这样，T 与 T_L 差距变大，使转速进一步下降，很有可能使电动机停车，即 $n=0$。停车时将

造成转子及定子绕组的电流急剧增大，使电动机过热而损坏。总之，在 $s_m<s<1$ 区间，电动机的转速和转矩不能适应负载的变化。

在这个区间电动机的运行过程，可以归纳为

$T_L\uparrow\rightarrow n\downarrow\rightarrow s\uparrow\rightarrow T\uparrow\rightarrow T\ll T_L\rightarrow n\downarrow\downarrow\cdots n=0$（停车）

例 4-2 有一台三相笼型异步电动机，其额定功率 $P_N=90\text{kW}$，额定转速 $n_N=1480\text{r/min}$，$\lambda_m=2.2$，$\lambda_{st}=1.8$。试求它的额定转矩、起动转矩和最大转矩。

解 额定转矩为

$$T_N=9550\frac{P_N}{n_N}=9550\times\frac{90}{1480}\text{N}\cdot\text{m}\approx580.7\text{N}\cdot\text{m}$$

起动转矩为

$$T_{st}=\lambda_{st}T_N=1.8\times580.7\text{N}\cdot\text{m}\approx1045.3\text{N}\cdot\text{m}$$

最大转矩为

$$T_{max}=\lambda_m T_N=2.2\times580.7\text{N}\cdot\text{m}\approx1277.6\text{N}\cdot\text{m}$$

4.2.4 三相异步电动机的起动

绕线转子异步电动机在起动时通常在转子中串联起动电阻，这样做既可降低起动电流，也可增大起动转矩。下面主要讨论三相笼型异步电动机直接起动和减压起动两种方法。

1. 直接起动

直接起动，也称为全压起动，它是一种最简单的起动方法。起动时，通过一些直接起动设备，把全部电源电压直接加到电动机定子绕组上，显然，这时起动电流较大，为额定电流的 4~8.4 倍。因此，一般规定异步电动机功率低于 7.5kW 时允许直接起动，而其他情况下一般应采用减压起动。

2. 减压起动

减压起动是降低定子的端电压 U_1 来起动电动机的起动方法。因为异步电动机的 T_{max}、T_{st} 均与电网电压 U_1 的二次方成正比，所以当 U_1 下降时，T_{max} 和 T_{st} 均呈二次方下降，因此，这种起动方法仅适用于轻载或空载场合的起动。减压起动常用方法是星形/三角形转换起动和自耦变压器起动。

（1）星形/三角形转换起动 起动时，先将三相定子绕组接成星形联结，待转速接近稳定时，再改接为三角形联结，如图 4-26 所示。

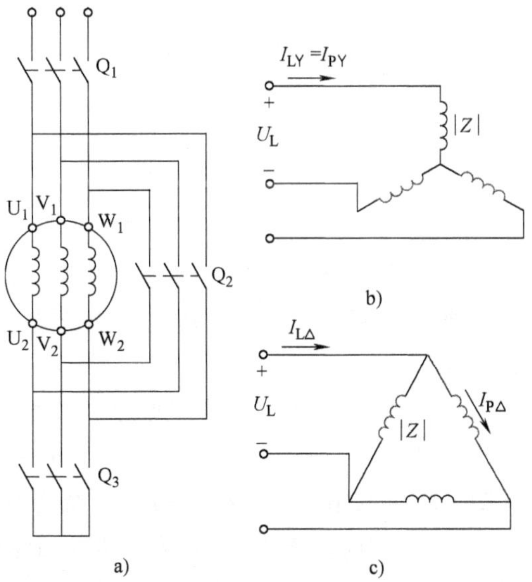

图 4-26 星形/三角形转换起动电路

a）接线图 b）定子绕组星形联结（起动）

c）定子绕组三角形联结（正常运行）

当以星形联结起动时，定子绕组的 U_1、V_1 和 W_1 端接电源，U_2、V_2 和 W_2 端接在一起，组成星形联结起动电路，即断开 Q_2，闭合 Q_3。这时，每相绕组所承受电压均为电源的相电压，即为线电压的 $1/\sqrt{3}$，故起动电流和转矩均为直接起动的 1/3。当电动机减压起动后且转速接近稳定值时，再将 Q_3 断开，Q_2 闭合，使三相定子绕组 U_1U_2、V_1V_2 和 W_1W_2 首尾顺次相连，接成三角形联结，外接电源为线电压，并处于长期运行状态。

(2) 自耦减压起动 自耦减压起动是利用自耦变压器降低加到电动机定子绕组的电压，以减少起动电流，其控制电路如图 4-27 所示。起动时，把开关 Q_2 投向起动位置，电动机定子绕组为二次绕组的抽头电压，这个电压比电源的线电压低。待电动机起动后，当电动机的转速逐步接近额定转速时，开关 Q_2 转换到工作位置，则自耦变压器二次绕组全部被切除，电动机处于全压运行。

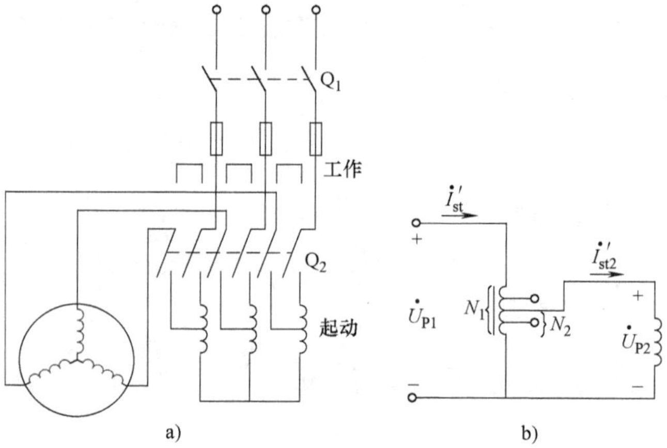

图 4-27 自耦减压起动

a）接线图 b）一相电路

4.2.5 三相异步电动机的调速

由异步电动机转速的表达式

$$n=(1-s)n_0=\frac{60f_1}{p}(1-s) \tag{4-16}$$

可知，通过改变磁极对数 p、电源频率 f_1 和转差率 s，可调节异步电动机的转速。下面简要介绍这 3 种方法。

1. 变极调速

由 $n_0=\frac{60f_1}{p}$ 可知，如果磁极对数 p 减少一半，则旋转磁场的转速便提高 1 倍，这时转子的转速差不多也提高 1 倍。因此，改变 p 就可以得到不同的转速。但 p 只能按倍数关系改变，不能连续调节电动机的转速，因此变极调速也称为有级调速。而 p 的改变与定子绕组的接法有关。

如图 4-28 所示是三相绕组中某一相的示意图，每一相绕组分成两半，分别为绕组 1 和绕组 2。图 4-28a 所示是绕组 1 和 2 正向串联，得到磁极对数 $p=2$，可使电动机的转速下降。图 4-28b 是将其中一个绕组与另一个绕组反向连接，使绕组 1、2 中的电流方向相反，得到极数 $p=1$ 的磁场。图 4-28c 所示是将两个绕组反并联（即绕组的头尾相连），得出 $p=1$。在变极时，一个绕组中的电流方向不变，而另一个绕组的电流必须改变方向。若电动机定子内部只有 1 对磁极，一般采用这种变极方法来调速。这种电动机称为双速电机，在镗床、磨床和铣床等机床上应用得较多。

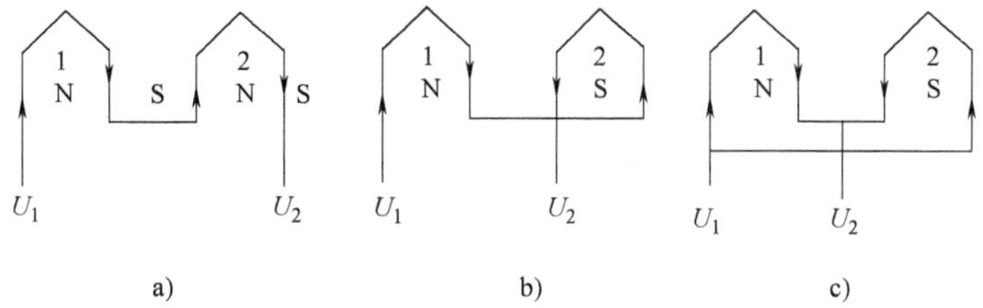

图 4-28 改变定子绕组连接方法的变极调整

a）$p=2$ b）$p=1$ c）$p=1$

2. 变转差率调速

转差率的改变往往是通过改变电源电压和转子电阻来实现的。对于电动机，改变电源电压可以得到不同的电磁转矩特性曲线，如图 4-29 所示。例如电源电压为 U_1 时，转差率为 s_a。当电压减小到 U_1'时，转矩 T 由 a 点下降，使 $T<T_L$（转矩），于是转速 n 降低，转差率 s 增大，则 T 随之增大。当转差率从 s_a 增至 s_b 时，T 就回升到 b 点，T 与 T_L 又取得平衡。但此时电动机的转速比电压为 U_1 时降低了，而转差率却增大了。由于笼型电动机转子电阻通常很小，其稳定运行区间段很窄，因此电源电压在不大的范围内变化时，其转差率和转子转速的变化量都很小，故实际上使用笼型转子的电动机很少用这种方法来调速。

对于绕线转子电动机，因为转子可串联电阻，所以可通过改变转子电路的电阻值来调速。图 4-30 所示为不同转子电阻所对应的电磁转矩特性曲线。由此可见，当转子电阻增大时，转差率增大，转速降低；反之转子电阻减小时，转差率也减小，则转速升高。这种调速方法可使转子转速在较大范围内得到调节，因此具有较好的调速性能。

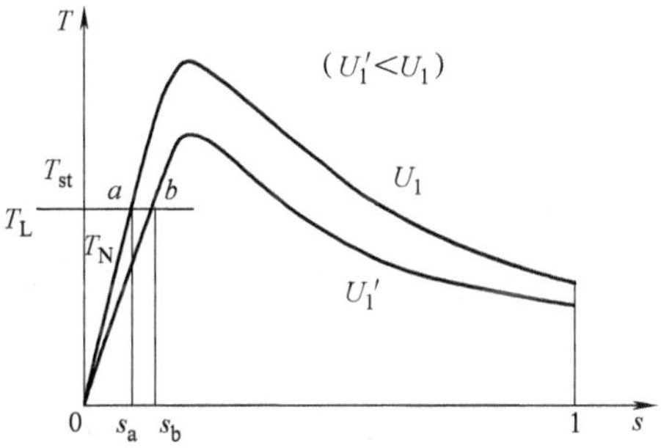

图 4-29 改变电源电压得到不同的电磁转矩特性曲线

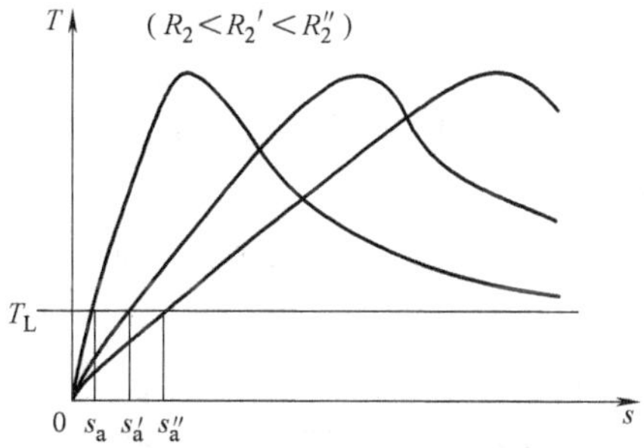

图 4-30 不同转子电阻对应的电磁转矩特性曲线

3. 变频调速

由 $n_0=\dfrac{60f_1}{p}$可知，改变定子绕组的电源频率 f_1，就可以调节旋转磁场的转速 n_0，从而实现调速。但是电源频率是不能改变的，因此需要采用变频调速装置来实现。变频调速装置主要由整流器、逆变器和控制电路等三大部分组成，如图 4-31 所示。图中，整流器用于将 50Hz（大功率采用三相，小功率采用单相）的交流电源变换为直流电；控制电路用于控制整流电流的大小和调节逆变器频率 f_1（或电压 U_1）等，通用变频器输出上限频率有 120Hz

和 400Hz 两种；逆变器用于将直流电变换为三相交流电，提供给笼型电动机。由此可以实现电动机的无级调速。

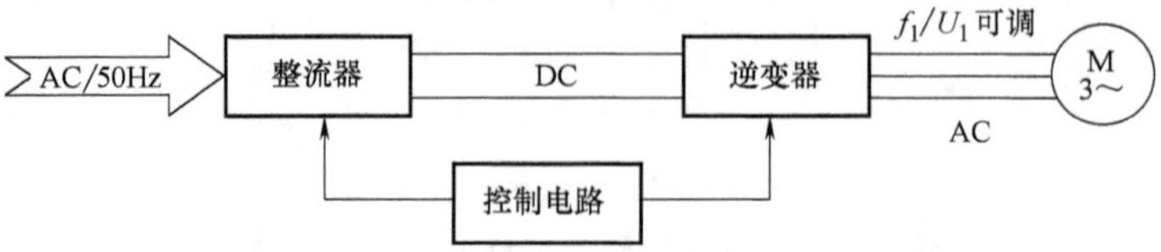

图 4-31　变频调速装置示意图

在对异步电机进行变频调速时，总希望电动机的主磁通保持额定值不变。若磁通太小则铁心利用率低，在同样的转子电流下电磁转矩小，拖动负载能力下降；若磁通过大，容易造成电动机的磁路过饱和，使电动机的功率因数降低，铁损耗剧增。可见，磁通过小或过大都会给电动机带来不良的后果。为此，在实际应用中应根据不同负载的需要采用不同的调速方式。目前普遍采用下列两种变频调速方式。

(1) 恒转矩调速　当异步电动机采用变频调速，从额定转速向下调整时，为了保持主磁通 Φ_m 恒定不变，由 $\Phi_m \approx \dfrac{U_1}{4.44f_1N_1}$ 可知，应保持 $\dfrac{U_1}{f_1} \approx C$（常数），也就是电压和频率两者要成比例地同时调节。这样，由 $T=K_T\Phi_m I_2\cos\varphi_2$ 可知，当 Φ_m 不变时，可使电磁转矩 T 近似不变，而 n_0 随 f_1 的调节而改变，这就是恒转矩调速。例如在车床控制中，车刀的进给运动可看成是恒转矩运动，则采用恒转矩调速。

(2) 恒功率调速　采用变频调速使电动机运行在额定转速以上时，定子绕组电流的频率将大于额定值。但由于定子绕组电压 U_1 受额定电压 U_{1N} 的限制，只能保持 $U_1=U_{1N}$。这时磁通 Φ_m 和转矩 T 都将减小。转速增大且转矩减小会使电动机的功率近似不变。这种调速方式称为恒功率调速。例如车床的主轴往往采用恒功率调速。

4.2.6　三相异步电动机的制动

因为电动机的转动部分有惯性，所以把电源切断后，电动机还会继续转动一定时间后才会停止。为了缩短辅助工时、提高生产机械的生产率及安全起见，往往要求电动机能够迅速停车和反转。这就需要对电动机制动，也就是要求它的转矩与转子的转动方向相反，这时的转矩称为制动转矩。

异步电动机的制动常有下列几种方法。

1. 能耗制动

当电动机需要制动时，首先将电动机开关 Q 从运行位置与交流电源断开，并转接到制动位置，使直流电源 U 立即给定子绕组通入电流，如图 4-32 所示。

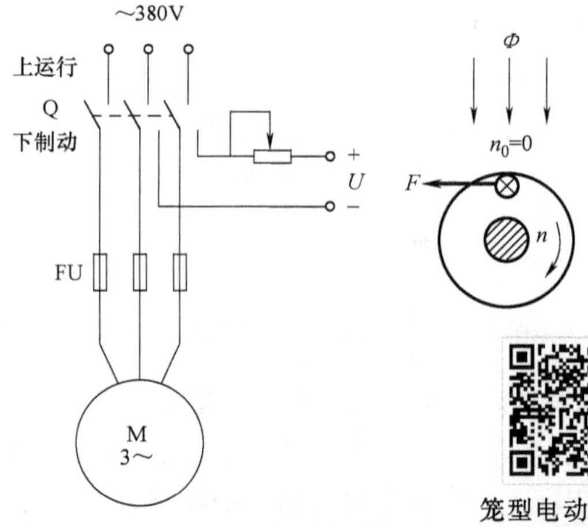

图 4-32　能耗制动电路

笼型电动机能耗制动控制线路

通入直流电流时，定子绕组将建立一个静

止磁场，而电动机转子由于惯性作用继续沿着原来方向转动。根据电磁感应定律可知，此时转子导体切割这个磁场，形成感应电流而产生制动转矩。根据左手定则，可确定制动转矩的方向与原来的转矩方向相反，阻止电动机继续转动，使电动机迅速停车。在这种制动过程中，转子的动能转换为电能，并将其消耗在转子电阻上，所以称为能耗制动。

能耗制动的特点是制动平稳、能耗较小，但需要配备直流电源。

2. 反接制动

实现反接制动最简单的方法是将定子绕组的两相反接，如图 4-33 所示。为了迅速停车（或反向运转），可将 Q_2 由右边（运行）位置改到左边（制动）位置上，使定子两相反接，改变电源的相序，使旋转磁场的方向发生反向，产生与原来转矩方向相反的制动转矩，这对由于惯性作用仍沿着原来方向转动的电动机起到制动作用，为避免电动机反向起动，这种制动电路还需设有测速装置，当电动机转速接近零时自动切断电源。

反接制动的特点是设备简单、制动效果好，但能耗大。有些机床主轴或中小型车床的制动即采用这种方法。

3. 反馈制动

当转子的转速 n 超过旋转磁场的转速 n_0 时，这时的转矩也是制动的，如图 4-34 所示。

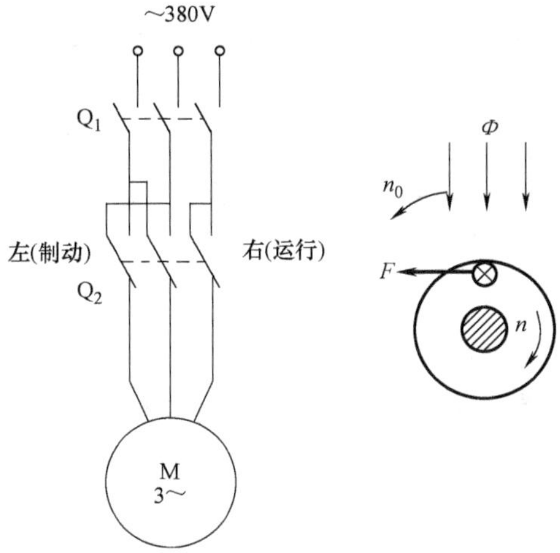

图 4-33 反接制动电路

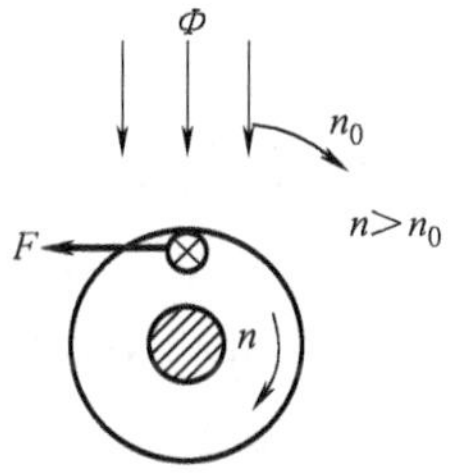

图 4-34 反馈制动

当起重机快速下放重物时就会发生这种情况。这时重物拖动转子，使其转速 $n>n_0$，重物受到制动而等速下降。实际上这时电动机已转入发电机运行，将重物的位能转换为电能而反馈到电网里去，所以称为反馈制动。

另外，将多速电动机从高速调到低速的过程中，也会自然发生这种制动。因为刚将磁极对数 p 加倍时，磁场转速会立即减半，但由于惯性，转子转速只能逐渐下降，因此就出现 $n>n_0$ 的情况。

4.2.7 铭牌数据

在三相电动机的外壳上安装有铭牌，铭牌上会写明这台三相电动机的主要技术数据，是选择、安装、使用和修理（包括重做绕组）三相电动机的重要依据，铭牌的主要内容如图 4-35 所示。

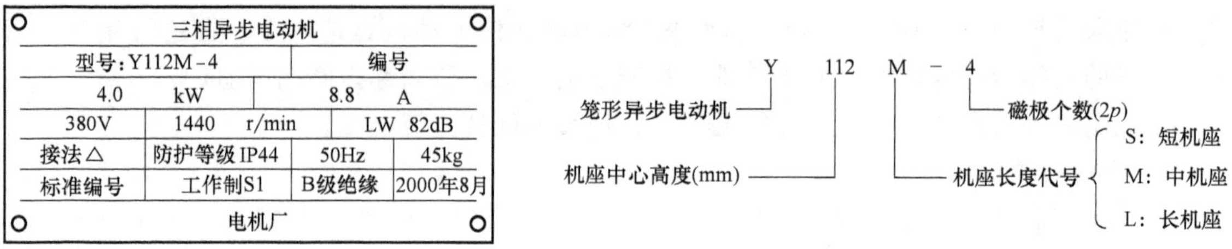

a) b)

图 4-35 电动机铭牌及型号含义

a）电动机铭牌 b）型号的含义

（1）型号 按国家标准规定，型号包括产品名称和规格代号，由汉语拼音大写字母或拉丁字母加阿拉伯数字组成，在 Y112M-4 中，“Y”表示 Y 系列笼型异步电动机（YR 表示绕线转子异步电动机）；“112”表示电动机的中心高为 112mm；“M”表示中机座（L 表示长机座，S 表示短机座）；“4”表示 4 极（$p=2$）电动机。

有些电动机型号在机座代号后面还有一位数字，它代表铁心号，如 Y132S2-2 型号中“S”后面的“2”表示 2 号铁心长（“1”为 1 号铁心长）。

（2）额定功率与效率 电动机定子加额定电压，轴上带额定负载（指定子电流为额定电流）时，电动机轴上的输出机械功率即额定功率，用 P_N 表示。效率 η_N 是指额定功率与输入功率 P_{1N} 之比，即 $\eta_N=\dfrac{P_N}{P_{1N}}$，常用百分数表示。

（3）额定电压 U_N 与接法 额定电压是指电动机在额定运行时定子绕组的线电压，它与绕组的接法有对应关系。目前 Y 系列异步电动机的额定电压都是 380V，功率在 3kW 及以下的电动机其定子绕组都为星形联结，而 4kW 及以上的都为三角形联结。一般规定电压偏移应在额定值的±5%以内。

（4）额定转速 n_N 额定转速即电流、电压、频率、输出功率均为额定值时电动机转子的转速，它略小于 n_0。

（5）绝缘等级 绝缘等级是按电动机绕组所用的绝缘材料在使用时允许的极限温度来分级的，不同等级绝缘材料的极限温度见表 4-2。

表 4-2 绝缘材料的耐热分级和极限温度

绝缘等级	105(A)	120(E)	130(B)	155(F)	180(H)
极限温度/℃	105	120	130	155	180

（6）防护等级 防护等级指防止人体接触电动机转动部分、电动机内带电体和防止固体异物进入电动机内的防护等级。

防护标志 IP44 含义为：

IP——特征字母，即“国际防护”的英文首字母缩写。

44——4 级防固体（可防止直径大于 1mm 固体进入电动机）；4 级防水（任何方向溅水均不存在有害影响）。

(7) L_W 值 L_W 值指电动机的总噪声声功率级。L_W 值越小，表示电动机运行的噪声越低。噪声单位为 dB。

(8) 工作制 指电动机的运行方式，一般分为“连续”（代号为 S1）、“短时”（代号为 S2）和“断续周期”（代号 S3）。

(9) 额定频率 电动机在额定运行状态下，定子绕组所接电源的频率为额定频率。我国规定的额定频率为 50Hz。

三相异步电动机在满负荷时（额定负载）功率因数和效率均较高，为 $0.7 \leqslant \cos\varphi \leqslant 0.9$；在空载或轻载时 $\cos\varphi$、η 均较低，所以要尽量避免电动机处于轻载运行或长期空载运行状态。

习题

一、填空题

4.1 电动机是将________能转换为________能的设备。

4.2 三相异步电动机主要由________和________两大部分组成。电动机的铁心是由相互绝缘的________片叠压制成。电动机的定子绕组可以接成________或________两种方式。

4.3 三相异步电动机的定子铁心是用薄的硅钢片叠装而成，它是定子的________路部分，其内表面冲有槽，用来嵌放____________。

4.4 三相异步电动机的三相定子绕组通以________，则会产生________。

4.5 一台三相 4 极异步电动机，如果电源的频率 $f_1 = 50\text{Hz}$，则定子旋转磁场每秒在空间转过________转。

4.6 在额定工作情况下的三相异步电动机，已知其转速为 960r/min，电动机的同步转速为________、磁极对数为________对，转差率为 0.04。

4.7 转差率是分析异步电动机运行情况的一个重要参数。转子转速越接近磁场转速，则转差率越________。对应于最大转矩处的转差率称为________转差率。

4.8 异步电动机的旋转磁场方向与通入定子绕组中三相电流的________有关。异步电动机的转动方向与旋转磁场的方向________。旋转磁场的转速决定于旋转磁场的________和________。

4.9 三相异步电动机的转速取决于________、________和电源频率 f。

4.10 三相异步电动机机械负载加重时，其定子电流将________。

4.11 三相异步电动机负载不变而电源电压降低时，其转子转速将________。

4.12 绕线转子异步电动机通过转子回路串联________来改善起动和调速性能的。

4.13 电动机常用的两种减压起动方法是________起动和________起动。

4.14 星形/三角形转换减压起动是指电动机起动时，把定子绕组接成________，以降低起动电压，限制起动电流，待电动机起动后，再把定子绕组改接成________，使电动机全压运行。这种起动方法适用于在正常运行时定子绕组作________联结的电动机。

4.15　三相异步电动机采星形/三角形转换减压起动时，其起动电流是三角形联结直接起动电流的________，起动转矩是三角形联结直接起动时的________。

4.16　某三相异步电动机额定电压为380/220V，当电源电压为220V时，定子绕组应接成________联结；当电源电压为380V时，定子绕组应接成________联结。（三角形、星形）

4.17　异步电动机的调速可以用________、________和________三种方法来实现。

4.18　三相异步电动机常用的制动方法有________制动、________制动和________制动。

4.19　电动机铭牌上所标额定电压是指电动机绕组的________。

4.20　三相异步电动机的额定功率是额定状态时电动机转子轴上输出的机械功率，额定电流是满载时定子绕组的________电流，其转子的转速________旋转磁场的速度。

二、选择题

4.1　三相异步电动机的旋转方向与通入三相绕组的三相电流的（　　）有关。

A. 大小　　B. 方向　　C. 相序　　D. 频率

4.2　三相异步电动机旋转磁场的转速与（　　）有关。

A. 负载大小　　B. 定子绕组上电压高低

C. 电源频率　　D. 三相转子绕组所串电阻的大小

4.3　一台三相异步电动机的磁极对数 $p=2$，电源频率为50Hz，电动机转速 $n=1440\text{r/min}$，其转差率 s 为（　　）。

A. 1%　　B. 2%　　C. 3%　　D. 4%

4.4　一台三相异步电动机，定子旋转磁场磁极对数为2，若定子电流频率为100Hz，其同步转速为（　　）。

A. 1200r/min　　B. 1500r/min　　C. 2000r/min　　D. 3000r/min

4.5　一台三相异步电动机的转速为720 r/min，应选择电动机的磁极数为（　　）。

A. 8极　　B. 6极　　C. 4极　　D. 2极

4.6　三相异电动机的转速 $n=970\text{r/min}$，则其额定转差率 $s_N=$（　　）。

A. 0.04　　B. 0.03　　C. 0.02　　D. 0.01

4.7　工频条件下，三相异步电动机的额定转速为1420r/min，则电动机的磁极对数为（　　）。

A. 1　　B. 2　　C. 3　　D. 4

4.8　一台磁极对数为3的三相异步电动机，其转差率为3%，则此时的转速为（　　）。

A. 2910r/min　　B. 1455r/min　　C. 970r/min　　D. 485r/min

4.9　三相异步电动机的最大转矩与（　　）。

A. 电压成正比　　B. 电压的二次方成正比

C. 电压成反比　　D. 电压的二次方成反比

4.10　星形/三角形转换减压起动，由于起动时每相定子绕组的电压为额定电压的 $1/\sqrt{3}$，所以起动转矩也只有直接起动时的（　　）。

A. 1/3　　B. 0.866　　C. 3倍　　D. 1/9

4.11　三相异步电动机在施加相同的电源线电压时，采用星形联结起动和三角形联结起动，其起动电流的关系为（　　）。

A. $I_{st(Y)}=\frac{1}{\sqrt{3}}I_{st(\triangle)}$　　B. $I_{st(\triangle)}=\frac{1}{\sqrt{3}}I_{st(Y)}$

C. $I_{st(Y)}=\frac{1}{3}I_{st(\triangle)}$　　D. $I_{st(\triangle)}=\frac{1}{3}I_{st(Y)}$

4.12　笼型三相异步电动机采用星形/三角形转换减压起动时的起动转矩为直接起动时起动转矩的（　　）。

A. 3 倍　　B. $\sqrt{3}$倍　　C. 1/3　　D. $1/\sqrt{3}$

4.13　一台三相异步电动机工作在额定状态时，其电压为 U_N，最大电磁转矩为 T_{max}，当电源电压降到 $0.8U_N$ 而其他条件不变，此时电动机的最大电磁转矩是原 T_{max} 的（　　）。

A. 0.64　　B. 0.8　　C. 1.0 倍　　D. 1.2 倍

4.14　三相异步电动机能耗制动的方法就是在切断三相电源的同时（　　）。

A. 给转子绕组通交流电　　B. 给转子绕组通直流电

C. 给定子绕组通交流电　　D. 给定子绕组通直流电

4.15　降低电源电压后，三相异步电动机的起动电流将（　　）。

A. 降低　　B. 不变　　C. 提高　　D. 无法确定

4.16　笼型异步电动机空载起动与满载起动相比，起动电流（　　）。

A. 大　　B. 小　　C. 不变　　D. 无法确定

4.17　三相异步电动机的额定功率是指电动机（　　）。

A. 输入的视在功率　　B. 输入的有功功率

C. 产生的电磁功率　　D. 输出的机械功率

4.18　有两台三相异步电动机，它们的额定功率相同，但额定转速不同，则（　　）。

A. 额定转速高的那台电动机额定转矩大

B. 额定转速低的那台电动机额定转矩大

C. 两台电机的额定转矩相同。

4.19　为降低起动电流，三相异步电动机可以采用减压起动，但起动转矩将降低，因而只适用（　　）或轻载起动的场合。

A. 重载　　B. 轻载　　C. 空载

4.20　三相异步电动机在稳定运转情况下，电磁转矩与转差率的关系为（　　）。

A. 转矩与转差率无关　　B. 转矩与转差率的二次方成正比

C. 转差率增大，转矩增大　　D. 转差率减小，转矩增大

三、计算题

4.1　在额定工作情况下的 Y180L-6 型三相异步电动机，其转速为 960r/min，频率为 50Hz，问该电动机的同步转速是多少？有几对磁极？转差率是多少？

4.2　一台 2 极三相异步电动机，额定功率 11kW，额定转速为 $n_N=2930$r/min，电源频率 $f_1=50$Hz，求：额定转差率 s_N 和轴上的额定输出转矩 T_N。

4.3　一台三相异步电动机，电源频率 $f_1=50$Hz，额定转差率 $s_N=2\%$。求当极对数 $p=3$ 时电动机的同步转速 n_0 及额定转速 n_N。

4.4　极数为 8 的三相异步电动机，电源频率 $f_1=50\text{Hz}$，额定转差率 $s_N=4\%$，$P_N=11\text{kW}$，求额定转速和额定电磁转矩。

4.5　有一台三相异步电动机，其铭牌数据如下：型号 Y180L-6，50Hz，15kW，380V，31.4A，970r/min，$\cos\varphi=0.81$，当电源线电压为 380V 时，问：

（1）电动机满载运行时的转差率。

（2）电动机的额定转矩。

（3）电动机满载运行时的输入电功率。

（4）电动机满载运行时的效率。

4.6　一台异步电动机的技术数据为：$P_N=2.2\text{kW}$，$n_N=1420\text{r/min}$，$\eta_N=81\%$，$\cos\varphi=0.82$，U_N 为 220/380V。求星形和三角形联结时的额定电流 I_N。

4.7　某异步电动机，其额定功率为 55kW，额定电压为 380V，额定电流为 101A，功率因数为 0.9。试求该电动机的效率。

4.8　有一台 4 极异步电动机的额定输出功率为 30kW，额定转速为 1470r/min，过载系数 $\lambda=2.2$，试求异步电动机的：

（1）额定转矩。

（2）最大转矩。

（3）额定转差率。

4.9　一台三相异步电动机，额定功率 $P_N=11\text{kW}$，额定转速 $n_N=1450\text{r/min}$，起动能力 $T_{st}/T_N=2.2$，过载系数 $\lambda=2.3$。求：

（1）该电动机的额定转矩。

（2）该电动机的起动转矩。

（3）该电动机的最大转矩。

4.10　一台三相异步电动机，定子绕组按星形联结接入线电压为 380V 的三相交流电源上。测得线电流为 6A，总有功功率为 3kW。试计算各相绕组的等效电阻 R 和等效感抗 X_L 值。

4.11　已知一台三相异步电动机的技术数据如下：额定功率 5.5kW，转速 960r/min，效率 85.3%，$\cos\varphi=0.78$，起动电流与额定电流之比 $I_{st}/I_N=5$，最大转矩与额定转矩之比 $T_{max}/T_N=2.2$，起动转矩与额定转矩之比 $T_{st}/T_N=2.0$，$U_N=220/380\text{V}$，$f_1=50\text{Hz}$，试求星形联结时：

（1）额定电流 I_N。

（2）起动电流 I_{st}。

（3）起动转矩 T_{st}。

（4）最大转矩 T_{max}。

4.12　三相异步电动机的技术数据如下：额定电压 220/380V，星形/三角形联结，功率 0.6kW，电流 1.4A，功率因数 0.86，转速 2870r/min，电源频率为 50Hz。求：

（1）电源输入功率。

（2）额定转矩。

（3）转差率。

（4）额定效率。

4.13　Y180L-4 型电动机的额定功率为 22kW，额定转速为 1470r/min，频率为 50Hz，最大电磁转矩为 314.6Nm。试求该电动机的过载系数。

4.14　某三相异步电动机其额定数据如下：转速 1450r/min，功率 10kW，电压 380V，三角形联结，效率 87.5%，功率因数 0.87，$T_{st}/T_N=1.4$，$T_{max}/T_N=2.0$。试求：

（1）接 380V 电压直接起动时的 T_{st}。

（2）采用星形/三角形转换减压起动时的 T'_{st}。

4.15　某三相异步电动机 $T_{st}=1.4T_N$，采用星形/三角形转换减压起动，问在下述情况下电动机能否起动？

（1）负载转矩为 $0.5T_N$。

（2）负载转矩为 $0.25T_N$。

4.16　某三相异步电动机，其起动能力为 1.3，当电源电压下降 30%时（即电源电压只有额定电压的 70%）时，电动机轴上的负载为额定负载的一半。试通过计算说明电动机能否起动。

4.17　某三相异步电动机，$U_N=380\text{V}$，$n_N=1430\text{r/m}$，$P_N=3\text{kW}$，$T_{st}/T_N=1.2$，求：

（1）T_{st} 和 T_N。

（2）额定负载情况下，若 $U=0.8U_N$，试通过计算说明电动机能否满载起动。

4.18　某 4.5kW 的三相异步电动机的额定电压为 380V，额定转速为 950r/min，过载系数为 1.6。求：

（1）T_N 和 T_{max}。

（2）当电压下降至 300V 时，能否带额定负载运行？

第5章

直流电动机和步进电动机

第 5 章　授课视频

5.1　直流电动机的结构和工作原理

直流电动机是把直流电能转换为机械能的转动装置。由直流电动机定子提供磁场，直流电源向转子的绕组提供电流，换向器使转子电流与磁场产生的转矩保持方向不变。人类最早发明和应用的就是直流电动机，目前它虽不如交流电动机应用普遍，但因其良好的调速性能，也在电力拖动中得到广泛应用。另外，直流电动机的起动转矩比较大，非常适合做汽车用起动机。虽然直流电动机的构造比较复杂，生产成本和维修维护技术要求也高，但在对调速要求高的生产机械或需要较大起动转矩的生产机械上常常采用直流电动机来驱动。汽车中的电动转动装置也都是利用直流电动机来实现的。

5.1.1　直流电动机的结构

直流电动机主要由定子（固定部分）和电枢（旋转部分）两大部分组成。图 5-1 所示为直流电动机的结构图。下面就一些主要的部件分别予以介绍。

1. 定子

定子主要由主磁极、换向磁极、机座、端盖和电刷装置等部件组成。

（1）主磁极　主磁极的作用是产生主磁场。绝大多数直流电动机的主磁极不是用永久磁体而是由励磁绕组通以直流电流来产生磁场的。主磁极结构如图 5-2 所示，由图可知主磁极主要由主磁极铁心和套装在铁心上的励磁绕组构成。一般主磁极铁心采用低碳钢板冲成一定形状叠装固定而成。

（2）换向磁极　在相邻的主磁极之间装有换向磁极，它也是由铁心和绕组构成。其作用是消除或减小换向时的火花，保护换向器，使电动机可

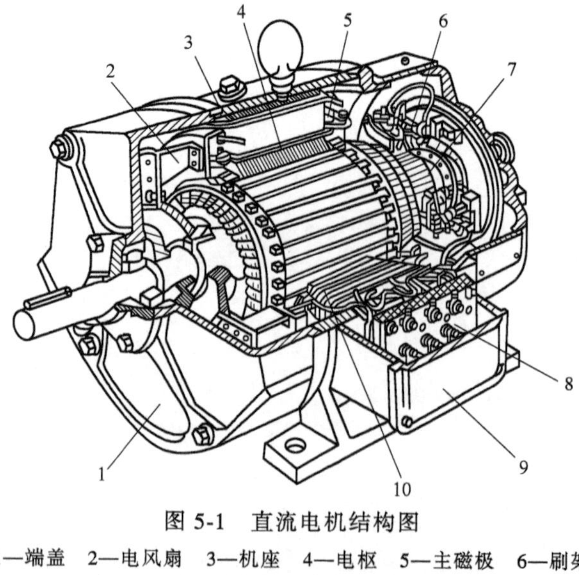

图 5-1　直流电机结构图

1—端盖　2—电风扇　3—机座　4—电枢　5—主磁极　6—刷架　7—换向器　8—接线板　9—出线盒　10—换向磁极

靠安全地运行。

(3) 机座 机座是直流电动机的骨架，结构如图 5-3 所示。它有两个作用：一是构成主磁路的一部分，使得在相同的电流下磁场增强；二是支撑和保护电动机，起到固定定子各部件和支持转子旋转的作用。机座中作为磁路通路的部分称为磁轭，主磁极和换向磁极固定于磁轭上。

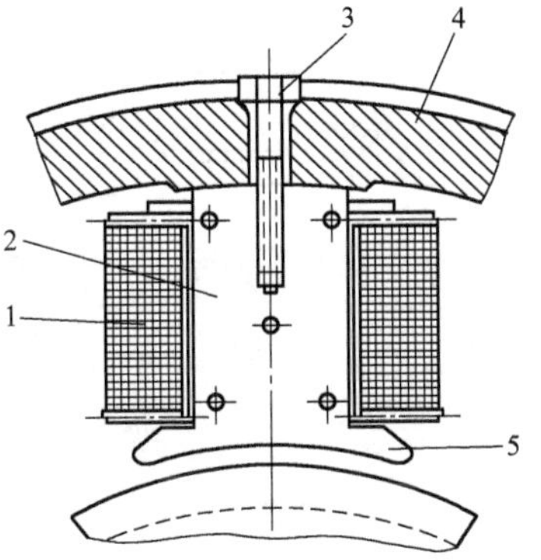

图 5-2 主磁极示意图

1—励磁绕组 2—极心 3—固定螺钉 4—定子铁心 5—极掌

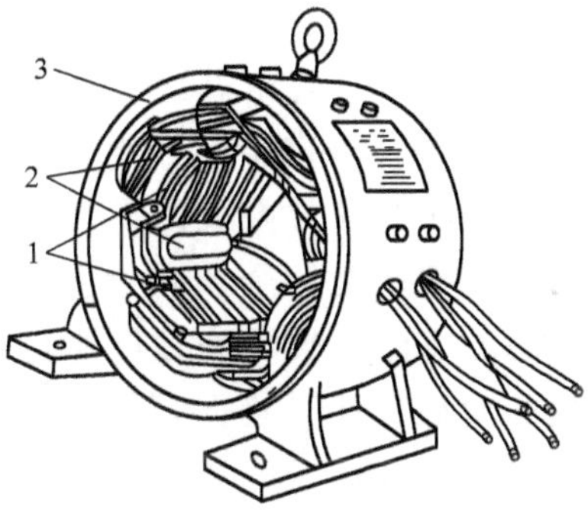

图 5-3 机座结构图

1—主磁极 2—换向磁极 3—机座

(4) 电刷装置 电刷装置一般由电刷、刷握、引线和电刷弹簧等构成，电刷的结构如图 5-4 所示。其作用是将外加电源的电流输入到转动的电枢中去，使静止部分与转动部分实现导电的功能。电刷是由石墨做成的导电块，放在刷握中，由弹簧机构施以一定的压力将其压在换向器表面上，电动机运行时与换向器表面形成滑动接触，电刷上焊的铜丝辫引入电流。电刷的组数即电刷杆数一般与主磁极的极数相等，各刷杆装在一圆形的可以转动的刷杆座上，刷杆座固定在一端的端盖上。

2. 电枢

直流电动机的转子是电动机实现能量转换的枢纽。电枢部分主要由电枢铁心、电枢绕组、换向器、转轴、轴承和风扇等组成。

(1) 电枢铁心 电枢铁心既是主磁路的一部分，又要嵌放电枢绕组。为了减小铁损耗，电枢铁心一般由涂有绝缘漆的 0.5mm 厚的硅钢片冲压后叠压而成，硅钢片边缘冲有槽口，叠成圆柱体后外表面形成许多均匀分布的槽，槽内嵌放着电枢绕组。图 5-5 所示为小型直流

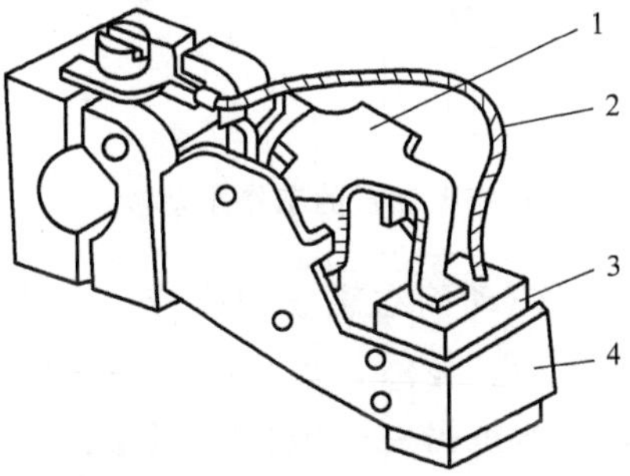

图 5-4 电刷的结构图

1—电刷弹簧 2—铜丝辫 3—电刷 4—电刷盒

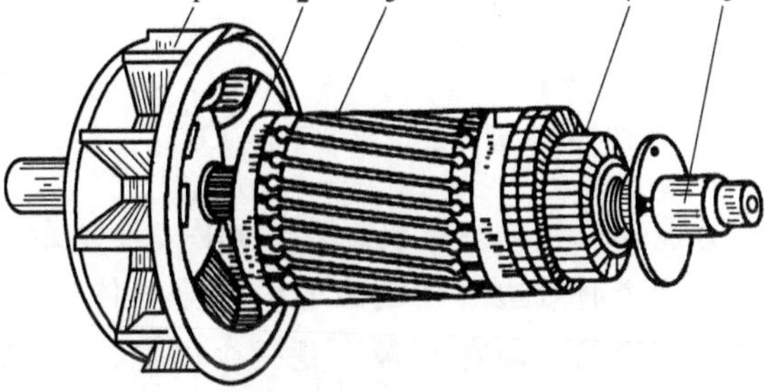

图 5-5 小型直流电动机的电枢示意图

1—风扇 2—电枢绕组 3—电枢铁心 4—换向器 5—转轴

电动机的电枢示意图。

(2) 电枢绕组 电枢绕组是产生电磁转矩和感应电动势，实现能量转换的主要部件。它由许多完全相同的线圈按一定的规律连接组成，并连接到换向片上，使绕组本身连成有两个引出端的串并联电路。线圈分上下两层放在电枢铁心的槽内，上下层间及线圈与电枢铁心间都要妥善地绝缘，线圈嵌好后槽口要用竹制或胶木制的槽楔封好，防止在转动时线圈受离心力的作用发生径向位移或被甩出来。

(3) 换向器 换向器装在电枢转轴的一端，由许多互相绝缘的铜质换向片叠成的圆环组成。电枢绕组每个线圈的两端分别接至两个换向片上。在直流电动机中换向器将电源的直流电转换为线圈中的交变电流，以获得方向不变的电磁转矩，换向器结构如图 5-6 所示，换向器由许多梯形铜片组成，片间用云母片绝缘，外表呈圆柱形。换向片和云母片组成的圆筒两端用 V 形云母套筒和 V 形金属压圈压紧，以使其成为一个整体并保存其绝缘性能，这样就构成了一个换向器。

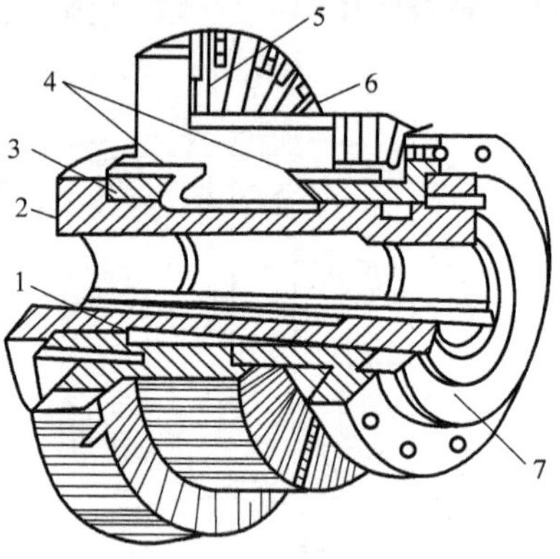

图 5-6 换向器结构示意图

1—绝缘套筒 2—钢套筒 3—V 形钢环 4—V 形云母环 5—云母片 6—换向片（梯形铜片） 7—金属压圈

5.1.2 直流电机的工作原理

任何电机的工作原理都是建立在电磁力和电磁感应这两个基础上的，对直流电机而言也是如此。

为了讨论直流电机的工作原理，可以把复杂的直流电机结构简化为图 5-7 和图 5-8 所示的工作原理图，即假设电机只具有一对磁极，电枢绕组只有一匝线圈，线圈两端分别连在两个换向片上，换向片上压着电刷 A 和 B。

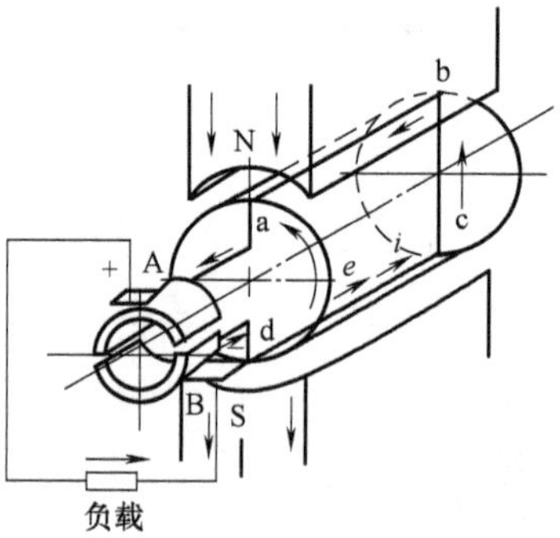

图 5-7 直流发电机的工作原理

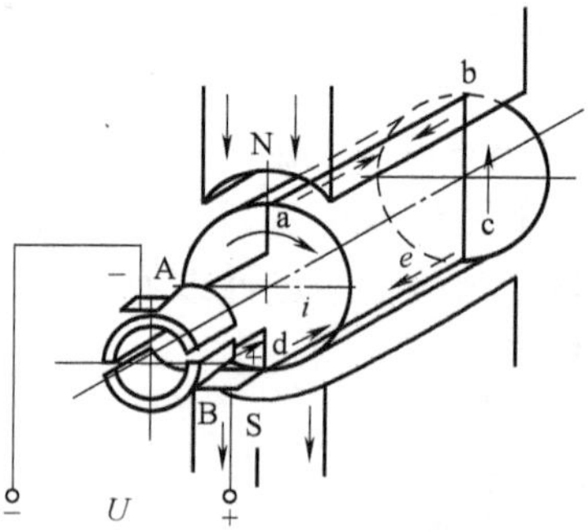

图 5-8 直流电动机的工作原理

直流电机作为发电机运行时如图 5-7 所示，电枢由原动机驱动而在磁场中旋转，在电枢绕组的两个有效边（切割磁通的部分导体）中便感应出电动势。显然，每一有效边中的电动势是交变的，即在 N 极下是一个方向，当它转到 S 极下时则是另一个方向。但是，由于电刷 A 总是同与 N 极下的一边相连的换向片接触，而电刷 B 总是同与 S 极下的一边相连的换向片接触，因此在电刷间就出现一个极性不变的电动势或电压。所以换向器的作用在于将直流发电机电枢绕组内的交变电动势换成电刷之间的极性不变的电动势。当电刷之间接有负载时，在电动势的作用下就在电路中产生一个方向固定的电流。

直流电机电刷间的电动势，记为 E_a，常用下式表示

$$E_a=K_e\Phi n \tag{5-1}$$

式中，Φ 是一个磁极的磁通，单位为韦伯（Wb）；n 是电枢转速，单位为转每分（r/min）；K_e 是与电机结构有关的常数。

直流电机运转时，电枢中的电流为

$$I_a=\frac{U-E_a}{R_a} \tag{5-2}$$

直流电机作为电动机运行时，如图 5-8 所示。将直流电源接在两电刷之间而使电流通入电枢绕组。电流方向应该是这样：N 极下的有效边中的电流总是一个方向，而 S 极下的有效边中的电流总是另一个方向。这样才能使两个边上受到的电磁力的方向一致，并使电枢转动。因此，当线圈的有效边从 N（S）极下转到 S（N）极下时，其中电流的方向必须同时改变，以使电磁力的方向不变，这也必须通过换向器才得以实现。另外，当电枢在磁场中转动时，绕组中也要产生感应电动势。这个电动势的方向（由右手定则确定，图 5-8 中用虚线箭头表示）与电流或外加电压的方向总是相反，所以称为反电动势。它与发电机的电动势的作用不同，后者是电源电动势，由此而产生电流。

直流电机电枢绕组中的电流（电枢电流 I_a）与磁通 Φ 相互作用，产生电磁力和电磁转矩。直流电机的电磁转矩常用表示为

$$T=K_T\Phi I_a \tag{5-3}$$

式中，K_T 是与电机结构有关的常数；Φ 是磁通，单位为韦伯（Wb）；I_a 是电枢绕组中的电流，单位为安（A）；T 是电磁转矩，单位是牛·米（N·m）。

直流发电机和直流电动机的电磁转矩的作用是不同的。

直流发电机的电磁转矩是阻转矩，它与电枢转动的方向或原动机的驱动转矩的方向相反；在图 5-7 中，应用左手定则就可看出。因此，在等速转动时，原动机的转矩 T_1 必须与发电机的电磁转矩 T 及空载损耗转矩 T_0 相平衡。当发电机的负载（即电枢电流）增加时，电磁转矩和输出功率也随之增加。这时原动机的驱动转矩和所供给的机械功率也必须相应增加，以保持转矩之间及功率之间的平衡，而转速基本上不变。

直流电动机的电磁转矩是驱动转矩，它使电枢转动。因此，电动机的电磁转矩 T 必须与机械负载转矩 T_2 及空载损耗转矩 T_0 相平衡。当轴上的机械负载发生变化时，则电动机的转速、电动势、电流及电磁转矩将自动调整，以适应负载的变化，保持新的平衡。譬如当负载增加，即阻转矩增加时，电动机的电磁转矩便暂时小于阻转矩，所以转速开始下降。随着转速的下降，当磁通 Φ 不变时，反电动势 E_a 必将减小，而电枢电流将增加，于是电磁转矩也随之增加，直到电磁转矩与阻转矩达到新的平衡后，转速不再下降，而电动机以较原先为低的转速稳定运行。这时的电枢电流已大于原先的电枢电流，也就是说从电源输入的功率增加了（电源电压保持不变）。

由上可知，直流电机作为发电机运行和作为电动机运行时，虽然都产生电动势和电磁转矩，但两者的作用截然相反，即

作为发电机运行时：E_a 和 I_a 方向相同；E_a 为电源电动势；阻转矩 T 有，$T=T_1-T_0$。

作为电动机运行时：E_a 和 I_a 方向相反；E_a 为反电动势；驱动转矩 T 有，$T=T_2+T_0$。

5.2　直流电动机的励磁方式

励磁方式是指励磁绕组的供电方式，直流电动机中主磁极的磁通是由励磁电流产生的，励磁方式与电动机的性能有密切关系。直流电动机有他励、并励、串励和复励 4 种励磁方式。直流电动机电路模型图如图 5-9 所示。他励方式的励磁绕组与电枢绕组分别由两个无关的直流电源供电。并励方式的励磁绕组与电枢绕组并联，其机械特性为硬特性。串励方式的励磁绕组与电枢绕组串联，串励直流电动机的过载能力大，其机械特性为软特性。复励电动机有两个励磁绕组，一个励磁绕组与电枢绕组构成串联电路，另一个励磁绕组与电枢绕组并联；如果两个励磁绕组的磁场方向相同，那么称为积复励，积复励直流电动机的机械特性较硬、过载能力较大。

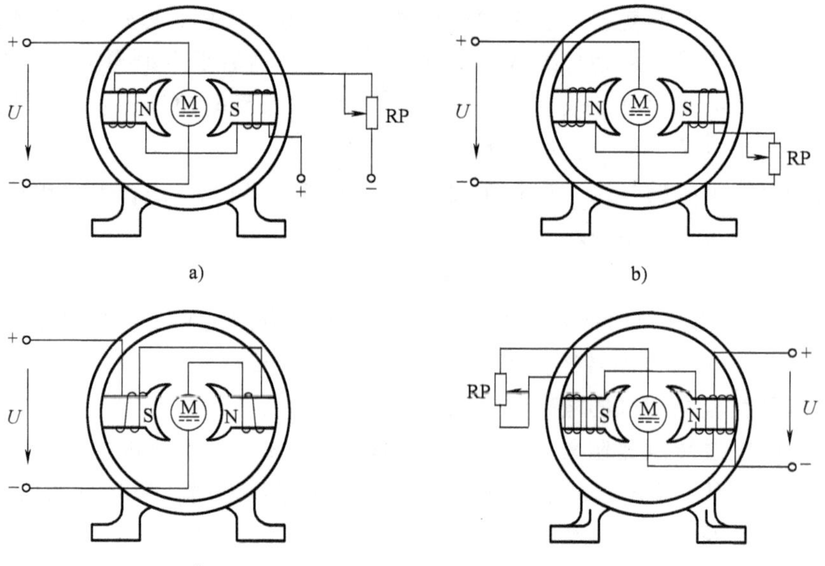

图 5-9　直流电动机电路模型图

a）他励　b）并励　c）串励　d）复励

5.2.1　他励直流电动机

他励电动机的励磁绕组和电枢绕组分别由两个独立电源供电，这样励磁电流的调节与电枢电压及电流的调节都可以单独进行而互不影响，他励直流电动机的等效电路图如图 5-10 所示。这种电动机常用于重型机床和采用调压调速的控制系统中。

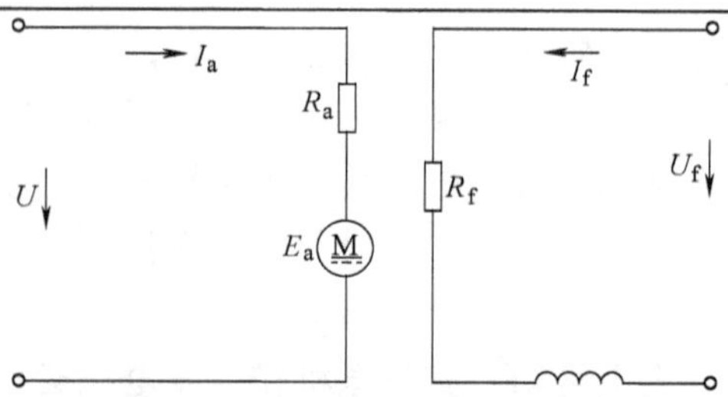

图 5-10　他励直流电动机的等效电路图

由图 5-10 可知电枢电流可由式（5-2）得到，而励磁电流为

$$I_f = \frac{U_f}{R_f} \tag{5-4}$$

式中，U_f 是励磁电压，R_f 是励磁电阻（包括励磁绕组电阻和励磁调节电阻）。
为了能用较小的电流产生足够的磁场，励磁绕组的匝数很多，导线截面很细，所以 R_f 比较大，一般的关系是 $R_f \gg R_a$。

5.2.2 并励直流电动机

并励直流电动机的励磁绕组与其电枢电路并联后，共同由一个直流电源供电。并励直流电动机的等效电路如图 5-11 所示，这时电源输出的电流等于电枢电流与励磁电流之和，即

$$I = I_a + I_f \tag{5-5}$$

并励直流电动机励磁绕组两端的电压就是电枢绕组两端的电压，但励磁电流一般仅为电枢电流的 1%（小型电动机）~5%（大型电动机）。

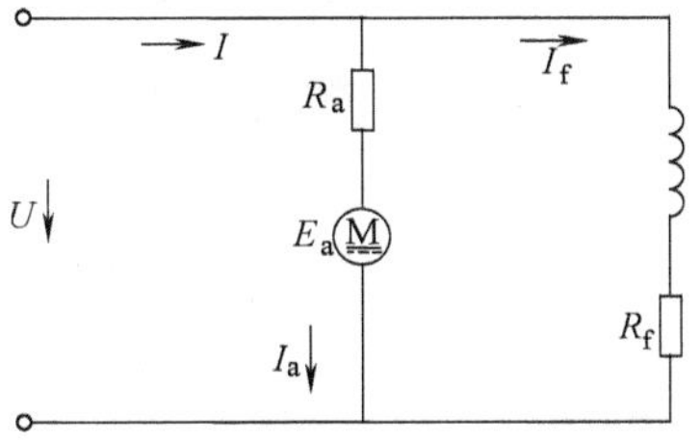

图 5-11 并励直流电动机的等效电路图

并励直流电动机在结构上与他励电动机并无本质区别，励磁绕组也是匝数多、导线细且电阻大，励磁电流也小，且与电枢电流无关（由励磁电路条件决定）。利用与励磁绕组串联的可变电阻 *RP* 改变励磁电流，就可改变磁场强度的大小。

并励电动机和他励电动机都是最常用的电动机，两者特性基本相同，只是励磁绕组的接法不同，由于并励电动机比后者节省一个电源，所以被广泛采用。

机械特性是指在电压 U 和励磁电流 I_f 一定的情况下电动机转速 n 与电磁转矩 T 之间的关系。

由式（5-1）可得

$$n = \frac{E_a}{K_e \Phi} \tag{5-6}$$

由图 5-11，利用基尔霍夫电压定律可得

$$E_a = U - I_a R_a \tag{5-7}$$

所以

$$n = \frac{U - I_a R_a}{K_e \Phi} \tag{5-8}$$

由式（5-3），用 T 代替 I_a，可得

$$n = \frac{U}{K_e \Phi} - \frac{R_a}{K_e K_T \Phi^2} T = n_0 - \beta T \tag{5-9}$$

式中，$n_0 = \dfrac{U}{K_e \Phi}$是当 $T=0$ 时的转速，称为理想空载转速，但是即使电动机不带负载空载转动，实际上也要克服其空载损耗转矩（主要是机械损耗转矩），即空载时 $T \neq 0$，所以实际

上，空载转速 n_0 比理想数值要偏低一些。$\beta=\dfrac{R_a}{K_e K_T \Phi^2}$ 一般认为是常数，βT 表示当负载增加后，电动机的转速比理想空载转速 n_0 降低的数值。

并励电动机机械特性曲线如图 5-12 所示。由于电枢电阻 R_a 很小，使得 β 的值也很小，所以在 T 增加时，转速 n 下降不多，一般从空载到满载转速的降低只有 3%～8%。当负载变化时，转速变化不大的特性称为并励电动机的硬特性。并励电动机适合于负载变化大、但要求转速基本不变的场合。

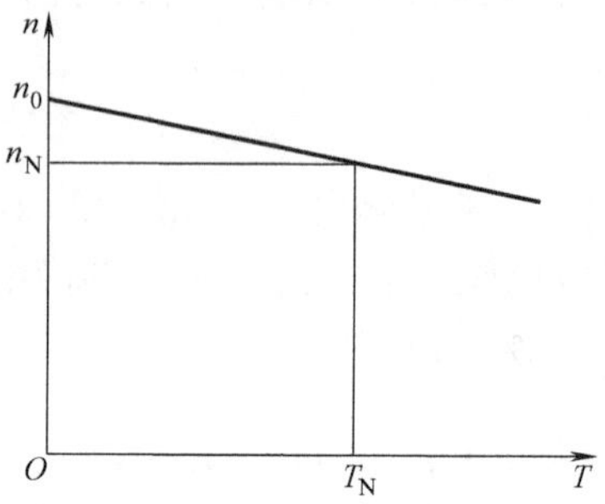

图 5-12　并励电动机机械特性曲线

5.2.3　串励直流电动机

串励直流电动机的励磁绕组和电枢绕组串联后，由一个电源供电。串励直流电动机的等效电路如图 5-13 所示。可见串励直流电动机的励磁电流就是电枢电流，其数值为

$$I_a=I_f=\frac{U-E_a}{R_a+R_f} \tag{5-10}$$

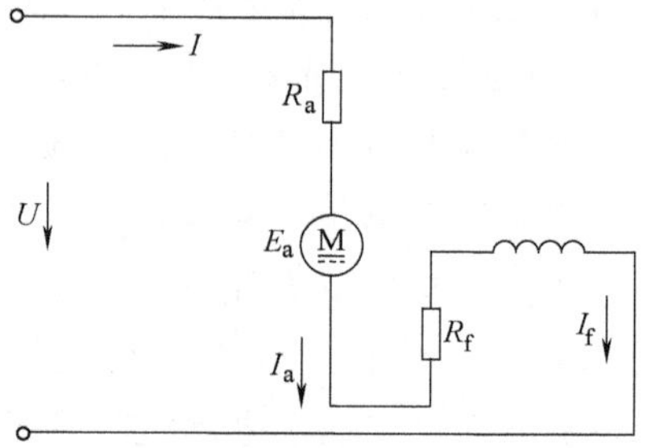

图 5-13　串励直流电动机的等效电路图

由于串励电动机的励磁绕组是和电枢串联的，所以电动机内磁场随着电枢电流的改变会有显著的变化。为了使励磁绕组中不致引起大的损耗和电压降，励磁绕组的电阻越小越好，所以串励直流电动机的励磁绕组通常用较粗的导线绕成。又由于励磁电流比较大，励磁绕组在匝数不多的情况下就可以建立足够的主磁通，所以串励电动机励磁绕组比并励电动机励磁绕组的匝数少。

由于串励电动机的励磁电流就是电枢电流，所以主磁通（Φ）是随电枢电流（I_a）变化的，这就使得主磁通随机械负载的变化而变化，所以串励直流电动机的特性和并励直流电动机的特性相差很大。当负载比较轻时，电枢电流比较小，磁极未达到饱和，由于主磁通和电枢电流成正比，所以串励直流电动机的电磁转矩和电枢电流的二次方成正比，这说明在相同的电枢电流下，串励直流电动机产生的转矩比并励或他励直流电动机产生的转矩大。

当负载变化时，串励直流电动机的转矩变化较大，这是串励直流电动机的特点之一。

由图 5-13 可得

$$E=U-I_a(R_a+R_f) \tag{5-11}$$

根据式（5-1）、式（5-3）及式（5-11）可得

$$n=\frac{U}{K_e\Phi}-\frac{R_a+R_f}{K_e K_T \Phi^2}T \tag{5-12}$$

式（5-12）就是直流电动机的机械特性方程式。当负载不大时，磁路未饱和，随着负载

转矩的增加，电枢电流也随之增加，从而使磁通增加，由式（5-12）可知，这会引起转速急剧下降。当负载比较大时由于磁路饱和，随着负载转矩的增加，磁通的增加减慢，以致几乎不增加，因而转速随转矩的增加而下降的速率减慢，由此可以得出串励电动机随负载的变化，转速也呈急剧的变化，这种特性称为软特性。串励直流电动机的机械特性曲线如图 5-14 所示。

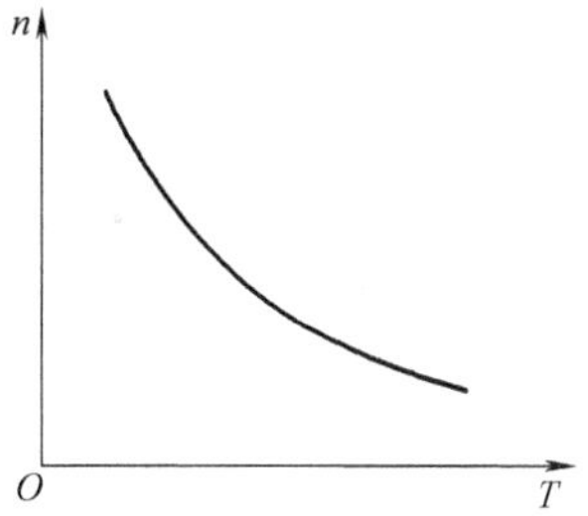

图 5-14　串励直流电动机的机械特性曲线

由以上分析可知，串励电动机适用于拖动负载转矩在较大范围内变化和要求有较大的起动转矩的生产机械，例如牵引机械、起重设备等。当负载转矩很大时，转速下降很大，以保证安全运行；当负载转矩较小时，转速升高，以提高生产效率。

从图 5-14 可知，使用串励电动机时，不能让电动机在空载或低于 25%额定负载的情况下运行。因为这时电枢电流比较小，磁通较小，转速会过高，可能超出转子机械强度所允许的限度，这是很危险的。为了防止发生上述情况，串励电动机不应采用带传动，以防传动带滑脱或断裂时，造成电动机空载而产生“飞车”现象。

5.2.4　复励直流电动机

复励直流电动机的主磁极上装有两个励磁绕组。一个励磁绕组与电枢电路并联，称为并励绕组；另一个励磁绕组与电动机电枢串联，称为串励绕组；两绕组共同由一个直流电源供电。复励直流电动机的等效电路图如图 5-15 所示。

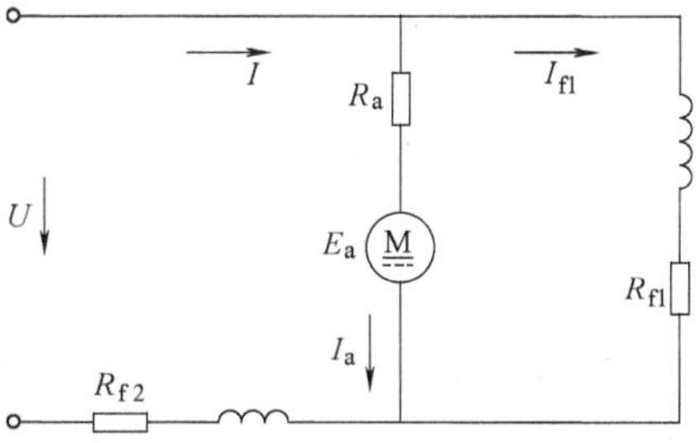

图 5-15　复励直流电动机的等效电路图

复励直流电动机的主磁通是由并励绕组和串励绕组共同产生的，其工作特性介于并励和串励直流电动机之间。当并励绕组的励磁作用大于串励绕组的励磁作用时，工作特性就接近于并励直流电动机；反之工作特性就接近于串励直流电动机。

复励电动机的励磁状态根据两个励磁绕组磁通的方向相同或相反，可分为积复励和差复励。当两个励磁绕组产生的磁通方向相同，使励磁磁场增强时，称为积复励，它的主磁通随电枢电流的增加而增强。当两个励磁绕组产生的磁通方向相反，使磁场削弱时，称为差复励，它的主磁通随电枢电流的加大而减小。

由于复励电动机的工作特性同时具有并励电动机和串励电动机的特点，因此它的应用范围较广，既适用于负载转矩变化大、需要比较软的机械特性的生产设备中，又适用于要求在空载和轻载下能运行的生产机械中。

5.3　直流电动机的起动、反转和调速

掌握直流电动机的工作特性为正确选用直流电动机打下了基础，但是要很好地运用它必须了解直流电动机的起动、反转、调速和制动的方法。

5.3.1 直流电动机的起动

电动机在起动的瞬间，$n=0$，所以 $E_a=0$，此时电枢电流称为起动电流（I_{st}）。根据式（5-2）可知

$$I_{st}=\frac{U}{R_a} \tag{5-13}$$

由于电枢电阻（R_a）很小，因此起动电流可达额定值的 10~20 倍，这么大的电流将会损坏换向器和电枢绕组，并使供电线路的电压下降。一般只有容量小的小型电动机才能在额定电压下直接起动，这是因为小型电动机电枢电阻的数值并不小，且其转动惯量小，起动时转速上升快，升速时间短；而容量稍大的直流电动机就必须设法减小起动电流了。

根据式（5-13）可知，为了减小起动电流，对于容量稍大的直流电动机，起动时可降低加在电枢绕组上的电压，或在电枢电路中串联起动变阻器。

1. 减压起动

减压起动的方法只适用于他励直流电动机。这种方法要求有一个电压可变的直流电源（如晶闸管电源）专供电枢使用。起动时降低电枢电压，待起动后随着转速的升高逐步升高电枢电压，直到转速达到额定值。

2. 串联起动变阻器

图 5-16 所示为并励直流电动机电枢电路串联变阻器起动的原理电路图，图中 *RP* 为电动机起动用的变阻器（称为起动变阻器），它是一个可变电阻。起动时，应将串联在电枢电路中的起动变阻器置于阻值最大的位置，以限制起动电流。只要起动转矩大于负载转矩，电动机便加速旋转，为了保持一定的加速净转矩，将可变电阻逐级减小，直到电动机转速上升至稳定值，这时再把可变电阻全部切除。为保证足够的起动转矩且起动时间不致过长，起动电流也不能限制过小。起动电阻的阻值通常以限制起动电流为额定电流的 1.5~2.5 倍为最佳。否则虽然把起动电流限制住了，但是由于电流太小，导致起动时间变得过长，一方面满足不了生产需要，另一方面会使电流的热效应增加，容易烧坏绕组。

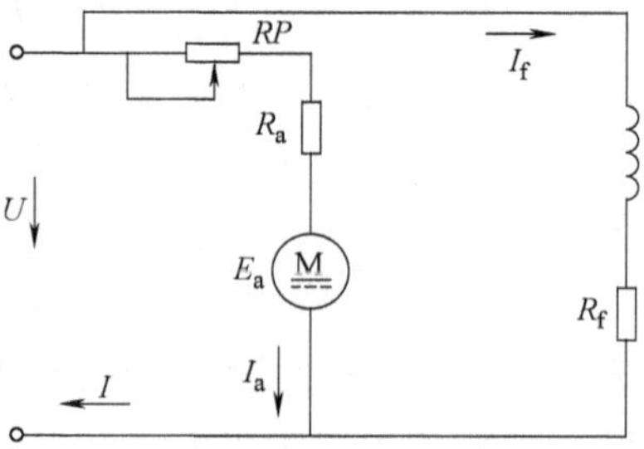

图 5-16 并励直流电动机电枢电路串联变阻器起动原理电路图

5.3.2 直流电动机的反转

改变电动机电枢绕组的旋转方向就是直流电动机的反转。实现方法是改变电动机电磁转矩方向。电磁转矩的方向由两个因素决定，即主磁通方向和电枢电流的方向，因此，改变电枢电流或主磁通的方向都能使电磁转矩方向改变，从而实现电动机反转。具体方法为改变加在电枢绕组两端电压极性或改变励磁电压极性。

1. 改变电枢电压极性

把两个电刷的接线调换，就可使电枢供电电压的极性改变，从而使流过电枢绕组的电流

方向改变，图 5-17 所示为并励直流电动机改变电枢电压极性电路图，该电路采用了双刀双掷开关 S。当 S 置于左侧时，电枢电流 I_a 方向如图 5-17a 所示，当 S 置于右侧时，电枢电流 I_a 的方向如图 5-17b 所示。

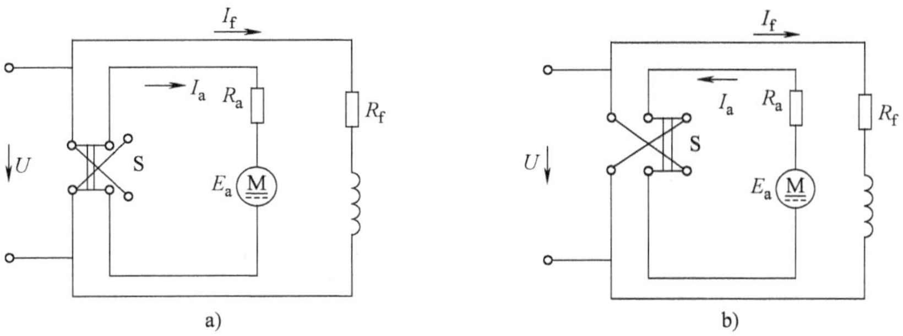

图 5-17 并励直流电动机改变电枢电压极性电路图

2. 改变励磁电压极性

将励磁绕组两极接线调换，即可改变励磁电压的极性，使励磁电流方向改变，从而使主磁通的方向改变。这种实现反转的方法在实际中一般很少采用。因为改接励磁绕组接线时，励磁电流有可能出现中断，从而引起“飞车”事故。

5.3.3 直流电动机的调速

由式（5-9）可知，当转矩 T 不变（负载不变）时，影响电动机转速高低的主要因素是电枢回路电阻 R_a、主磁通 Φ 和电源电压 U。所以电动机的转速可以用下述 3 种方法调节。

1. 改变电枢电路的电阻调速

图 5-18 所示为并励直流电动机电枢电路串联电阻 RP 的调速原理图，该电阻称为调速电阻，它与起动电阻 R_a 作用不同，R_a 供长期使用，RP 供短期使用。

此时并励直流电动机的转速为

$$n=\frac{U}{K_e\Phi}-\frac{R_a+R_e}{K_eK_T\Phi^2}T \qquad (5\text{-}14)$$

由式（5-14）可知：在电枢电路中串联调速电阻后，电动机的转速降增大，从而降低了电动机转速。

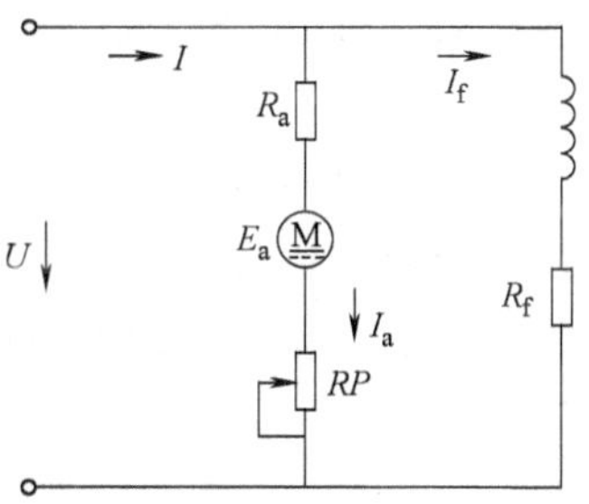

图 5-18 并励直流电动机电枢电路串联电阻 RP 的调速原理图

改变电枢电路的电阻调速的物理过程为：当使电阻 RP 增加时，在最初瞬间电动机的转速因惯性作用仍维持原来的数值，所以反电动势将保持不变，但是电枢电流 I_a 因 RP 的增大而减小。因为励磁电流 I_f 没有改变，主磁通 Φ 也保持不变。电枢电流的减小将引起电磁转矩 T 的减小，但此时机械负载转矩 T_L 不变，所以电磁转矩小于负载转矩，电动机转速下降，反电动势将随着转速的下降而成正比例减小，使电枢电流重新增大，电磁转矩于是开始增加，直到与负载转矩相等为止，此时电动机转速不再继续下降，而是在比原来稍微低的转速下稳定运行。

调速的物理过程可用图 5-19 所示的机械特性曲线上的箭头来表示：电动机原处在 a 点以转速 n_N 稳定运行，增加电阻 RP 后电动机的工作点经 $a\to b\to c\to d\to e$ 转换，最后电动机在新的工作点 e 下以转速 n_2 稳定运行，此时 $n_2<n_N$。图中 R_0、R_1 和 R_2 为 RP 的不同数值，由此可以看出 R_0 最小，R_2 最大。

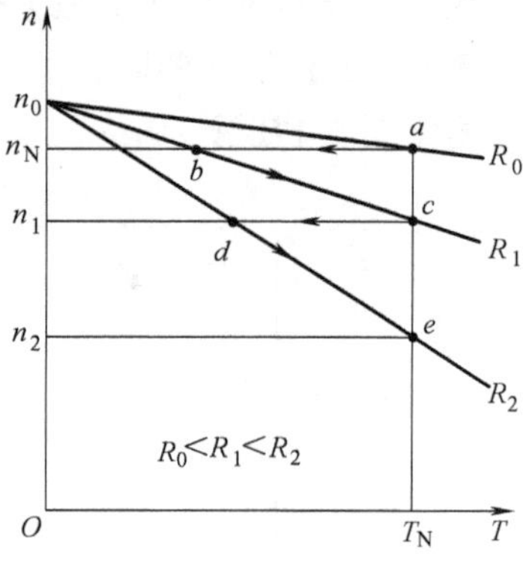

图 5-19 调速物理过程图

这种调速方法的特点是：

1）只能在额定转速 n_N 以下进行调节，简称为下调。

2）由于流过调速电阻 RP 上的电流为电枢电流，其数值较大，故 RP 上的能量损耗较大，不经济。

3）使电动机的机械特性变软。当负载变动时，电动机的转速变化较大，这对于有稳速要求的负载来说是不利的。

4）励磁电流不受影响，数值保持不变，此种方法适用于恒转矩负载调速。

5）调控方法简单，容易实现。

2. 改变励磁电流调速

若将调速电阻 RP 串联于励磁电路中形成如图 5-20 所示的调节电路，则调节 RP 就可调节励磁电流的大小。当 RP 增大时，励磁电流 I_f 减小，主磁通 Φ 减小。由直流电动机的机械特性可知：电动机的空载转速 n_0 和转速降 Δn 都将增大，但是 n_0 要比 Δn 的增大的幅度更大，这样转速 n 就会增加。也就是说，当负载不变时，增大励磁回路电阻，电动机转速增加。

改变励磁电路的电阻调速的物理过程为：当增大励磁电路中的电阻 RP 时，励磁电流 I_f 减小，从而使主磁通 Φ 也随之减小；在 I_f 开始减小的瞬间，电动机的转速还没来得及变化，因此反电动势 E_a 将随着主磁通的减小而减小，E_a 减小使电枢电流 I_a 增大，但 I_a 的增大程度比主磁通 Φ 的减少程度多，从而使电磁转矩 T 增大，这时由于电磁转矩大于负载转矩 T_L，所以电动机加速。转速的升高使反电动势 E_a 将逐渐增大，于是电枢电流与电磁转矩 T 随之下降，直到电磁转矩重新等于负载转矩 T_L。此时电动机的转速不再上升，而以比原来稍高的转速继续稳定运行。

改变励磁电流调速的物理过程也可以在机械特性曲线上表示出来。如图 5-21 所示为调

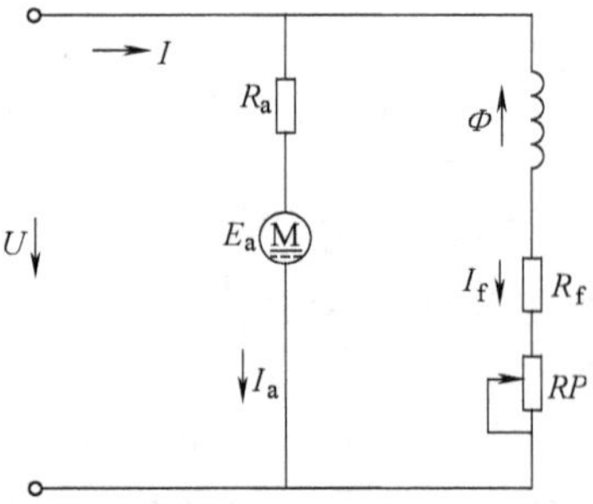

图 5-20 并励磁电路串联电阻调速原理图

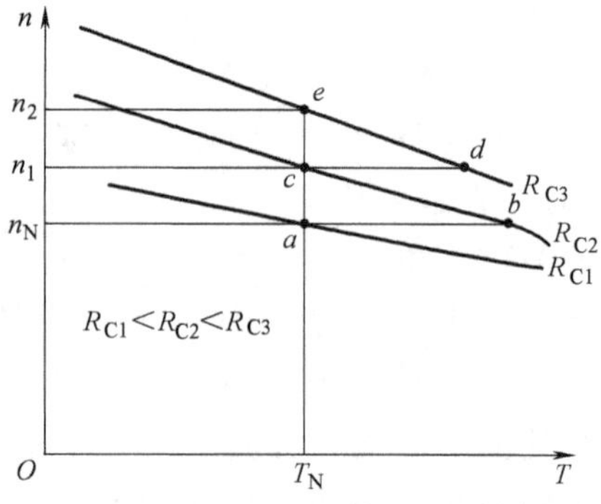

图 5-21 调速物理过程图

速的物理过程，电动机原来在 a 点以转速 n_N 稳定运行，增大励磁调节电阻 RP 后，电动机工作点将经 $a \to b \to c \to d \to e$ 的转换，最后电动机在新的工作点 e 下以转速 n_2 稳定运行，此时 $n_2 > n_N$。图中 R_{C1}、R_{C2} 和 R_{C3} 为 RP 的不同数值，可以看出 R_{C1} 最小，R_{C3} 最大。

这种调速方法的特点是：

1）调速平滑，可做到无级调速。

2）流经调速电阻 RP 的励磁电流较小，故功率损耗小，比较经济。

3）调速后机械特性较软，运行的稳定性差。

4）调速范围比较小。

5）只能在额定转速 n_N 以上调速，简称为上调，也称为弱磁调速。

3. 降低电源电压调速

直流电动机常由单独的可调整流装置供电，目前用得最多的可调直流电源是晶闸管整流装置。因此调节电源电压就可均匀调速，由于加在电枢上的电压不能超过额定值 U_N，所以这种调速方法只能在额定转速 n_N 以下做均匀调速。

这种调速方法具有调速范围广、平滑性好等优点。但需要专用的直流调压电源。

4. 制动

直流电动机制动常用的方法有能耗制动和反接制动。

(1) 能耗制动 能耗制动控制电路如图 5-22 所示，当把开关 S 从位置 1 转到位置 2，电枢与电源断开，而与一个制动电阻形成闭合回路。此时由于励磁电路仍接通电源，电枢在惯性的作用下继续转动，由于此时的转动是在固定磁场中的转动，所以电枢绕组切割磁力线，并通过制动电阻构成感应电流，从而产生制动电磁转矩，使电动机迅速停止转动，一旦转子绕组停止转动，电动机绕组中的电流也会变为零，此时即无电磁转矩，只要断开电源即可。

由图 5-22 可知，制动力矩的大小取决于制动电阻的大小。如果制动电阻小，则产生的制动力矩就大，制动时间即变短。但制动电阻不能过小，应使它的取值满足制动电流为正常工作时电流的两倍左右。

(2) 反接制动 反接制动就是制动时将电源电压极性反接、产生制动力矩的制动方法。反接制动的制动如图 5-23 所示，将双刀双掷开关从位置 1 转到位置 2 时，电枢电流将发生改变，但此时励磁电流方向不变，这样电枢绕组就突然受到与其旋转方向相反的电磁转矩，在该转矩下电枢做减速运动，直到转速为零。但如果此时不将电动机断电，电动机又会以相反的方向旋转，所以在实际操作中一定要注意及时断电。

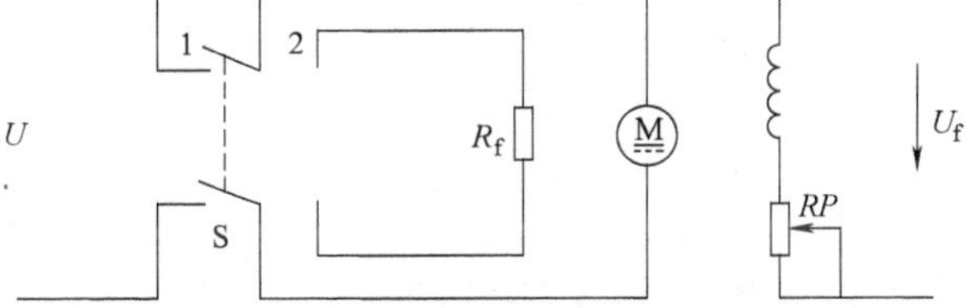

图 5-22 能耗制动控制电路原理图

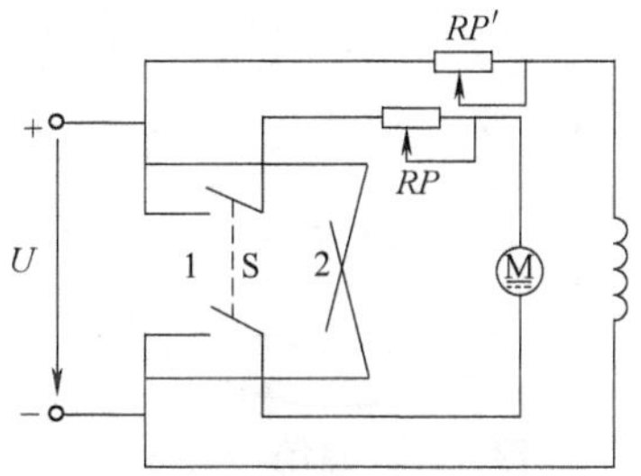

图 5-23 反接制动的制动原理图

5.4 直流电动机在汽车控制电路中的应用

5.4.1 汽车起动机用直流电动机

汽车起动机多采用直流串励电动机。直流电动机的作用是产生起动转矩，其结构如图 5-24 所示。由于作为汽车起动机的电动机工作电流大，转矩大，工作时间短（一般为 5s 左右），因此要求电动机零件的机械强度高，电路电阻小。

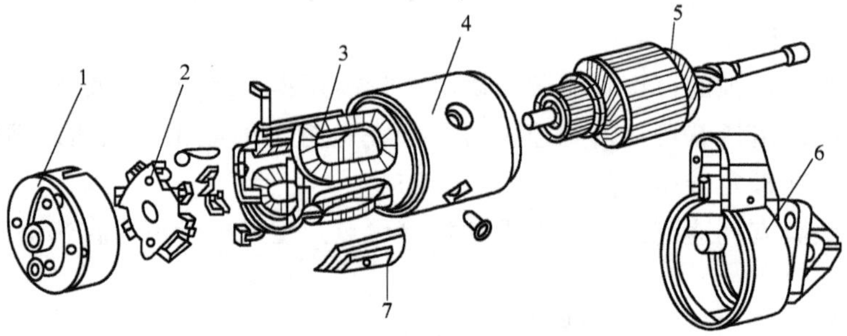

图 5-24 直流电动机的组成

1—前端盖 2—电刷与电刷架 3—励磁绕组 4—电动机外壳 5—电枢总成 6—后端盖 7—磁极

1. 磁场部分

磁场部分由磁极、励磁绕组和外壳组成。磁极用螺钉固装在外壳的内壁上，为加强磁场并增大转矩，起动机使用的电动机采用 4 个磁极。有的大功率起动机使用的电动机（功率超过 17.4kW）则采用 6 个磁极，每个磁极上套装励磁绕组，经通电励磁后使 N、S 极相间排列，并利用外壳形成磁路，如图 5-25 所示。

励磁绕组由矩形截面的铜导线绕成，每个绕组匝数较少，绕组的一端接在外壳的绝缘接线柱上，另一端与绝缘电刷连接后再与电枢绕组串联。对于 4 个磁极的励磁绕组，每两个绕组先分别串联，再并联为两路，如图 5-26 所示，这样可以在绕组铜导线截面尺寸相同的情

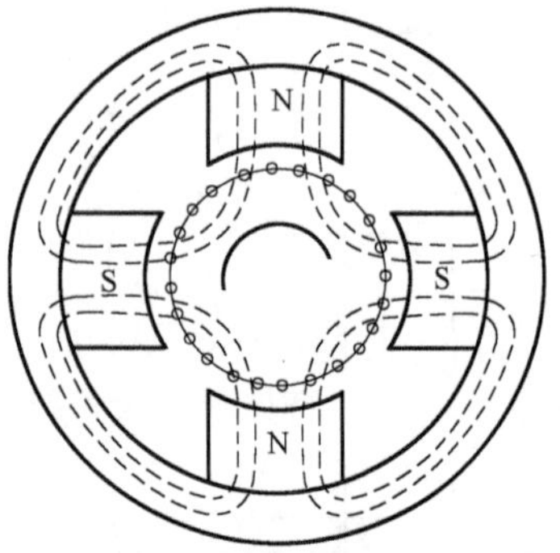

图 5-25 磁场与磁路

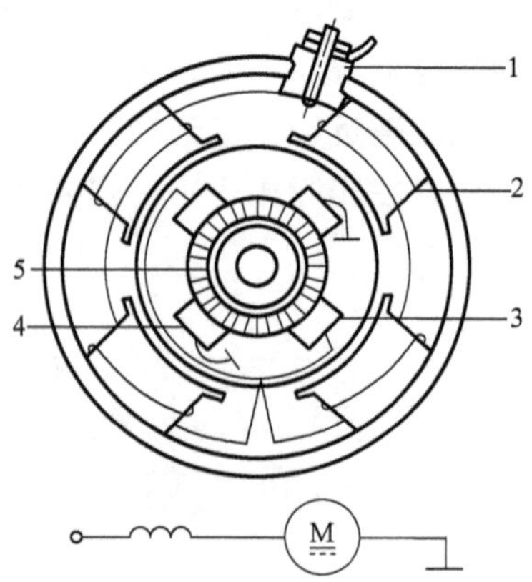

图 5-26 励磁绕组的连接

1—绝缘接线柱 2—励磁绕组 3—绝缘电刷 4—搭铁电刷 5—换向器

况下减小电动机电路的电阻，增大起动电流，从而增大起动转矩。

2. 电枢部分

电枢由铁心绕组、电枢轴和换向器等组成。铁心由硅钢片叠压而成，以内花键固定在轴上。铁心的外表面槽内放有电枢绕组，采用较粗的矩形截面铜导线绕成波形绕组。铜导线间用绝缘纸隔开防止短路，且为了防止铜导线在电枢旋转时的离心力作用下甩出，在槽口两侧的铁心上用轧纹将铜导线挤紧。

换向器由铜片和云母片叠压而成，如图 5-27 所示，压装于电枢轴的一端，铜片间互相绝缘并与轴绝缘。为避免电刷磨损的粉末落入换向器铜片间造成短路故障，铜片间的云母片不能过低。电枢绕组的各端头均焊接于换向器铜片上，换向器和电刷滑动接触，将蓄电池的电能引入绕组（从绝缘电刷流入，从搭铁电刷流出）。

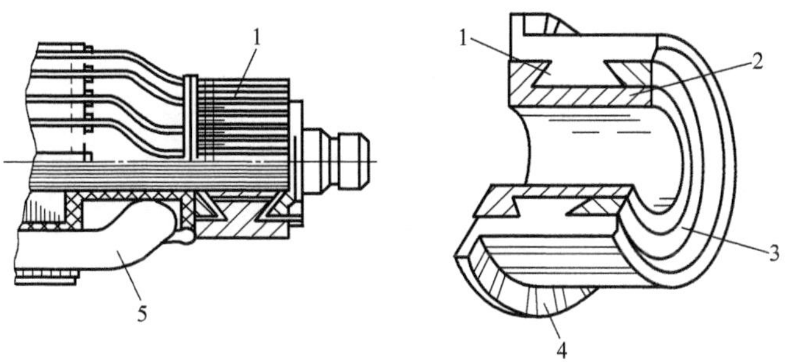

图 5-27 换向器剖面示意

1—铜片 2—轴套 3—压环 4—接线凸缘 5—电枢

电枢轴的另一端制有传动花键，用于与传动机构配合。电枢轴前后端由石墨青铜平轴承支撑，中间有一支撑板支撑。轴的后部装有一限位螺母（或限位圈），用以承受传动机构后移时的冲击力。轴的尾端较细，轴肩部与后端盖之间装有止推垫圈，以调整轴向间隙。

3. 电刷装置

电刷用铜粉和石墨粉压制而成，一般含铜 80%～90%，石墨 10%～20%，以减小电刷电阻并增加其耐磨性。为减小电刷上的电流密度以限制与换向器表面接触处的发热量，采用的电刷个数等于磁极个数。电刷架采用箱式结构，铆装于前端盖上，安装绝缘电刷的电刷架须与端盖绝缘，而搭铁电刷则通过电刷架直接搭铁。搭铁电刷架与绝缘电刷架数量相等，相间排列。电刷装于架内，并由螺旋卷簧压紧在换向器上，如图 5-28 所示。

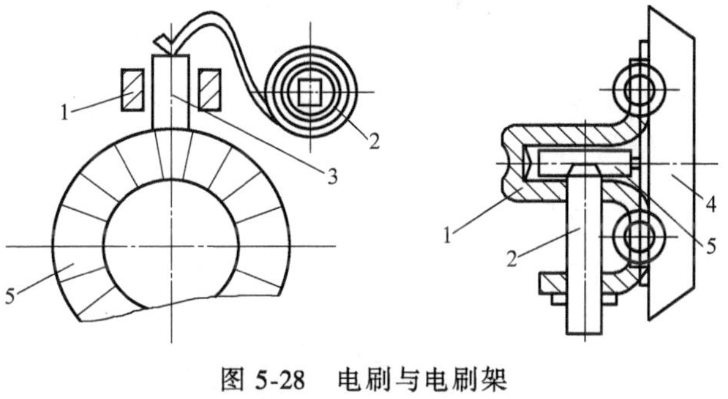

图 5-28 电刷与电刷架

1—箱式电刷架 2—螺旋卷簧 3—电刷 4—前端盖 5—换向器

汽车用起动机的直流电动机端盖分前、后两个，前端盖由钢板压制而成，后端盖由灰铸铁浇铸而成，呈缺口杯状，如图 5-24 所示的后端盖。

5.4.2 电动刮水器

为了提高汽车在雨天和雪天行驶时驾驶员的能见度，专门设置了风窗玻璃刮水器。刮水器有真空式、气动式和电动式 3 种。现代汽车一般采用电动刮水器，其优点是结构简单、控制方便。

1. 构造和工作原理

电动刮水器由电动机和一套传动机构组成，如图 5-29 所示。电动机由微型直流电动机驱动，带动蜗杆减速机构使与蜗杆相连的摇臂带着两侧拉杆做往复运动，拉杆则通过摆杆带着左右刮水片架做往复摆动，安装在刮水片架上的橡皮刮水片便刷去风窗玻璃上的雨水、雪和灰尘。

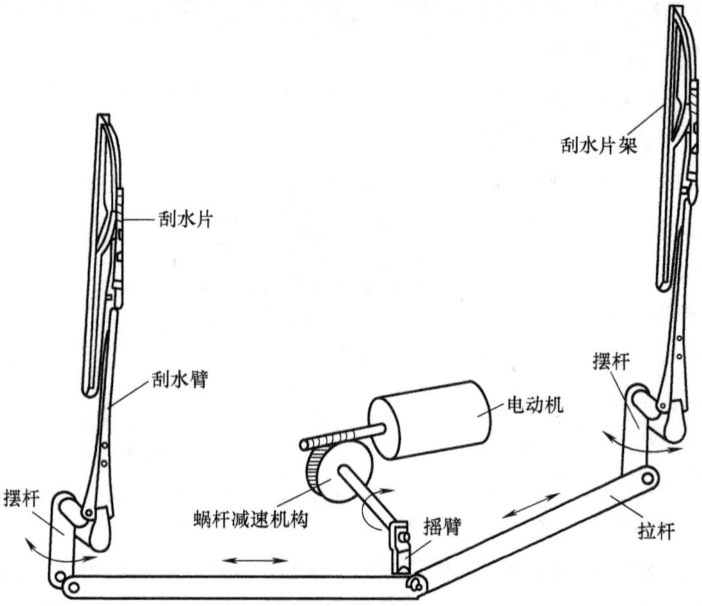

图 5-29 电动刮水器的工作原理图

刮水电动机按其磁场结构分为绕线式和永磁式两种。永磁式具有体积小、重量轻和构造简单等优点，它的磁极为铁氧体永久磁铁，因为铁氧体具有不易退磁且价廉的特性，所以目前在国内外汽车上被广泛采用。刮水电动机一般有高、低两种工作速度。

电动机常采用改变两电刷间串联的电阻数的方法对其进行调速，双速刮水器的工作原理如图 5-30 所示。

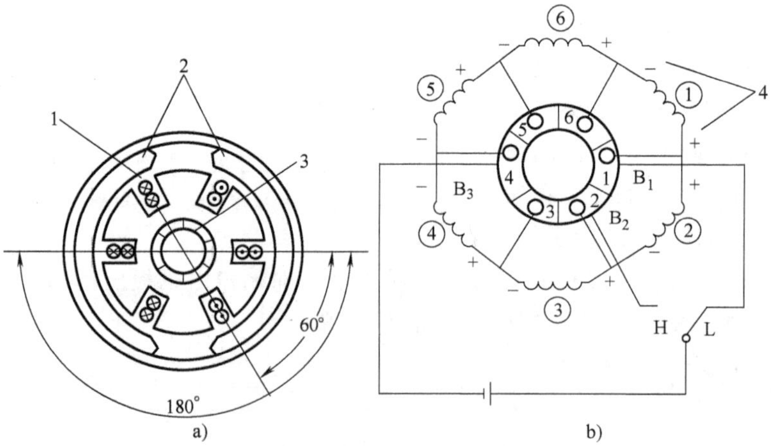

图 5-30 双速刮水器的工作原理

a）结构原理 b）电路原理

1—电枢绕组 2—永久磁体 3—换向器 4—反电动势

永磁式三刷电动机是利用 3 个电刷来改变正负电刷之间串联的线圈数实现变速的。当直流电动机工作时，在电枢内同时产生反电动势，其方向与电枢电流的方向相反。如要使电枢旋转，外加电压 U 必须克服反电动势 E_a 的作用，即 $U>E_a$，当电枢转速上升时，反电动势也相应上升，只有当外加电压 U 几乎等于反电动势 E_a 时，电枢的转速才趋于稳定。

三刷式电动机旋转时，电枢绕组所产生反电动势的原理如图 5-30b 所示。当开关拨向“L”时，电源电压 U 加在 B_1 和 B_2 之间，在 B_1 和 B_2 之间有两条并联支路，一条是由线圈①、⑥和⑤串联起来的支路，另一条是线圈②、③和④串联起来的支路，即在 B_1 和 B_3 之间有两条支路，每条支路各 3 个线圈。这两路的线圈产生的全部反电动势与电源电压平衡后，电动机便稳定旋转。由于有 3 个线圈串联的反电动势与 U 平衡，所以转速较低。

当开关拨向“H”时，电源电压加在 B_2 和 B_3 之间，由图 5-30b 可知。电枢绕组的支路一条由 4 个线圈，即②、①、⑥和⑤串联，另一条由两个线圈，即③和④串联。其中线圈②的反电动势与线圈①、⑥和⑤的反电动势方向相反，互相抵消后，等效变为只有两个线圈的反电动势与电源电压平衡，因而只有转速升高使反电动势增大才能得到新的平衡，故此时转速较高。由此可见，两电刷间的导体数减少，就会使电动机的转速升高，这就是永磁式三刷电动机变速的原理。

2. 自动复位和间歇式刮水功能

当切断电源时，为了不影响驾驶人的视线，要求刮水片自动复位。当刮水器开关关闭时，如果刮水片没有停到规定位置时，由于电枢的惯性，电动机不可能立即停止转动，于是电动机以发电机方式运行，此时电枢绕组因短路而产生很大的反电动势，产生制动力矩，电动机迅速停止转动，使刮水片复位到风窗玻璃的下部。

汽车在小雨、雾天及小雪天气中行驶时，如按前述的刮水器速度（即使是低速）进行刮拭，那么风窗玻璃上的微量水分和灰尘就会形成一个发黏的表面。这样不仅不能将风窗玻璃刮拭干净，反而会使玻璃模糊不清，留下污斑，影响驾驶员的视线。因此现代汽车上一般都增设了电子间隙控制系统。在碰到上述情况时，开动间隙开关，使刮水器按一定周期自动开始和停止刮拭，即每刮水一次即停止 2~12s。这样可使驾驶员获得良好的视野。

5.4.3 汽车电动车窗电动机

(1) 电动车窗的组成 电动车窗一般由玻璃及升降器、车窗、可逆式直流电动机、减速器和直流开关等组成。电动车窗的电动机及开关等在车上的布置如图 5-31 所示。

(2) 电动车窗电动机的特点 电动车窗使用的电动机是双向的，广泛采用的为永磁型，但也有采用双绕组串励型。现代汽车的每个车窗都装有一个电动机，通过开关控制电流的方向，使电动机正向或反向旋转，电动机旋转时，就会通过传动机构使车窗上升或下降。所有电动车窗开关装在每个乘员门的中部，为分开关，由乘员进行操作。每个车窗都通过总开关搭铁，所以电流不但通过每个车窗上的分开关，还要通过总开关上的相应开关。有的汽车在总开关上装有锁止开关，如将它断开，分开关就不起作用。

为了防止电路过载，电路或电动机内装有一个或多个热敏断路开关，用来控制电流。当车窗完成关闭或由于结冰使车窗玻璃不能自由运动时，即使操纵的开关没有断开，热敏开关也会自动断路，有的车上还专门安装一个延时开关，在点火开关断开以后约 10min 内或在车

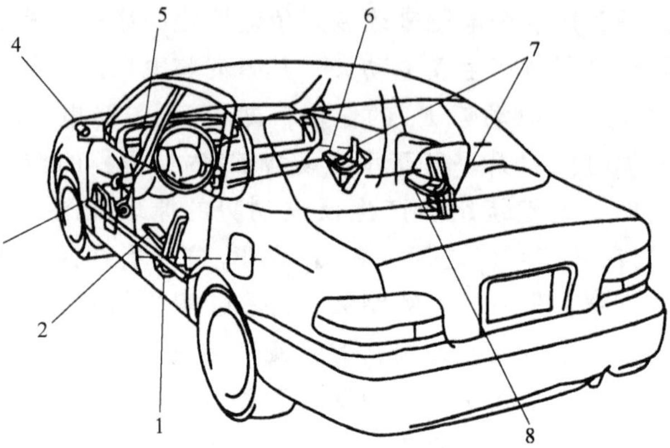

图 5-31 电动车窗在汽车上的布置

1、3、7—电动车窗电动机 2、6、8—电动车窗开关

4—发动机舱接线盒 DOME 熔断器 5—电动车窗总开关

门打开以前仍有电流供给，使驾驶员和乘客能有时间关闭车窗及操纵其他辅助设备。

5.5 步进电动机

步进电动机属于控制电动机，它的使用范围非常广泛。例如现代工业生产中的自动控制、汽车的怠速控制、自动空调冷热风调节及随动转向前照灯控制等都经常使用步进电动机。

步进电动机是用电脉冲信号进行控制，它将电脉冲信号转换成相应的角位移（或线位移），因此又被称为脉冲电动机。步进电动机的角位移与所接收的电脉冲个数严格成正比，其转速与每秒的电脉冲数成正比，在时间上与输入脉冲同步。步进电动机在脉冲信号作用下能快速起动、停转、正反转以及在很宽的范围内调速。

常用的步进电动机有反应式和永磁式。反应式步进电动机结构简单、生产成本低且步距角小，但动态性能差；永磁式步进电动机输出力矩大、动态性能好，但步距角较大。步进电动机更适合被单片机控制，其控制精度高、响应速度快、可靠性高且不受电压波动和负载变化的影响。

5.5.1 步进电动机的结构

步进电动机由定子和转子两大部分组成，图 5-32 所示为三相反应式步进电动机的典型结构。

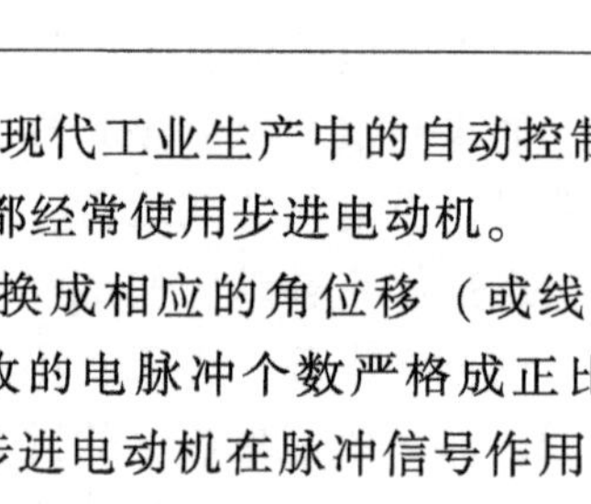

图 5-32 三相反应式步进电动机的典型结构

1. 定子

定子是用硅钢片或其他软磁材料制成的，定子上共有 6 个磁极，相邻两个磁极的夹角是 60°，径向相对的两个磁极上的线圈串联组成一相绕组，三相绕组接成星形联结。

2. 转子

如图 5-32 所示，步进电动机的转子为反应式转子，也是用硅钢片或其他软磁材料制成的。反应式转子有四个凸出的磁极，也称为转子的齿，这种转子上没有绕组。反应式转子是利用转子凸出的磁阻较小的磁极所产生的反应转矩来转动的。

如果将转子做成永磁式的，就成为永磁式转子。永磁式转子是利用与定子磁极之间的吸引力和排斥力产生转矩的，因此，这种转子的输出转矩较大。

5.5.2　步进电动机的工作原理

以单三拍、六拍两种工作方式为例，介绍步进电动机的工作原理。

1. 单三拍

设 U 相首先通电（V、W 两相不通电），产生 U_1、U_2 轴线方向的磁通，并通过转子形成闭合回路。这时 U_1、U_2 极就成为电磁铁的 N、S 极。在磁场的作用下，转子总是力图转到磁阻最小的位置，也就是要转到转子的齿对齐 U_1、U_2 极的位置（见图 5-33a）。接着 V 相通电（U、W 两相不通电），转子便顺时针方向转过 30°，它的齿和 V_1、V_2 极对齐（见图 5-33b）。随后 W 相通电（U、V 两相不通电），转子又顺时针方向转过 30°，它的齿和 W_1、W_2 极对齐（见图 5-33c）。不难理解，当脉冲信号一个接一个发来，如果按 U→V→W→U→……的顺序轮流通电，则电动机转子便顺时针方向一步接一步地转动。每一步的转角为 30°（称为步距角）。电流换接三次，磁场旋转一周，转子前进一个齿距角（转子四个齿时为 90°）。如果按 U→W→V→U→……的顺序通电，则电动机转子便逆时针方向转动。这种通电方式称为单三拍方式。

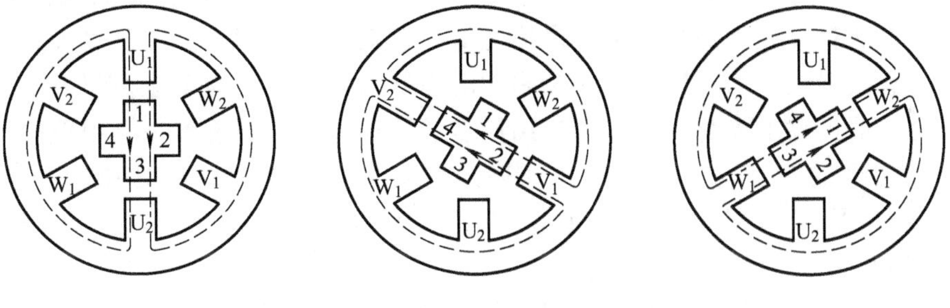

a)　　b)　　c)

图 5-33　单三拍通电方式转子的位置

a）U 相通电　b）V 相通电　c）W 相通电

步进电机三相六拍工作方式

2. 六拍

设 U 相首先通电，转子齿和定子 U_1、U_2 极对齐（如图 5-34a 所示）。然后在 U 相继续通电的情况下接通 V 相。这时定子 V_1、V_2 极对转子齿 2、4 有磁拉力，使转子顺时针方向转动，但是 U_1、U_2 极会继续拉住齿 1、3。因此转子转到两个磁拉力平衡时为止。这时转子的位置如图 5-34b 所示，即转子从图 5-34a 的位置顺时针方向转过了 15°。接着 U 相断电，V 相继续通电。这时转子齿 2、4 和定子 V_1、V_2 极对齐（见图 5-34c），转子又转过了 15°。而后接通 W 相，V 相仍然继续通电，这时转子又转过了 15°，其位置如图 5-34d 所示。这样，如果按 U→U、V→V→V、W→W→W、U→U……的顺序轮流通电，则转子便顺时针方向一步一步地转动，步距角为 15°。电流换接六次，磁场转一周，转子前进一个齿距角。如果按

U→U、W→W→W、V→V→V、U→U……的顺序通电，则电动机转子逆时针方向转动。这种通电方式称为六拍方式。

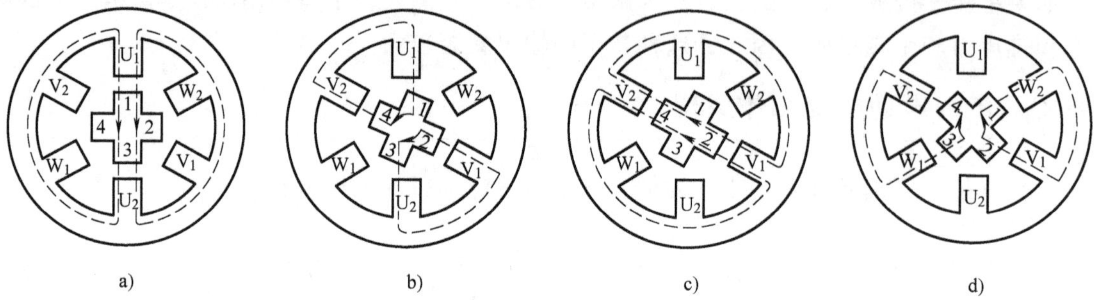

图 5-34 六拍通电方式时转子的位置

a）U 相通电 b）U、V 相通电 c）V 相通电 d）V、W 相通电

5.5.3 步进电动机在发动机怠速控制中的应用

1. 工作描述

怠速就是汽车发动后，温度上升到正常温度且发动机处于空档时稳定的最低转速。此时混合气燃烧所做的功只是用来克服发动机的内部阻力。

怠速一般均在 1000r/min 以内。不同的汽车，怠速略有不同，应以其标明的怠速数值为准。在使用汽车时，发动机怠速运转的时间约占 30%，怠速转速的高低直接影响燃油消耗和尾气排放。怠速过高，耗油量增加；怠速过低，发动机转速不稳，容易熄火。

在汽车上利用步进电动机作为怠速控制阀的主要执行部件实现怠速控制。步进电动机式怠速控制阀是目前世界上电喷发动机中应用最多的一种怠速控制装置。它用于控制汽车进气系统旁通空气通道的开度。从而调节旁通通道的进气量，使发动机转速达到所要求的目标值。

2. 工作目标

1）能够清晰描述步进电动机式怠速控制系统的构成。

2）理解步进电动机的精确控制原理。

3）能够建立起自动控制中的闭环控制思路。

3. 工作原理分析

图 5-35 所示为步进电动机式怠速控制示意图。汽车行驶时，发动机所需的大流量空气由气缸吸气行程吸入，从主空气通道经节气门通过。节气门开度越大，进入空气越多。空气进入的多少由发动机的单片机经空气流量传感器检测得出，然后按空气与汽油的理想混合比例（质量比为 14.7：1）计算出喷油量，由喷油器喷入进气管。混合气越多，燃烧后产生的压力越大，发动机转速就越高。

当汽车暂停行驶时，节气门关闭，为了维持发动机怠速运转，发动机所需的小流量空气从旁通通道入口流入，经步进电动机式怠速控制阀从旁通通道出口流入发动机。

步进电动机式怠速控制阀由步进电动机、阀杆、控制阀和阀座组成。转子的正转或反转运动经阀杆（丝杠）转换成向前或向后的直线伸缩运动，阀杆每旋转一圈，伸缩一个螺距；

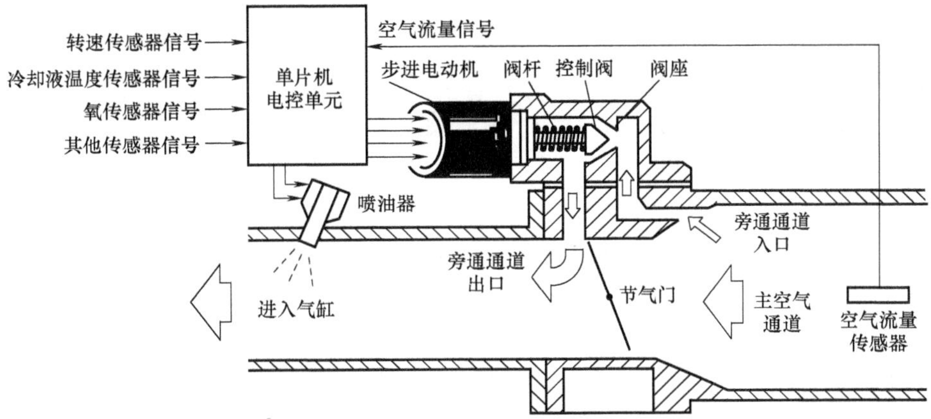

图 5-35 步进电动机式怠速控制示意图

控制阀与阀杆相连，为凸圆锥状，阀座为凹圆锥状。当控制阀向阀座推进时，通气横截面积减小，反之通气横截面积增大，从而达到控制怠速通气量的目的。

怠速控制均采用发动机转速反馈闭环控制方式，即发动机转速传感器将发动机的实际转速和目标转速进行比较，根据比较的差值确定使发动机达到目标值的控制量，并通过执行机构对发动机怠速进行校正。

习题

一、选择题

5.1 直流电动机能连续旋转是由于（　　）。

A. 电刷装置和换向器的存在　　B. 电刷装置的存在

C. 换向器的存在　　D. 没有什么特别的原因

5.2 直流电机中，额定功率指的是（　　）。

A. 直流电动机和直流发电机都是指电刷间输出的电功率

B. 直流电动机和直流发电机都是指轴上输出的机械功率

C. 直流电动机是指电刷间输出的电功率，直流发电机是指轴上输出的机械功率

D. 直流电动机是指轴上输出的机械功率，直流发电机是指电刷间输出的电功率

5.3 直流电机中，额定功率的计算式是（　　）。

A. 直流电动机和直流发电机都是 $P_N=U_NI_N$

B. 直流电动机和直流发电机都是 $P_N=U_NI_N\eta_N$

C. 直流电动机是 $P_N=U_NI_N\eta_N$，直流发电机是 $P_N=U_NI_N$

D. 直流电动机是 $P_N=U_NI_N$，直流发电机是 $P_N=U_NI_N\eta_N$

5.4 并励直流发电机的额定功率 P_N 等于（　　）。

A. $U_NI_N\eta_N$　　B. $\dfrac{U_NI_N}{\eta_N}$　　C. U_NI_N　　D. E_aI_a

5.5 一台直流发电机，其额定功率 $P_N=145\text{kW}$，额定电压 $U_N=230\text{V}$，额定效率 $\eta_N=$

90%，则该发电机的输入功率 P_1 和额定电流 I_N 的值是（　　）。

A. 145kW，630.4A　　B. 130.5kW，567.4A

C. 161kW，630.4A　　D. 161kW，700A

5.6 直流电机的感应电动势与（　　）有关。

A. 气隙磁通、电枢电流和转速　　B. 电机结构、电枢电流和转速

C. 电机结构、气隙磁通和电枢电流　　D. 电机结构、气隙磁通和转速

5.7 一台并励直流电动机，当施加到电枢两端的直流电压极性正负对调时，电动机的转向为（　　）。

A. 不变　　B. 正转　　C. 反转

5.8 直流电机公式 $E_a = K_e \Phi n$ 和 $T = K_T \Phi I_a$ 中的磁通是指（　　）。

A. 空载时的每极磁通　　B. 负载时的每极磁通

C. 空载时所有磁极的磁通　　D. 负载时所有磁极的磁通

5.9 直流发电机通过主磁通感应的电动势应存在于（　　）。

A. 电枢绕组　　B. 电枢和励磁绕组

C. 励磁绕组　　D. 不存在

5.10 直流发电机的电势 E_a 比端电压 U（　　），电磁转矩 T 与转速 n（　　），电枢电流 I_a 与 E_a（　　）。

A. 小，同向，反向　　B. 大，同向，反向

C. 小，反向，同向　　D. 大，反向，同向

5.11 一台直流电机，当该电机的电枢感应电动势 $E_a < U_a$ 时，该直流电机工作状态为（　　）。

A. 电动机状态　　B. 发电机状态　　C. 制动状态　　D. 不确定

二、简答题

5.1 试比较直流发电机和直流电动机的电动势、功率和转矩平衡关系。

5.2 判断直流电机运行状态的依据是什么？什么时候为发电机状态？什么时候为电动机状态？

5.3 试用图 5-7 和图 5-8 来说明，为什么直流发电机的电磁转矩是阻转矩？为什么直流电动机的电动势是反电动势？

5.4 试分别说明换向器在直流发电机和直流电动机中的作用。

5.5 试述直流电动机的四种励磁方式。

5.6 分析直流电动机和三相异步电动机起动电流大的原因，两者是否相同？

5.7 是否可以采用降低电源电压的方法来降低并励电动机的起动电流？

5.8 如何使直流电动机反转？

5.9 试述直流电动机的调速方法。

5.10 试述直流电动机的制动方法。

5.11 试述单三拍、六拍步进电动机的工作原理。

第6章

继电器-接触器控制电路

第 6 章　授课视频

6.1　常用控制电器

6.1.1　组合开关

开关的作用是切断和闭合电路。根据实际生产的需要，开关分为刀开关、封闭式开关熔断器组、行程开关、转换开关、组合开关等。

图 6-1 所示为组合开关的结构图。它有三对静触片、三对动触片。静触片固定在绝缘垫板上，一端与接线柱相连，以便与负载或电源线相接。三对动触片固定在中间绝缘转轴上，转轴通过手柄，每旋转 90°，实现动、静触片接通或断开一次。

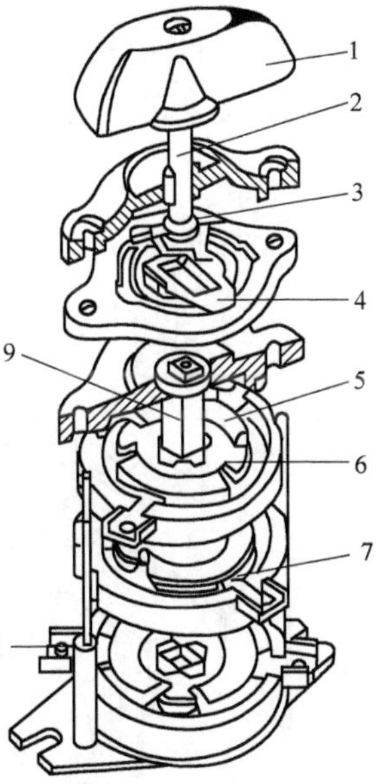

图 6-1　组合开关结构

1—手柄　2—转轴　3—弹簧　4—凸轮　5—绝缘垫板　6—动触片　7—静触片　8—接线柱　9—绝缘杆

6.1.2　按钮

按钮通常用来接通或断开控制电路（其中电流很小），从而控制电动机或其他电气设备的运行。图 6-2a 所示的是一种按钮的剖面图。将按钮帽按下时，下面一对原来断开的静触点被动触点接通，以接通某一控制电路；而上面一对原来接通的静触点则被断开，以断开另一控制电路。

原来就接通的触点，称为动断触点或常闭触点；原来就断开的触点，称为动合触点或常开触点。它们的符号如图 6-2b 所示。图 6-2 所示的按钮有一个常闭触点和一个常开触点。常见的一种双联按钮由两个按钮组成，如图 6-3 所示。

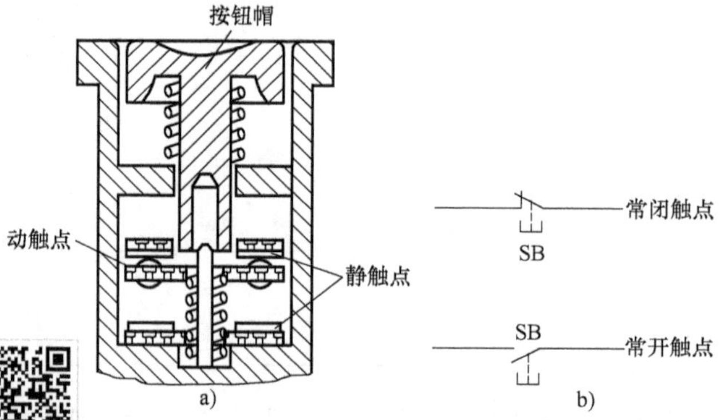

图 6-2 按钮

a）剖面图 b）图形符号

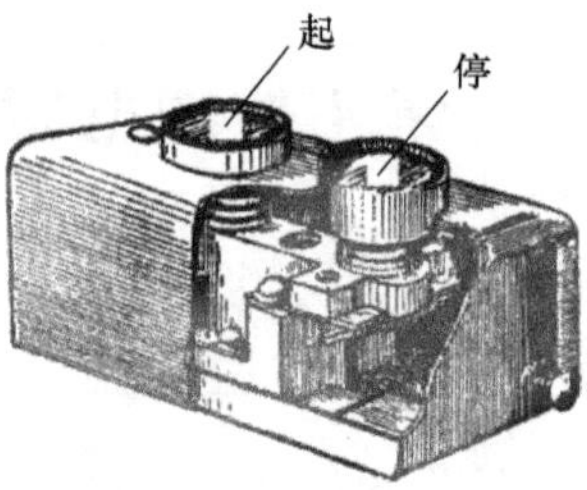

图 6-3 双联按钮

按钮

6.1.3 交流接触器

交流接触器常用来接通和断开电动机或其他设备的主电路，其每小时可开闭千余次。

接触器主要由电磁铁和触点两部分组成。它是利用电磁铁的吸引力而动作的。图 6-4 所示是交流接触器的主要结构图。当吸拉线圈得电后，吸引山字形动铁心（上铁心），从而使常开触点闭合。

根据用途不同，接触器的触点分主触点和辅助触点两种。辅助触点通过电流较小，常接在电动机的控制电路中；主触点能通过较大电流，接在电动机的主电路中。如 CJX2 系列交流接触器包括三组主触点和一至两组常开、常闭辅助触点，与动铁心挂在一起互相联动。

当主触点断开时，其间会产生电弧，可能烧坏触点，并使电路切断时间变长，因此，必须采取灭弧措施。通常交流接触器的触点都做成桥式，它有两个断点，以降低当触点断开时加在断点上的电压，使电弧容易熄

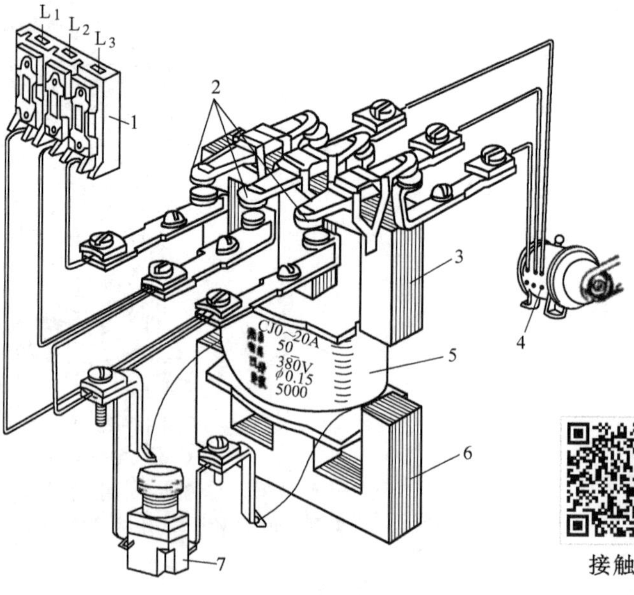

图 6-4 交流接触器的主要结构图

1—熔断器 2—主触点 3—上铁心 4—电动机 5—线圈 6—下铁心 7—按钮

接触器

灭；并且相间有绝缘隔板，以免短路。在电流较大的接触器中还专门设有灭弧装置。

为了减小铁损耗，交流接触器的铁心由硅钢片叠成；并为了消除铁心的振动和噪声，在铁心端面的一部分区域套有短路环。

在选用接触器时，应注意它的额定电流、线圈电压及触点数量等。CJX2-1810 系列接触器的主触点额定电流从 9A～95A；线圈额定电压通常是 220V、380V、415V、440V 和 660V 等。

常用的交流接触器还有 CJ40、CJ12、CJ20 和引进的 CJX、3TB、B 等系列。

6.1.4　中间继电器

中间继电器通常用来传递信号和同时控制多个电路，也可直接用它来控制小容量电动机或其他电气设备。

中间继电器的结构和交流接触器基本相同，只是电磁系统小些，触点多些。常用的中间继电器有 JZ7 系列和 JZ8 系列两种，后者是交、直流两用的。此外，还有 JTX 系列小型通用继电器，常用在自动装置上以接通或断开电路。

在选用中间继电器时，主要是考虑电压等级和触点（常开和常闭）数量。

6.1.5　热继电器

热继电器用来保护电动机，使之免受长期过载的危害。

热继电器是利用电流的热效应而动作的，它的原理图如图 6-5 所示。热元件是一段电阻值不大的电阻丝，接在电动机的主电路中。双金属片由两种具有不同线膨胀系数的金属碾压而成，下层金属的膨胀系数大，上层金属的膨胀系数小。当主电路中电流超过容许值而使双金属片受热时，它便向上弯曲，因而脱扣，扣板在弹簧的拉力下将常闭触点断开。触点是接在电动机的控制电路中的。控制电路断开而使接触器的线圈断电，从而断开电动机的主电路。

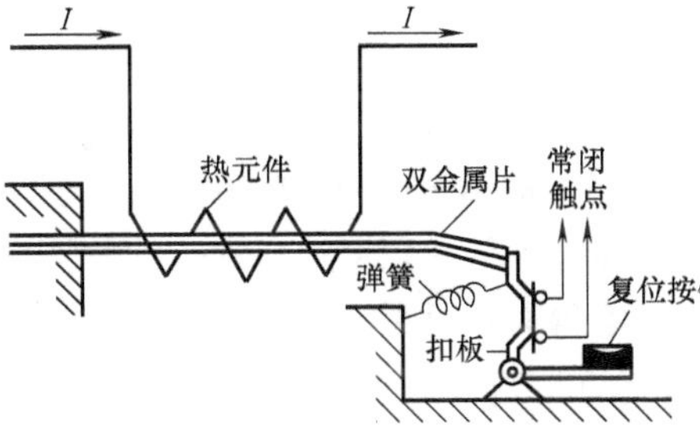

图 6-5　热继电器的原理图

由于热惯性，热继电器不能作短路保护。因为发生短路事故时，要求电路必须立即断开，而热继电器是不能立即动作的。但是这种热惯性也是有用处的，在电动机起动或短时过载时，热继电器因热惯性不动作，这可以避免电动机的不必要的停车。

如果要热继电器复位，则按下复位按钮即可。

热继电器

通常用的热继电器有 JR20 和引进的 JRS 等系列。热继电器的主要技术数据是整定电流。所谓整定电流就是热元件中通过的电流超过此值的 20%时，热继电器应当在 20min 内动作。热元件有多种额定整定电流等级，例如引进西门子公司技术而成的 3UA5、6 系列热继电器，适用于交流电压 660V 及以下、电流从 0.1～630A 的电路中，可用于三相交流电动机的过载保护和断相保护。为了配合不同电流的电动机，热继电器配有整定电流调节装置，调节范围为额定整定电流的 66%～100%。整定电流与电动机的额定电流基本上一致。

6.1.6 熔断器

熔断器是最简便且有效的短路保护电器。熔断器中的熔丝或熔片用电阻率较高的易熔合金制成，例如铅锡合金等，或用截面积甚小的良导体制成，例如铜、银等。电路在正常工作情况下，熔断器中的熔丝或熔片不应熔断。一旦发生短路或严重过载时，熔断器中的熔丝或熔片应立即熔断。

图 6-6 所示是常用的三种熔断器的结构图。

选择熔丝的方法如下：

(1) 电灯电路的熔丝 熔丝额定电流≥支线上所有电灯的工作电流

(2) 电动机的熔丝 为了防止电动机起动时电流较大将熔丝烧断，因此熔丝不能按电动机的额定电流来选择，应为

熔丝额定电流≥电动机的起动电流/2.5

如果电动机起动频繁，则为

熔丝额定电流≥电动机的起动电流/(1.6~2)

(3) 几台电动机合用的总熔丝 一般可粗略地计算为

熔丝额定电流=(1.5~2.5)×容量最大的电动机的额定电流+其余电动机的额定电流之和

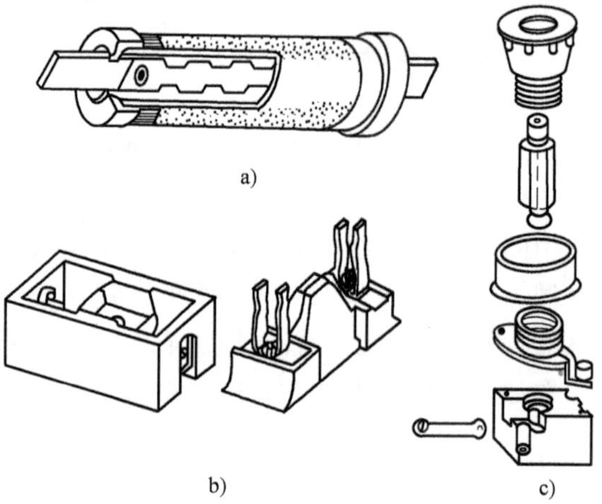

图 6-6 熔断器

a）管式熔断器 b）插式熔断器 c）螺旋式熔断器

6.2 笼型电动机直接起动控制电路

图 6-7 所示是中、小容量笼型电动机直接起动的控制电路，其中用了组合开关 Q、交流接触器 KM、按钮 SB、热继电器 FR 及熔断器 FU 等几种电器。

先将组合开关 Q 闭合，为电动机起动做好准备。当按下起动按钮 SB_2 时，交流接触器 KM 的线圈得电，动铁心被吸合从而将三个主触点闭合，电动机 M 便起动。当松开 SB_2 时，它在弹簧的作用下恢复到断开位置。但是由于与起动按钮并联的辅助触点（图 6-7 中最右边的那个）和主触点同时闭合，因此接触器线圈的电路仍然接通，而使接触器触点保持在闭合的位置。这个辅助触点称为自锁触点。如将停止按钮 SB_1 按下，则将线圈的电路切断，动铁心和触点恢复到断开的位置。

采用上述控制电路还可实现短路保护、过载保护和零电压保护。

起短路保护的是熔断器 FU。一旦发生短路事故，熔丝立即熔断，电动机立即停车。

起过载保护的是热继电器 FR。当过载时，它的热元件发热，将动断触点断开，使接触器线圈断电，主触点断开，电动机也就停下来。

热继电器有两相结构的，也就是有两个热元件，分别串联在任意两相中。这样不仅在电动机过载时有保护作用，而且当任意一相中的熔丝熔断后作单相运行时，仍有一个或两个热元件中通有电流，电动机因而也得到保护。为了更可靠地保护电动机，热继电器还可做成三相结构，就是有三个热元件，分别串接在各相中。

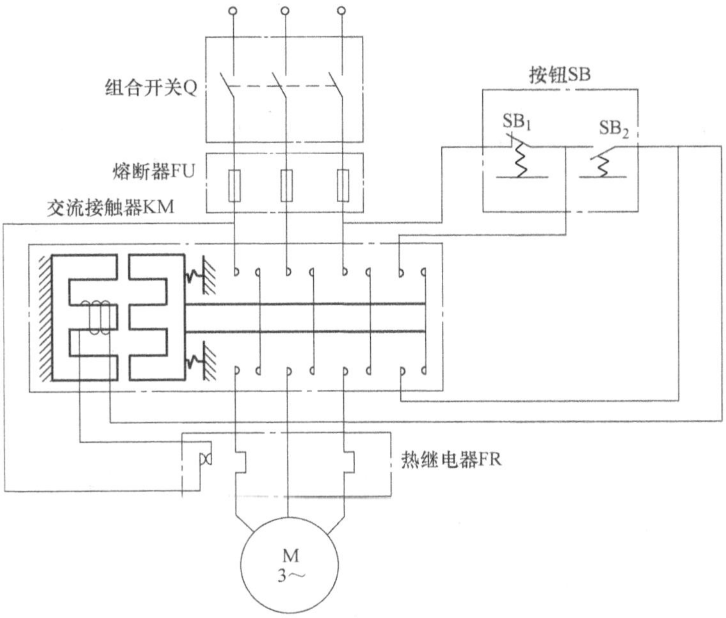

图 6-7 中、小容量笼型电动机直接起动的控制电路图

笼型电动机直接起动控制线路

所谓零电压（或失电压）保护就是当电源暂时断电或电压严重下降时，电动机即自动从电源切除。因为这时接触器的动铁心释放从而使主触点断开。当电源电压恢复正常时如不重按起动按钮，则电动机不能自行起动，因为自锁触点亦已断开。如果不是采用继电接触器控制而是直接用刀开关或组合开关进行手动控制时，由于在停电时未及时断开开关，当电源电压恢复时，电动机即自行起动，可能造成事故。

图 6-7 的控制电路可分为主电路和控制电路两部分。主电路是：

三相电源——Q——FU——KM（主触点）——FR（热元件）——M

控制电路是：

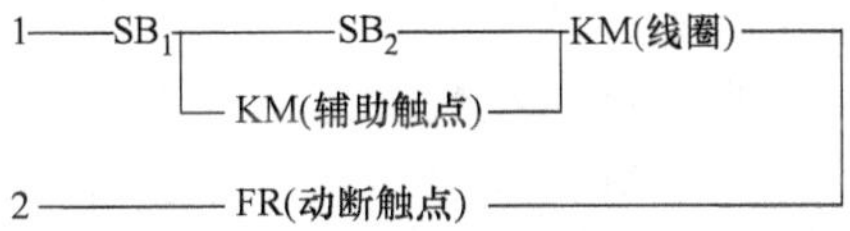

控制电路的功率很小，因此可以通过小功率的控制电路来控制功率较大的电动机。

在图 6-7 中，各个电器都是按照其实际位置画出的，属于同一电器的各部件都集中在一起。这样的图称为控制电路的结构图。这种画法比较容易识别电器，便于安装和检修。但当电路比较复杂和使用的电器较多时，电路便不容易看清楚。因为同一电器的各部件在机械上虽然连在一起，但是在电路上并不一定互相关联。因此，为了读图和分析研究，也为了设计电路的方便，控制电路常根据其作用原理画出，把控制电路和主电路清楚地分开。这样的图称为控制电路的原理图。

在原理图中，同一电器的各部件（譬如接触器的线圈和触点）是分散的。为了识别起见，它们用同一文字符号来表示。在不同的工作阶段，各个电器的动作不同，触点时闭时开。而在原理图中只能表示出一种情况。因此，规定所有电器的触点均表示在起始情况下的位置，即在没有通电或没有发生机械动作时的位置。对接触器来说，是在动铁心未被吸合时的位置；对按钮来说，是在未按下时的位置等。在起始的情况下，如果触点是断开的，则称为动合触点或常开触点（因为一动就合）；如果触点是闭合的，则称为动断触点或常闭触点（因为一动就断）。在上述的基础上，就可以对图 6-7 所示电路画出原理图，如图 6-8 所示。

如果将图 6-8 所示的自锁触点 KM 除去，则可对电动机实现点动控制，就是按下起动按钮 SB_2，电动机就转动，一松手就停止。图 6-9 所示是既能点动又能长期工作的笼型电动机的控制电路，按下按钮 SB_2 可以使电动机起动，并长期工作，按钮 SB_3 可实现电动机的点动控制。这在生产上也是常用的，例如在试车、检修及车床主轴的调整等就需要点动控制。

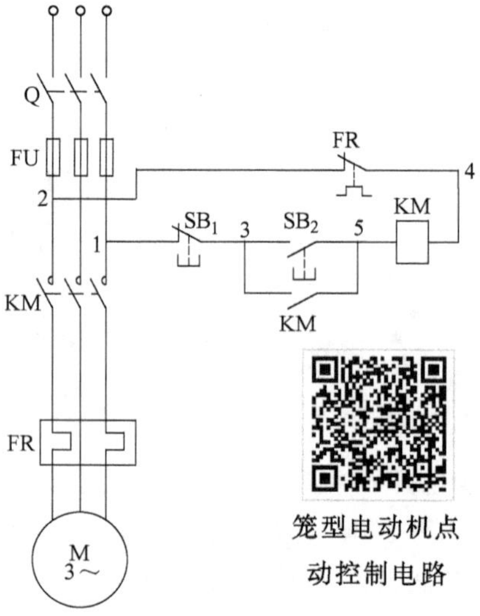

笼型电动机点动控制电路

图 6-8　图 6-7 的电气控制原理图

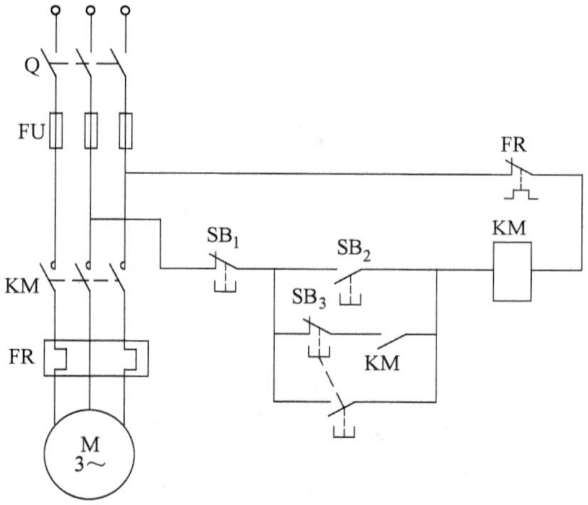

图 6-9　既能点动又能长期工作笼型电动机的控制电路图

6.3　笼型电动机正反转控制电路

在生产上往往要求运动部件向正反两个方向运动。例如机床工作台的前进与后退、主轴的正转与反转和起重机的提升与下降等。为了实现正反转，在了解三相异步电动机的工作原理时已经知道，只要将接到电源的任意两根导线对调位置即可。为此，只要用两个交流接触器就能实现这一要求，如图 6-10 所示。当正转接触器 KM_F 工作时，电动机正转；当反转接触器 KM_R 工作时，由于调换了两根电源线，所以电动机反转。

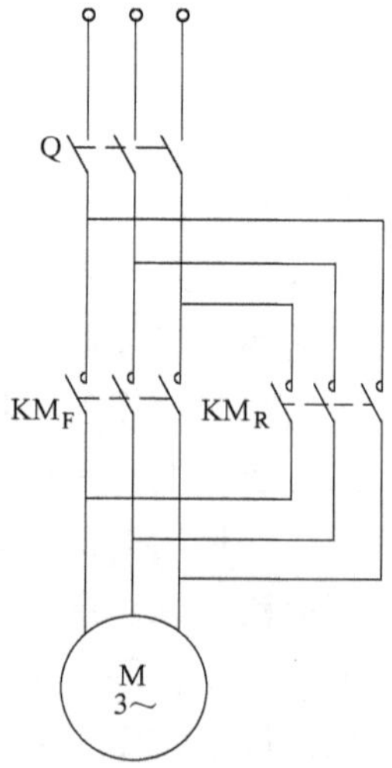

图 6-10　用两个接触器实现电动机的正反转

如果两个接触器同时动作，那么从图 6-10 可以见到，将有两根电源线通过它们的主触点将电源短路。所以对正反转控制电路最根本的要求是：必须保证两个接触器不能同时工作。

这种在同一时间里两个接触器只允许其中一个工作的控制作用称为互锁或联锁。下面分析两种有联锁保护的正反转控制电路。

图 6-11a 所示的控制电路中，正转接触器 KM_F 的一个常闭辅助触点串联在反转接触器 KM_R 的线圈电路中，而反转接触器的一个常闭辅助触点串联在正转接触器的线圈电路中。这两个常闭触点称为联锁触点。这样一来，当按下正转起动按钮 SB_F 时，正转接触器线圈通电，主触点 KM_F 闭合，电动机正转。与此同时，联锁触点断开了反转接触器 KM_R 的线圈电路。因此，即使误按反转起动按钮 SB_R，反转接触器也不会动作。

但是这种控制电路有个缺点，就是在正转过程中若要求反转，必须先按停止按钮 SB_1，让联锁触点 KM_F 闭合后，才能按反转起动按钮 SB_R 使电动机反转，带来操作上的不方便。为了解决这个问题，在生产上常采用复式按钮和触点联锁的控制电路，如图 6-11b 所示。当电动机正转时，按下反转起动按钮 SB_R，它的常闭触点断开，而使正转接触器的线圈 KM_F 断电，主触点 KM_F 断开。与此同时，串联在反转控制电路中的常闭触点 KM_F 恢复闭合，反转接触器的线圈通电，电动机就反转。同时串联在正转控制电路中的常闭触点 KM_R 断开，起联锁保护作用。

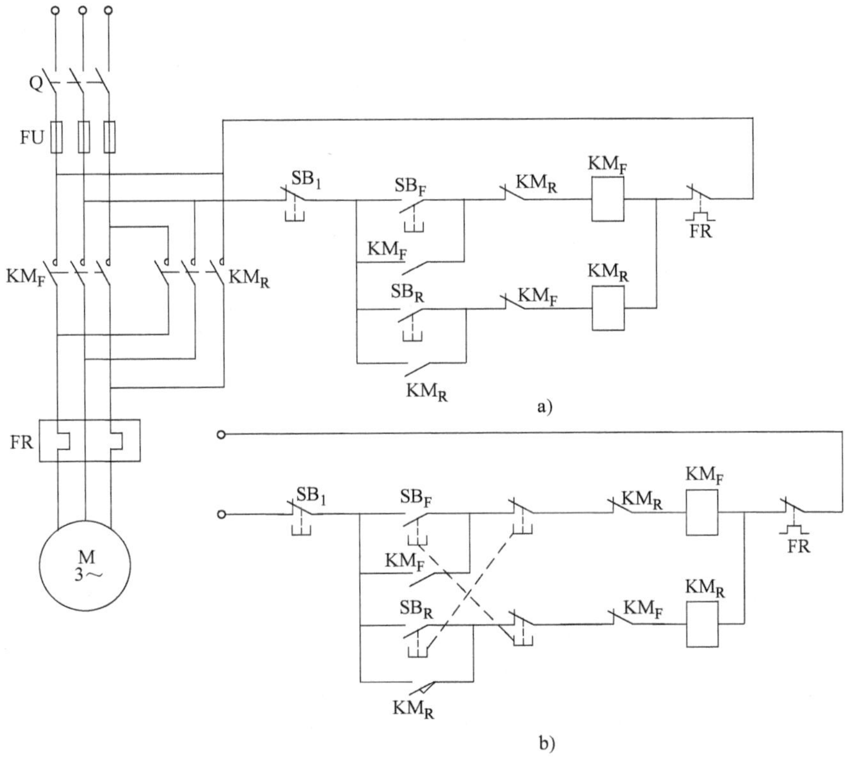

图 6-11 笼型电动机正反转的控制电路图

笼型电动机正反转控制电路

6.4 行程控制

行程控制就是当运动部件到达一定行程位置时采用行程开关来进行控制。

行程开关的种类很多，常用的有 LX 等系列。图 6-12 所示是行程开关的一般结构图，图中展示的行程开关有一个动合触点和一个动断触点。行程开关是由装在运动部件上的挡块来撞动的。

图 6-13 所示是用行程开关来控制工作台前进与后退的示意图和控制电路。

行程开关 SQ_a 和 SQ_b 分别装在工作台的原位和终点，由装在工作台上的挡块来撞动。工作台由电动机 M 带动。电动机的主电路和图 6-11 所示的是一样的，控制电路也只是多了行程开关的三个触点。

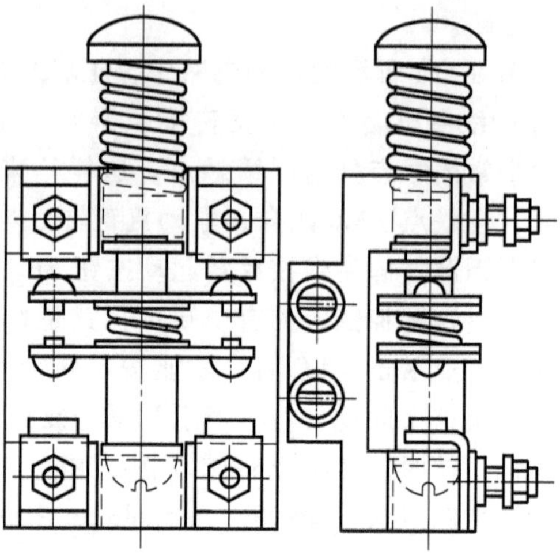

图 6-12　行程开关

工作台在原位时，其挡块将原位行程开关 SQ_a 压下，将串联在反转控制电路中的常闭触点压开。这时电动机不能反转。按下正转起动按钮 SB_F，电动机正转，带动工作台前进。当工作台到达终点时（譬如这时机床加工完毕），挡块压下终点行程开关 SQ_b，将串联在正转控制电路中的常闭触点 SQ_b 压开，电动机停止正转。与此同时，将反转控制电路中的常开触点 SQ_b 压合，电动机反转，带动工作台后退。退到原位，挡块压下 SQ_a，将串联在反转控制电路中的常闭触点压开，于是电动机在原位停止。

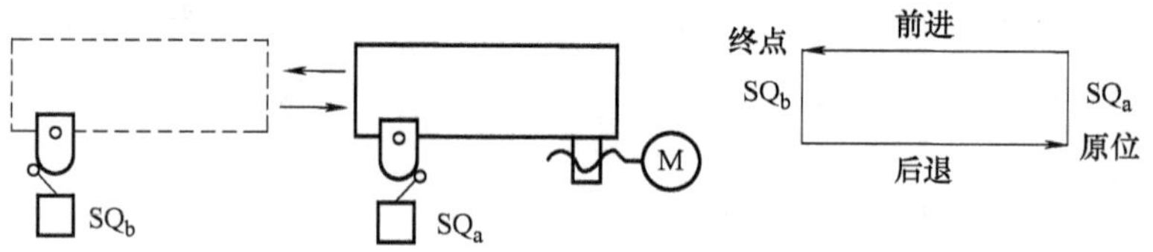

a)

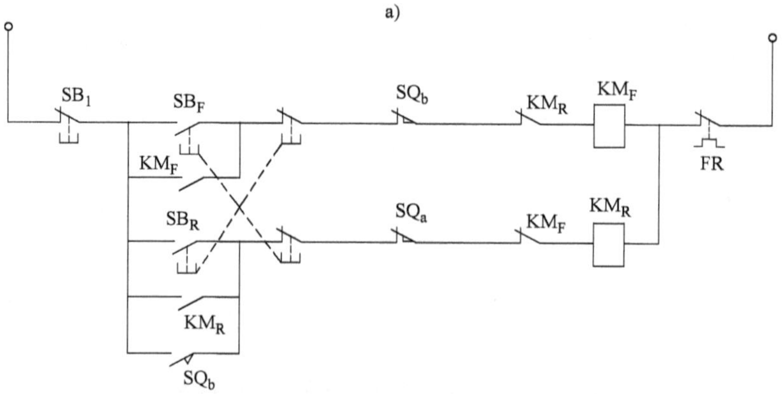

b)

图 6-13　用行程开关控制工作台的前进与后退

a）示意图　b）控制电路

如果工作台在前进中按下反转按钮 SB_R，工作台立即后退，到原位停止。行程开关除用来控制电动机的正反转外，还可实现终端保护、自动循环、制动和变速等各项要求。

6.5 时间控制

时间控制，就是采用时间继电器进行延时控制。例如电动机的星形/三角形转换起动，先是星形联结，经过一定时间待转速上升到接近额定值时换成三角形联结。这就得用时间继电器来控制。

在交流电路中常采用空气式时间继电器（图 6-14），它是利用空气阻尼作用而达到动作延时的目的。当吸拉线圈通电后就将动铁心吸下，使动铁心与活塞杆之间有一段距离。在释放弹簧的作用下，活塞杆就向下移动。在伞形活塞的表面固定有一层橡皮膜。因此当活塞向下移动时，在膜上面就会呈现空气稀薄的状态，活塞受到下面空气的压力，不能迅速下移。当空气由进气孔进入时，活塞才逐渐下移。移动到最后位置时，杠杆使微动开关动作。延时时间即为自电磁铁吸拉线圈通电时刻起到微动开关动作时为止的这段时间。通过调节螺钉调节进气孔的大小，就可调节延时时间。

吸拉线圈断电后，依靠恢复弹簧的作用而复原。空气经由出气孔被迅速排出。

图 6-14 所示的时间继电器是通电延时，有两个延时触点：一个是延时断开的常闭触点，一个是延时闭合的常开触点。此外，还有两个瞬时触点，即通电后下面的微动开关瞬时动作。

时间继电器也可做成断电延时（如图 6-15 所示），也就是把铁心倒装一下。断电延时的时间继电器也有两个延时触点：一个是延时闭合的常闭触点（通电时瞬时断开，断电时延时闭合）；一个是延时断开的常开触点（通电时瞬时闭合，断电时延时断开）。

空气式时间继电器的延时范围大，有 0.4~60s 和 0.4~180s 两种，结构简单，但准确度较低。目前生产的有 JS7-A 型及 JJSK2 型等多种。

除空气式时间继电器外，在继电器-接触器控制电路中也常用电动式或电子式时间继电器。

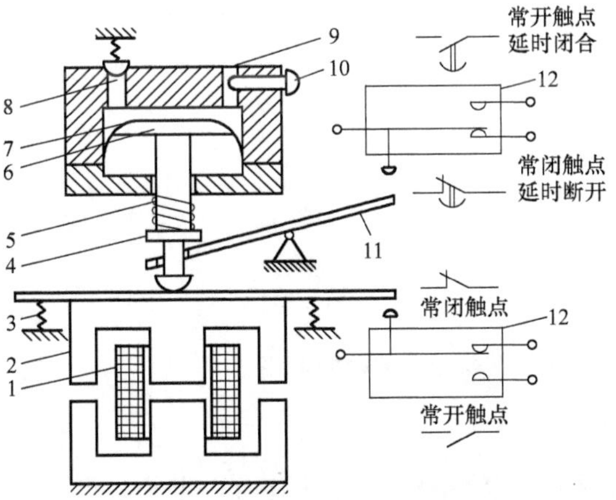

图 6-14 通电延时的空气式时间继电器

1—吸拉线圈 2—动铁心 3—恢复弹簧 4—活塞杆 5—释放弹簧 6—伞形活塞 7—橡皮膜 8—出气孔 9—进气孔 10—调节螺钉 11—杠杆 12—微动开关

图 6-15 断电延时的空气式时间继电器

下面介绍两个时间控制的基本电路。

1. 笼型电动机星形/三角形转换起动的控制电路

图 6-16 所示是笼型电动机星形/三角形转换起动的控制电路，其中用了图 6-14 所示的通电延时的时间继电器 KT 的两个触点：延时断开的常闭触点和瞬时闭合的常开触点。KM_1、KM_2 和 KM_3 是三个交流接触器。起动时 KM_3 工作，电动机定子绕组接成星形联结；运行时 KM_2 工作，电动机定子绕组接成三角形联结。电路的动作次序如下：

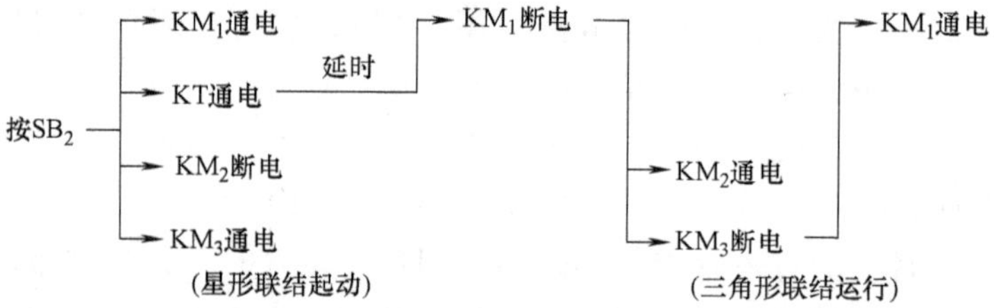

该电路的特点是在接触器 KM_1 断电的情况下进行星形/三角形转换，这样可以避免当 KM_3 的常开触点尚未断开时 KM_2 已吸合而造成电源短路；同时接触器 KM_3 的常开触点在无电下断开，不发生电弧，可延长使用寿命。

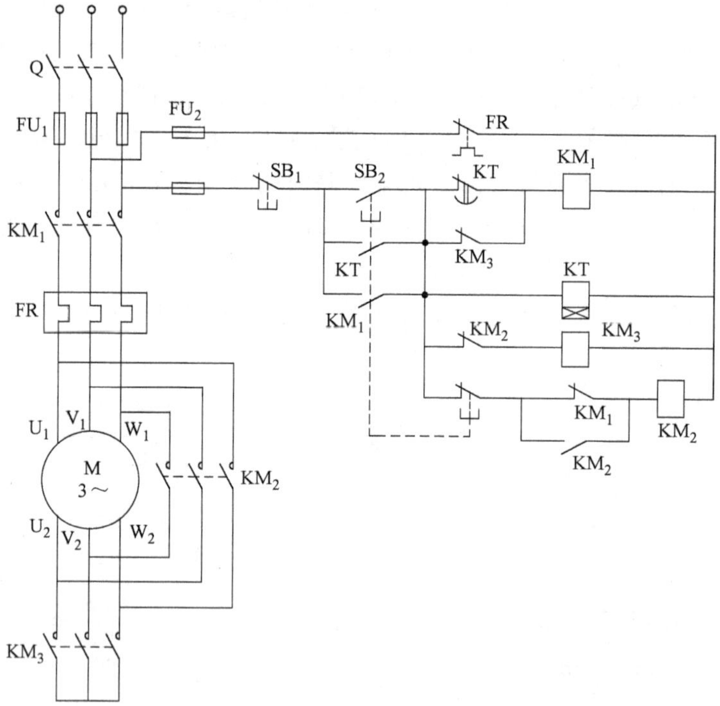

图 6-16 笼型电动机星形/三角形转换起动的控制电路

2. 笼型电动机能耗制动的控制电路

这种制动方法是在断开三相电源的同时，接通直流电源，使直流通入定子绕组，产生制动力矩。

图 6-17 所示是能耗制动的控制电路，其中用了图 6-15 所示的断电延时的时间继电器 KT 的一个延时断开的常开触点。直流电流由接成桥式的整流电源供给。在制动时，电路的动作次序如下：

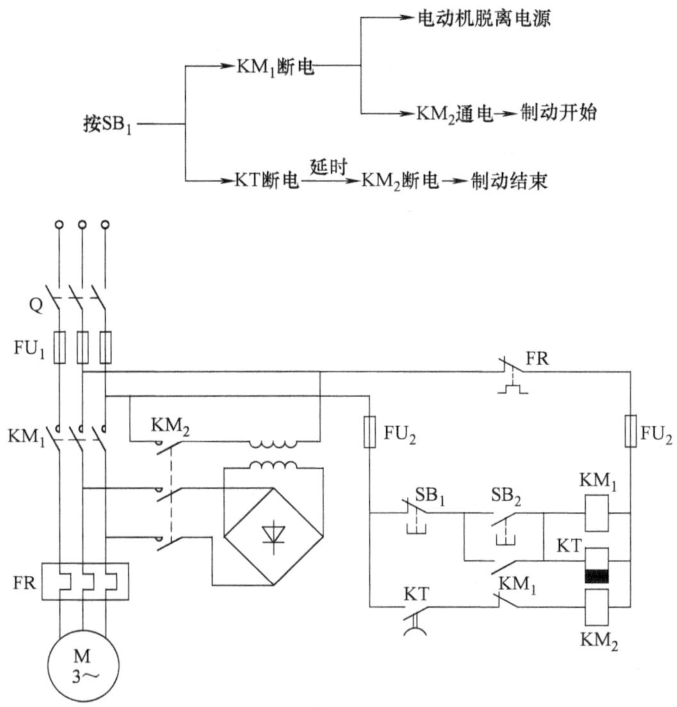

图 6-17 笼型电动机能耗制动的控制电路

6.6 汽车继电器

6.6.1 继电器的分类

继电器是自动控制电路中常用的一种电器，它是利用较小的电流来控制较大电流的一种自动开关，在电路中起着自动操作、自动调节及安全保护等作用。

继电器的种类很多，按输入信号的不同可分为电压继电器、感应式继电器、干簧式继电器、电动式继电器和电子式继电器等；按触点状态不同可分为常开型继电器、常闭型继电器和混合型继电器。

电磁式继电器成本较低，便于控制执行部件，因此在汽车电路中得到广泛应用。

6.6.2 电磁式继电器

1. 电磁式继电器的结构

电磁继电器一般由铁心、线圈、衔铁、触点等部分组成，电磁式继电器的结构如图 6-18 所示。

对于继电器的“常开”与“常闭”触点，可以这样来区分：继电器线圈未通电时处于断开状态的静触点称为“常开触点”（也称为动合触点）；处于接通状态的静触点称为“常闭触点”（也称为动断触点）。

（1）常开型继电器 这种继电器常态时触点断开，只有在其线圈通电时触点才闭合，如图 6-19a 和图 6-19d 所示。

（2）常闭型继电器 这种继电器常态时触点闭合，只有在其线圈通电时触点才断开，如图 6-19b 所示。

（3）混合型继电器 这种继电器在两个触点间切换，由线圈得电、失电状态决定，如图 6-19c 所示。

2. 电磁式继电器的工作原理

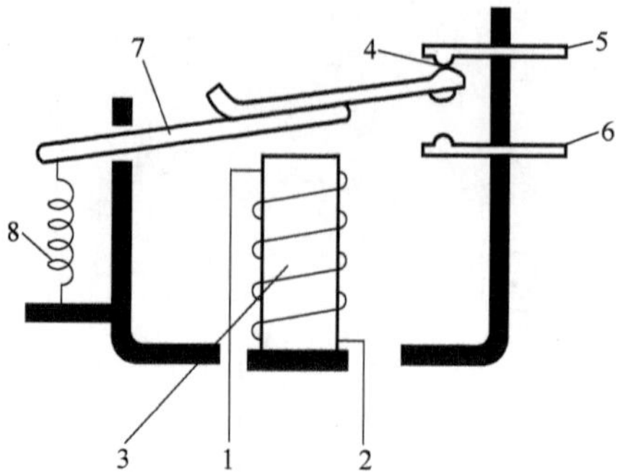

图 6-18 电磁式继电器的结构

1、2—线圈 3—铁心 4—动触点 5、6—静触点 7—衔铁 8—弹簧

如图 6-18 所示，只要在线圈 1、2 两端加上一定的电压，线圈中就会流过一定的电流、从而产生电磁效应，衔铁就会在电磁力吸引的作用下克服弹簧的拉力向下运动与铁心吸合，从而带动衔铁的动触点 4 动作，使常闭触点（动断触点）5 断开，常开触点（动合触点）6 吸合；当线圈断电后，电磁的吸力也随之消失，衔铁就会在弹簧的回复力作用下返回原来的位置，触点恢复常态，常开触点断开，常闭触点闭合。通过触点动作转换可控制电路的导通与切断。

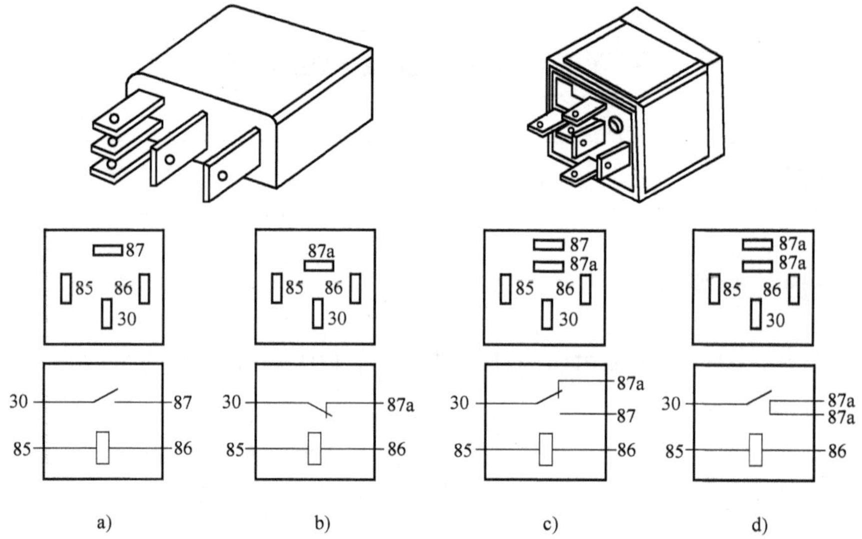

图 6-19 电磁式继电器的触点类型及符号

6.6.3 干簧式继电器

图 6-20 所示为干簧式继电器外形、图形符号及工作原理。干簧式继电器又称为干簧管或干式舌簧管，是一种在玻璃管内封装两个或三个既导磁又导电材料做成的簧片所组成的开关元件，玻璃管内充有惰性气体。管内平行封装的簧片端部重叠并留有一定间隙，其重叠部位就构成干簧管的开关触点，如图 6-20a 所示。当绕在干簧管上面的线圈通电后形成磁场使簧片磁化，或者是永磁体靠近干簧管时，簧片的触点就会感应出极性相反的 N 极和 S 极，如图 6-20c 所示。由于磁极极性相反而相互吸引，当吸引的磁力超过簧片的抗力时，分开的

触点便会吸合；当磁力减小到一定值时，在簧片抗力的作用下触点又恢复到初始状态。这样起到一个开关的作用。

干簧式继电器是一种小型继电元件，它具有动作速度快、工作稳定、机电寿命长以及体积小等特点，多作为信号采集使用。在自动化、运动技术测量以及通信技术等方面得到了广泛应用。

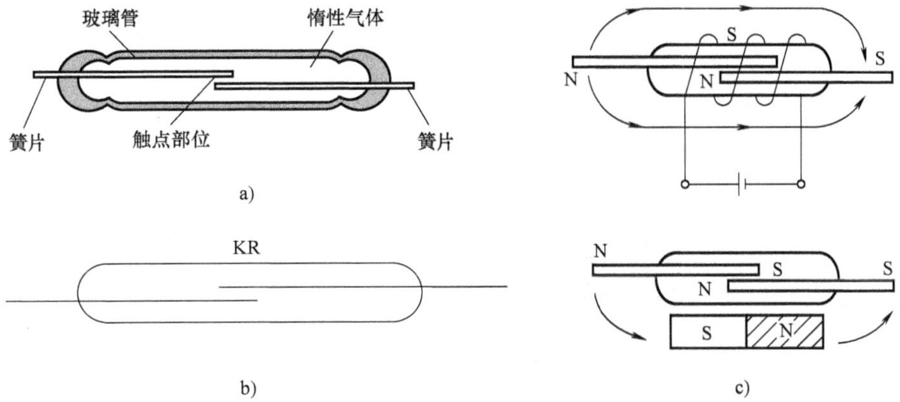

图 6-20 干簧式继电器外形、图形符号及工作原理

a）外形 b）图形符号 c）工作原理

6.6.4 汽车继电器电路分析

1. 扬声器继电器电路

图 6-21 所示汽车扬声器继电器电路。继电器由继电器线圈 3、继电器触点 1 以及支架 4 等构成。扬声器控制电路由继电器线圈等构成。扬声器的驱动电路由继电器的触点 1、扬声器 6、蓄电池等构成。具体工作过程如下：

按下扬声器按钮 5→扬声器继电器线圈 3 得电，使铁心产生电磁吸力，吸引触点臂 2 向下→继电器触点 1 闭合→蓄电池电压加至扬声器 6→扬声器 6 发出响声。

松开扬声器按钮 5→继电器线圈 3 失电，铁心的电磁吸力消失→继电器的触点 1 断开→扬声器电路电源切断→扬声器 6 停止发声。

由于继电器线圈的阻值很大，故电路中流经扬声器开关的电流较小。而在扬声器的驱动电路中可以通过较大的电流。

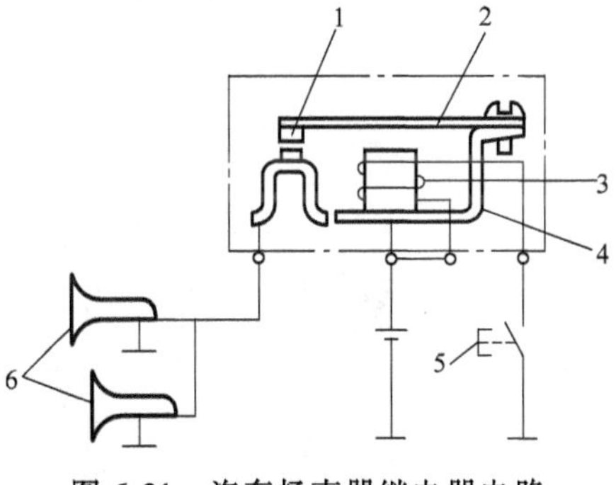

图 6-21 汽车扬声器继电器电路

1—触点 2—触点臂 3—线圈 4—支架 5—按钮 6—扬声器

2. 蓄电池继电器电路

电磁式电源总开关也称为蓄电池继电器。其结构有单线圈式和双线圈式两种。

(1) 单线圈式蓄电池继电器 图 6-22 所示为单线圈式蓄电池继电器结构示意图，当励磁线圈 4 得电时，产生电磁力，带动动铁心 5 克服回位弹簧 1 的弹力向下移动，与静铁心 6 接触，同时带动动触点 2 与静触点 3（主触点）接触闭合。图 6-23 所示为单线圈式蓄电池继电器控制电路，经分析可知，当合上开关 4 后线圈得电，主触点闭合，就接通了全车总电源电路。

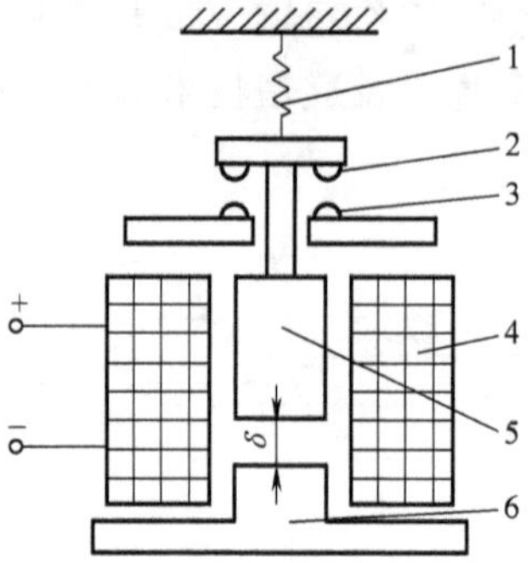

图 6-22 单线圈式蓄电池继电器结构示意图

1—回位弹簧 2—动触点 3—静触点

4—励磁线圈 5—动铁心 6—静铁心

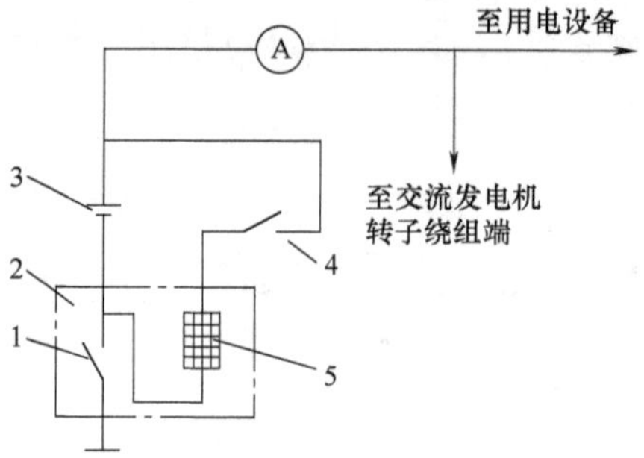

图 6-23 单线圈式蓄电池继电器控制电路

1—主触点 2—单线圈式电源开关

3—蓄电池 4—开关 5—线圈

（2）双线圈式蓄电池继电器 图 6-24 所示为双线圈式蓄电池继电器结构示意图，励磁线圈由吸拉线圈和保持线圈组成。

根据双线圈式蓄电池继电器控制电路（图 6-25）可知，闭合开关 4 接通励磁电路，吸拉线圈 5 得电，保持线圈 7 被常闭触点短路，此时励磁线圈电阻小而励磁电流大，产生较强的电磁吸力，因此动铁心向下移动，同时常闭触点 6 断开，保持线圈得电，此时吸拉线圈、保持线圈串联。由于导线直径小而匝数多，使励磁线圈电阻增大，以减少长时间工作的励磁电流。与保持线圈并联的续流二极管 2 起到“续流”保护作用。当切断电源电路时，励磁线圈因电流的突然消失而产生的较高自感电动势，会对车上电子元器件造成损坏，同时在触点上产生火花，而续流二极管并联保持线圈后，为保持线圈释放能量提供了回路（即为“续流”），降低了自感电动势，起到保护作用。

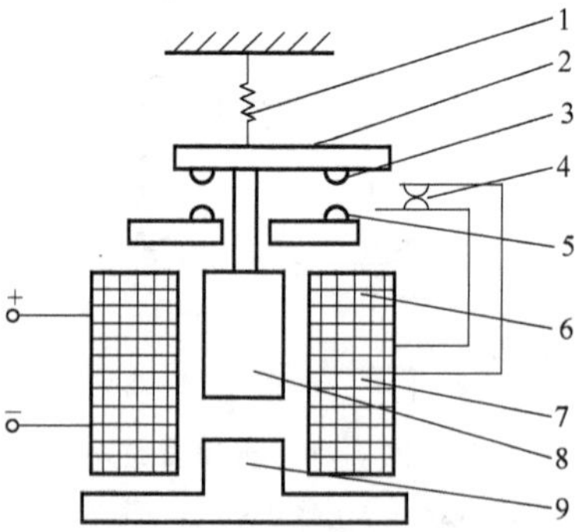

图 6-24 双线圈式蓄电池继电器结构示意图

1—弹簧 2—切换拨片 3—动触点 4—动断触点 5—静触点 6—吸拉线圈 7—保持线圈 8—动铁心 9—静铁心

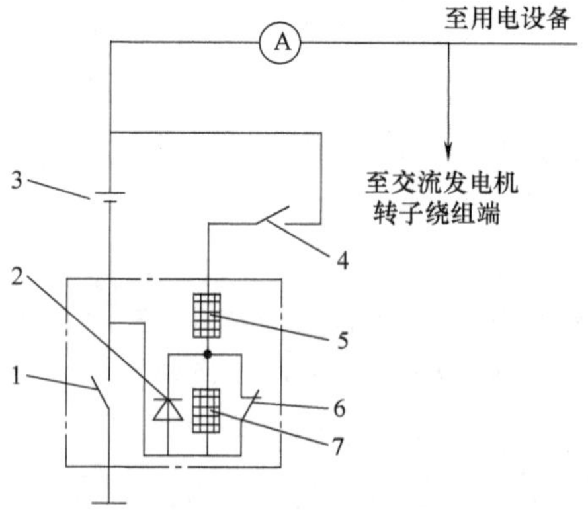

图 6-25 双线圈式蓄电池继电器控制电路

1—主触点 2—续流二极管 3—蓄电池 4—开关

5—吸拉线圈 6—常闭触点 7—保持线圈

3. 浮子舌簧开关式液位传感器电路

浮子舌簧开关式液位传感器通过对某种液体液位的检测，将液位信号转换为电信号，从而实现控制。在汽车中，浮子舌簧开关式液位传感器常用于对汽车发动机润滑油液位、风窗玻璃清洗液液位等的检测。

浮子舌簧开关式液位传感器由树脂圆管制成的轴和可沿轴上、下移动的环状浮子组成，如图 6-26a 所示。在管状轴内装有强磁性材料制成的触点——舌簧开关（即干簧管开关），浮子内嵌有永久磁体。随浮子位置的不同，舌簧开关内触点断开或闭合，由此可以判定被测液位是高于规定值还是低于规定值。图 6-26b 所示为液位传感器警报控制电路，通过分析可知，舌簧开关闭合，警告灯与电源接通，警告灯点亮，此时表明液位已低于规定值。

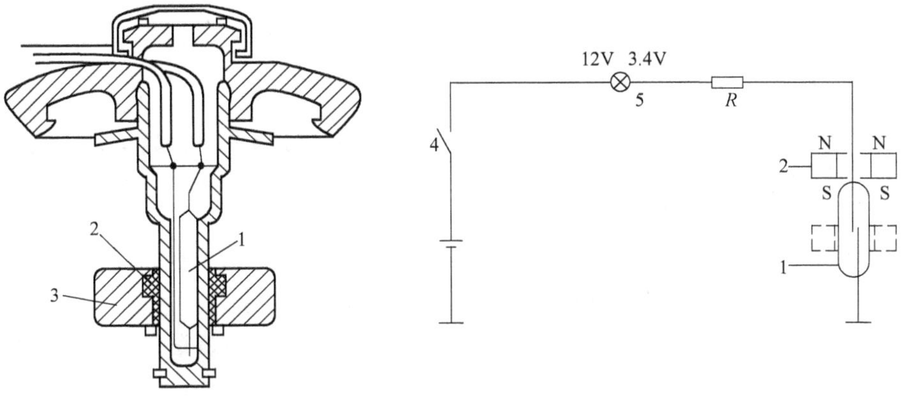

图 6-26 浮子舌簧开关式液位传感器及报警控制电路

a）浮子舌簧开关式液位传感器 b）液位传感器警报控制电路

1—舌簧开关 2—永久磁铁 3—浮子 4—点火开关 5—警告灯

浮子舌簧开关式液位传感器的工作原理如图 6-27 所示，当永久磁体接近舌簧开关时，磁力线从舌簧开关中通过，两个金属触点感应出极性相反的 N 极和 S 极，使金属触点之间产生吸引力，舌簧开关闭合。若浮子随液位上升，永久磁体远离舌簧开关，此时没有磁力线穿过舌簧开关，在舌簧本身弹力作用下，舌簧开关断开。

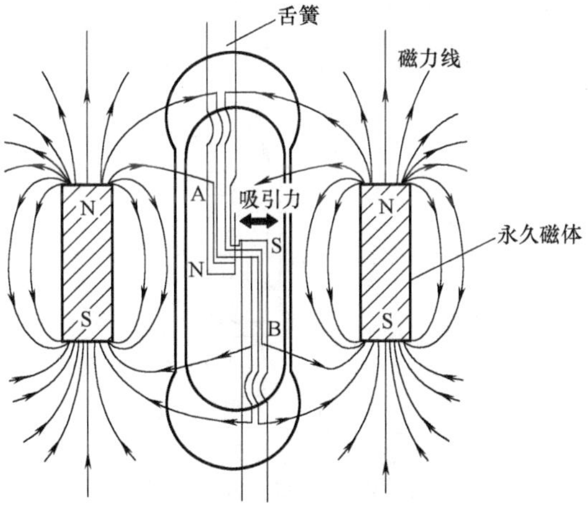

图 6-27 浮子舌簧开关式液位传感器的工作原理

4. 制动信号灯断线报警电路

制动信号灯安装在汽车尾部，信号灯的灯丝烧断往往不易被驾驶员发现，进而造成安全隐患。图 6-28 所示为制动信号灯断线报警电路。电路中左、右两侧制动信号灯分别与电磁线圈串联。

正常情况制动时，接通制动灯开关，左、右两侧制动信号灯同时点亮。此时两个通电的电磁线圈产生的磁场相互抵消，报警信号灯不亮。两条电流路径为：

蓄电池正极→点火开关→制动灯开关→电磁线圈（左、右两路)→制动信号灯（左、右两路)→搭铁。

若左、右两个信号灯中有一个发生断路（这里假设是左信号灯），那么制动时左信号灯支路没有电流，该侧电磁线圈不产生磁场。而与右信号灯串联的线圈通电后所产生的磁场会使舌簧开关闭合，警告灯点亮。警告灯电流路径为：

蓄电池正极→点火开关→警告灯→舌簧开关→搭铁。

因此通过舌簧开关以及与制动信号灯串联的电磁线圈的相互作用，就可以实现制动信号灯断线报警功能。

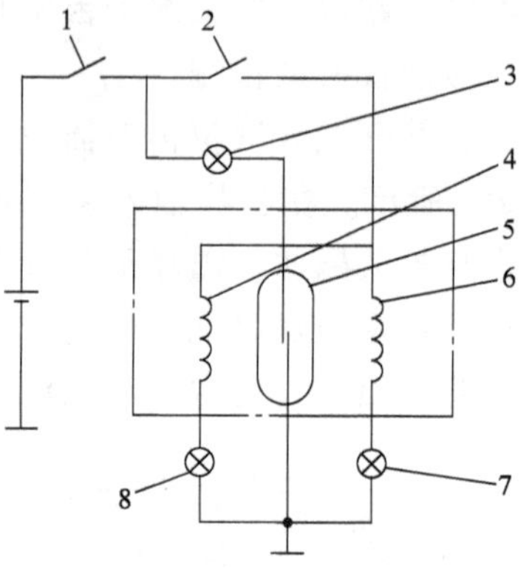

图 6-28 制动信号灯断线报警电路

1—点火开关 2—制动灯开关 3—制动警告灯 4、6—电磁线圈 5—舌簧开关 7、8—制动信号灯

5. 闪光器电路

闪光器电路是控制转向信号灯闪烁的装置。转向灯每车至少配置 4 个，即前、后、左、右各一个。如遇危险情况，使前后左右 4 个转向灯同时闪烁，可作为报警信号。车前部转向灯通常与示宽灯组装在一起成为一个双丝灯。灯丝功率一大一小，大功率用于转向灯，小功率用于示宽灯。转向信号灯闪烁频率为 50~90 次/min。

闪光器按结构和工作原理可分为热丝式、电容式、翼片式和电子式等多种。其中电容式闪光器工作领率稳定；翼片式闪光器结构简单，体积小；电子式闪光器可在电路中增加少量元器件，对闪光灯灯泡损坏情况给出监视信号；热丝式闪光器虽然结构简单，但闪光频率不够稳定，已趋于淘汰。下面对电容式闪光器进行介绍。

电容式闪光器的结构如图 6-29 所示。它主要由电容器和继电器组成，其中继电器又由绕在继电器铁心上的串联线圈、并联线圈、触点、装有弹簧片的衔铁以及导电的机架组成。电容是约有 1500μF 的大容量电解电容。灭弧电阻与触点并联，起保护作用，通过减小触点断开时的火花延长其使用寿命。图 6-30 所示为电容式闪光器等效电路。

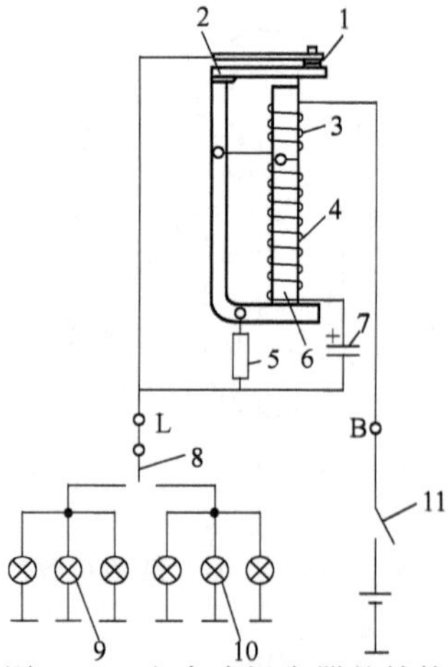

图 6-29 电容式闪光器的结构

1—触点 2—弹簧片 3—串联线圈 4—并联线圈 5—灭弧电阻 6—铁心 7—电解电容 8—转向灯开关 9—左转向信号灯及指示灯 10—右转向信号灯及指示灯 11—电源开关

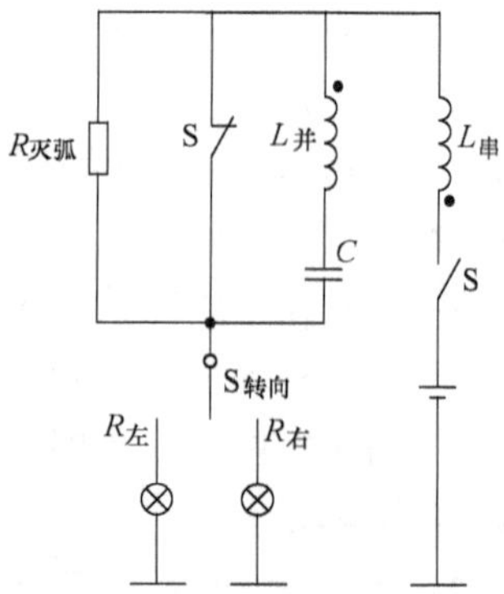

图 6-30 电容式闪光器等效电路

电容式闪光器的工作原理如下。

1）接通转向灯开关，此时转向灯不亮。

汽车正常行驶，电源开关闭合，若需转弯，接通转向灯开关（假设此时欲右转），右转向灯电路接通。电流路径如下：

蓄电池正极→电源开关 11→串联线圈 3→继电器机架和衔铁→触点 1→转向灯开关 8→右转向信号灯及指示灯 10→搭铁→蓄电池负极。

电流流经串联线圈产生电磁力吸引衔铁向下动作，闭合的触点立即断开，致使右转向灯回路通电的瞬间又断开，右转向灯不亮。

2）两个线圈产生的电磁吸力相互加强，电容充电，右转向灯较暗。

触点断开后，形成新的闭合回路，右转向灯点亮。电容处于充电状态。电流路径如下：

蓄电池正极→电源开关 11→串联线圈 3→并联线圈 4→电解电容 7→转向灯开关 8→右转向信号灯及指示灯 10→搭铁→蓄电池负极。

两个线圈顺向串联，产生同方向的电磁吸力。同时由于电容、串联线圈和并联线圈等元件串联，电流数值较小，右转向灯较暗。

3）电容放电，两个线圈产生的电磁吸力相互抵消，右转向灯变亮。

随着电容两端充电电压的不断提高，电流数值不断减小，当电磁吸力变小而不足以吸引衔铁时，触点 1 重新闭合。蓄电池通过串联线圈和触点为右转向灯供电，此时右转向灯变亮。同时电容器放电，放电路径如下：

电解电容 7→并联线圈 4→闭合的触点 1。

此时并联线圈电流改变了方向，进而改变了其电磁吸力的方向，并联线圈产生的电磁吸力与串联线圈的方向相反，削弱了原有的电磁吸力，当总吸力不足以吸引衔铁时，触点又闭合。

4）电容继续放电，右转向灯熄灭。

随着电容继续放电，放电电流变小，并联线圈电磁吸力变小，总的电磁吸力变大。当总吸力足以吸引衔铁时，触点断开，通电回路断开，右转向灯熄灭。之后电容又进入新一轮的充放电过程，并联线圈不断改变其电流方向，使之作周期性变化，如此反复，转向信号灯按一定的频率不断地闪烁，达到控制目的。

习题

一、填空题

6.1 多地控制电路的特点是：起动按钮应________在一起，停止按钮应________在一起。

6.2 热继电器是对电动机进行________保护的电器；熔断器是用于供电线路和电气设备的________保护的电器。

6.3 某一控制电路，只有在按下按钮时，电动机才能起动运转，松开按钮时，电动机立即停止运转，这种控制方式称为________。

6.4 继电器-接触器控制电路由________电路和________电路组成。

6.5 在电动机的继电器-接触器控制电路中，零电压保护的功能是通过________来实现的。

二、选择题

6.1 接触器的常态是指（　　）。

A. 线圈未通电情况　　B. 线圈带电情况　　C. 触头断开时　　D. 触头动作时

6.2 由接触器、按钮等构成的电动机直接起动控制电路中，如漏接自锁环节，其后果是（　　）。

A. 电动机无法起动　　B. 电动机只能点动

C. 电动机起动正常，但无法停机　　D. 电动机无法停止

6.3 接触器的文字符号是（　　）。

A. KM　　B. KS　　C. KT　　D. KA

6.4 在电动机的继电器-接触器控制电路中，零电压保护的功能是（　　）。

A. 防止电源电压降低烧坏电动机

B. 防止停电后再恢复供电时电动机自行起动

C. 实现短路保护

6.5 熔断器的额定电流是指在此电流下的熔断器会（　　）。

A. 立即熔断　　B. 过一段时间熔断　　C. 永不熔断

6.6 在电动机的继电器-接触器控制电路中，热继电器的功能是实现（　　）。

A. 短路保护　　B. 过载保护　　C. 零电压保护

6.7 在图 6-31 所示控制电路中若按下 SB_1，则（　　）。

A. 接触器 KM_2 通电动作后 KM_1 跟着动作

B. 只有接触器 KM_1 通电动作

C. 只有接触器 KM_2 通电动作

D. 接触器 KM_1 通电动作后 KM_2 跟着动作

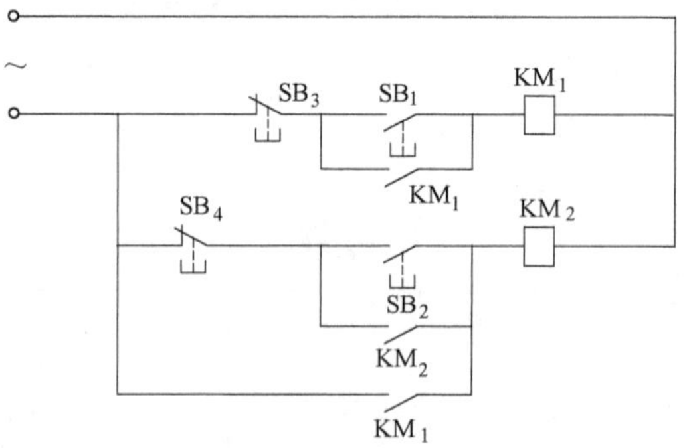

图 6-31　选择题 6.7 电路图

6.8 在图 6-32 所示控制电路中，KM_1 控制辅电动机 M_1，KM_2 控制主电动机 M_2，两个电动机已起动运行，停车操作顺序必须是（　　）。

A. 先按下 SB_3 停 M_1，再按下 SB_4 停 M_2

B. 先按下 SB_4 停 M_2，再按下 SB_3 停 M_1

C. 操作顺序无限制

6.9 在图 6-32 所示的控制电路中，SB 是按钮，KM 是接触器，KM_1 控制电动机 M_1，KM_2 控制电动机 M_2，若要起动 M_2，必须（ ）。

A. 按下 SB_2　　B. 按下 SB_1　　C. 先按下 SB_1，再按下 SB_2

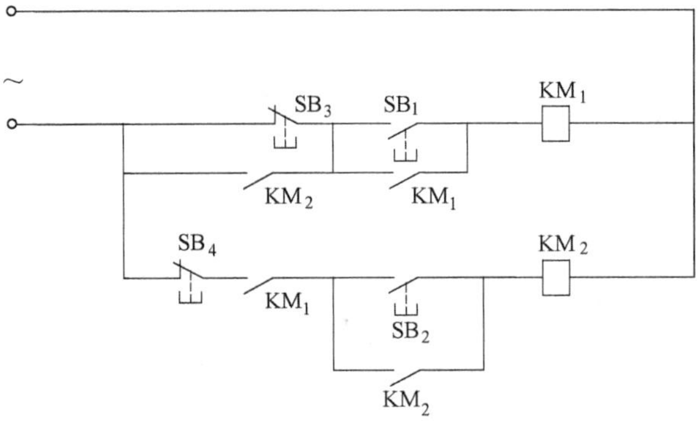

图 6-32 选择题 6.8、6.9 电路图

6.10 在电动机的继电器-接触器控制电路中，熔断器的功能是实现（ ）。

A. 短路保护　　B. 零电压保护　　C. 过载保护

6.11 在电动机的继电器-接触器控制电路中，热继电器的正确连接方法应当是（ ）。

A. 热继电器的热元件串联在主电路内，而把它的常开触点与接触器的线圈串联在控制电路内

B. 热继电器的热元件串联在主电路内，而把它的常闭触点与接触器的线圈串联在控制电路内

C. 热继电器的热元件并联在主电路内，而把它的常闭触点与接触器的线圈并联在控制电路内

6.12 在继电器-接触器控制电路中，自锁环节触点的正确连接方法是（ ）。

A. 接触器的常开辅助触点与起动按钮并联

B. 接触器的常开辅助触点与起动按钮串联

C. 接触器的常闭辅助触点与起动按钮并联

6.13 在图 6-33 所示电路中，SB 是按钮，KM 是接触器，若先按下 SB_1，再按下 SB_2，则（ ）。

A. 只有接触器 KM_1 通电运行

B. 只有接触器 KM_2 通电运行

C. 接触器 KM_1 和 KM_2 都通电运行

6.14 在图 6-33 所示控制电路中，SB 是按钮，KM 是接触器，若先按下 SB_2，再按下 SB_1，则（ ）。

A. 接触器 KM_1 和 KM_2 都不能通电运行

B. 只有接触器 KM_1 通电运行

C. 接触器 KM_1 和 KM_2 都通电运行

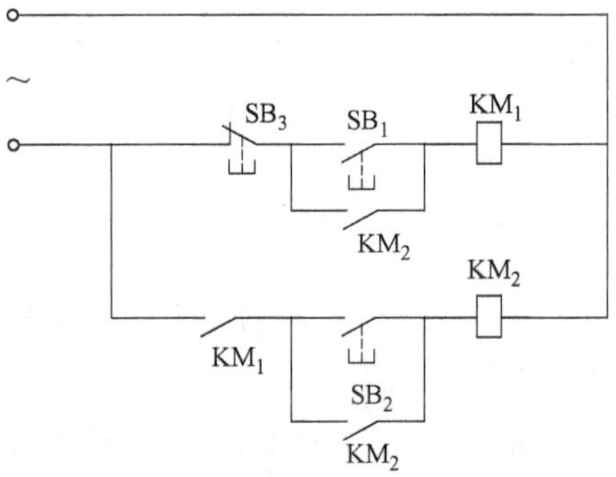

图 6-33 选择题 6.13、6.14 电路图

6.15 图6-34所示的控制电路中，具有（　　）保护功能。

A. 短路和过载

B. 过载和零电压

C. 短路，过载和零电压

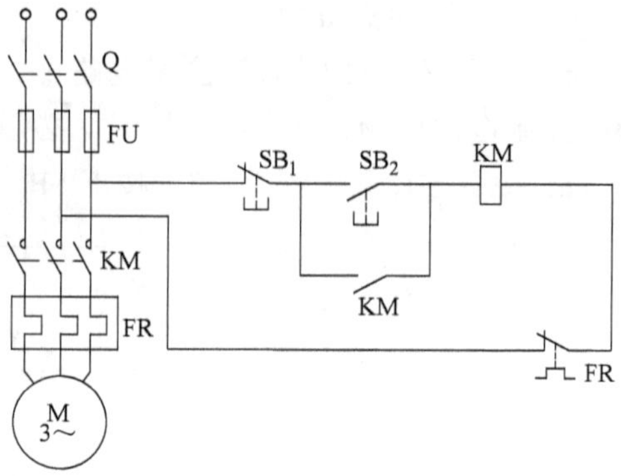

图6-34 选择题6.15电路图

6.16 在电动机的继电器-接触器控制电路中，自锁环节的功能是（　　）。

A. 零电压保护

B. 保证起动后持续运行

C. 兼有点动功能

6.17 图6-35所示4个控制电路中，正确的是（　　）。

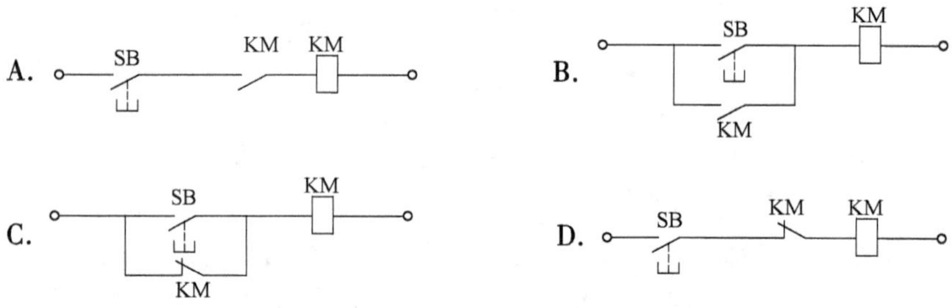

图6-35 选择题6.17电路图

6.18 图6-36所示控制电路的作用是（　　）。

A. 按一下SB_1，接触器KM通电，并连续运行

B. 按住SB_1，KM通电，松开SB_1，KM断电，只能点动

C. 按一下SB_2接触器KM通电，并连续运行

6.19 分析图6-37所示控制电路，当接通电源后，对控制作用表达正确的是（　　）。

A. 按下SB_2，接触器KM通电动作，按下SB_1，KM断电恢复常态

B. 按住SB_2，KM通电动作，松开SB_2，KM即断电

C. 按下SB_2，KM通电动作，按下SB_1，不能使KM断电恢复常态，除非切断电源

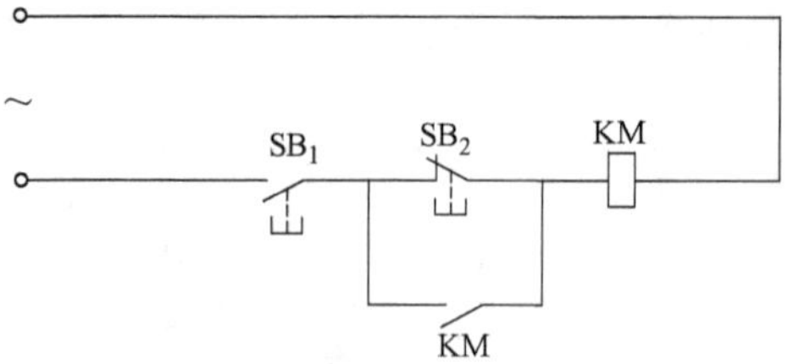

图6-36 选择题6.18电路图

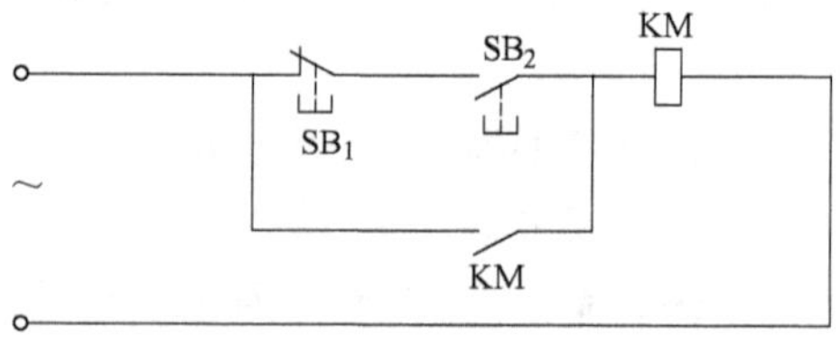

图6-37 选择题6.19电路图

6.20 在三相异步电动机的正反转控制电路中，正转接触器KM_1和反转接触器KM_2之间的联锁作用是由（　　）连接方法实现的。

A. KM_1的线圈与KM_2的常闭辅助触点串联，KM_2的线圈与KM_1的常闭辅助触点串联

B. KM_1 的线圈与KM_2的常开触点串联，KM_2的线圈与KM_1常开触点串联

C. KM_1 的线圈与 KM_2 的常闭触点并联，KM_2 的线圈与 KM_1 的常闭触点并联

三、简答题

6.1 交流接触器有什么用途？主要有哪几部分组成？各起什么作用？

6.2 简述热继电器的主要结构和动作原理。

6.3 断路器有什么用途？当电路出现短路或过载时，它是如何动作的？

6.4 行程开关与按钮有什么相同之处与不同之处？

6.5 在电动机主电路中既然装有熔断器，为什么还要装热继电器？它们各起什么作用？

6.6 接触器除具有接通和断开电路的功能外，还具有哪些保护功能？

四、分析设计题

6.1 如图6-38所示电路中，哪些能实现点动控制，哪些不能？为什么？

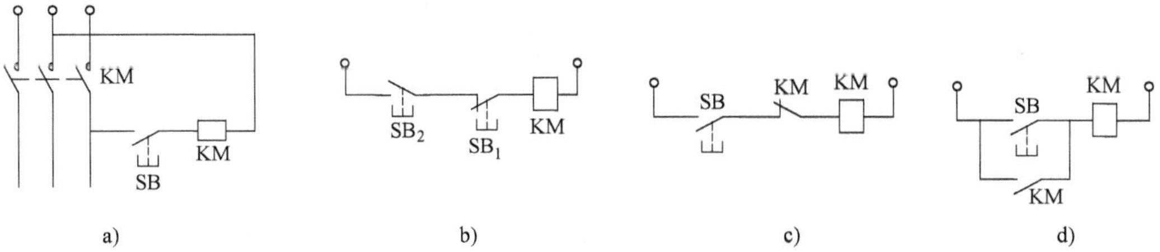

图6-38 分析设计题6.1电路图

6.2 判断如图6-39所示的各控制电路是否能正常工作？为什么？

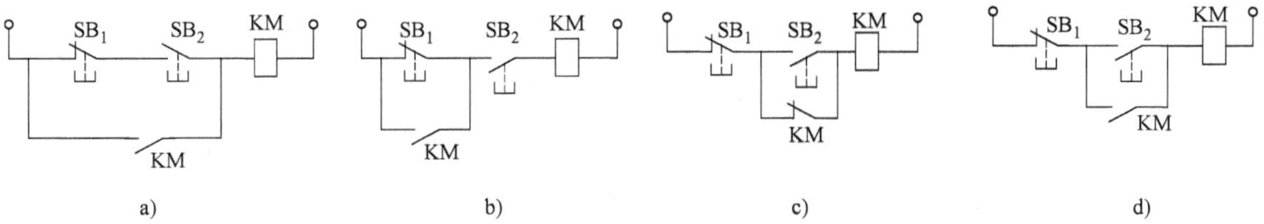

图6-39 分析设计题6.2电路图

6.3 在图6-40所示电路中有几处错误？请找出并改正。

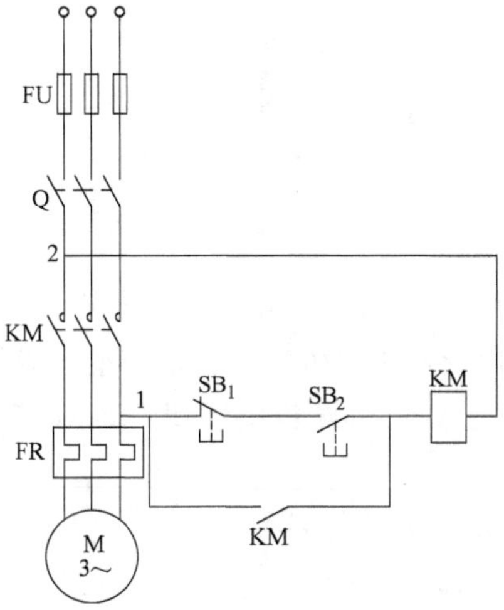

图6-40 分析设计题6.3电路图

6.4　某具有短路，过载保护的三相异步电动机正反转控制电路如图 6-41 所示，找出图中的错误并用文字说明。若用 KM_1 控制电动机的正转，KM_2 控制反转，电动机从正转换成反转应如何操作？

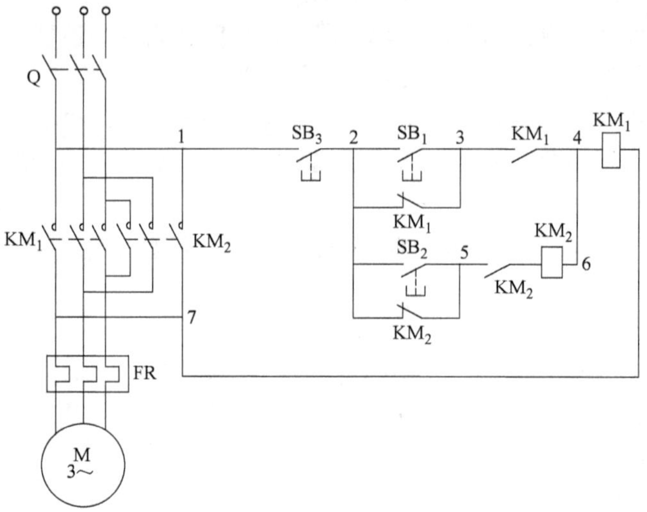

图 6-41　分析设计题 6.4 电路图

6.5　试说明图 6-42 所示电路的控制功能及具有哪些保护功能。并简述其操作步骤。

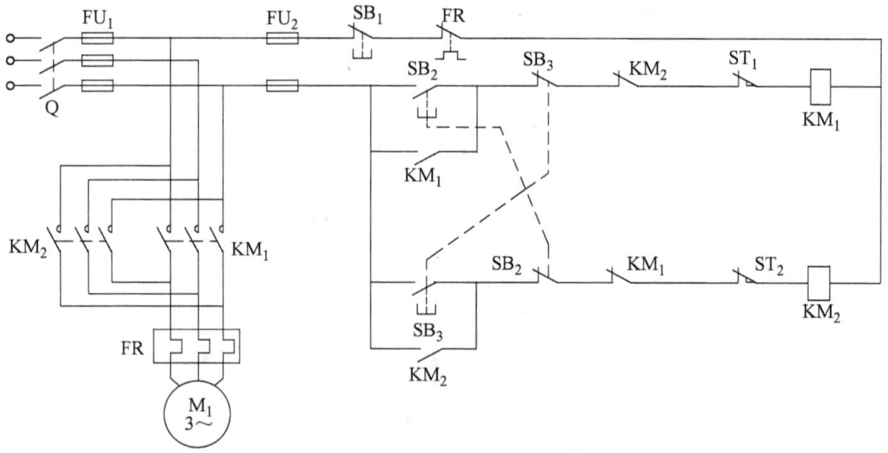

图 6-42　分析设计题 6.5 电路图

6.6　图 6-43 所示为电动机 M_1 和 M_2 的互锁控制电路。试说明 M_1 和 M_2 之间的互锁关系，并问电动机 M_1 可否单独运行？M_1 过载后 M_2 能否继续运行？

6.7　图 6-44 所示为两台笼型三相异步电动机同时起停和单独起停的单向运行控制电路。

（1）说明各文字符号所表示的元器件名称。

（2）说明 Q 在电路中的作用。

（3）简述同时起停的工作过程。

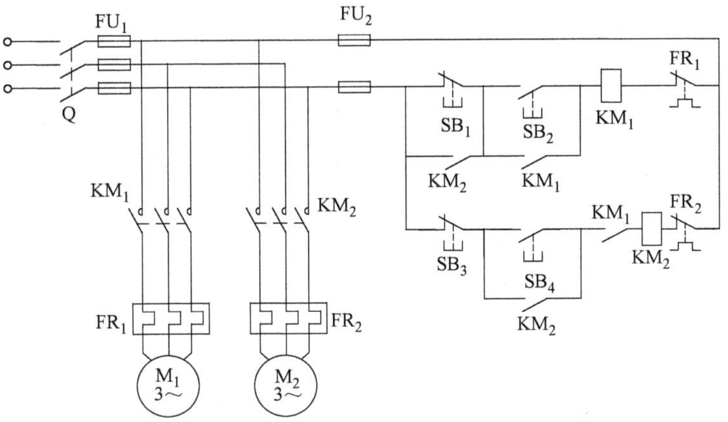

图 6-43 分析设计题 6.6 电路图

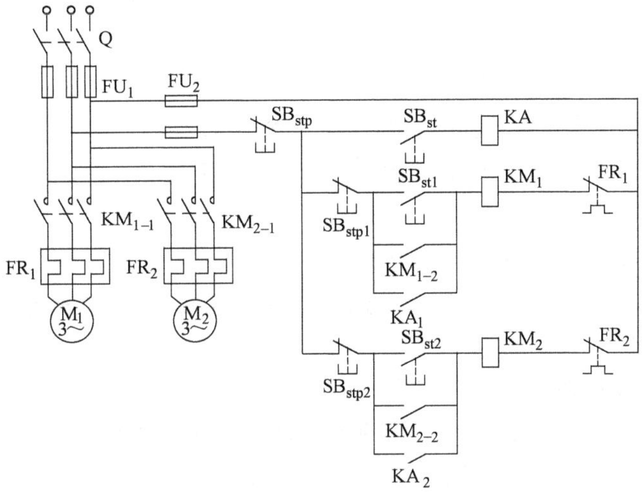

图 6-44 分析设计题 6.7 电路图

6.8 设计一个采用两地操作的、既可点动又可连续运行的电动机控制电路。

6.9 试画出三相笼型电动机既能连续工作又能点动工作的继电-接触器控制电路。

6.10 设计电路控制两台电动机 M_1、M_2，要求只有在 M_1 起动后，M_2 才允许起动，它们可分别停车或同时停车。

6.11 根据下列五个要求，分别绘出控制电路（M_1 和 M_2 都是三相笼型电动机）。

（1）电动机 M_1 先起动后，M_2 才能起动，并且 M_2 能单独停车。

（2）电动机 M_1 先起动后，M_2 才能起动，并且 M_2 能点动。

（3）M_1 先起动，经过一定延时后 M_2 能自行起动，M_2 起动后，M_1 立即停车。

（4）起动时，M_1 起动后 M_2 才能起动；停止时，M_2 停止后 M_1 才能停止。

第7章

安 全 用 电

第 7 章　授课视频

7.1　电流对人体的伤害和触电方式

7.1.1　电流对人体的伤害

1. 电流对人体的伤害及触电引起的损伤的分类

（1）电伤　电伤是指电对人体外部造成的局部伤害，如电弧烧伤及熔化的金属微粒渗入皮肤的伤害等。

（2）电击　电击是指电流通过人体内部，影响及破坏人体内部组织，例如使呼吸困难、神经系统麻痹及心脏功能障碍等。绝大多数触电事故是由电击造成的。但在高压触电事故中，这两类伤害也会同时发生。

通常所说的触电事故基本上都是指电击而言，电击伤害的严重程度与通过人体电流的大小、频率、通电时间长短、电流通过人体的途径以及人的身体状况等多种因素有关。

通过人体的工频交流为 1mA 或直流 5mA 时，就会有麻痛的感觉；工频交流超过 25mA 或直流超过 80mA 时，就会使人感到剧痛且呼吸困难，且不能自主摆脱电源，有生命危险；工频电流达到 100mA，只要很短的时间就会使人窒息、心脏停止跳动、失去知觉而死亡。

一般工频危险电流规定为 50mA，电流频率为 40~60Hz 对人体的伤害最严重。通电的持续时间越长就越危险，这是因为电流在人体内持续时间增长，人体发热出汗，人体电阻会减小，电流随之增大，故后果也就越严重。

电流通过人体的途径以从手到脚或从一手到另一手最危险，因为这种情况下电流是从心脏流过。人体的身体状况是指皮肤的干燥程度、清洁与否、接触面积以及人的健康状况与精神状况。患有心脏病、肺病、精神病、内分泌器官疾病及酒醉的人，触电引起的危害程度会更严重。

2. 安全电压

在一定电压下，人体的电阻决定了通过人体的电流。但人体的电阻变化范围很大，高时可达 $10^4 \sim 10^5\Omega$，低时只有 105Ω 左右，特别是当人的健康状况不好，精神状况欠佳，皮肤流汗，潮湿有灰尘的情况下，人体电阻很低，触电时也最危险。皮肤干燥时，触电电压在 50V 以上是危险的，若皮肤潮湿，则触电电压超过 36V 就有危险。我国根据不同的环境条件，规定安全电压为：在干燥、无导电粉末等危险程度较低的建筑物中为 50V；一般情况下是 36V；在特别潮湿的环境或金属构架上工作时为 24V 或 12V。工厂的机床局部照明灯及行灯的额定电压一般都在 36V 以下。国外的安全电压值的规定各不相同，如美国为 40V，法国为 24V（交流）、50V（直流），荷兰和瑞典为 21V。

7.1.2 触电方式

人体触电的方式有两种，即单相触电和两相触电。

1. 单相触电

单相触电是指人体在地面或其他接地体上触及一相带电体的触电。根据三相电源中性点是否接地，单相触电可分为两种情况来分析。图 7-1a 所示是三相电源中性点接地时单相触电的情况。

单相事故电流由相线经人体、大地、变压器中性点接地体而构成回路。

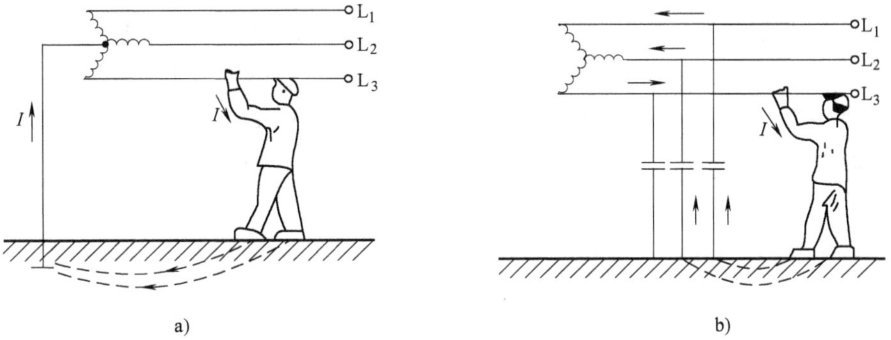

图 7-1 单相触电

a）电源中性点接地 b）电源中性点不接地

图 7-1b 所示是三相电源中性点不接地时单相触电的情况。这时事故电流由相线经人体、大地再经其他两相对地电容及绝缘电阻而构成回路。从而对人体构成危害，特别是当线路较长，绝缘状况不良等情况，其危险程度更大。

2. 两相触电

两相触电是指人体两处同时触及两相带电体的触电，如图 7-2 所示。这时加在人体上的电压是线电压。在 380/220V 电网中是 380V。两相触电时通过人体的电流较大，故危险性也大。

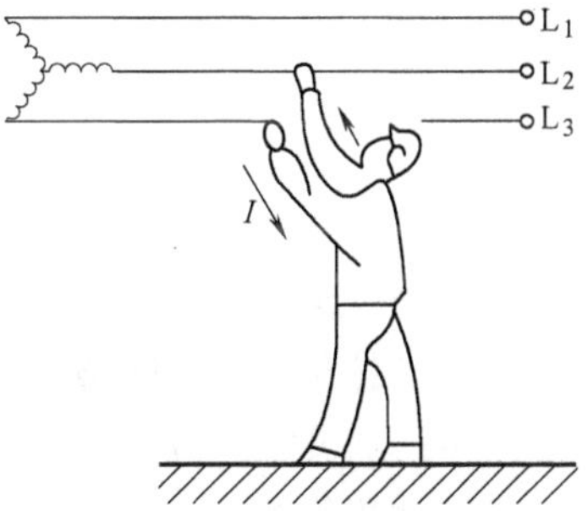

图 7-2 两相触电

7.2 电气设备的接地和接零

接地是指将电气设备的某一部分与大地作良好的电气连接，用来实现接地的装置称为接地装置，它包括接地体和接地线两部分。与大地紧密接触的金属体或金属体组称为接地体，连接接地体与电气设备的金属导线称为接地线。保护接零是指电气设备在正常情况下不带电的金属部分（如外壳）与中性线（或称零线）紧密相连接，称为接零，或称为保护接零。

在供配电系统中，为了保证电气设备的正常运行和安全用电，电气设备必须接地或接零。按其作用的不同，可分为工作接地、保护接地、保护接零和重复接地等。

1. 工作接地

工作接地为了保证电气设备在正常或发生事故的情况下能可靠地运行，将电路中的某一点接地，称为工作接地。例如三相变压器三相绕组星形联结时中性点接地，能维持相电压恒定，可降低人体的接触电压和电气设备及线路的绝缘水平；又如避雷设备（避雷针、避雷器）的接地能将雷击时的雷电流泄入大地，以确保电气设备的安全。

2. 保护接地

在中性点不接地的三相电源系统中，为了防止因绝缘损坏而遭受触电的危险，将电气设备带电部分相绝缘的金属外壳或金属构架与大地可靠连接（接地电阻不得超过 4Ω），称为保护接地。例如电动机、变压器的外壳接地。保护接地的作用如图 7-3 所示。

在图 7-3a 中，电动机外壳未接地，当电动机发生一相碰壳（L_2 相）时，其外壳带电。如果人体一旦接触到外壳，就相当于前述单相触电，在导线对地绝缘不良及对地电容较大的情况下，这是很危险的。在图 7-3b 中，电动机外壳保护接地，当电动机发生一相碰壳时，人体触及外壳，接地短路电流将同时沿着接地装置和人体两条通路流过。设人体电阻为 r_d，接地装置电阻为 r_0。通常 $r_0 \ll r_d$，故流经人体的电流很小，从而避免了触电的危险。

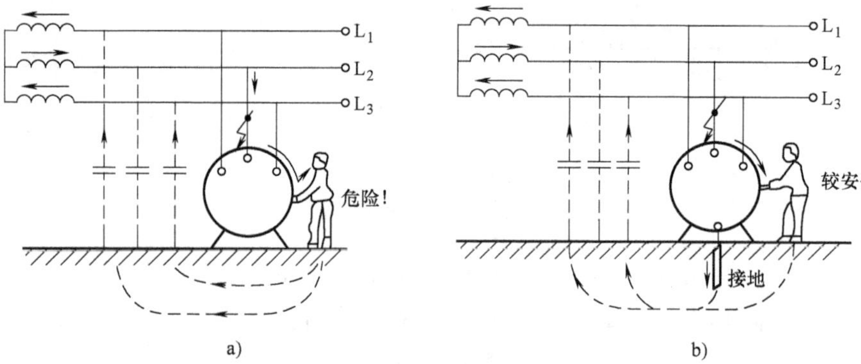

图 7-3 保护接地

3. 保护接零

中性点接地的三相电源系统，例如 380/220V 三相四相制供电系统，将电气设备的金属电源的零线（中性线）直接接地，称为保护接零，如图 7-4a 所示。

当电动机发生一相碰壳事故时，即形成单相短路，短路电流从事故相到外壳、零线、电源中性线构成回路。回路阻抗很小，故短路电流很大，能使电路上的保护设备（如熔断器）迅速动作，断开电源和事故设备的连接，避免人体触电及设备损坏的危险。

对于各种单相用电设备，例如各种家用电器（电冰箱、洗衣机等）常用三眼插座和三脚插头与电源连通，如图 7-4b 所示。使用时，应将用电设备外壳用导线连接到三脚插头中间那个较粗的插脚上，然后通过插座接到电源的零线，以实现保护接零。插座上的这根保护接零线连接必须牢固可靠，不允许装设开关或熔断器。插座的其他两根线接到电源的相电压上，即一根相线，另一根接零线，这称为工作接零。在这两根线上应同时装设开关或熔断器。可以增加熔断器熔断的机会，有利于缩短短路事故的持续时间；另外，如果只在一根线

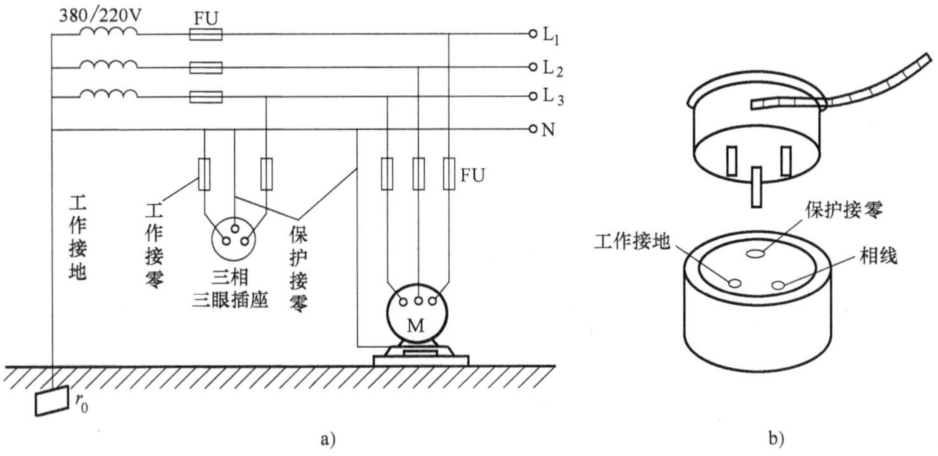

图 7-4 保护接零

a）保护接零电路 b）插座上的接零

上装设熔断器，当相线和零线互相接错时，相线就会处于无保护状态。

还应注意，绝不允许用一根接零线来取代工作接零线和保护接零线，如图 7-5 所示。这样一旦零线断开，设备外壳就会带电，是很危险的。另外，采用这种接法，如果电源零线和相线互相接错，就会把电气设备的外壳连接到相线上，会出现更大的危险，造成触电事故。

我国用电规程中规定：在电压低于 1000V 的中性点接地的三相四线制供电系统中，例如 380/220V 系统，不允许采用保护接地，只能采用保护接零。其原因可用图 7-6 来说明。

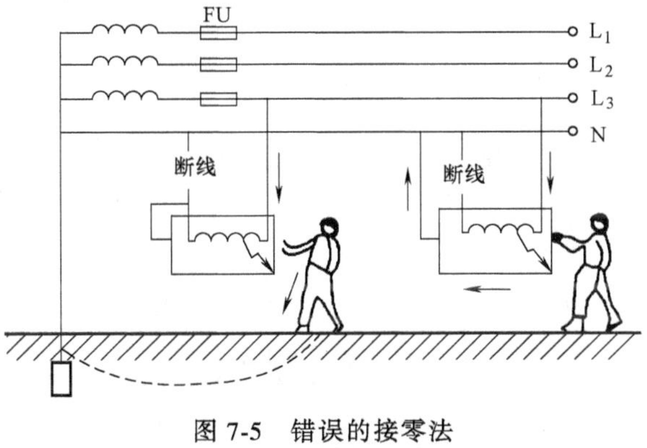

图 7-5 错误的接零法

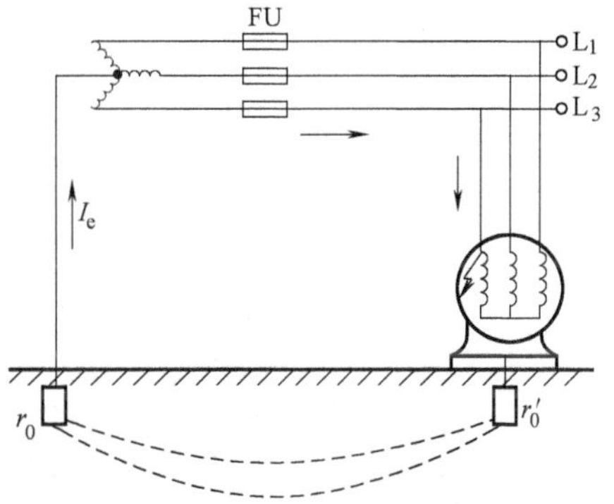

图 7-6 采用保护接地不安全的原理

图 7-6 中的电动机设有保护接地装置，其接地电阻约为 4Ω。当电动机绝缘损坏，一相碰壳时，事故电流 I_e 经大地及电源中性点工作接地电阻 r_0 形成回路，$r_0=r_0'=4\Omega$。所以，事故接地电流为

$$I_e=\frac{U_p}{r_0+r_0'}=\frac{220}{4+4}\text{A}=27.5\text{A}$$

若此电流小于熔断器的熔断电流，则熔断器不熔断，外壳将继续带电，其外壳对地电压为

$$U_e=I_e r_0'=27.5\times4\text{V}=110\text{V}$$

如果人体电阻为 1000Ω，则当人接触外壳时，通过人体的电流为

$$I_d=\frac{U_e}{1000}=\frac{110}{1000}\text{A}=0.11\text{A}=110\text{mA}$$

这个电流对人来说是非常危险的。

4. 重复接地

三相四线制供电系统中，为了确保保护接零可靠，除了在电源中性点进行工作接地外，还必须在零线的其他地方按一定的间距进行多次接地，这称为重复接地。若不进行重复接地，一旦在零线某处断线时，接在它后面的用电设备只要有一处发生碰壳、外壳带电，则所有的设备外壳都过零线带电，如图 7-7a 所示，这是非常危险的。如果采用重复接地，设其接地电阻 $r_0'=4\Omega$。当零线某处断线，且接在后面的某台设备发生碰壳事故使外壳带电时，事故电流将通过接地电阻、大地及电源变压器中性点工作接地电阻构成回路。如图 7-7b 所示，这时带电外壳电压为

$$U_e=\frac{U_p}{r_0+r_0'}r_0'=\frac{220}{4+4}\times 4\text{V}=110\text{V}$$

接地电流为

$$I_e=\frac{U_e}{4}=\frac{110}{4}\text{A}=27.5\text{A}$$

相当于 380/220V 三相四线制供电系统中采用保护接地的情况。只有当电气设备容量较小，熔断器的熔断电流小于 27.5A 时，才能起到保护作用。对于大容量的电气设备，其熔断器不能熔断，设备外壳将持续带电，这仍然是很危险的。所以实际上，尽管有重复接地，仍应防止零线断的情况发生。故规定零线上不得装设熔断器或开关设备，且要保证零线的安装质量，应定期进行检查。

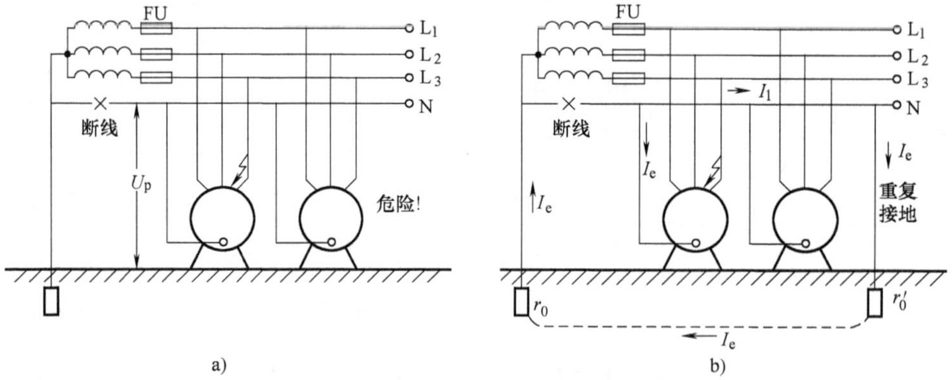

图 7-7 重复接地工作情况的分析

7.3 普通电工安全用电常识

7.3.1 安全用电须知

安全用电须知事项如下：

1）正确选用导线、电缆、电气设备及其保护电器，按规定采取必要的接地、接零措施。

2）对于人们经常接触的电气设备，如机床局部照明灯、行灯等应考虑其工作环境的特点，选定的安全电压一般为36V。在潮湿、有导电灰尘和腐蚀性气体的场所，则应选用24V、12V甚至更低的供电电压。

3）定期对电气设备进行安全检查，如发现有异常现象应及时找出异常原因，排除故障。

4）严格执行安全操作规程。在安装或检修电气设备时，应用验电笔检测设备或导线是否带电，不可用手来触摸鉴定。

5）照明电路的开关应与相线串联，安装螺纹口灯头时，螺纹套应接零线，以免换灯泡时触电。

6）不得随意加大熔丝规格。更换熔丝时，应先切断电源，切勿带电操作。

7）不乱拉电线，不在电线上晒衣物。晒衣物的铁丝不能和电线交叉搭线或绕在一起，以防电线绝缘皮磨损而发生触电事故。

8）检修线路或设备时，应先断开电源开关，取下熔断器的熔体，并在断开的开关上悬挂“有人工作，不准合闸”的警告牌。有时还应将线路或设备临时接地，工作完毕再拆除接地线。

9）电气设备着火时应首先切断电源，然后使用二氧化碳灭火器、四氯化碳灭火器或干燥的黄沙灭火。

7.3.2 触电急救常识

遇到有人触电时，应立即断开电源开关或拔下熔断器，切断电源。如附近无开关，则应用干燥的木棒、竹竿等绝缘物体拨开电源线，也可用绝缘钳、木柄斧等切断电源线。在切断电源前，切勿用手接触触电者，以免再次发生触电。同时还应防止触电者脱离电源后从高处摔下，发生意外事故。

触电者脱离电源后，必须立即抢救。如触电者尚有呼吸和心跳，未失去知觉，则应将触电者抬到空气新鲜的地方，解开其衣扣，使其静卧休息并立即请医生来诊治。

如果触电者已失去知觉，呼吸困难，有痉挛现象，但心脏还在跳动，则应使触电者舒适安静地平卧，周围不要围人，使空气流通。解开其衣扣，以利呼吸。如天气寒冷还要注意保温，同时马上进行人工呼吸，并速请医生诊治。如果触电者呼吸、脉搏及心跳均已停止，则应立即进行人工呼吸及胸外心脏按压，促使心脏恢复跳动，人工呼吸方法如图7-8所示。这两种方法可以单独应用，也可配合进行。在医生赶到之前，不能中断急救工作。

1. 口对口人工呼吸法

1）使触电者仰卧，松开衣服，以免影响呼吸时胸部及腹部的自由扩张。再将颈部伸直，头部尽量后仰，掰开口腔，清除口中阻塞，这应拉出舌头，使进出人体的气流畅通无阻，如图7-8a所示。

如果触电者牙关紧闭，可用木片、金属片从嘴角处伸入牙缝，慢慢撬开。

2）救护者应位于触电者头部一侧，将靠近头部的一只手捏住触电者的鼻子（防止吹气时

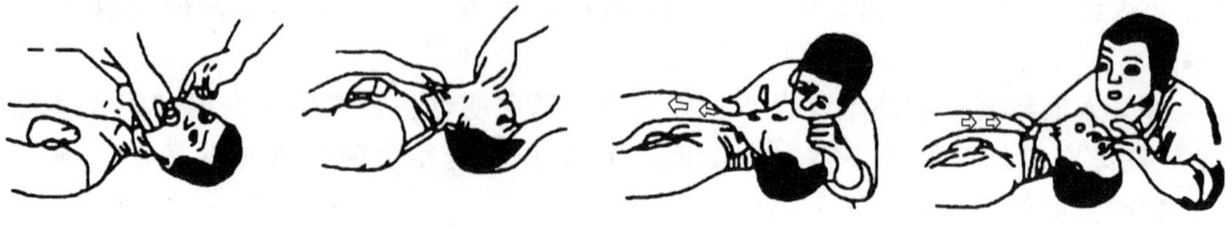

a) b) c) d)

图 7-8 口对口人工呼吸法

a) 清理口腔阻塞 b) 鼻孔朝天头后仰 c) 贴嘴吹气胸扩张 d) 放开嘴鼻好换气

气流从鼻孔漏出)，并将这只手的外缘压住额部，另一只手托其颈部，将颈上抬，如图 7-8b 所示，这样可使头部自然后仰，解除舌头后缩造成的呼吸阻塞。

3）救护者深呼吸后，将嘴紧贴触电者的嘴（中间也可垫一层纱布或薄布）大口吹气，如图 7-8c 所示，同时观察触电者胸部的隆起程度，一般应以胸部略有起伏为宜。胸腹起伏过大则说明吹气太多，容易吹破肺泡。胸腹无起伏或起伏太小则说明吹气不足，应适当加大吹气量。

4）吹气至触电者可换气时，救护者应使其嘴迅速离开触电者的嘴，同时放开捏紧的鼻孔，让触电者自动向外呼气，如图 7-8d 所示。这时应注意观察触电者胸部的复原情况，注意听口鼻处有无呼气声，从而检查呼吸道是否阻塞。按照上述步骤反复进行，对成年人每分钟吹气 14~16 次，大约每 5s 一个循环，吹气时间稍短，约 2s，呼气时间要长，约 3s。对儿童吹气，每分钟 18~24 次，这时不必捏紧鼻孔，让一部分空气漏掉。对儿童吹气时，一定要掌握好吹气量的大小，不可让其胸腹过分膨胀，防止吹破肺泡。

2. 胸外心脏按压法

在触电者心脏停止跳动时，可以有节奏地在胸部外加压力代替心脏的收缩与扩张，以达到维持血液循环的目的，具体操作过程如图 7-9 所示。下面照图介绍其操作步骤与要领。

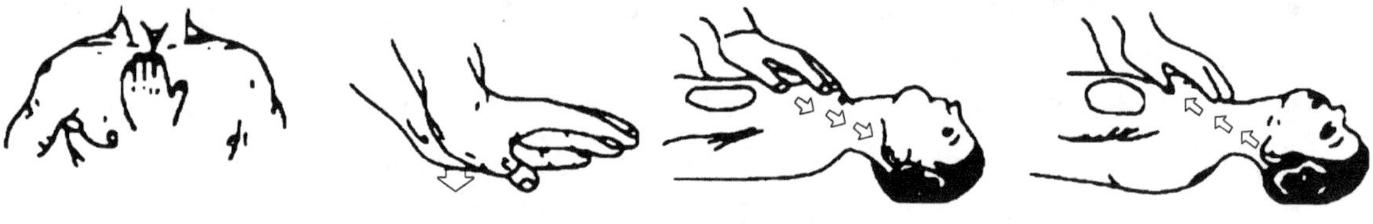

a) b) c) d)

图 7-9 胸外心脏按压法

a) 中指对凹膛，当胸一掌 b) 掌根用力向下压 c) 慢慢向下 d) 突然放松

1）将触电者仰卧在硬板上或平整的硬地面上，解松衣服，救护者跪跨在触电者腰部两侧。

2）救护者将一只手的掌根按于触电者胸骨以下横向二分之一处，中指指尖对准颈根凹膛下边缘，另一只手压在那只手的背上呈两手交叠状，肘关节伸直，依靠体重和臂与肩部的用力，向触电者脊椎方向慢慢压迫胸骨下段，使胸廓下陷 3~4cm，由此对心脏进行按压，心室的血液被压出，流至触电者全身各部。

3）救护者将双掌突然放松，依靠胸廓自身的弹性，使胸腔复位，让心脏舒张，血液流回心室。放松时，交叠的两掌不要离开胸部，只是不加力而已。接下来重复2)、3）步骤，60次/min左右。

在做胸外心脏按压时，应注意以下几点：

1）按压位置和手掌姿势必须正确，下压的区域用力时要对脊椎方向下压，要有节奏，有一定冲击性，但不能用大的爆发力，否则将造成胸部骨骼损伤。

2）按压时间和放松时间大体一样。

3）对心跳和呼吸都已停止的触电者，如果救护者有两人，则可以同时进行口对口人工呼吸和胸外心脏按压，效果更好，但两人必须配合默契。如果救护者只有一人，也可两种方法交替进行，其方法如下：先用口对口向触电者吹气两次，立即在胸外按压心脏两次，再吹气两次，再按压15次，如此反复进行，直到将人救活或医生确诊已无法抢救为止。

4）对小孩，只用一只手的根部加压，并酌情掌握压力的大小，以100次/min左右为宜。

无论是施行口对口人工呼吸法或胸外心脏按压法，都要不断观察触电者的面部动作，如果发现其眼皮、嘴唇会动，喉部有吞咽动作时，则说明触电者自己有一定呼吸能力，应暂时停止几秒钟，观察其自动呼吸的情况。如果呼吸不能正常进行或者很微弱，则应继续进行人工呼吸和胸外心脏按压，直到能正常呼吸为止。在触电者呼吸未恢复正常以前，无论什么情况，包括送医院途中、雷雨天气（雷雨时可移至室内）或时间已进行得很长而效果不甚明显等都不能中止抢救。事实上，用人工呼吸法抢救的触电者中，有长达7~10h才救活的，因此应持续施救，不能放弃。

7.4 汽车安全用电常识

7.4.1 生产现场安全用电常识

1）车间内的电气设备很多，不能随便乱动。如果电气设备出现故障，不得擅自修理，应立即请相关的专业检修人员检修。

2）操作者在检修人员维修设备时，不能擅自离开，要进行监护，并等待维修完毕后试车。

3）未经有关部门的许可，不能擅自进入电气设备房或电气施工现场。

4）电气设备的安装、维修应由持证电工负责，特种作业人员则应经过专门的安全技术培训考核，取得特种作业操作证后，才能上岗工作。

5）熟悉自己生产现场的主空气断路器位置，一旦发生火灾、触电或其他电气事故时，应第一时间切断电源，避免造成更大的财产损失和人身伤亡事故。

6）规定使用接地的用电器具的金属外壳应做好接地保护或加装剩余电流断路器，不要忘记用三线插座、插头和安装接地线。

7）养成安全用电和节约用电的良好习惯，长时间离开现场或不使用电气设备时，要确定切断电源。

8）操作带电设备时，不得用手触摸带电部位，不得用手接触导电部位来判断是否有电。

9）发现落地的电线，应距离 8m 以外，更不能用手去拾。要设法看护落地电线，并请电工来处理。

10）电烙铁等会发热的电气设备不得直接放在木板上或靠近易燃物品，以免引起火灾。

现场事故主要是两方面因素造成：一是人为因素，即由于不正确地使用机器或工具，穿着不合适的衣物，或由于技术员不小心造成的事故；二是自然因素，由于机器或工具出现故障，缺少完整的安全装置，或工作环境不良造成的事故。

不正确地使用电气设备可能导致短路和火灾，因此。要学会正确使用电气设备并认真遵守以下几点：

1）如果发现电气设备有任何异常，立即断开开关，并联系管理人员。

2）如果电路中发生短路或意外火灾，在进行灭火步骤前要先断开开关，向管理人员报告。

3）有任何熔丝熔断都要报告，因为熔丝熔断说明电路必定存在某种电气故障。

4）为防止电击，千万不要用湿手接触任何电气设备。

5）不要让电缆通过潮湿或浸有油的地方，也不要通过炽热的表面或尖角附近。

6）在开关、配电盘或电动机等物附近不要使用易燃物，因为这些设备容易产生火花。

7）千万不要触摸有“发生故障”标识的开关。

7.4.2 维修现场安全用电常识

1. 汽车电工安全操作规程（含空调工）

1）装卸发电机和起动机时，应将汽车电源总开关断开，切断电源后进行，未装电源开关的，卸下的电源接头应包扎好。

2）汽车内的线路接头必须拉牢，并用电工胶带扎好，穿孔而过的线路要加橡胶护套。

3）需要起动发动机检查电路时，应注意车下有无其他工作人员，预先打好招呼，放空档，拉驻车制动然后发动。

4）装蓄电池时，应在底部垫橡胶料，蓄电池之间也应用木板塞紧。

5）配制电解液时，应穿戴橡胶水鞋和橡胶手套，戴防护眼镜，将硫酸轻轻加入蒸馏水内，同时用玻璃棒不断搅拌，达到散热的目的，严禁将水注入硫酸内。

6）充电时将电池盖打开，电解液温度不得超过 45℃。

7）蓄电池应用防电叉测量，不可用手钳及其他金属检验，防止发生爆炸。

2. 汽车钣金工安全操作规程

1）使用车床、电焊机时，必须事先检查电焊机接地情况，确认无异常情况后，方可按启动程序开动使用。

2）电焊条要干燥、防潮，工作时应根据工作大小选择适当的电流及电焊条。电焊作业时，操作者要戴面罩及劳动保护用品。

3. 汽车维修钳工安全操作规程

1）使用电动工具时，必须检查工具有无损坏及漏电现象。

2）拆卸设备前必须切断电源，不准带电操作。

3）流动照明灯不准用高压灯。

7.4.3 新能源电动汽车安全用电常识

新能源电动汽车的电气安全工作是一项综合性的工作，一方面要研究各种电气事故，另一方面要研究用电的方法，解决各种安全问题。电动汽车为了达到较好的能量利用，动力电压由以往的几十伏提高到目前的几百伏甚至更高，已经远远超出安全电压，一旦发生触电事故，其后果十分严重。因此，电动汽车动力系统的安全性问题不容忽视，而且由于充放电特性使然，动力蓄电池容易造成燃烧、爆炸等问题，因此，学习新能源电动汽车的安全知识非常必要。

1. 新能源电动汽车高压安全防护及操作注意事项

(1) 车辆充电 交流电路和电源插座（16A 插座），不允许使用外接转换插头、插线板等，且应确保 16A 电源插座接地良好。专用交流电路是为了避免电路被破坏或者由于给动力电池充电时的大功率导致电路跳闸保护，如果没有使用专用电路，可能影响同一电路其他设备的正常工作。

(2) 维修维护

1）对新能源汽车高压电气设备维修维护前，首先要准备好基本绝缘安全工具及器具，即验电、放电工具、绝缘罩及绝缘隔板等；以及辅助安全工具及器具，如绝缘手套、绝缘靴、绝缘胶垫、安全围栏（网）和标示牌等。

2）在维修高压系统时必须使用电工专用绝缘工具。

3）使用安全工具时，要注意各项安全操作事项及平时保养。

注意：验电器必须按其额定电压使用，不得将低压验电器在高压环境使用，也不得将高压验电器在低压环境使用。

2. 高压断电步骤

1）在新能源汽车全部停电或部分停电的电气设备上工作，必须完成下列措施：停电、挂锁、验电、放电、悬挂标示牌、装设遮拦且有监护人。

2）在高压设备上的检修工作需要停电时应将被检修设备停电，必须把各方面的电源完全断开，禁止在只将开关断开电源的设备上工作，工作地点各方必须有明显断开点。

3）对电气设备验电前，应先在有电设备上进行试验，确保验电器良好；必须用电压等级合适而且合格的验电器在检修设备进出线两侧各相分别放电后，用测量用具确认设备放电完成，已无电压。

4）对于重大事故车辆或异常车辆（如有焦糊味、冒烟及浸水等）要将其在专用的场地（或工位）观测 48h，且场地（工位）应有防爆防火设施。

5）维修动力电池组或更换电池时，施工人员应做好相应的防护和警示工作，并出示施工的内容及工作进程，离开施工现场时应用绝缘隔板或绝缘罩放置在动力电池组的外露部分写明离开的原因加以公示。（维修或更换其他高压部件时，安全工作也按照动力电池的安全措施开展）。

3. 注意事项

1）非持证电工不准装接电动汽车高压电气设备。

2）任何人不准玩弄电气设备和开关。

3）破损的电气设备应及时调换，不准使用绝缘损坏的电气设备。

4）不准利用车身电源对电动汽车以外的用电设备供电。

5）设备检修切断电源时，任何人不准启动挂有警告牌的电气设备，或合上拔去的熔断器。

6）不准用水冲洗揩擦电气设备。

7）熔丝熔断时，不准换装容量不符的熔丝。

8）不经技术部门或主管部门审批，不准私自改动和加装电气设备。

9）发现有人触电，应立即切断电源进行抢救，在未脱离电源前不准直接接触触电者。

10）雷雨天气禁止在室外对车辆充电和维修维护。

4. 电动汽车锂电池起火爆炸问题及其防护

从多起安全事故的原因分析，电动汽车最大的安全隐患来自锂离子蓄电池，电动汽车的锂离子蓄电池是电能和化学能转换的能量高度聚集体，一旦发生燃烧、爆炸等事故，往往会导致人员重伤、死亡或设备财产损失等严重后果。过度充电、过热、内部短路及外部短路等原因都有可能引发锂离子蓄电池事故。因此，在日常的使用和维护中，要注意以下几点：

1）任何从事锂离子蓄电池运输、存储、安装、测试及维护等工作的人员，必须通过专业培训，具备锂离子蓄电池的风险识别能力，及起火、爆炸后的应急处理能力。

2）禁止利用非专业和未校验过的测试设备对锂离子蓄电池及电池包做充放电测试或安全测试。

3）电池及电池包的安装、测试过程中要做好绝缘防护，避免短路发生，同时避免电池在这些过程中受到机械性破坏。

4）在电池或电池包的测试及检修过程中，如发现其有任何漏液、自放热现象出现，应立即停止测试并采取应急处理方法。

5）电池或电池包的测试需要在防爆柜中进行，测试及安装区域需要配备完整的消防系统，如自动灭火装置、烟雾警报器等。

6）所有电池或电池包必须在半电（指的是充入50%~70%的电量）以下存放，严禁把电池或载有电池包的车辆停放在靠近热源、火源或温度高于80℃的地方。

7）所有电池和电池包存放时需要做好绝缘处理，避免发生短路。电池存放柜、隔板及电池托盘需采用阻燃材料制作并进行绝缘处理。

8）存放环境内的电缆或电气设备要定期进行检修，避免年久失修而出现腐蚀，引发短路，继而导致火灾。

5. 电动汽车电池起火、爆炸的应急措施

1）电池漏液：切断电源，佩戴防护面罩、手套，拆除漏液电池的电气连接，明确漏液点，清理表面，置于防爆箱内，将其串联大电阻放电至0V，之后放入废电池临时存储库。

2）单体电池测试起火：切断电源，穿戴防护面罩、防护服及防护手套后，以大量水灭火。

3）单体电池存放起火：刚刚起火时，在穿戴好防护面罩、防护服和防护手套后，以高压水枪远距离喷淋。

4）引发多个电池连续起火：迅速远离现场并通知邻近区域的工作人员断电撤离，报警。

5）电池组或多个电池起火：切断该区域电源并通知邻近区域的工作人员切断邻近工作区域电源，撤离现场，报警。

6）电池包起火、爆炸：切断该区域电源并通知邻近区域的工作人员切断邻近工作区域电源，撤离现场，报警。

习题

简答题

1.1　什么是安全电压？安全电压分为哪些等级？

1.2　如何应急处置触电事故？

1.3　人体触电方式分为几种？各有什么特点？

1.4　保护接地和保护接零相比较来说有哪些不同之处？

第8章

电工技术基础实验

8.1　NI ELVIS Ⅲ平台

8.1.1　NI ELVIS Ⅲ简介

1. NI ELVIS Ⅲ的特点

NI 教学实验室虚拟仪器套件 ELVIS Ⅲ如图 8-1 所示，它是基于项目学习的工程实验室解决方案。它将仪器和嵌入式设计与网络驱动的体验相结合，集成了一套常用的实验室仪器，包括模拟和数字 I/O 以及高性能嵌入式控制器。ELVIS Ⅲ可以通过 USB 接口与计算机相连，实现简单、便捷、快速的测量、采集和显示。其开放的软件架构支持广泛的实验探索，使学生能够通过基本编程 API 快速入门学习，或深入到嵌入式处理器和 FPGA 的底层开发中。ELVIS Ⅲ的可拆卸原型板可以被多领域的专业应用板代替，涵盖了电气工程、机械工程以及诸多其他课程。

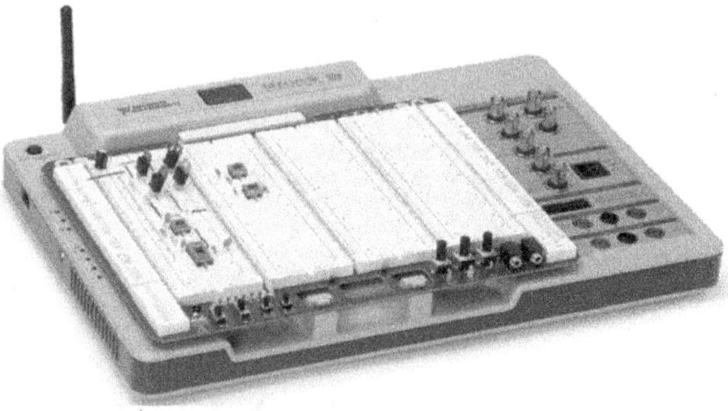

图 8-1　ELVIS Ⅲ实验仪器

NI ELVIS Ⅲ具有以下特点：

1）基于 USB 的工作站和用于电路开发与实验的可更换原型设计板；

2）可用于 PC 测量与控制的集成仪器，包括：多通道数据采集功能，包括模拟和数字 I/O；数字万用表（DMM）；四通道示波器——100MS/s 采样率；两通道函数发生器——100MS/s 采样率；固定和可变电源；逻辑分析仪；波特分析仪；IV 分析仪。

3）具有扩展项目功能，增加了嵌入式 FPGA 设计功能，能实现可部署的代码和操作。连接方式除了 USB 外，还可以选择 WiFi 和以太网。

2. NI ELVIS Ⅲ功能说明

NI ELVIS Ⅲ工作站平面图及原型板平面图如图 8-2 和图 8-3 所示。

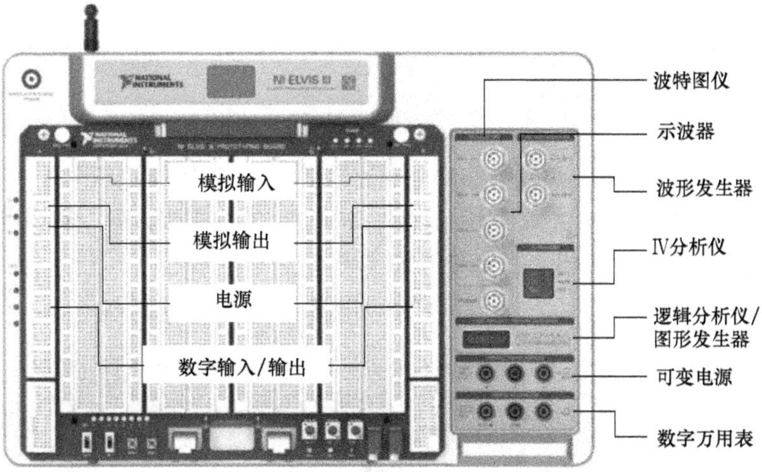

图 8-2　工作站平面图

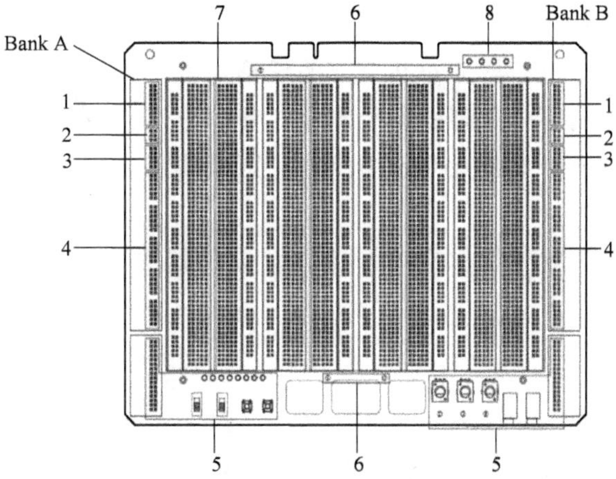

图 8-3　原型板平面图

1—模拟输入　2—模拟输出　3—固定电源　4—数字 I/O　5—用户可配置外设　6—数字地　7—面包板工作区　8—电源指示灯

8.1.2　NI ELVIS Ⅲ的使用

1. 准备工作

硬件需具备：

1）NI ELVIS Ⅲ工作站。

2）NI ELVIS Ⅲ原型板。

3）AC/DC 电源适配器。

4）USB 2.0 连接线。

5）计算机。

软件需具备：

NI ELVIS Ⅲ Software Bundle 2018，并包括：LabVIEW 2018；NI ELVIS Ⅲ Toolkit；LabVIEW Real-Time Module；LabVIEW FPGA Module；LabVIEW Control Design and Simulation Module。

2. 安装步骤

(1) 硬件连接

1）使用 USB 线将 NI ELVIS Ⅲ工作站连接至电脑。USB 接口位置为图 8-4 中的位置 A。

2）将 AC/DC 电源适配器连接至 NI ELVIS Ⅲ工作站，插入插座。然后打开工作站电源开关。电源适配器接口位置为图 8-4 中的位置 B。

3）启动 NI ELVIS Ⅲ工作站，开关位置为图 8-4 中的位置 C。

图 8-4 工作站开关、电源接口、USB 接口

(2) 原型板安装

1）将原型板的上接口边缘与工作站上部的插槽对齐。

2）将原型板下部的孔洞与原型板安装支架对齐。

3）将原型板推入插槽与安装支架。插槽会稍紧以固定原型板，切勿暴力安装，如图 8-5 所示。

4）在工作站面板上打开原型板供电开关，开关位置为图 8-6 中的位置 A，此时原型板上的电源指示灯 B 亮起。

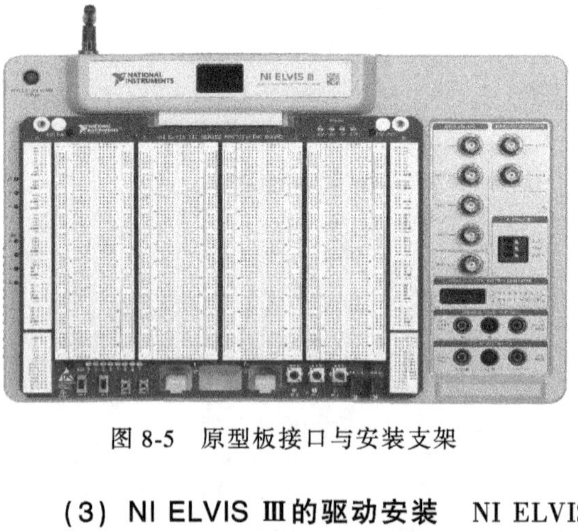

图 8-5 原型板接口与安装支架

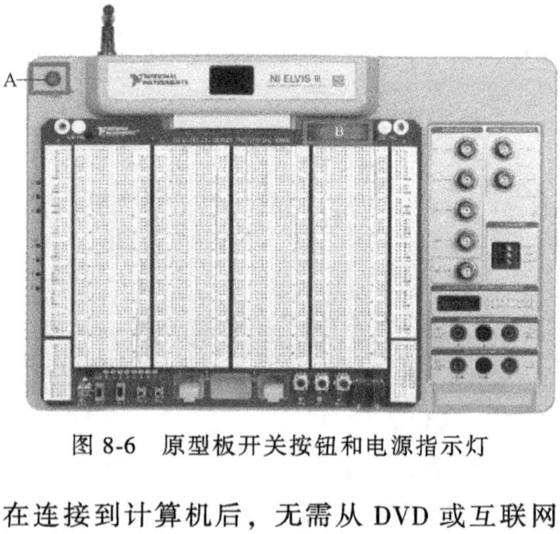

图 8-6 原型板开关按钮和电源指示灯

(3) NI ELVIS Ⅲ的驱动安装 NI ELVIS Ⅲ在连接到计算机后，无需从 DVD 或互联网下载任何软件，通过快速安装就可以使用 NI ELVIS Ⅲ进行首次测量。

1）ELVIS Ⅲ一旦启动，计算机将会打开“自动播放（AutoPlay）”窗口，如图 8-7 所示，可以单击“打开文件夹（Open folder to view files）”以查看文件。

2）如果“自动播放（AutoPlay）”窗口没有打开，可以打开“我的电脑”中的 USB 驱动器，在图 8-8 所示窗口中，它是驱动器 NI ELVIS Ⅲ（D:）。

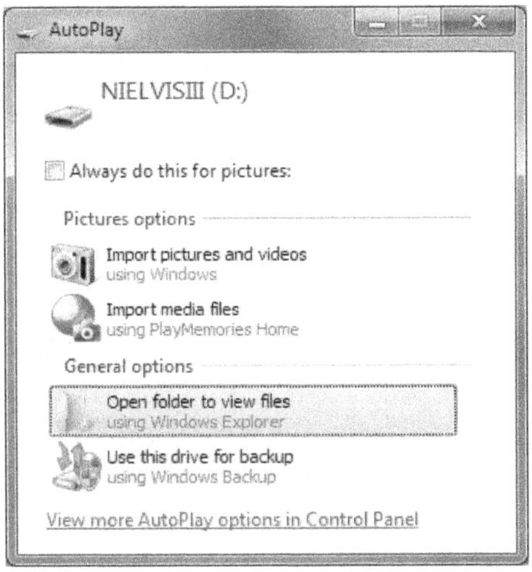

图 8-7 AutoPlay 窗口

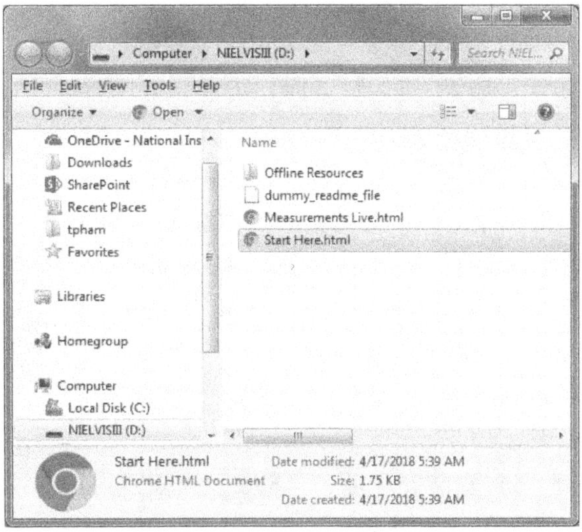

图 8-8 驱动器 ELVIS Ⅲ窗口

3）双击启动 Start Here. html 文件，将会启动默认 Web 浏览器，并转到地址为 https：//measurementslive. ni. com/cdn/elvis-setup. html 的网站。该网站界面如图 8-9 所示。

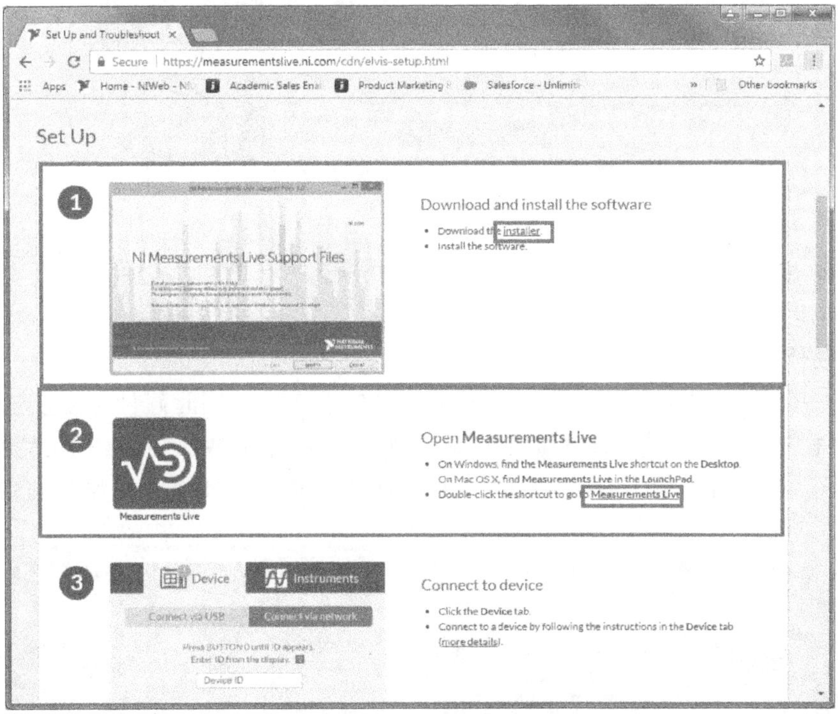

图 8-9 Start Here. html 网站界面

注意： 建议将 Chrome 浏览器与 NI ELVIS Ⅲ软面板一起使用。

4）如果计算机处于联机状态，可单击如图 8-9 所示的“installer”链接，这可转到是 NI 的下载页面，下载最新版本的 Measurements Live。

5）如果计算机无法访问网络，还可以安装随 ELVIS Ⅲ提供的软件版本。打开“我的电脑”中 ELVIS Ⅲ的 USB 驱动器，打开 Offline Resources\Windows Installer 文件夹，然后双击 setup. exe 以开始安装 NI Measurements Live Support Files。安装界面如图 8-10 所示。

图 8-10 NI Measurements Live Support Files 安装界面

6）安装完成后，再转到之前已经打开的浏览器，然后单击图 8-9 所示的“Measurement Live”链接，它将转到 https：//measurementslive. ni. com/。

7）单击“Device”→“Connect via USB”→“Connect”，如图 8-11 所示。

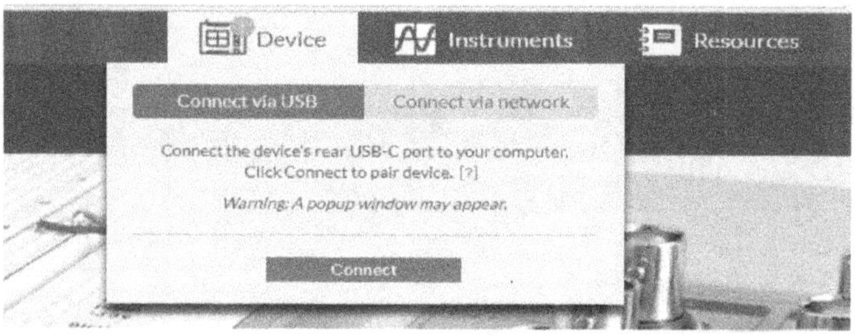

图 8-11 Measurements Live Device 界面

8）如果该界面显示 ELVIS 的名称，如图 8-12 所示，则证明 ELVIS Ⅲ驱动安装成功并已经与计算机相连。

3. 测试硬件

下面通过一个简单的测试来验证所有驱动已经安装完毕，同时硬件可以正常使用。

1）用一根 BNC 线将 NI ELVIS Ⅲ工作站右侧的示波器（OSCILLOSCOPE）的 CH1 接口和波形发生器（FUNCTION GENERATOR）的 CH1 接口相连。连接方式如图 8-13 所示。

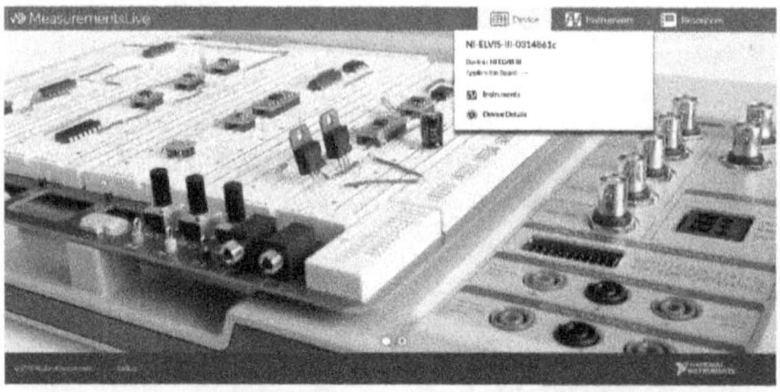

图 8-12 ELVIS Ⅲ连接成功界面

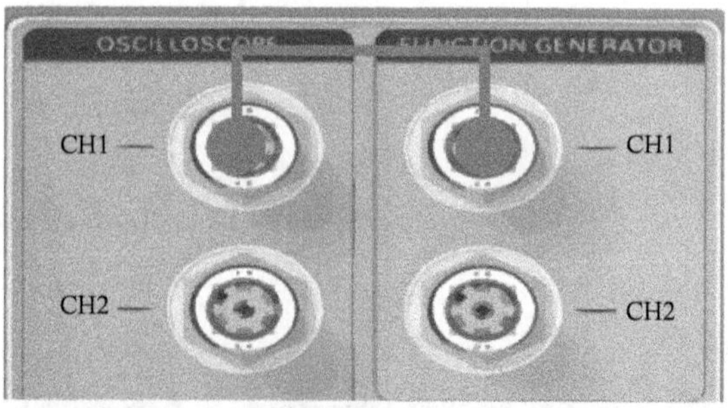

图 8-13 使用 BNC 连接示波器和函数发生器

2）启动函数发生器和示波器软面板（SFP）。

① 从“Measurements Live”单击“Instruments”→“Function and Arbitrary Waveform Generator”，打开函数发生器软面板（SFP），如图 8-14 所示。

② 出现函数发生器软面板界面如图 8-15 所示。

图 8-14 Measurements Live Instruments 界面

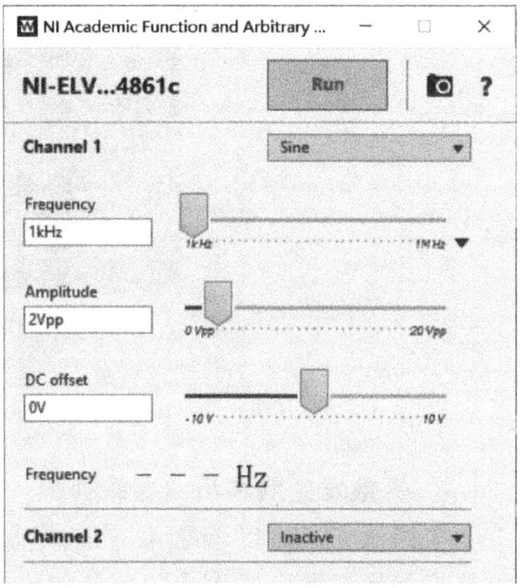

图 8-15 函数发生器软面板界面

③ 从“Measurements Live”单击“Instruments”→“Oscilloscope”，打开示波器软面板。出现示波器界面如图 8-16 所示。

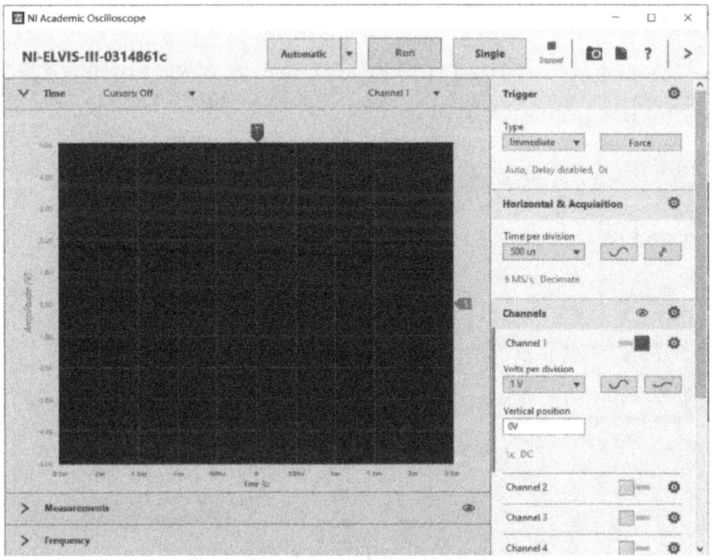

图 8-16 示波器软面板界面

④ 用函数发生器产生一个信号，并用示波器测量：

分别单击函数发生器和示波器软面板的“Run”按钮。

如果硬件正常工作，示波器屏幕上将显示正弦波。如图 8-17 所示。

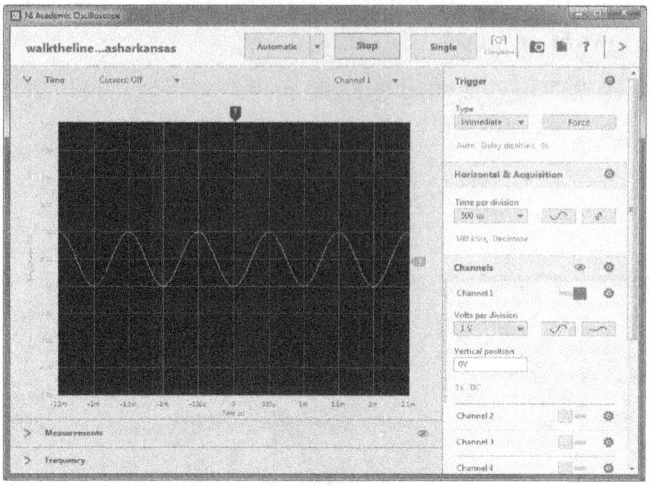

图 8-17　示波器显示函数发生器产生的正弦信号

4. 函数发生器和示波器软面板

在确认了 ELVIS Ⅲ驱动安装成功，同时硬件能够正常使用后，可以通过调用双通道示波器采集函数发生器生成的两路信号来了解如何使用 ELVIS Ⅲ的示波器和函数发生器。

（1）通过函数发生器调整信号属性

1）频率（Frequency）：

① 通过使用频率滑块更改信号频率，如图 8-18 中的位置 A。

② 通过单击向下箭头选择所需范围来更改频率范围，例如选择“1Hz-1000Hz”，如图 8-18 中的位置 B。

③ 通过单击“Frequency”文本框直接输入频率，如图 8-18 中的位置 C。例如在此处键入 1Hz。

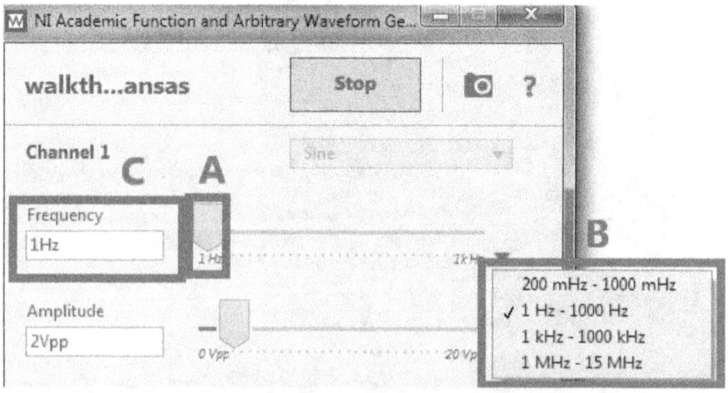

图 8-18　使用向下箭头更改频率范围

2）峰峰值（Amplitude）：本例中将峰峰值设置为 2Vpp。

3）直流偏移（DC offset）：左右拖动滑块，注意观察示波器中曲线的变化。

（2）保存软面板图像　对于 ELVIS Ⅲ所有的仪器，都可以保存当前显示的软面板图像。

单击相机图标，可将软面板图像保存为 PNG 格式，并选择要保存文件的路径，如图 8-19 所示。

(3) 连接示波器和波形发生器 用一根 BNC 线将 NI ELVIS Ⅲ工作站右侧的示波器（OSCILLOSCOPE）的 CH2 接口和波形发生器（FUNCTION GENERATOR）的 CH2 接口相连，如图 8-20 所示。

(4) 启用函数发生器通道 2（CH2）

1）如果函数发生器仍在运行，应单击“停止（Stop）”按钮。

2）NI ELVIS Ⅲ函数发生器可以通过 CH1 和 CH2 两个通道同时输出两个信号，可通过选择“无效（Inactive）”右侧向下的箭头来激活 CH2，然后选择所需信号，本例选择“方波（Square）”，如图 8-21 所示。

(5) 启用示波器通道 2（CH2）

1）如果当前示波器未运行，应单击“运行（Run）”按钮。

2）单击“通道 2（Channel 2）”按钮启用第二个示波器通道即可看到方波，如图 8-22 所示。

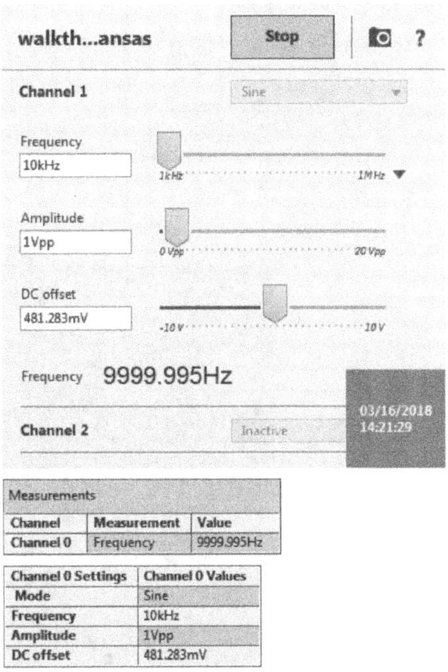

图 8-19 软面板图像保存

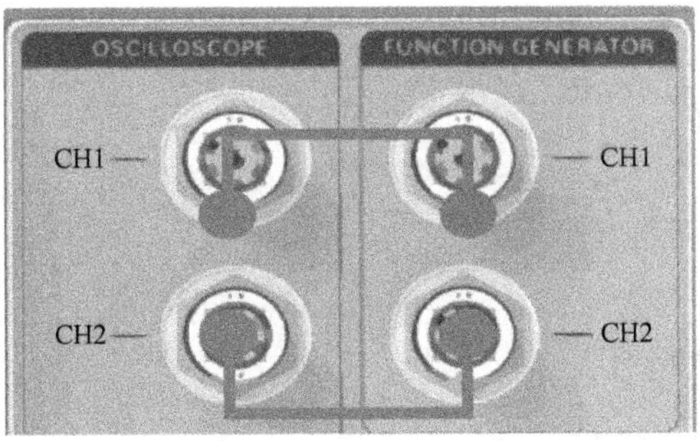

图 8-20 使用 BNC 线连接示波器和函数发生器

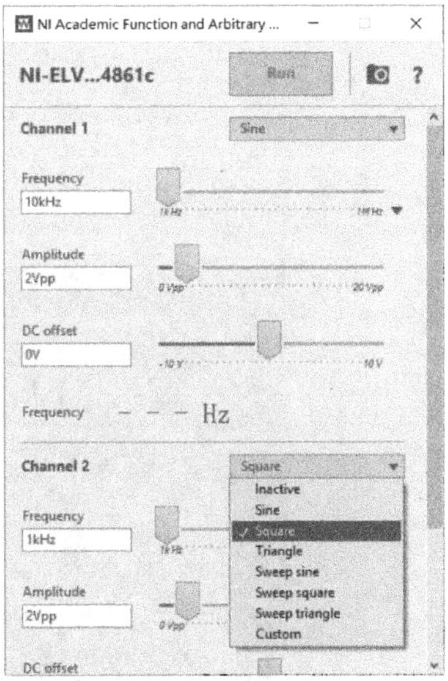

图 8-21 启用函数发生器通道 2（CH2）

(6) 调整示波器通道属性

1）通过以下几种方法可以调整时间分度：

单击“Time per division”右侧向下的箭头可选择需要的时间分度，如图 8-23 中的位置 A；单击图 8-23 中的位置 B 的按钮可增加或者减少时间分度，向左侧为增加时间分度，向右侧为减少时间分度；

单击图形窗口，然后使用鼠标滚轮更改时间分度。

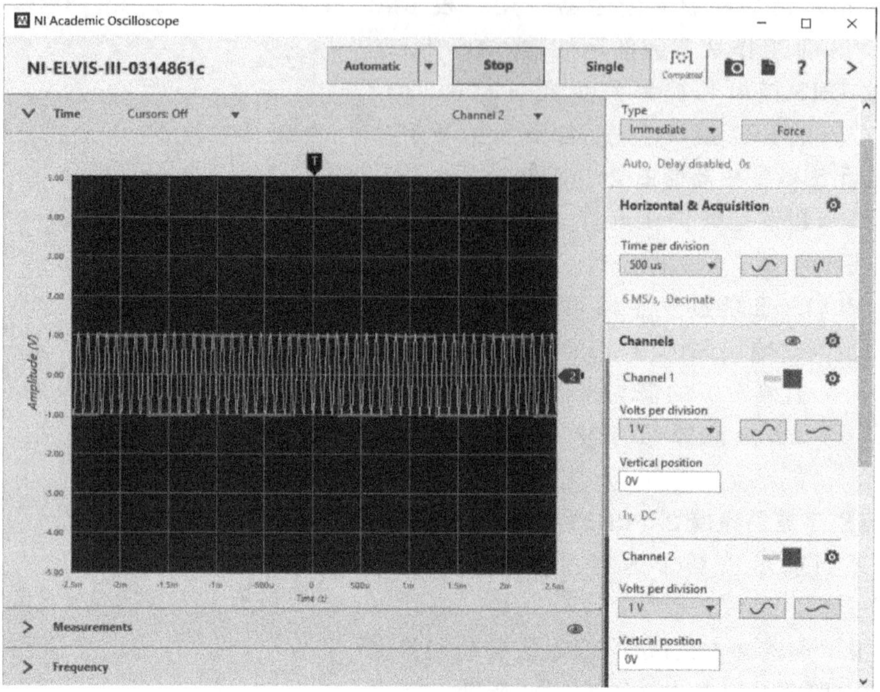

图 8-22　示波器双通道显示方波和正弦波

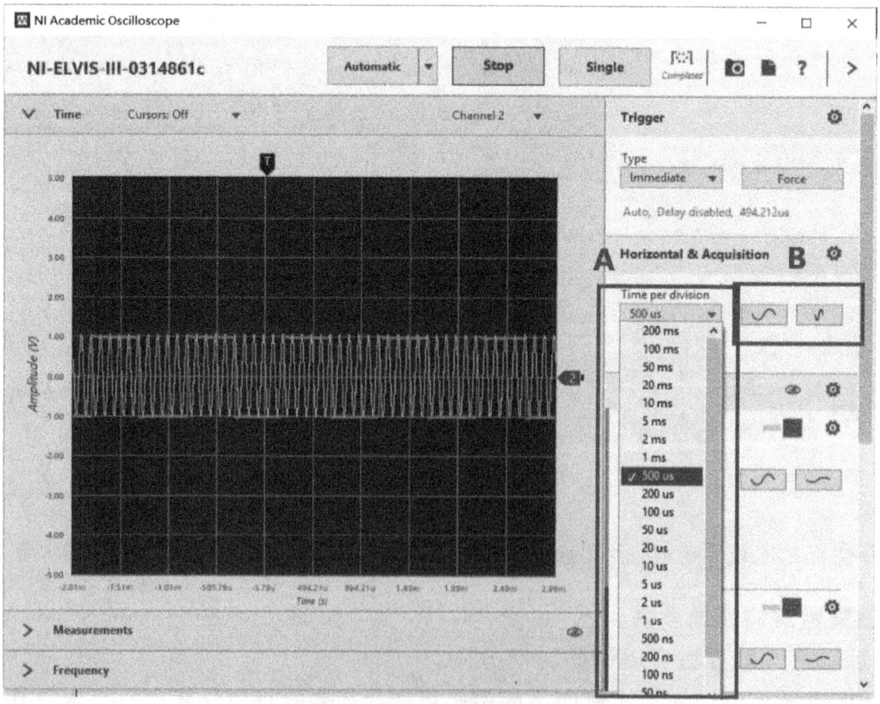

图 8-23　调整时间分度

2）游标设置：

① 单击“游标关闭（Cursors Off)”右侧向下的箭头，选择“手动（Manual)”启动游标，如图 8-24 中的位置 A。

② 单击“通道 1（Channel 1)”右侧向下的箭头，选择一个活动通道来设置游标将跟踪哪个信号。本例设置为“通道 2（Channel 2)”，如图 8-24 中的位置 B。

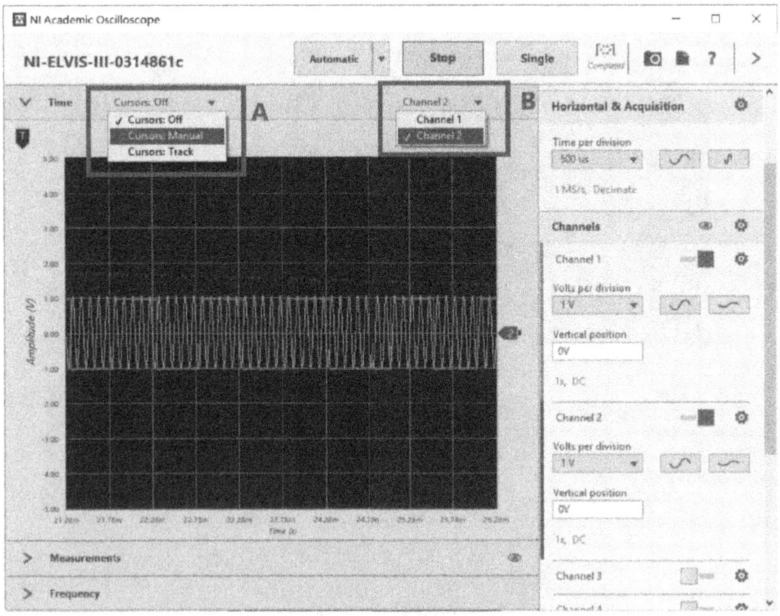

图 8-24 使用游标观察波形信息（1）

单击示波器的“停止（Stop)”按钮。在示波器窗口上拖动游标 C1，观察到的现象如图 8-25 所示。

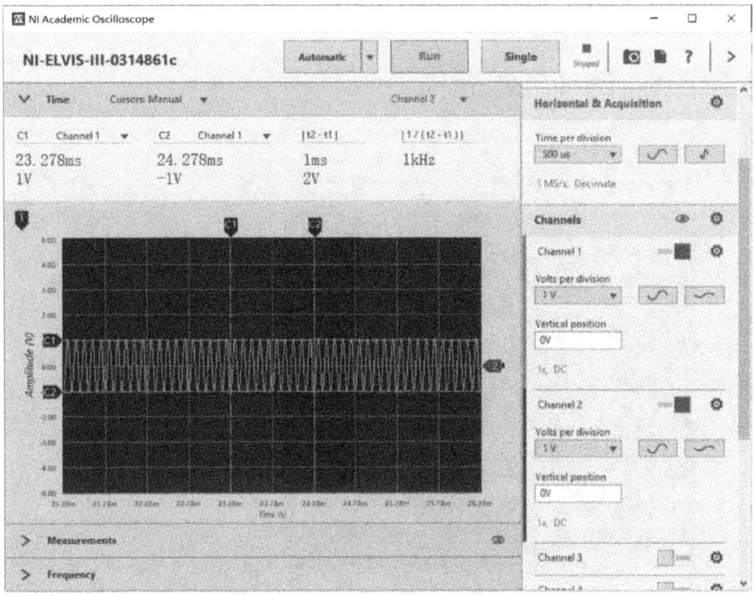

图 8-25 使用游标观察波形信息（2）

（7）通过“测量（Measurements）”和“频率（Frequency）”选项观察信号属性

1）单击“测量（Measurements）”左侧的箭头，观察采集信号的各种属性，如图 8-26 所示。

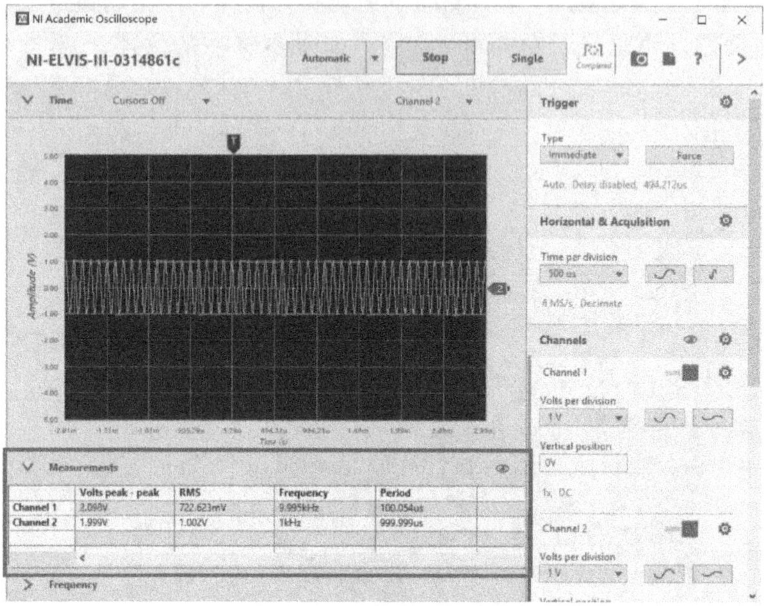

图 8-26　测量选项

2）单击“频率（Frequency）”左侧的箭头，出现一个横坐标为 Hz、纵坐标为 dBV 的图形区域。

① 在“Additional Channels”区域中启用 FFT，如图 8-27 所示。

② 单击右侧齿轮图标打开计算出的通道设置。

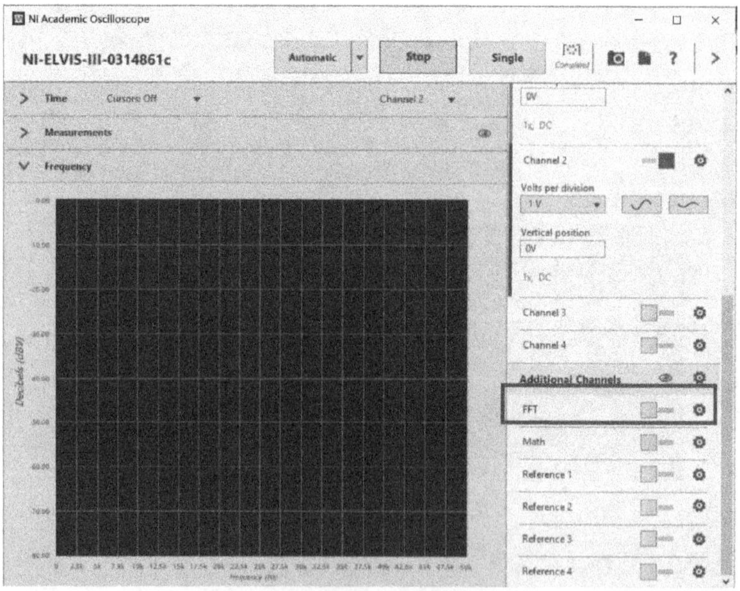

图 8-27　频率选项

③ 在“源通道（Source channel）”中，单击下拉箭头并选择“通道 2（Channel 2）”，如图 8-28 所示。

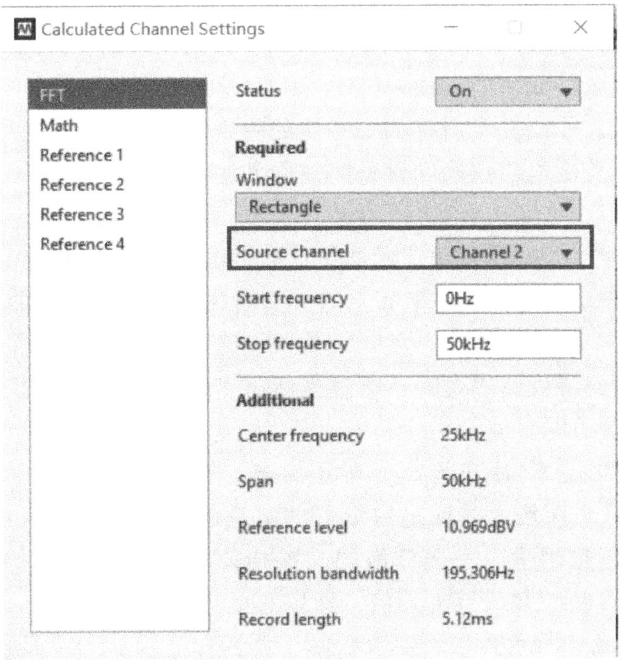

图 8-28 源通道选取

④ 观察频谱图中显示方波的频率分量，如图 8-29 所示。

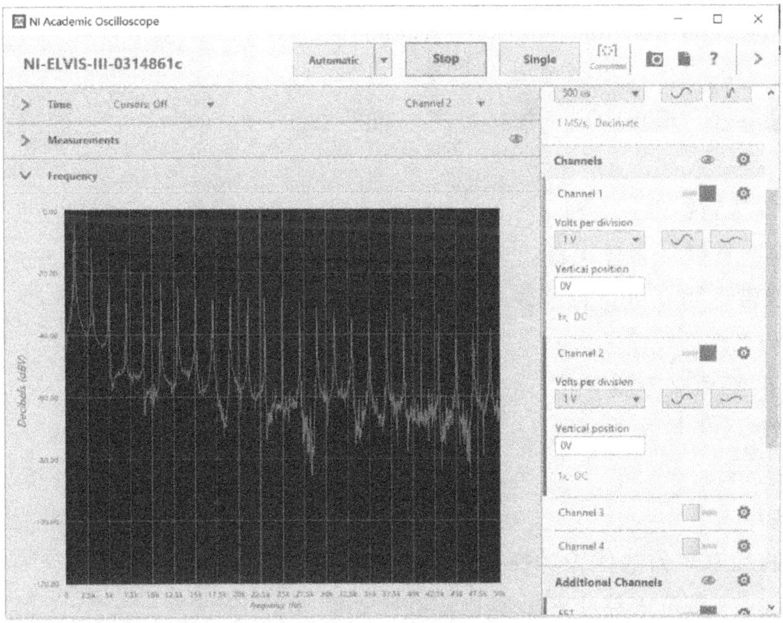

图 8-29 方波的频率分量

（8）停止示波器和函数发生器并关闭两个软面板

8.2 电路元器件伏安特性的测绘

1. 实验目的

1）学会识别常用电路元件的方法。

2）掌握线性电阻、非线性元器件伏安特性的测绘。

3）掌握实验台上直流电工仪表和设备的使用方法。

2. 实验原理

任何一个二端元器件的特性可用该元器件上的端电压 U 与通过该元器件的电流 I 之间的函数关系 $I=f(U)$ 来表示，即用 I-U 平面上的一条曲线来表征，这条曲线称为该元器件的伏安特性曲线。

1）线性电阻的伏安特性曲线是一条通过坐标原点的直线，如图 8-30 中的线 a 所示，该直线的斜率等于该电阻的电阻值。

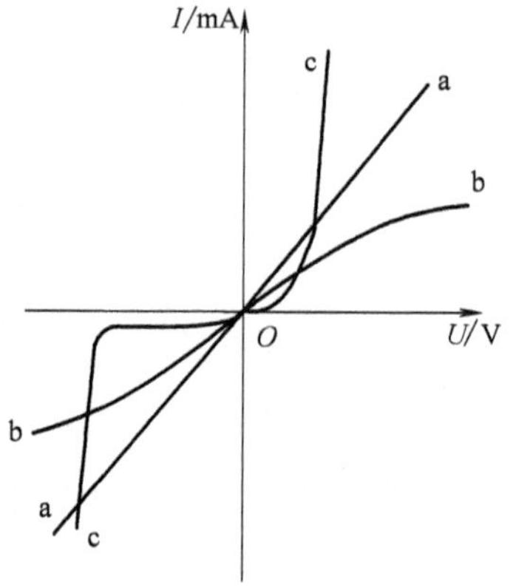

图 8-30 伏安特性曲线

2）一般的白炽灯在工作时灯丝处于高温状态，其灯丝电阻随着温度的升高而增大，通过白炽灯的电流越大，其温度越高，阻值也越大，一般灯泡的“冷电阻”与“热电阻”的阻值可相差几倍至十几倍，所以它的伏安特性如图 8-30 中的线 b 所示。

3）一般的二极管是一个非线性器件，其伏安特性如图 8-30 中的线 c 所示。正向压降很小（一般的锗管为 0.2~0.3V，硅管为 0.5~0.7V），正向电流随正向压降的升高而急骤上升，而反向电压从零一直增加到几十伏时，其反向电流增加很小，粗略地可视为零。可见，二极管具有单向导电性，但反向电压加得过高，超过二极管的极限值，则会导致二极管被击穿损坏。

3. 实验设备及元器件

1）NI ELVIS Ⅲ仪器套件 1 台。

2）200Ω 线性电阻 1 个，1kΩ 线性电阻 1 个。

3）二极管 1 个。

4）香蕉头转鳄鱼夹导线 5 根。

5）BNC 转鳄鱼夹导线 1 根。

6）杜邦线若干。

4. 实验内容

（1）测定线性电阻器的伏安特性

1）按照图 8-31 所示电路接线，实物接线图如图 8-32 所示。

注： DIGITAL MULTIMETER（数字万用表）缩写为 DMM、VARIABLE POWER SUPPLIES（可调电源）缩写为 VPS。

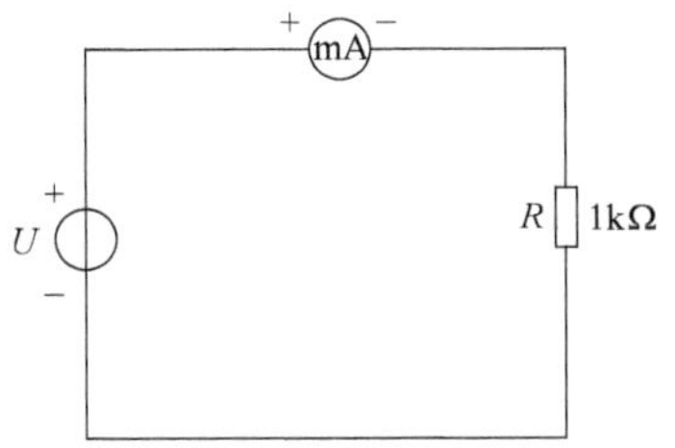

图 8-31 电路原理图

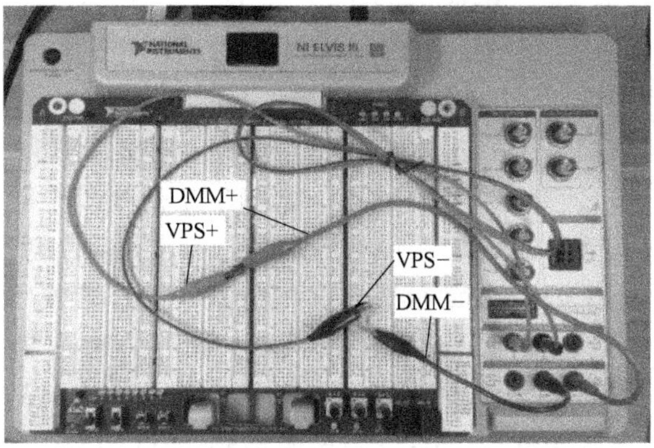

图 8-32 实物接线图

2）测试步骤：

① 将电源线插头接入接线板二孔插座，接着把 USB 数据线的 USB 端接到计算机的 USB 接口上。

② 打开 NI ELVIS Ⅲ Application Board（应用板）的 19V 电源开关，使其处于 ON 档上，此时 Application Board 左侧电源指示灯变为蓝色。

③ 按下 NI ELVIS Ⅲ Prototyping Board 的 Application Board Power 电源开关，此时 Prototyping Board 上右侧四个 LED 电源指示灯变为蓝色。

④ 检查设备是否正确连接上计算机，通过鼠标右键单击电脑上的计算机图标→鼠标左键单击管理→鼠标左键单击设备管理器，分别查看便携设备下是否存在 NI ELVIS Ⅲ以及网络适配器下 National Instruments USBLAN Adapter #3 前方是否存在感叹号图标，若存在则用右键单击，单击启用设备。

⑤ 按下 NI ELVIS Ⅲ Application Board（应用板）左侧的 BUTTON 0，此时显示屏会显示 ID：Not available 172. 22. 11. 2。

⑥ 打开 Measurements Live：打开 Chrome 浏览器，在地址栏输入 https：//measurementslive. ni. com/。

⑦ 与 ELVIS Ⅲ连接，单击 Connect，如图 8-33 所示。

图 8-33 计算机与 ELVIS Ⅲ连接

⑧ 通过 Measurements Live 的“Instruments”选项卡打开以下仪器，如图 8-34 所示，即打开数字万用表（DMM）和可调电源（VPS）。

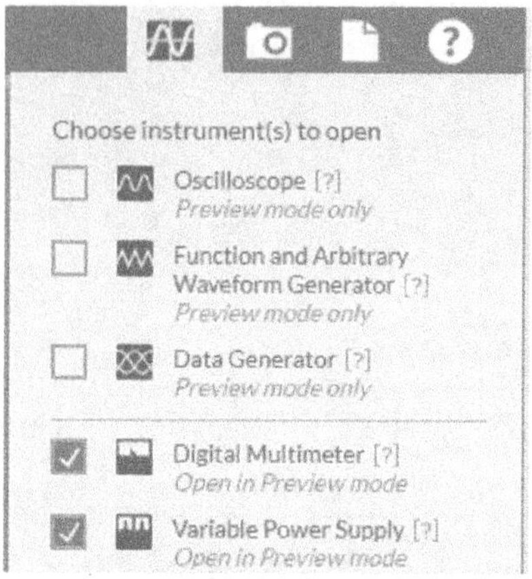

图 8-34 使用 Instruments

设置 VPS 的输出模式为 static；电压设置为 1V，单击 Run，如图 8-35 所示；拖动电压的滑杆控制其输出电压，从 1V 开始缓慢地增加，一直增加到 10V。

⑨ DMM 的面板选择直流电流，用直流数字电流表分别测量电阻上的电压和通过电阻的电流值，单击 Run，如图 8-36 所示；调节可调电源的输出电压 U，从 1V 开始缓慢地增加，一直增加到 10V，记下相应的电压表和电流表的读数 U_R、I，记录到表 8-1 中，并绘出电阻的伏安特性曲线。

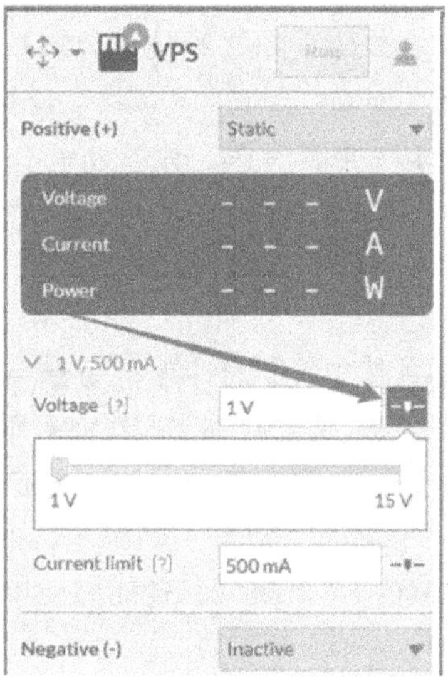

图 8-35 可调电源 VPS 的参数设置

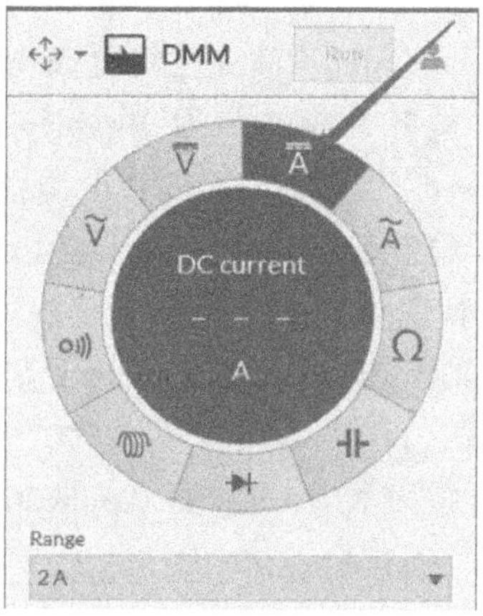

图 8-36 配置 DMM 测量电流 I

表 8-1 线性电阻的伏安特性

U_R/V						
I/mA						

⑩ 再次按下 NI ELVIS Ⅲ Prototyping Board 的 Application Board Power 电源开关，此时 Prototyping Board 上右侧四个 LED 电源指示灯全部熄灭。

⑪ 关闭 NI ELVIS Ⅲ Application Board 的 19V 电源开关，使其处于 OFF 档上，此时 Application Board 左侧电源指示灯熄灭。

（2）测定半导体二极管的伏安特性

1）按原理图 8-37 接线，实物接线图如图 8-38 所示，R 为限流电阻。测量二极管的正向特性时，其正向电流不得超过 1A，二极管 VD_1 的正向电压 U_{D+} 可在 0～2V 之间取值。在

1~1.5V 之间应多取几个测量点。测反向特性时，只需将图 8-37 中的二极管 VD_1 反接，且其反向电压 U_{D-} 可达 50V。

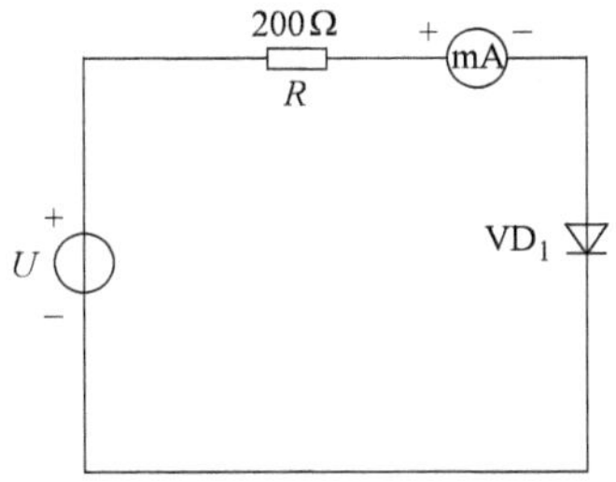

图 8-37 电路原理图

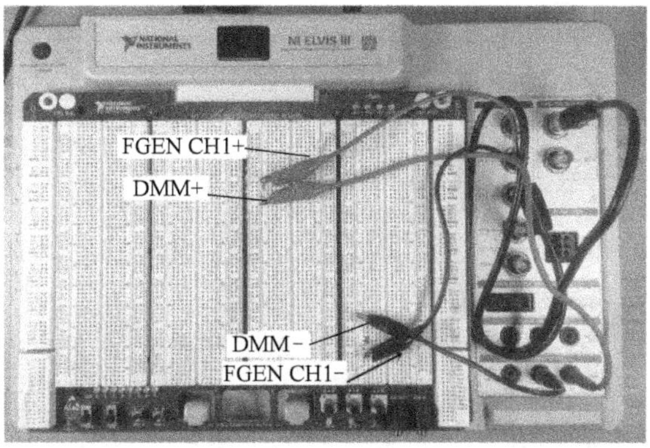

图 8-38 实物接线图

注：FUNCTION GENERATOR（函数发生器）缩写为 FGEN，DIGITAL MULTIMETER（数字万用表）缩写为 DMM。

2）正向特性测试步骤：由于可变电源 VPS 对 1V 以下的电压提供效果不好，所以可使用函数发生器 FGEN 发出直流电压，并用数字万用表 DMM 测量电路中电压和电流。

按照电阻伏安特性测试的步骤，设置 FGEN 的输出模式为 DC；CH1 通道的电压为 0.6V，单击 Run，拖动电压的滑杆控制其输出电压，从 0 V 开始缓慢地增加，一直增加到 2V。DMM 的面板选择直流电压，单击 Run。用直流数字万用表分别测量二极管上的电压和电流值，记录到表 8-2 中，并绘出二极管的正向伏安特性曲线。

表 8-2 二极管的正向伏安特性

U_{D+}/V								
I/mA								

3）反向特性测试步骤：1V 以上的直流电压可以使用可变电源 VPS 提供，并用数字万用表 DMM 测量电路中电压和电流。测量反向特性时，电源由信号发生器变为可变电源，电路连接方式不变化，通过软件设置电源极性即可。

设置 VPS 的 Positive（+）设置为 Inactive，Negative（-）输出模式为 Static；电压设置为-1V，单击 Run，拖动电压的滑杆控制其输出电压，从-1V 开始缓慢地降低，一直到-15V，如图 8-39 所示。

DMM 的面板选择直流电流，用直流数字电流表分别测量电阻元件上的电压和电流值，单击 Run，记录到表 8-3 中，并绘出二极管的反向伏安特性曲线。

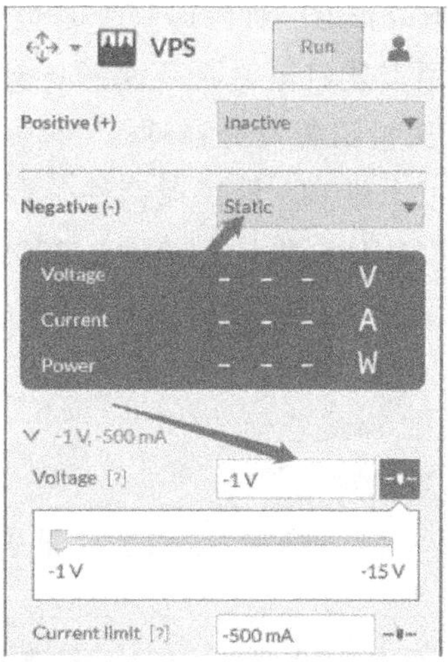

图 8-39 VPS 参数设置

表 8-3 二极管反向伏安特性

U_{D-}/V							
I/mA							

5. 实验注意事项

1）测二极管正向特性时，稳压电源输出应由小至大逐渐增加，并应时刻注意电流表读数不得超过 35mA。

2）进行不同实验时，应先估算电压和电流值，合理选择仪表的量程，不能使仪表超量程，仪表的极性也不能接错。

3）实验过程中禁止带电操作元器件及连线。

4）实验结束后断开导线及元器件的连接，将设备及元器件放回指定地点。

5）实验结束后将桌椅归位、计算机关机、打扫实验室。

6. 思考题

1）线性电阻与非线性电阻的概念是什么？电阻与二极管的伏安特性有什么区别？

2）设某元器件伏安特性曲线的函数式为 $I=f(U)$，试问在逐点绘制曲线时，其坐标变量应如何放置？

8.3 基尔霍夫定律的验证

1. 实验目的

1）验证基尔霍夫定律的正确性，加深对基尔霍夫定律的理解。

2）掌握实验台上直流电工仪表和设备的使用方法。

2. 原理说明

基尔霍夫定律是电路的基本定律。测量某电路的各支路电流及每个元件两端的电压，应能分别满足基尔霍夫电流定律（KCL）和电压定律（KVL）。即对电路中的任一个节点而言，应有 $\Sigma I=0$；对任何一个闭合回路而言，应有 $\Sigma U=0$。

运用上述定律时必须注意各支路或闭合回路中电流的正方向，此方向可预先任意设定。

3. 实验设备及元器件

1）NI ELVIS Ⅲ仪器套件 1 台。

2）510Ω 线性电阻 2 个，330Ω 线性电阻 1 个，1kΩ 线性电阻 1 个。

3）香蕉头转鳄鱼夹导线 2 根。

4）BNC 转鳄鱼夹导线 2 根。

5）杜邦线若干。

4. 实验内容

1）实验电路在 NI ELVIS Ⅲ的原型板上搭建，如图 8-40 所示，其实际接线图如图 8-41 所示。

2）实验前先任意设定三条支路和三个闭合回路的电流正方向。图 8-40 中的 I_1、I_2、I_3 的方向已设定。三个闭合回路的电流正方向可设为 ADEFA、BADCB 和 FBCEF。

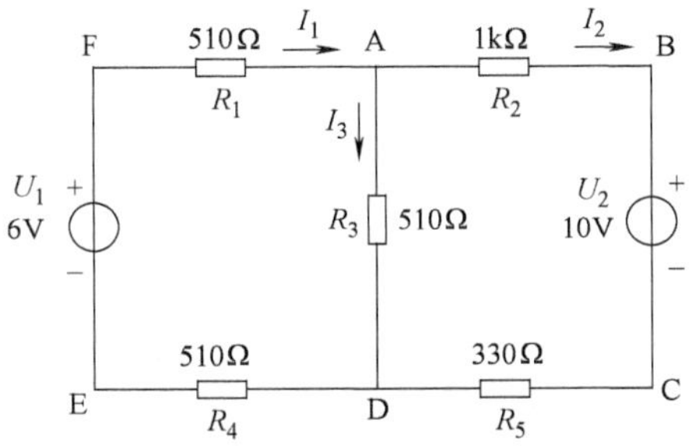

图 8-40 电路原理图

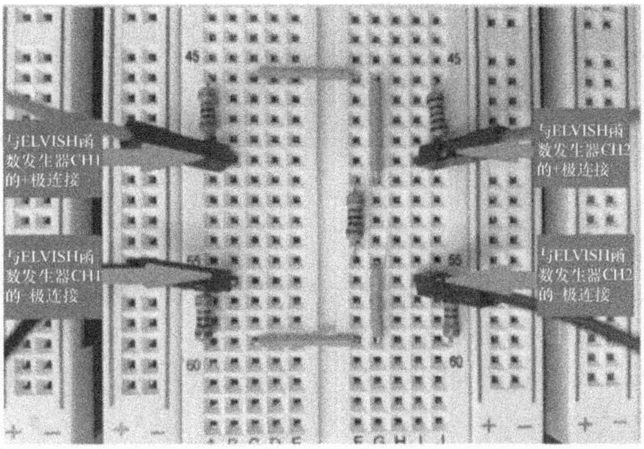

图 8-41 实际接线图

3）将 ELVIS Ⅲ与计算机连接。

4）通过 Measurements Live 的“Instruments”选项卡打开数字万用表（DMM）、函数发生器（FGEN）。

5）设置 FGEN 的输出模式为 DC；CH1 通道的电压为 6V，CH2 的电压为 10V，单击 Run。DMM 的面板选择直流电压，单击 Run，用直流数字电压表分别测量两路电源及电阻上的电压，记录到表 8-4 中。

6）DMM 的面板选择直流电流，用直流数字电压表分别测量通过两路电源及电阻元件的电流，单击 Run，记录到表 8-4 中。

7）验证测量值是否满足基尔霍夫电压和电流定律。

表 8-4 基尔霍夫定律验证数据记录表

被测量	I_1/mA	I_2/mA	I_3/mA	U_1/V	U_2/V	U_{FA}/V	U_{AB}/V	U_{AD}/V	U_{CD}/V	U_{DE}/V
计算值										
测量值										
相对误差										

5. 实验注意事项

1）所有需要测量的电压值，均以电压表测量的读数为准。U_1、U_2 也需测量，不应取电源本身的显示值。

2）防止电压源两个输出端碰线短路。

3）用数字电压表或电流表测量，则可直接读出电压或电流值。但应注意所读得的电压或电流值的正、负号应根据设定的电流参考方向来判断。

4）根据图 8-40 所示的电路参数，计算出待测的电流 I_1、I_2、I_3 和各电阻上的电压值，记入表 8-4 中，以便实验测量时可正确地选定电流表和电压表的量程。

6. 思考题

实验中，若用指针式万用表直流毫安档测各支路电流，在什么情况下可能出现指针反偏？应该如何处理？

8.4 叠加定理的验证

1. 实验目的

1）验证线性电路叠加定理的正确性，加深对线性电路的叠加性的认识和理解。

2）掌握实验台上直流电工仪表和设备的使用方法。

2. 原理说明

叠加原理指出：在有多个独立电源共同作用下的线性电路中，通过每一个元件的电流或其两端的电压，可以看成是由每一个独立电源单独作用时在该元件上所产生的电流或电压的代数和。

3. 实验设备及元器件

1）NI ELVIS Ⅲ仪器套件 1 台。

2）510Ω 线性电阻 2 个，330Ω 线性电阻 1 个，1kΩ 线性电阻 1 个。

3）香蕉头转鳄鱼夹导线 2 根。

4）BNC 转鳄鱼夹导线 2 根。

5）杜邦线若干。

4. 实验内容

1）实验原理图如图 8-40 所示，实物图如图 8-41 所示，在 NI ELVIS Ⅲ原型板上搭建叠加定理验证电路。

2）将信号发生器的 CH1 和 CH2 的输出分别调节为 6V 和 10V，接入 U_1 和 U_2 处。

3）令函数发生器的 CH1 单独作用（将 CH2 设置为 Inactive），如图 8-42 所示。

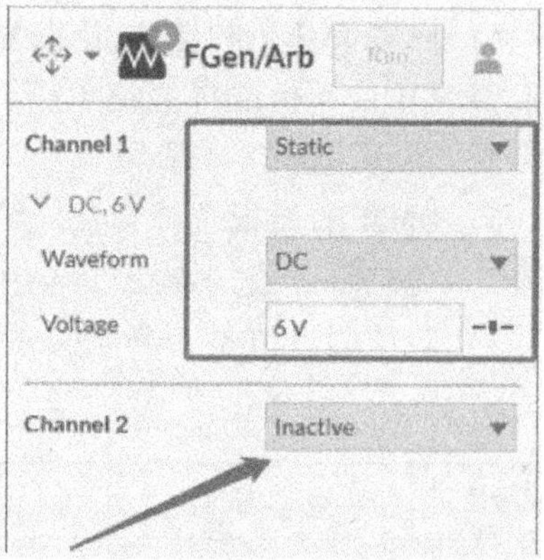

图 8-42 配置 FGEN

4）用直流数字电压表和电流表测量各支路电流及各元件两端的电压，将数据记入表 8-5 中。

表 8-5 叠加定理实验数据记录表

被测量	I_1/mA	I_2/mA	I_3/mA	U_1/V	U_2/V	U_{FA}/V	U_{AB}/V	U_{AD}/V	U_{CD}/V	U_{DE}/V
U_1 单独作用										
U_2 单独作用										
U_1、U_2 共同作用										

5）令函数发生器的 CH2 单独作用（将开关 CH2 设置为 Inactive），重复实验步骤 4），将数据记入表 8-5。

6）令 U_1 和 U_2 共同作用（将 CH1 和 CH2 都设置为 Static），重复步骤 4）的测量过程，将数据记入表 8-5 中。

7）分析数据以验证叠加定理的正确性。

8.5 理想电压源与实际电压源外特性的测定

1. 实验目的

1）掌握理想电压源外特性的测试方法。

2）掌握实际电压源外特性的测试方法。

2. 原理说明

1）一个理想的电压源，即其输出电压不随负载电流而变。其外特性曲线也就是伏安特性曲线 $U=f(I)$ 是一条平行于 I 轴的直线。

2）一个实际的电压源，其端电压随负载而变化，因它具有一定的内阻值。故在实验中用一个小阻值的电阻与稳压电源串联来模拟一个实际的电压源。

3. 实验设备及元器件

1）NI ELVIS Ⅲ仪器套件 1 台。

2）120Ω 线性电阻 1 个，1kΩ 线性电阻 1 个。

3）电位器 3006P-1-103LF（10kΩ）1 个。

4）香蕉头转鳄鱼夹导线 2 根。

5）杜邦线若干。

4. 实验内容

（1）测定理想电压源的外特性

1）按图 8-43 所示电路接线，实物接线图如图 8-44 所示。

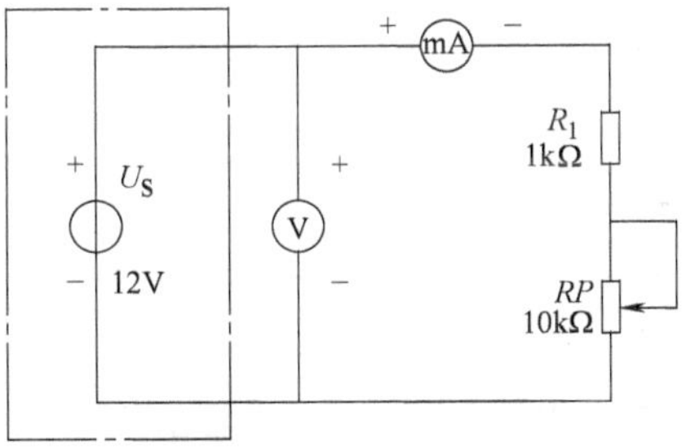

图 8-43 测定理想电压源外特性电路图

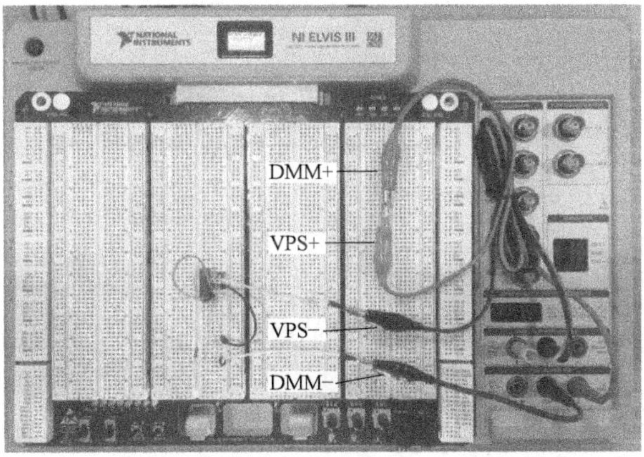

图 8-44 理想电压源外特性实物接线图

2）将 ELVIS Ⅲ与计算机连接，打开 Chrome 浏览器，在地址栏输入 ID：172. 22. 11. 2，单击 Connect。

3）通过 Measurements Live 的“Instruments”选项卡打开数字万用表（DMM）和可调电源（VPS）。

4）设置 VPS 的输出模式为 static；设置电压为 12V，单击 Run。

5）使用数字万用表测量理想电压源的端电压；DMM 的面板选择直流电流，直流数字电流表测量电路中的电流值，单击 Run。

6）调节电位器 3006P-1-103LF 的输出电阻 RP，从 1kΩ 开始缓慢地增加，一直到 10kΩ，读出相应的电压表和电流表的读数 U_R、I，记录到表 8-6 中。

表 8-6 理想电压源的外特性实验结果

RP/kΩ	1	2	3	4	5	6	7	8	9	10
U_R/V										
I/mA										

7）根据表 8-6 测得的数据画出理想电压源的外特性曲线。

（2）测定实际电压源的外特性

1）按图 8-45 所示接线，实物接线图如图 8-46 所示。

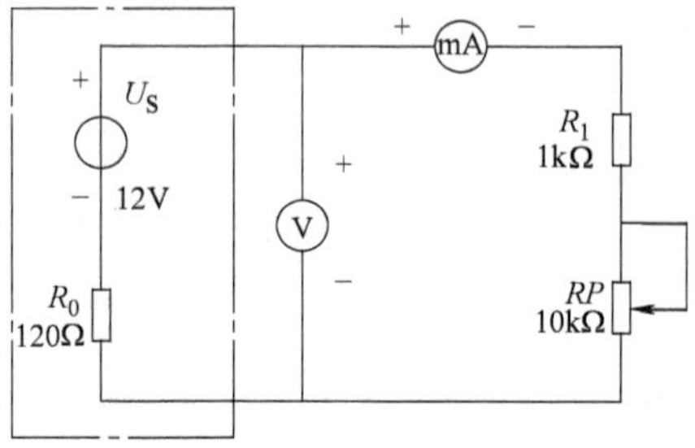

图 8-45 测定实际电压源外特性电路图

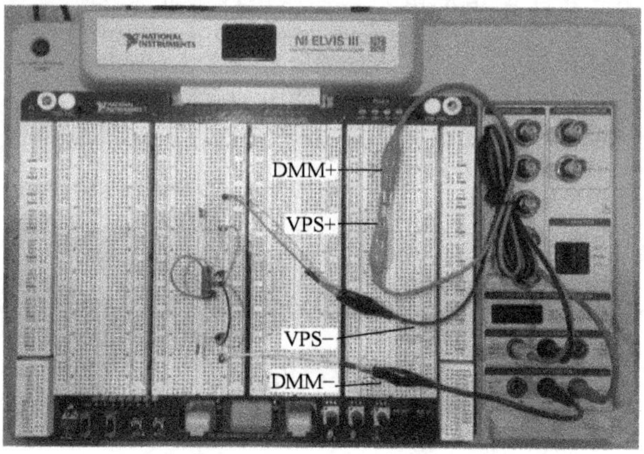

图 8-46 实际电压源外特性实物接线图

2）重复理想电压源外特性测试的过程，将实验结果记录到表 8-7 中。

表 8-7 实际电压源的外特性实验结果

RP/kΩ	1	2	3	4	5	6	7	8	9	10
U_R/V										
I/mA										

3）根据表 8-7 测得的数据画出实际电压源的外特性曲线。

5. 实验注意事项

1）进行不同实验时，应先估算电压和电流值，合理地选择仪表的量程，不能使测量对象超出量程，仪表的极性也不能接错。

2）实验过程中禁止带电操作元器件及连线。

3）实验结束后应断开导线及元器件的连接，将设备及元器件放回指定地点。

8.6 戴维南定理的验证

1. 实验目的

1）验证戴维南定理的正确性，加深对该定理的理解。

2）掌握测量有源二端网络等效参数的一般方法。

2. 实验原理

1）任何一个线性含源网络，如果仅研究其中一条支路的电压和电流，则可将电路的其余部分看作是一个有源二端网络（或称为含源一端网络）。戴维南定理指出：任何一个有源二端线性网络，总可以用一个电动势为 E 的理想电压源和内阻 R_0 串联的电压源来等效代替。等效电压源的电动势 E 就是有源二端网络的开路电压 U_{oc}，等效电压源的内阻 R_0 等于有源二端网络中所有电源均除去（将各个理想电压源短路，使其电动势为零；将各个理想电流源开路，使其电流为零）后所得到的无源网络两端之间的等效电阻。

2）有源二端网络等效参数的测量方法

开路电压、短路电流法测 R_0：在有源二端网络输出端开路时，用电压表直接测其输出端的开路电压 U_{oc}，然后再将其输出端短路，用电流表测其短路电流 I_{sc}，则等效内阻为

$$R_0 = \frac{U_{oc}}{I_{sc}}$$

注意：采用此方法测量等效内阻时，其内阻不应太小，否则会损害其内部元器件。

3. 实验设备及元器件

1）NI ELVIS Ⅲ仪器套件 1 台。

2）1kΩ 线性电阻 1 个。

3）电位器 3006P-1-103LF（10kΩ）1 个。

4）数字万用表（世达 DY03005）1 个。

5）香蕉头转鳄鱼夹导线 2 根。

6）BNC 转鳄鱼夹导线 2 根。

7）杜邦线若干。

4. 实验内容

（1）运用戴维南定理测量电路中的支路电流

1）在 ELVIS Ⅲ实验板上按照图 8-47 所示搭建电路。

2）调节电位器 RP 阻值，运用戴维南定理，依次计算电路中支路电路 I_3，然后实际测量图 8-47 电路中的支路电流 I_3，最后将支路电流 I_3 计算值和实际测量值进行误差对比，将数据记录到表 8-8 中。

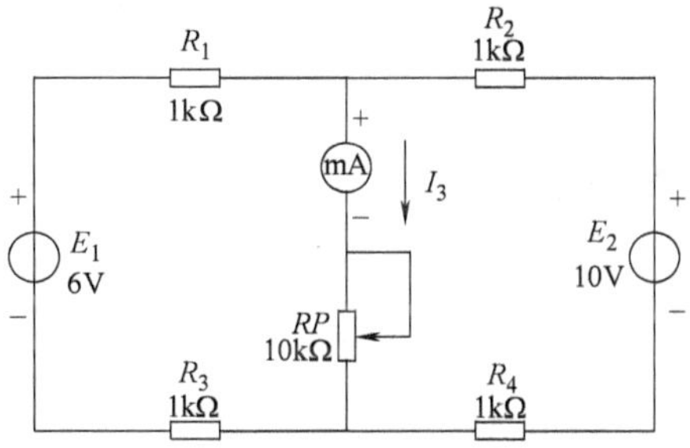

图 8-47　电路原理图

表 8-8　支路电流 I_3 计算值和测量值

电位器 RP/kΩ	0.6	1	1.5	2.2	3	4	5.4	7
理论计算值 I_3/mA								
实际测值 I_3/mA								
误差/mA								

（2）用开路电压、短路电流法测定有源二端网络的 U_{AB} 和 R_0

1）在如图 8-47 所示电路中断开待求支路，得到有源二端网络如图 8-48 所示。

2）测量有源二端网络的开路电压 U_{AB} 及短路电流 I_{AB}，如图 8-49 所示，将测量值记录到表 8-9 中。

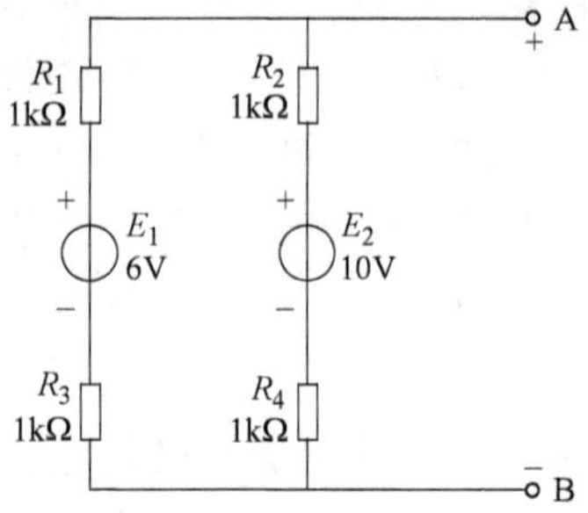

图 8-48 有源二端网络外特性实验电路图

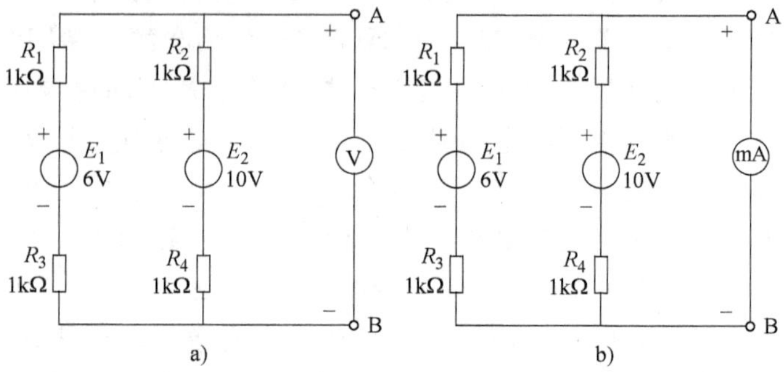

图 8-49 有源二端网络的开路电压 U_{AB} 和短路电流 I_{AB} 的测量

a）开路电压测量 b）短路电流的测量

表 8-9 用开路电压、短路电流法测定戴维南等效电路的 U_{AB} 和 R_0 实验结果

项目	E/V	I_{AB}/mA	R_0/kΩ = E/I_{AB}
理论计算值			
实测等效后			
误差			

(3) 验证戴维南定理

1）按照图 8-50 所示搭建等效电路。

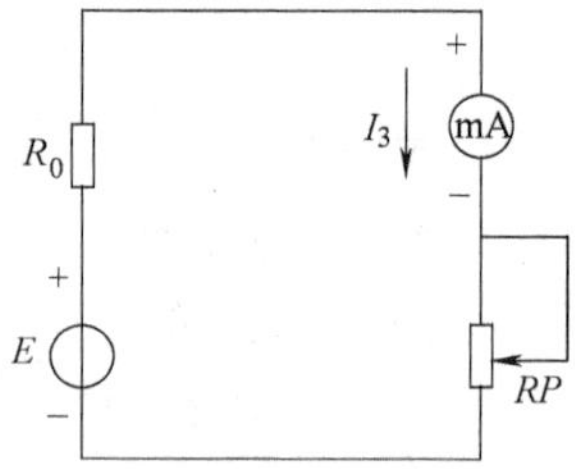

图 8-50 戴维南等效电路

2）调节 RP，测量等效后的支路电流 I_3。最后将支路电流 I_3 的计算值和实际测量值进行误差对比，记录到表 8-10 中。

表 8-10 验证戴维南定理实验结果

可调电位器 RP/kΩ	0.6	1	1.5	2.2	3	4	5.4	7
等效后计算值 I_3/mA								
等效后实测值 I_3/mA								
误差/mA								

8.7 微分及积分电路测试

1. 实验目的

1）掌握有关微分电路和积分电路的概念。

2）进一步学会用示波器观测波形。

2. 实验原理

微分电路和积分电路是 RC 一阶电路中较典型的电路，它对电路元器件参数和输入信号的周期有着特定的要求。一个简单的 RC 串联电路，在方波序列脉冲的重复激励下，当满足 $\tau=RC\ll\frac{T}{2}$ 时（T 为方波脉冲的重复周期），且由 R 两端的电压作为响应输出，则该电路就是一个微分电路。因为此时电路的输出信号电压与输入信号电压的微分成正比。微分电路及输入电压和输出电压的波形如图 8-51 所示。

RC 微分电路具有两个条件，即 $\tau\ll t_p$（一般 $\tau<0.2t_p$）且从电阻端输出。

在脉冲电路中，常应用微分电路把矩形脉冲变换为尖脉冲，作为触发信号。

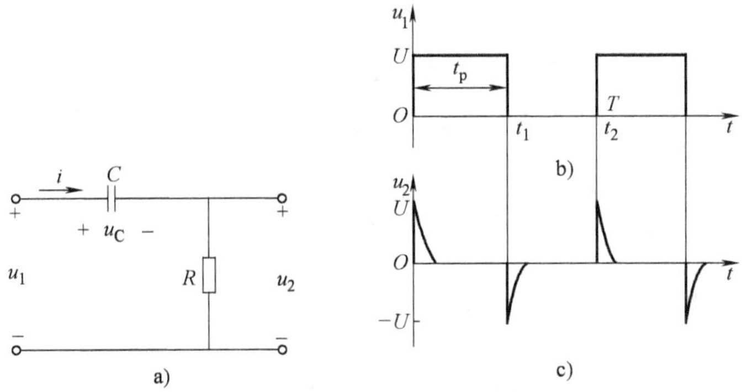

图 8-51 微分电路及输入电压和输出电压的波形

若将图 8-51 中的 R 与 C 位置调换一下，就是积分电路。输入电压和输出电压的波形如图 8-52 所示，由 C 两端的电压作为响应输出，且当电路的参数满足 $\tau=RC\gg\frac{T}{2}$，则此时电路的输出信号电压与输入信号电压的积分成正比。

RC 积分电路具有两个条件，即 $\tau\gg t_p$ 且从电容端输出。

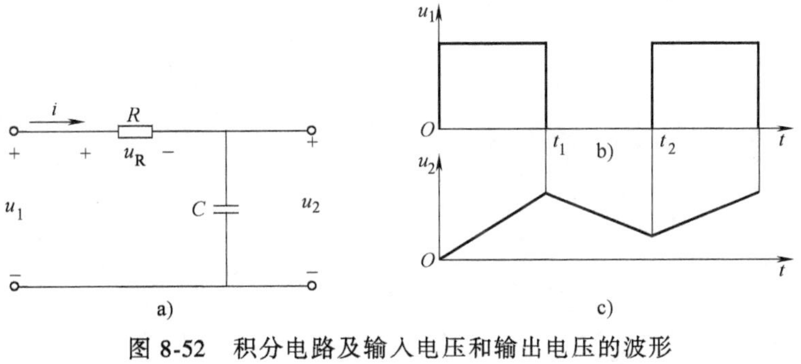

图 8-52 积分电路及输入电压和输出电压的波形

在脉冲电路中，常应用积分电路把矩形脉冲变换为锯齿波电压，作扫描等用。

从输入输出波形来看，上述两个电路均起着波形变换的作用，应在实验过程中仔细观察与记录。

3. 实验设备及元器件

1）NI ELVIS Ⅲ仪器套件 1 台。

2）10kΩ 线性电阻 1 个。

3）102 瓷片电容（0.001μF）、103M 瓷片电容（0.01μF）和 104 瓷片电容（0.1μF）各 1 个。

4）BNC 转鳄鱼夹导线 2 根。

5）杜邦线若干。

4. 实验内容

（1）微分电路测试

1）按照图 8-51 所示电路，从电路板上选 $R=10\text{k}\Omega$，依次选取瓷片电容 102（0.001μF）、103M（0.01μF）和 104（0.1μF）作为待测电容，搭建 *RC* 电路。u_1 为脉冲信号发生器给出的 $U_m=3\text{V}$、$f=1\text{kHz}$ 的方波电压信号，并通过两根同轴电缆线，将响应信号 u_2 连至示波器的 CH1。

2）将计算机与 ELVIS Ⅲ连接，单击 Conntect。

3）通过 Measurements Live 的“Instruments”选项卡打开示波器（SCOPE）和函数发生器（FGEN）。

4）设置 FGEN 的输出模式为 Square，CH1 通道的频率为 1kHz，电压为 3V，单击 Run 按钮，如图 8-53 所示。

5）配置 SCOPE 的 CH1 通道水平分辨率为 500μs/div，垂直分辨率为 1V/div，打开游标，选择追踪模式，如图 8-54 所示。

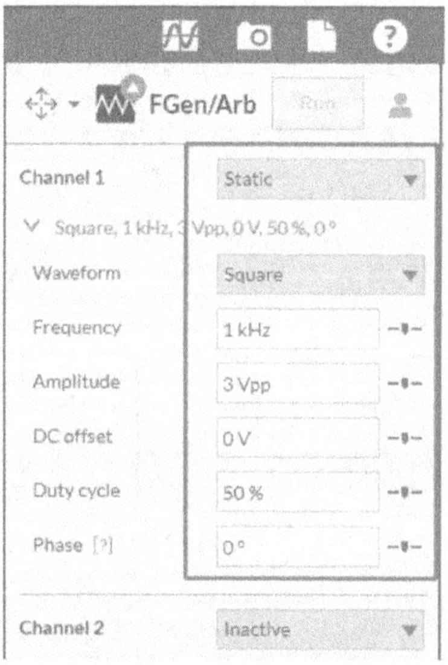

图 8-53 配置 FGEN

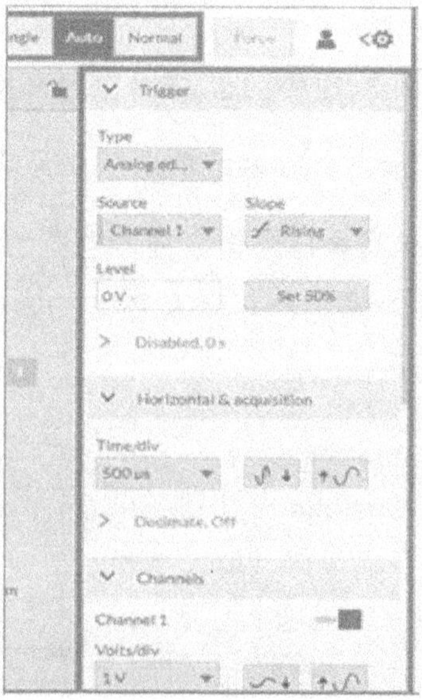

图 8-54 配置 SCOPE

6）运行 FGEN 和 SCOPE，这时可在示波器的屏幕上观察到激励与响应的变化规律。

7）将实验中示波器显示的波形拍照或截图，然后参照图片将波形绘制在实验报告上。绘图要求画出坐标系分格，尽可能准确，并包括：

$R=10\text{k}\Omega$，$C=0.001\mu\text{F}$（102）时的 u_R 波形；

$R=10\text{k}\Omega$，$C=0.01\mu\text{F}$（103M）时的 u_R 波形；

$R=10\text{k}\Omega$，$C=0.1\mu\text{F}$（104）时的 u_R 波形。

（2）积分电路测试

1）按照图 8-52 所示搭建电路，重复微分电路的实验过程。

2）将实验中示波器显示的波形拍照或截图，然后参照图片将波形绘制在实验报告上。绘图要求画出坐标系分格，尽可能准确，并包括：

$R=10\text{k}\Omega$，$C=0.001\mu\text{F}$（102）时的 u_C 波形。

$R=10\text{k}\Omega$，$C=0.01\mu\text{F}$（103M）时的 u_C 波形。

$R=10\text{k}\Omega$，$C=0.1\mu\text{F}$（104）时的 u_C 波形。

5. 思考题

1）什么是积分电路和微分电路？它们必须具备什么条件？

2）积分和微分电路在方波序列脉冲的激励下，其输出信号波形的变化规律是怎样的？这两种电路有什么作用？

8.8 正弦稳态交流电路分析

1. 实验目的

1）掌握正弦稳态交流电路的相量法分析。

2）验证在正弦稳态交流电路中基尔霍夫定律。

2. 实验原理

1）在 RC 串联电路中，电路的各元件通过同一电流。

电压和电流瞬时值关系式为

$$u=u_R+u_C=Ri+\frac{1}{C}\int i\mathrm{d}t$$

电压和电流相量关系式

$$\dot{U}=\dot{U}_R+\dot{U}_C=R\dot{I}-\mathrm{j}X_C\dot{I}=(R-\mathrm{j}X_C)\dot{I}$$

2）峰峰值、峰值（幅值或最大值）、有效值

峰峰值 V_{pp} 是指一个周期内信号最高值和最低值之间的差值，也就是最大和最小之间的范围。它描述了信号值的变化范围的大小。

峰值 V_p 是指一个周期内信号最大值。峰值等于峰峰值的一半，即

$$V_p=\frac{V_{pp}}{2}$$

3. 实验设备及元器件

1）NI ELVIS Ⅲ仪器套件 1 台。

2）2.2kΩ 线性电阻 1 个。

3）104 瓷片电容（0.1μF）1 个。

4）BNC 转鳄鱼夹线 2 根。

5）香蕉头转鳄鱼夹线 4 根。

6）数字万用表 1 台。

7）杜邦线若干。

4. 实验内容

1）按照图 8-55 所示搭建电路，已知电路参数为 $\dot{U}=5\underline{/\ 0°}$ V，$R=2.2\text{k}\Omega$，$C=0.1\mu\text{F}$，$f=500\text{Hz}$。

2）将计算机与 NI ELVIS Ⅲ连接。通过 Measurements Live 的“Instruments”选项卡打开数字万用表（DMM）和函数发生器（FGEN），设置 FGEN 的输出模式为 Sine；CH1 通道的频率为 500Hz，电压为 14.14V，相位角为 0°，单击 Run 按钮，如图 8-56 所示。

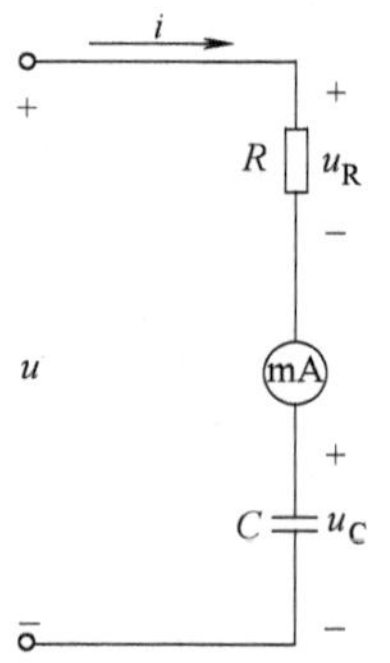

图 8-55　*RC* 串联电路

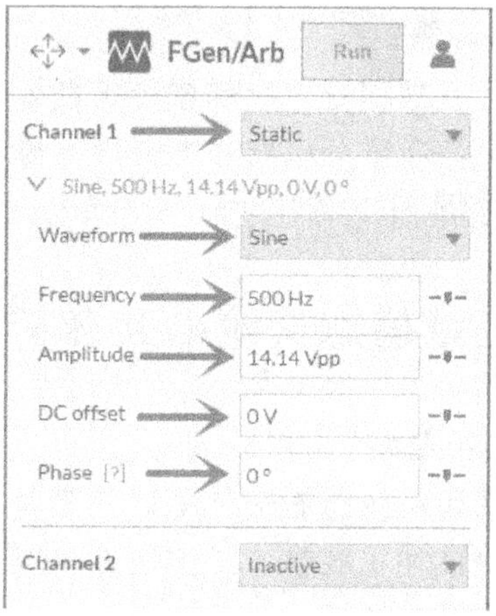

图 8-56　配置 FGEN

3）配置 DMM 的测量档位为交流电流，使用万用表分别测量 U_R、U_C、U 和 I，记录在表 8-11 中。

表 8-11　正弦稳态交流电路测试

实际测量值				理论计算值		
U_R/V	U_C/V	U/V	I/mA	U_R/V	U_C/V	I/mA

4）将计算值和测量值进行对比，验证 $U^2=U_R^2+U_C^2$，写出 $\dot{U}$、$\dot{U}_R$、$\dot{U}_C$和 $\dot{I}$ 的相量表达式，验证相量表达式是否满足基尔霍夫电压定律，即是否存在 $\dot{U}=\dot{U}_R+\dot{U}_C$，并绘制 $\dot{U}$、$\dot{U}_R$、$\dot{U}_C$和 $\dot{I}$ 的相量图。

参考文献

[1] 秦曾煌. 电工学：上册 电工技术 [M]. 7版. 北京：高等教育出版社，2009.

[2] 秦曾煌. 电工学：下册 电工技术 [M]. 7版. 北京：高等教育出版社，2009.

[3] 秦曾煌. 电工学简明教程 [M]. 3版. 北京：高等教育出版社，2015.

[4] 华成英，童诗白. 模拟电子技术基础 [M]. 5版. 北京：高等教育出版社，2015.

[5] 阎石. 数字电子技术基础 [M]. 6版. 北京：高等教育出版社，2016.

[6] 侯丽春. 汽车电工电子技术 [M]. 北京：机械工业出版社，2016.

[7] 罗富坤，王彪. 汽车电工电子技术基础 [M]. 2版. 北京：机械工业出版社，2015.

[8] 代洪，周天沛，王平均. 汽车电工电子技术基础 [M]. 北京：国防工业出版社，2014.

[9] 江军，朱晶波，卢厚元. 汽车电工电子技术基础 [M]. 武汉：华中科技大学出版社，2014.

[10] 张军. 汽车电工电子基础 [M]. 北京：中国铁道出版社，2011.